新・法人登記入門
（増補改訂版）

神﨑満治郎 著

発行 テイハン

増補改訂版はしがき

　本書は，その題名が示すように，これから法人登記の勉強に着手される皆様のために，まず，法人登記の概要（全体像）について解説し，次いで，実務に役立つように，法人登記の中でも比較的件数の多い医療法人，社会福祉法人，一般社団法人，一般財団法人等について，登記上の留意点を解説したものです。したがって，本書は，小冊子であるにも関わらず，法人登記の入門から実務までをカバーしていると自画自賛していますが，本書の発行は，平成23年12月ですから，発行以来既に約7年，この間，多くの法改正がなされました。農業協同組合，医療法人，社会福祉法人及び特定非営利活動法人等については，抜本的ともいえる極めて大幅な改正がなされていますので，これに伴う必要な改訂を実施しました。

　ところで，法人登記を得意とする司法書士は，比較的少ないように思われます。何故でしょうか。著者の推測では，その最大の理由は，事件数が少ないため，司法書士が余り興味を示さないことだと考えますが，問題は，これ以外に，「①登記を要する法人の種類が多い（商業登記は，登記を要する商人の数は，会社が4種類と個人商人の5種類。これに対して登記を要する法人の種類は，約250種類），②設立根拠法が多い（商業登記は会社法と商法の2つ，これに対して各種法人の根拠法は，約180），③法人登記法が制定されていない（商業登記については，商業登記法が制定されている），④各法人には，原則として所管行政庁（所轄庁）があり，各法人は，所轄庁の監督に服しているため，設立，定款の変更には，原則として，所轄庁の認可が必要であり，それは，

行政書士の職域である。」という問題があり，これらが法人登記に興味を失う要因になっているのではないでしょうか。そこで，本書では，約250種類の法人の設立根拠法と登記の手続法令が一覧的に把握できるようにするとともに商業登記と異なる法人登記独特の考え方について解説しています。きっと皆様のお役に立つものと考えます。これからは，司法書士も専門を持つ時代と考えますが，たとえ商業法人登記が専門でない司法書士であったとしても，少なくとも司法書士という看板を掲げ，名刺を持つ以上，「各種法人の登記について，その概要を理解していること」は必須の要件と考えます。また，司法書士試験の受験生にとって，法人登記の問題は少なく，しかも限られた法人に関するものであるとしても，少なくとも「法人登記の全体像を理解している」ことは必要ではないでしょうか。

　最後になりましたが，増補改訂版の出版に際しては，株式会社テイハンの坂巻社長のご支援をいただき，校正に際しては，企画編集部の南課長に大変お世話になりました。ここに，記して御礼申し上げる次第です。

　平成30年7月吉日

一般社団法人商業登記倶楽部代表理事・主宰者
公益社団法人成年後見センター・リーガルサポート理事
日本司法書士会連合会顧問

神﨑　満治郎

法令略語

一般社団法人及び一般財団法人に関する法律………**法人法**
一般社団法人及び一般財団法人に関する法律施行令………**法人法施行令**
一般社団法人及び一般財団法人に関する法律施行規則………**法人法施行規則**
公益社団法人及び公益財団法人の認定等に関する法律………**認定法**
特定非営利活動促進法………**ＮＰＯ法**
一般社団法人及び一般財団法人に関する法律及び公益社団法人及び公益財団法人の認定等に関する法律の施行に伴う関係法律の整備等に関する法律（経過措置）………**整備法**
商業登記法………**商登法**
商業登記規則………**商登規**
商業登記等事務取扱手続準則………**商登準**
独立行政法人等登記令………**独法令**
組合等登記令………**組合等令**
一般社団法人等登記規則………**一般法登規**
各種法人等登記規則………**各種法登規**
登録免許税法………**登免税法**
農業協同組合法………**農協法**

目 次

第1編 総 論

第1章 法人登記の体系 …………………………………………… 1

第1節 法人登記の意義 ……………………………………………… 1
1 法人登記の意義 …………………………………………………… 1
2 登記の手続からみた法人の類型 ………………………………… 1
第2節 法人登記の根拠法令 ………………………………………… 4
法人の種類別設立根拠法及び登記手続法令一覧表 …………… 5
第3節 登記事項 ……………………………………………………… 27
1 各法人に共通な登記事項 ………………………………………… 27
2 特定の法人に固有な登記事項 …………………………………… 28

第2章 登記申請義務 ……………………………………………… 30

第3章 法人登記の管轄及び登記官 …………………………… 31

第4章 法人登記に関する帳簿とその公開 ………………… 33
1 備付帳簿 …………………………………………………………… 33
2 帳簿の保管等 ……………………………………………………… 33
3 帳簿の公開 ………………………………………………………… 33

第5章 登記申請手続 ……………………………………………… 35

第1節 登記申請手続の原則 ………………………………………… 35
第1 当事者申請主義 ………………………………………………… 35
第2 書面主義 ………………………………………………………… 35
第3 郵送等による申請 ……………………………………………… 36
第2節 登記申請書 …………………………………………………… 36
第1 申請書の様式 …………………………………………………… 36

第2　申請書の記載文字 …………………………………… 36
　　1　字画明確 ……………………………………………… 36
　　2　漢数字又はアラビア数字の使用 …………………… 36
　　3　文字の訂正 …………………………………………… 37
　第3　記載事項 ……………………………………………… 37
　　1　申請人の名称及び主たる事務所 …………………… 37
　　2　従たる事務所 ………………………………………… 37
　　3　代理人の氏名及び住所 ……………………………… 38
　　4　登記の事由 …………………………………………… 38
　　5　登記すべき事項 ……………………………………… 38
　　6　許可書の到達した年月日 …………………………… 38
　　7　年月日 ………………………………………………… 39
　　8　登記所の表示 ………………………………………… 39
　　9　添付書類の標目及び通数 …………………………… 39
　第4　一括申請 ……………………………………………… 39
 第3節　添付書類 ……………………………………………… 40
　第1　添付書類の通則 ……………………………………… 40
　　1　代理権限を証する書面 ……………………………… 40
　　2　官庁の許可書 ………………………………………… 41
　第2　添付書類の援用 ……………………………………… 41
　第3　添付書類の原本還付 ………………………………… 41

第6章　印鑑の提出及び印鑑の証明 ……………………………… 44

　　1　印鑑の提出 …………………………………………… 44
　　2　印鑑の証明 …………………………………………… 44

第2編　各　　論

第1章　一般社団法人の登記 …………………………………… 51

 第1節　総　論 ………………………………………………… 51
　　1　一般社団法人の特色 ………………………………… 51
　　2　一般社団法人と非営利型法人（税法上優遇措置のある法

　　　　　人）…………………………………………………………………… 52
　　　3　一般社団法人と税 ……………………………………………… 55
　　　4　一般社団法人の利用に適した事業 …………………………… 56
　　　5　会社を設立するか，一般社団法人を設立するかの検討 …… 58
　　　6　設立後，公益認定を受けた場合のメリット・デメリット … 59
　第2節　特例民法法人（旧民法第34条の法人）の取扱い ……………… 59
　第3節　一般社団法人の設立の登記 ……………………………………… 60
　　第1　実体上の設立手続 ………………………………………………… 60
　　　1　一般社団法人設立手続の流れ ………………………………… 60
　　　2　社員の資格 ……………………………………………………… 61
　　　3　公益認定の手順等 ……………………………………………… 61
　　　4　設立資金等の調達方法 ………………………………………… 63
　　　5　機関設計 ………………………………………………………… 64
　　　6　定款の作成 ……………………………………………………… 64
　　　7　公証人による定款の認証 ……………………………………… 71
　　第2　設立登記申請手続 ………………………………………………… 71
　　　1　申請期間 ………………………………………………………… 71
　　　2　登記の事由 ……………………………………………………… 71
　　　3　登記すべき事項 ………………………………………………… 71
　　　4　添付書面 ………………………………………………………… 72
　　　5　登録免許税 ……………………………………………………… 73
　第4節　一般社団法人の役員の変更の登記 ……………………………… 73
　　第1　実体上の手続 ……………………………………………………… 73
　　　1　総　説 …………………………………………………………… 73
　　　2　理事の変更 ……………………………………………………… 74
　　　3　代表理事の変更 ………………………………………………… 80
　　　4　監事の変更 ……………………………………………………… 83
　　　5　会計監査人の変更 ……………………………………………… 87
　　第2　登記申請手続 ……………………………………………………… 88
　　　1　登記期間 ………………………………………………………… 88
　　　2　登記の事由 ……………………………………………………… 88
　　　3　登記すべき事項 ………………………………………………… 88
　　　4　添付書面 ………………………………………………………… 89

	5	登録免許税 ………………………………………………………………	93

第5節　その他の変更の登記 ……………………………………………………… 93
　第1　実体上の手続 ……………………………………………………………… 93
　　1　総　説 ………………………………………………………………………… 93
　　2　定款変更の手続 ……………………………………………………………… 93
　　3　貸借対照表の電磁的開示のためのＵＲＬの設定，変更又は
　　　　廃止の手続 …………………………………………………………………… 94
　　4　役員等の法人に対する責任の免除に関する規定設定上の留
　　　　意点 …………………………………………………………………………… 95
　　5　非業務執行理事等の法人に対する責任の限度に関する規定
　　　　設定上の留意点 ……………………………………………………………… 96
　第2　登記申請手続 ……………………………………………………………… 97
　　1　申請人 ………………………………………………………………………… 97
　　2　申請期間 ……………………………………………………………………… 97
　　3　登記の事由 …………………………………………………………………… 97
　　4　登記すべき事項 ……………………………………………………………… 98
　　5　添付書面 ……………………………………………………………………… 100
　　6　登録免許税 …………………………………………………………………… 100
第6節　解散及び清算人の登記 …………………………………………………… 100
　第1　実体上の手続 ……………………………………………………………… 100
　　1　解散の事由 …………………………………………………………………… 100
　　2　社員総会の決議による解散の手続 ………………………………………… 101
　　3　清算一般社団法人の機関 …………………………………………………… 101
　　4　清算人及び代表清算人 ……………………………………………………… 102
　第2　登記申請手続 ……………………………………………………………… 103
　　1　申請人 ………………………………………………………………………… 103
　　2　申請期間 ……………………………………………………………………… 103
　　3　登記の事由 …………………………………………………………………… 103
　　4　登記すべき事項 ……………………………………………………………… 103
　　5　添付書面 ……………………………………………………………………… 104
　　6　登録免許税 …………………………………………………………………… 105
第7節　継続の登記 ………………………………………………………………… 105
　第1　実体上の手続 ……………………………………………………………… 105

	第2	登記申請手続 ································· 105
	1	申請人 ······································· 105
	2	申請期間 ···································· 105
	3	登記の事由 ································· 105
	4	登記すべき事項 ···························· 106
	5	添付書面 ···································· 106
	6	登録免許税 ································· 106
	7	印鑑の提出 ································· 106
第8節		清算結了の登記 ································· 106
	1	登記期間 ···································· 106
	2	登記の事由及び登記すべき事項 ········ 107
	3	添付書面 ···································· 107
	4	登録免許税 ································· 107

第2章 一般財団法人の登記 ································· 108

第1節		総　論 ··· 108
	1	一般財団法人の意義及び特色 ············ 108
	2	一般財団法人と非営利型法人（税法上優遇措置のある法人） ··· 109
	3	一般財団法人の利用に適した事業 ······ 109
第2節		一般財団法人の設立の登記 ················ 111
第1		実体上の設立手続 ···························· 111
	1	一般財団法人設立手続の流れ ············ 111
	2	設立者 ······································· 112
	3	機関設計 ···································· 112
	4	定款の作成 ································· 112
	5	公証人による定款の認証 ················ 120
第2		設立登記申請手続 ···························· 120
	1	申請期間 ···································· 120
	2	登記の事由 ································· 120
	3	登記すべき事項 ···························· 120
	4	添付書面 ···································· 121
	5	登録免許税 ································· 123

第3節 一般財団法人の役員等の変更の登記 ……………………… 123
　第1 実体上の手続 ……………………………………………… 123
　　1 総　説 ……………………………………………………… 123
　　2 評議員の変更 ……………………………………………… 123
　　3 理事の変更 ………………………………………………… 127
　　4 代表理事の変更 …………………………………………… 132
　　5 監事の変更 ………………………………………………… 135
　　6 会計監査人の変更 ………………………………………… 139
　第2 登記申請手続 ……………………………………………… 140
　　1 登記期間 …………………………………………………… 140
　　2 登記の事由 ………………………………………………… 140
　　3 登記すべき事項 …………………………………………… 141
　　4 添付書面 …………………………………………………… 141
　　5 登録免許税 ………………………………………………… 143
第4節 その他の変更の登記 ……………………………………… 144
　第1 実体上の手続 ……………………………………………… 144
　　1 総　説 ……………………………………………………… 144
　　2 定款変更の手続 …………………………………………… 144
　　3 定款変更上の留意点 ……………………………………… 145
　　4 貸借対照表の電磁的開示のためのＵＲＬの設定，変更又は
　　　 廃止の場合 ………………………………………………… 147
　第2 登記申請手続 ……………………………………………… 147
　　1 申請人 ……………………………………………………… 147
　　2 申請期間 …………………………………………………… 148
　　3 登記の事由 ………………………………………………… 148
　　4 登記すべき事項 …………………………………………… 148
　　5 添付書面 …………………………………………………… 149
　　6 登録免許税 ………………………………………………… 150
第5節 解散及び清算人の登記 …………………………………… 150
　第1 実体上の手続 ……………………………………………… 150
　　1 解散の事由 ………………………………………………… 150
　　2 清算の手続 ………………………………………………… 151
　第2 登記申請手続 ……………………………………………… 153

　　　　1　申請人 ………………………………………………… 153
　　　　2　申請期間 ……………………………………………… 153
　　　　3　登記の事由 …………………………………………… 154
　　　　4　登記すべき事項 ……………………………………… 154
　　　　5　添付書面 ……………………………………………… 154
　　　　6　登録免許税 …………………………………………… 155
　　第6節　継続の登記 ………………………………………………… 155
　　　　1　実体上の手続 ………………………………………… 155
　　　　2　登記申請手続 ………………………………………… 156
　　第7節　清算結了の登記 …………………………………………… 157
　　　　1　登記期間 ……………………………………………… 157
　　　　2　登記の事由及び登記すべき事項 …………………… 157
　　　　3　添付書面 ……………………………………………… 157
　　　　4　登録免許税 …………………………………………… 157

第3章　医療法人・特定非営利活動法人・社会福祉法人等組
　　　　合等登記令の適用を受ける法人の登記 ………………… 158

　　第1節　総　論 ……………………………………………………… 158
　　　　1　登記の手続が組合等登記令に規定されている法人 … 158
　　　　2　組合等登記令の構成 ………………………………… 161
　　　　3　添付書面の規定の仕方 ……………………………… 161
　　第2節　医療法人の設立の登記 …………………………………… 162
　　　第1　実体上の手続 …………………………………………… 162
　　　　1　医療法人の意義及び設立手続の流れ ……………… 162
　　　　2　社　員 ………………………………………………… 163
　　　　3　定款の作成 …………………………………………… 163
　　　　4　都道府県知事に対する認可の申請・認可書の受領 … 167
　　　第2　登記申請手続 …………………………………………… 167
　　　　1　申請人 ………………………………………………… 167
　　　　2　申請期間 ……………………………………………… 168
　　　　3　登記の事由 …………………………………………… 168
　　　　4　登記すべき事項 ……………………………………… 168
　　　　5　添付書面 ……………………………………………… 169

8 目次

　　　6　登録免許税 …………………………………………… 169
　　　7　モデル定款 …………………………………………… 169
　第3節　代表権を有する者の変更の登記 …………………… 181
　　第1　実体上の手続 ……………………………………………… 181
　　　1　代表権を有する者に関する登記事項 ……………… 181
　　　2　代表権を有する者及びその資格 …………………… 182
　　　3　代表権を有する者の退任の事由 …………………… 188
　　　4　代表権を有する者の就任 …………………………… 192
　　第2　登記申請手続 ……………………………………………… 195
　　　1　登記期間 ……………………………………………… 195
　　　2　登記の事由 …………………………………………… 195
　　　3　登記すべき事項 ……………………………………… 195
　　　4　添付書面 ……………………………………………… 195
　　　5　登録免許税 …………………………………………… 198
　第4節　その他の登記 ……………………………………………… 198
　　　1　その他の登記の種類 ………………………………… 198
　　　2　医療法人の資産の総額の変更の登記 ……………… 198

第4章　独立行政法人等登記令の適用を受ける法人の登記 ……… 200

　第1節　総　論 …………………………………………………… 200
　　　1　独立行政法人等登記令の適用を受ける法人 ……… 200
　　　2　独立行政法人等の登記の種類 ……………………… 203
　　　3　商業登記法の準用 …………………………………… 204
　第2節　設立の登記 ……………………………………………… 204
　　　1　登記期間 ……………………………………………… 204
　　　2　主たる事務所の所在地における登記事項 ………… 204
　　　3　従たる事務所の所在地における登記事項 ………… 211
　　　4　添付書面 ……………………………………………… 211
　第3節　変更の登記 ……………………………………………… 211
　　　1　変更の登記の種類 …………………………………… 211
　　　2　登記期間 ……………………………………………… 212
　　　3　添付書面 ……………………………………………… 212
　第4節　代理人の登記 …………………………………………… 212

	1　代理人	212
	2　選任の方法	213
	3　登記期間及び登記事項	213
	4　添付書面	213

第5節　その他の登記 …… 214
　　1　他の登記所の管轄区域内への主たる事務所の移転の登記 …… 214
　　2　解散の登記 …… 215
　　3　清算結了の登記 …… 215

第5章　商業登記倶楽部の「実務相談室」に見る主要相談事例 …… 216

第1節　一般社団法人等の登記等に関する相談 …… 216
　　1　一般社団法人の社員の除名と当該社員の議決権 …… 216
　　2　一般社団法人の清算結了登記申請書に添付する決算報告書について …… 218
第2節　社会福祉法人の理事長の変更の登記等に関する相談 …… 222
　　1　社会福祉法人の理事長の登記に関する規律等 …… 222
　　2　社会福祉法人の設立当初の役員の任期 …… 224
　　3　社会福祉法人の設立直後における理事長選定の時期と登記の添付書類 …… 227
第3節　医療法人の理事長の重任の登記等に関する相談 …… 232
　　1　医療法人の理事長の重任の登記の可否 …… 232
　　2　平成19年改正医療法施行時から在任する医療法人の役員の任期等 …… 235
第4節　学校法人の理事長の登記 …… 239
　　1　学校法人の理事長の任期等 …… 239
第5節　特定非営利活動法人に関する平成24年改正及び平成28年改正のポイント …… 242
　　1　平成24年改正 …… 243
　　2　平成28年改正 …… 244

第3編　法人登記に関する最近の主要先例

1　水産業協同組合法の一部を改正する法律等の施行に伴う登記事務

の取扱いについて（平成10年3月24日法務省民四第575号通知） ………… 245
2 　中小企業団体の組織に関する法律の一部改正に伴う登記事務の取
　　扱いについて（平成12年3月1日法務省民四第544号通達） ……………… 247
3 　独立行政法人通則法等の施行に伴う法人登記事務の取扱いについ
　　て（平成12年11月6日法務省民四第2518号通達） ……………………… 252
4 　独立行政法人通則法の一部を改正する法律の施行に伴う法人登記
　　事務の取扱いについて（平成22年11月24日法務省民商第2773号通
　　知） ……………………………………………………………………………… 254
5 　税理士法の一部を改正する法律等の施行に伴う法人登記事務の取
　　扱いについて（平成14年3月25日法務省民商第716号通知） ……………… 260
6 　司法書士法の一部改正に伴う法人登記事務の取扱いについて（平
　　成15年4月1日法務省民商第891号通知） ……………………………… 265
7 　国立大学法人法等の施行に伴う法人登記事務の取扱いについて
　　（平成16年2月27日法務省民商第563号通知） ……………………………… 274
8 　公認会計士法の一部改正に伴う法人登記事務の取扱いについて
　　（平成16年3月17日法務省民商第752号通知） ……………………………… 279
9 　公認会計士法等の一部を改正する法律の施行に伴う法人登記事務
　　の取扱いについて（平成20年3月21日法務省民商第1008号通知） ……… 283
10　地方独立行政法人法等の施行に伴う法人登記事務の取扱いについ
　　て（平成16年3月22日法務省民商第796号通知） ……………………… 305
11　地方独立行政法人法の一部改正に伴う法人登記事務の取扱いにつ
　　いて（平成26年3月31日法務省民商第33号通知） ……………………… 310
12　私立学校法の一部を改正する法律の施行に伴う法人登記事務の取
　　扱いについて（平成17年3月3日法務省民商第496号通知） ……………… 323
13　「私立学校法の一部を改正する法律の施行に伴う法人登記事務の
　　取扱いについて」の一部改正について（平成18年4月3日法務省民
　　商第802号通知） ……………………………………………………………… 331
14　商品取引所法の一部を改正する法律の施行に伴う商業・法人登記
　　事務の取扱いについて（平成17年4月4日法務省民商第945号通知）
　　……………………………………………………………………………… 334
15　商品取引所法及び商品投資に係る事業の規制に関する法律の一部
　　を改正する法律の施行に伴う法人登記事務の取扱いについて（平成
　　22年12月10日法務省民商第3097号通知） …………………………… 365

16 社会保険労務士法の一部を改正する法律等の施行に伴う法人登記事務の取扱いについて（平成19年3月5日法務省民商第516号通知） ……………………………………………………………… 374
17 中小企業等協同組合法等の一部を改正する法律の施行に伴う法人登記事務の取扱いについて（平成19年3月28日法務省民商第782号通知） ………………………………………………………… 382
18 証券取引法等の一部を改正する法律等の施行に伴う商業・法人登記事務の取扱いについて（平成19年9月20日法務省民商第1964号通達） ……………………………………………………… 389
19 消費生活協同組合法の一部を改正する等の法律の施行に伴う法人登記事務の取扱いについて（平成20年3月25日法務省民商第1027号通知） …………………………………………………… 401
20 一般社団法人及び一般財団法人に関する法律等の施行に伴う法人登記事務の取扱いについて（平成20年9月1日法務省民商第2351号通達） …………………………………………………… 409
21 保険業法等の一部を改正する法律の一部を改正する法律等の施行に伴う法人登記事務の取扱いについて（平成23年5月13日法務省民商第1101号通知） …………………………………………… 517
22 特定非営利活動促進法の一部を改正する法律の施行に伴う法人登記事務の取扱いについて（平成24年2月3日法務省民商第298号依命通知） ……………………………………………………… 530
23 農業協同組合法等の一部を改正する等の法律等の施行に伴う法人登記事務の取扱いについて（平成28年3月8日法務省民商第31号通知） ……………………………………………………… 547
24 医療法人の理事長の就任による変更の登記の申請書に添付すべき書面について（平成15年4月22日法務省民商第1223号通知） ………… 600
25 医療法の一部を改正する法律の一部の施行に伴う法人登記事務の取扱いについて（平成28年9月1日法務省民商第132号通知） ……… 600
26 社会福祉法等の一部を改正する法律等の施行に伴う法人登記事務の取扱いについて（平成29年2月23日法務省民商第29号通知） ………… 625
27 医療法の一部を改正する法律等の施行に伴う法人登記事務の取扱いについて（平成29年3月7日法務省民商第36号通知） ……………… 658

第1編 総　　論

第1章　法人登記の体系

第1節　法人登記の意義

1　法人登記の意義

　法人登記とは、会社以外の法人に関する登記をいう。会社以外の法人のうち登記を要する法人の種類は、平成29年4月1日現在で約250（廃止のために経過措置が設けられている法人が若干ある。）ある。ちなみに、これらの法人のうち我々の身近にあるものを登記手続の根拠法令に分けて紹介してみると、(1)独立行政法人国立印刷局、独立行政法人大学入試センター及び独立行政法人都市再生機構等のような独立行政法人、(2)国立大学法人東京大学、国立大学法人京都大学、大学共同利用機関法人人間文化研究機構及び大学共同利用機関法人高エネルギー加速研究機構等のような国立大学法人等、(3)日本放送協会、日本司法支援センター及び日本銀行等のような独立行政法人等登記令別表の名称の欄に掲げる法人、(4)医療法人、学校法人、社会福祉法人、司法書士会及び土地開発公社等のような組合等登記令別表の名称の欄に掲げる法人、(5)一般社団法人及び一般財団法人のような一般社団法人等、水産業協同組合及び事業協同組合等のような協同組合、その他宗教法人、労働組合、弁護士会というようになり、これらの法人の組織、名称、事務所、代表者等に関する登記を法人登記というわけであるが、会社・個人商人の場合のように、約250種類の各種法人の登記の手続きを規定したいわゆる「法人登記法」は制定されていない。

2　登記の手続からみた法人の類型

　各種法人を登記手続の根拠法令ごとに分類して一覧表にすると以下のとおりである。

```
┌─────────────────────────────────────────────────────┐
│      登記の手続からみた法人の類型                     │
│                                                     │
│   1  独立行政法人等登記令の適用を受ける法人          │
│   (1) 独立行政法人（独立行政法人通則法2条1項に規定する87の │
│       法人で，登記手続は，独立行政法人等登記令に規定されてい │
│       る。）                                          │
│   (2) 国立大学法人等（国立大学法人法2条1項に規定する国立大 │
│       学法人及び同条3項に規定する大学共同利用機関法人等2種類 │
│       の法人で，登記手続は，独立行政法人等登記令に規定されてい │
│       る。）                                          │
│   (3) 独立行政法人等登記令別表の名称の欄に掲げる37の法人で， │
│       登記手続は，独立行政法人等登記令に規定されている。│
│   2  組合等登記令の適用を受ける法人（組合等登記令別表の名称の │
│      欄に掲げる79種類の法人で，登記手続は組合等登記令に規定され │
│      ている。）                                        │
│   3  一般社団法人，一般財団法人，宗教法人等（登記手続が設立根 │
│      拠法に規定されている43種類の法人）              │
│   4  労働組合（登記手続が設立根拠法の施行令に定められている法 │
│      人）                                             │
│   5  弁護士会（登記手続が単独の政令に定められている法人）│
└─────────────────────────────────────────────────────┘
```

法人の分類方法には，いろいろな方法が考えられるが，登記実務の面から見た場合は，主な登記手続の根拠法令ごとに分類する方が理解しやすいように思われる。

以下に若干詳述してみよう。

(1) **登記手続が，主として独立行政法人等登記令に規定されている法人**

登記手続が，主として独立行政法人等登記令（昭和39年政令28号）に規定

されている法人で，これに該当する法人には，次の3種類がある。
　①　独立行政法人通則法2条1項に規定する87の独立行政法人
　②　国立大学法人法2条1項に規定する国立大学法人及び同条3項に規定する大学共同利用機関法人等2種類の法人
　③　独立行政法人等登記令別表の名称の欄に掲げる37の法人

(2)　**登記手続が，主として組合等登記令に規定されている法人**

　登記手続が，主として組合等登記令（昭和39年政令29号）に規定されている法人で，これに該当する法人は，組合等登記令別表の名称の欄に掲げる79種類の法人がある。

(3)　**登記手続が，主として設立根拠法に定められている法人**

　登記手続が，主として，設立根拠法に規定されている法人で，これに該当する法人には，一般社団法人，一般財団法人，金融商品会員制法人，自主規制法人，技術研究組合，宗教法人，酒造組合，酒販組合，酒造組合連合会，酒販組合連合会，酒造組合中央会，酒販組合中央会，職員団体等に対する法人格の付与に関する法律に基づく職員団体（国家公務員職員団体，地方公務員職員団体，混合連合団体），協業組合，商工組合，商工組合連合会，消費生活協同組合，消費生活協同組合連合会，会員商品取引所，信用金庫，信用金庫連合会，漁業協同組合，漁業生産組合，漁業協同組合連合会，水産加工業協同組合，水産加工業協同組合連合会，共済水産業協同組合連合会，損害保険料率算出団体，事業協同組合，事業協同小組合，火災共済協同組合，信用協同組合，協同組合連合会，企業組合，都道府県中小企業団体中央会，全国中小企業団体中央会，輸出組合，輸入組合，輸出水産業組合，労働金庫，労働金庫連合会等43種類の法人がある。

　なお，一般社団法人及び一般財団法人については，設立根拠法以外に一般社団法人等登記規則が適用され，その他の法人については，設立根拠法以外に各種法人等登記規則が適用される。

(4)　**登記手続が，独立した登記令に規定されている法人**

　登記手続が，弁護士会登記令（昭和24年政令321号）に規定されている法人で，これに該当する法人には，弁護士会，日本弁護士連合会がある。

(5) **登記手続が，設立根拠法の施行令に規定されている法人**

　登記手続が，労働組合法施行令（昭和24年政令231号）に規定されている法人で，これに該当する法人には，労働組合がある。

第2節　法人登記の根拠法令

　法人登記の根拠法令には，大別して法人の設立手続，代表者の選任手続等実体上の手続を規定した法人設立の根拠法とその登記手続を規定した手続法令がある。

　ところで，商業登記においては，実体上の手続は，主として会社法に規定され（他に会社更生法及び破産法等に若干の例外規定が設けられている。），登記上の手続は，もっぱら商業登記法及び商業登記規則に規定されている。ところが，法人登記については，実体上の手続は，約250に及ぶそれぞれの法人の設立根拠法に規定されている上，登記の手続についても商業登記法のように法人登記法といったすべての法人の登記手続を規定した法律は，いまだ制定されていない。もっとも，独立行政法人等については，独立行政法人等登記令が，組合等については組合等登記令がある。ここに法人登記のむずかしさがあるわけである。と言うのは，例えば，司法書士がある法人の代理人として申請書を作成し登記の申請をする場合，または登記官等が当該登記の申請書を調査する場合には，まず当該法人の実体手続がいかなる法律に規定され，登記の申請手続がいかなる法令に規定されているかということを知らなければならないからである。法人登記には，法人登記独特の規定があって商業登記法の類推によっては正しい登記をすることは困難である。

　そこで，参考までに，正しい法人登記の手続を理解するため，次に各法人ごとに法人登記の根拠法令を掲記してみよう。

　なお，一般社団法人等登記規則（平成20年法務省令48号）は，一般社団法人及び一般財団法人の登記手続に，各種法人等登記規則（昭和39年法務省令46号）は，会社，一般社団法人及び一般財団法人，投資法人，特定目的会社を除くその他の法人ならびに外国会社を除くその他の外国法人の登記手続に

適用され，商業登記等事務取扱手続準則（これは，法令ではなく平成17年3月2日民商第500号民事局長通達である。）は，その性質に反しない限り，法人に関する登記事務の取扱いに準用されることになっている（同準則82条）。

法人の種類別設立根拠法及び登記手続法令一覧表

(平成30年4月1日現在)

法人名	設立根拠法（実体法令）	登記手続法令	備考
一般社団法人	一般社団法人及び一般財団法人に関する法律（平成18年法律48号）（以下「法人法」という。）	法人法（平成18年法律48号）一般社団法人等登記規則（平成20年法務省令48号）	
一般財団法人			
公益社団法人			
公益財団法人			
委託者保護基金	商品先物取引法（昭和25年法律239号）	組合等登記令（昭和39年政令29号）各種法人等登記規則（昭和39年法務省令46号）	以下労働災害防止団体までの法人の登記事項，登記期間及び登記手続は，すべて組合等登記令に規定されている。これらの法人を「組合等」という（組合等登記令1条）。
医療法人	医療法（昭和23年法律205号）		
外国法事務弁護士法人	外国弁護士による法律事務の取扱いに関する特別措置法（昭和61年法律66号）		
貸金業協会	貸金業法（昭和58年法律32号）		
学校法人	私立学校法（昭和24年法律270号）		
私立学校法64条4項の法人			
監査法人	公認会計士法（昭和23年法律103号）		
管理組合法人	建物の区分所有等に関する法律（昭和37年法律69号）		
団地管理組合法人			
行政書士会	行政書士法（昭和26年法律4号）		
日本行政書士会連合会			
行政書士法人	行政書士法（昭和26年法律4号）		

漁業共済組合	漁業災害補償法 （昭和39年法律158号）
漁業共済組合連合会	
漁業信用基金協会	中小漁業融資保証法 （昭和27年法律346号）
原子力発電環境整備機構	特定放射性廃棄物の最終処分に関する法律 （平成12年法律117号）
広域臨海環境整備センター	広域臨海環境整備センター法 （昭和56年法律76号）
更生保護法人	更生保護事業法 （平成7年法律86号）
港務局	港湾法 （昭和25年法律218号）
司法書士会	司法書士法 （昭和25年法律197号）
日本司法書士会連合会	
司法書士法人	司法書士法 （昭和25年法律197号）
社会福祉法人	社会福祉法 （昭和26年法律45号）
社会保険労務士会	社会保険労務士法 （昭和43年法律89号）
全国社会保険労務士会連合会	
社会保険労務士法人	社会保険労務士法 （昭和43年法律89号）
商工会議所	商工会議所法 （昭和28年法律143号）
日本商工会議所	
商工会	商工会法 （昭和35年法律89号）
商工会連合会	
使用済燃料再処理機構	原子力発電における使用済燃料の再処理等の実施に関する法律 （平成17年法律48号）

商店街振興組合	商店街振興組合法 （昭和37年法律141号）
商店街振興組合連合会	
商品先物取引協会	商品先物取引法 （昭和25年法律239号）
職業訓練法人	職業能力開発促進法 （昭和44年法律64号）
都道府県職業能力開発協会	
中央職業能力開発協会	
信用保証協会	信用保証協会法 （昭和28年法律196号）
森林組合	森林組合法 （昭和53年法律36号）
生産森林組合	
森林組合連合会	
生活衛生同業組合	生活衛生関係営業の運営の適正化及び振興に関する法律 （昭和32年法律164号）
生活衛生同業小組合	
生活衛生同業組合連合会	
税理士会	税理士法 （昭和26年法律237号）
日本税理士会連合会	
税理士法人	
船員災害防止協会	船員災害防止活動の促進に関する法律 （昭和42年法律61号）
船主相互保険組合	船主相互保険組合法 （昭和25年法律177号）
たばこ耕作組合	たばこ耕作組合法 （昭和33年法律135号）
地方住宅供給公社	地方住宅供給公社法 （昭和40年法律124号）
地方道路公社	地方道路公社法 （昭和45年法律82号）
地方独立行政法人	地方独立行政法人法 （平成15年法律118号）

投資者保護基金	金融商品取引法 （昭和23年法律25号）
特定非営利活動法人	特定非営利活動促進法 （平成10年法律7号）
土地開発公社	公有地の拡大の推進に関する法律 （昭和47年法律66号）
土地改良事業団体連合会	土地改良法 （昭和24年法律195号）
土地家屋調査士会	土地家屋調査士法 （昭和25年法律228号）
日本土地家屋調査士会連合会	
土地家屋調査士法人	土地家屋調査士法 （昭和25年法律228号）
特許業務法人	弁理士法 （平成12年法律49号）
内航海運組合	内航海運組合法 （昭和32年法律162号）
内航海運組合連合会	
認可金融商品取引業協会	金融商品取引法 （昭和23年法律25号）
農業共済組合	農業保険法 （昭和22年法律185号）
農業共済組合連合会	
農業協同組合	農業協同組合法 （昭和22年法律132号）
農業協同組合連合会	
農事組合法人	
農業信用基金協会	農業信用保証保険法 （昭和36年法律204号）
農住組合	農住組合法 （昭和55年法律86号）
農林中央金庫	農林中央金庫法 （平成13年法律93号）
弁護士法人	弁護士法 （昭和24年法律205号）

保険契約者保護機構	保険業法（平成7年法律105号）		
防災街区計画整備組合	密集市街地における防災街区の整備の促進に関する法律（平成9年法律49号）		
水先人会 日本水先人会連合会	水先法（昭和24年法律121号）		
労働災害防止団体（中央労働災害防止協会及び労働災害防止協会）	労働災害防止団体法（昭和39年法律118号）		
会員商品取引所	商品先物取引法（昭和25年法律239号）	商品先物取引法（昭和25年法律239号），各種法人等登記規則（昭和39年法務省令46号）	
金融商品会員制法人 自主規制法人	金融商品取引法（昭和23年法律25号）	金融商品取引法（昭和23年法律25号），各種法人等登記規則（昭和39年法務省令46号）	
技術研究組合	技術研究組合法（昭和36年法律81号）	技術研究組合法（昭和36年法律81号），各種法人等登記規則（昭和39年法務省令46号）	
宗教法人	宗教法人法（昭和26年法律126号）	宗教法人法（昭和26年法律126号），各種法人等登記規則（昭和39年法務省令46号）	
酒造組合 酒販組合 酒造組合連合会 酒販組合連合会 酒造組合中央会 酒販組合中央会	酒税の保全及び酒類業組合等に関する法律（昭和28年法律7号）	酒税の保全及び酒類業組合等に関する法律（昭和28年法律7号），各種法人等登記規則（昭和39年法務省令46号）	これらの組合を「酒類業組合」という。

職員団体等に対する法人格の付与に関する法律に基づく職員団体（国家公務員職員団体，地方公務員職員団体，混合連合団体）	職員団体等に対する法人格の付与に関する法律（昭和53年法律80号）	職員団体等に対する法人格に関する法律（昭和53年法律80号），各種法人等登記規則（昭和39年法務省令46号）	
協業組合	中小企業団体の組織に関する法律（昭和32年法律185号）	中小企業団体の組織に関する法律（昭和32年法律185号），各種法人等登記規則（昭和39年法務省令46号）	
商工組合			
商工組合連合会			
消費生活協同組合	消費生活協同組合法（昭和23年法律200号）	消費生活協同組合法（昭和23年法律200号），各種法人等登記規則（昭和39年法務省令46号）	
消費生活協同組合連合会			
信用金庫	信用金庫法（昭和26年法律238号）	信用金庫法（昭和26年法律238号），各種法人等登記規則（昭和39年法務省令46号）	
信用金庫連合会			
漁業協同組合	水産業協同組合法（昭和23年法律242号）	水産業協同組合法（昭和23年法律242号）各種法人等登記規則（昭和39年法務省令46号）	これらの組合を「水産業協同組合」という。
漁業生産組合			
漁業協同組合連合会			
水産加工業協同組合			
水産加工業協同組合連合会			
共済水産業協同組合連合会			
損害保険料率算出団体	損害保険料率算出団体に関する法律（昭和23年法律193号）	損害保険料率算出団体に関する法律（昭和23年法律193号）各種法人等登記規則（昭和39年法務省令46号）	

事 業 協 同 組 合	中小企業等協同組合法 （昭和24年　法律181号）	中小企業等協同組合法（昭和24年法律181号） 各種法人等登記規則（昭和39年法務省令46号）	事業協同組合から企業組合までの組合を，「中小企業等協同組合」という。
事 業 協 同 小 組 合			
火 災 共 済 協 同 組 合			
信 用 協 同 組 合			
協 同 組 合 連 合 会			
企 業 組 合			
都道府県中小企業団体中央会			
全国中小企業団体中央会			
輸 出 組 合	輸出入取引法 （昭和27年　法律299号）	輸出入取引法（昭和27年法律299号）は，中小企業等協同組合法（昭和24年法律181号）を準用 各種法人等登記規則（昭和39年法務省令46号）	
輸 入 組 合			
輸 出 水 産 業 組 合	輸出水産業の振興に関する法律 （昭和29年　法律154号）	輸出水産業の振興に関する法律（昭和29年法律154号） 各種法人等登記規則（昭和39年法務省令46号）	
労 働 金 庫	労働金庫法 （昭和28年　法律227号）	労働金庫法（昭和28年法律227号） 各種法人等登記規則（昭和39年法務省令46号）	
労 働 金 庫 連 合 会			
弁 護 士 会	弁 護 士 法 （昭和24年　法律205号）	弁護士会登記令（昭和24年政令321号） 各種法人等登記規則（昭和39年法務省令46号）	
日 本 弁 護 士 連 合 会			

労働組合	労働組合法 （昭和24年法律174号）	労働組合法施行令（昭和24年政令231号） 各種法人等登記規則（昭和39年法務省令46号）	以下独立行政法人等登記令に登記の手続が規定されている法人には，独立行政法人等登記令の別表の名称の欄に掲げる37の法人（以下「独立行政法人等」という。），独立行政法人通則法2条1項に規定する87の独立行政法人（以下「独立行政法人」という。）及び国立大学法人法2条1項に規定する国立大学法人及び同条3項に規定する大学共同利用機関法人（以下「国立大学法人等」という。）がある。
沖縄振興開発金融公庫	沖縄振興開発金融公庫法 （昭和47年法律31号）		
外国人技能実習機構	外国人の技能実習の適正な実施及び技能実習生の保護に関する法律 （平成28年法律89号）		
危険物保安技術協会	消防法 （昭和23年法律186号）		
銀行等保有株式取得機構	銀行等の株式等の保有の制限等に関する法律 （平成13年法律131号）		
軽自動車検査協会	道路運送車両法 （昭和26年法律185号）	独立行政法人等登記令（昭和39年政令28号） 各種法人等登記規則（昭和39年法務省令46号）	
原子力損害賠償・廃炉等支援機構	原子力損害賠償・廃炉等支援機構法 （平成23年法律94号）		
高圧ガス保安協会	高圧ガス保安法 （昭和26年法律204号）		
広域的運営推進機関	電気事業法 （昭和39年法律170号）		
小型船舶検査機構	船舶安全法 （昭和8年法律11号）		
国家公務員共済組合連合会	国家公務員共済組合法 （昭和33年法律128号）		
自動車安全運転センター	自動車安全運転センター法 （昭和50年法律57号）		

社会保険診療報酬支払基金	社会保険診療報酬支払基金法 (昭和23年　法律129号)
消防団員等公務災害補償等共済基金	消防団員等公務災害補償等責任共済等に関する法律 (昭和31年　法律107号)
石炭鉱業年金基金	石炭鉱業年金基金法 (昭和42年　法律135号)
全国健康保険協会	健康保険法 (大正11年法律70号)
全国市町村職員共済組合連合会	地方公務員等共済組合法 (昭和37年　法律152号)
地方競馬全国協会	競馬法 (昭和23年　法律158号)
地方公共団体金融機構	地方公共団体金融機構法 (平成19年法律64号)
地方公共団体情報システム機構	地方公共団体情報システム機構法 (平成25年法律29号)
地方公務員共済組合連合会	地方公務員等共済組合法 (昭和37年　法律152号)
地方公務員災害補償基金	地方公務員災害補償法 (昭和42年　法律121号)
日本銀行	日本銀行法 (平成9年法律89号)
日本勤労者住宅協会	日本勤労者住宅協会法 (昭和41年　法律133号)
日本下水道事業団	日本下水道事業団法 (昭和47年法律41号)
日本公認会計士協会	公認会計士法 (昭和23年　法律103号)

日本司法支援センター	総合法律支援法 (平成16年法律74号)		
日本消防検定協会	消防法 (昭和23年法律186号)		
日本私立学校振興・共済事業団	日本私立学校振興・共済事業団法 (平成9年法律48号)		
日本赤十字社	日本赤十字社法 (昭和27年法律305号)		
日本中央競馬会	日本中央競馬会法 (昭和29年法律205号)		
日本電気計器検定所	日本電気計器検定所法 (昭和39年法律150号)		
日本年金機構	日本年金機構法 (平成19年法律109号)		
日本弁理士会	弁理士法 (平成12年法律49号)		
日本放送協会	放送法 (昭和25年法律132号)		
日本郵政共済組合	国家公務員共済組合法 (昭和33年法律128号)		
農水産業協同組合貯金保険機構	農水産業協同組合貯金保険法 (昭和48年法律53号)		
預金保険機構	預金保険法 (昭和46年法律34号)		
独立行政法人奄美群島振興開発基金	独立行政法人通則法 (平成11年法律103号) 奄美群島振興開発特別措置法 (昭和29年法律189号)		

国立研究開発法人医薬基盤・健康・栄養研究所	独立行政法人通則法 （平成11年法律103号） 国立研究開発法人医薬基盤・健康・栄養研究所法 （平成16年法律135号）	独立行政法人等登記令（昭和39年政令28号） 各種法人等登記規則（昭和39年法務省令46号）以下，独立行政法人については，すべて同じ。	
独立行政法人医薬品医療機器総合機構	独立行政法人通則法 （平成11年法律103号） 独立行政法人医薬品医療機器総合機構法 （平成14年法律192号）		
国立研究開発法人宇宙航空研究開発機構	独立行政法人通則法 （平成11年法律103号） 国立研究開発法人宇宙航空研究開発機構法 （平成14年法律161号）		
独立行政法人海技教育機構	独立行政法人通則法 （平成11年法律103号） 独立行政法人海技教育機構法 （平成11年法律214号）		
国立研究開発法人海上・港湾・航空技術研究所	独立行政法人通則法 （平成11年法律103号） 国立研究開発法人海上・港湾・航空技術研究所法 （平成11年法律208号）		
国立研究開発法人海洋研究開発機構	独立行政法人通則法 （平成11年法律103号） 国立研究開発法人海洋研究開発機構法 （平成15年法律95号）		
国立研究開発法人科学技術振興機構	独立行政法人通則法 （平成11年法律103号） 国立研究開発法人科学技術振興機構法 （平成14年法律158号）		

独立行政法人家畜改良センター	独立行政法人通則法（平成11年法律103号） 独立行政法人家畜改良センター法（平成11年法律185号）
独立行政法人環境再生保全機構	独立行政法人通則法（平成11年法律103号） 独立行政法人環境再生保全機構法（平成15年法律43号）
独立行政法人教職員支援機構	独立行政法人通則法（平成11年法律103号） 独立行政法人教職員支援機構法（平成12年法律88号）
独立行政法人勤労者退職金共済機構	独立行政法人通則法（平成11年法律103号） 中小企業退職金共済法（昭和34年法律160号）
独立行政法人空港周辺整備機構	独立行政法人通則法（平成11年法律103号） 公共用飛行場周辺における航空機騒音による障害の防止等に関する法律（昭和42年法律110号）
独立行政法人経済産業研究所	独立行政法人通則法（平成11年法律103号） 独立行政法人経済産業研究所法（平成11年法律200号）
国立研究開発法人建築研究所	独立行政法人通則法（平成11年法律103号） 国立研究開発法人建築研究所法（平成11年法律206号）

独立行政法人工業所有権情報・研修館	独立行政法人通則法 （平成11年法律103号） 独立行政法人工業所有権情報・研修館法 （平成11年法律201号）
独立行政法人航空大学校	独立行政法人通則法 （平成11年法律103号） 独立行政法人航空大学校法 （平成11年法律215号）
独立行政法人高齢・障害・求職者雇用支援機構	独立行政法人通則法 （平成11年法律103号） 独立行政法人高齢・障害・求職者雇用支援機構法 （平成14年法律165号）
独立行政法人国際観光振興機構	独立行政法人通則法 （平成11年法律103号） 独立行政法人国際観光振興機構法 （平成14年法律181号）
独立行政法人国際協力機構	独立行政法人通則法 （平成11年法律103号） 独立行政法人国際協力機構法 （平成14年法律136号）
独立行政法人国際交流基金	独立行政法人通則法 （平成11年法律103号） 独立行政法人国際交流基金法 （平成14年法律137号）
国立研究開発法人国際農林水産業研究センター	独立行政法人通則法 （平成11年法律103号） 国立研究開発法人国際農林水産業研究センター法 （平成11年法律197号）

独立行政法人国民生活センター	独立行政法人通則法 （平成11年法律103号） 独立行政法人国民生活センター法 （平成14年法律123号）		
独立行政法人国立印刷局	独立行政法人通則法 （平成11年法律103号） 独立行政法人国立印刷局法 （平成14年法律41号）		
独立行政法人国立科学博物館	独立行政法人通則法 （平成11年法律103号） 独立行政法人国立科学博物館法 （平成11年法律172号）		
国立研究開発法人国立環境研究所	独立行政法人通則法 （平成11年法律103号） 国立研究開発法人国立環境研究所法 （平成11年法律216号）		
独立行政法人国立高等専門学校機構	独立行政法人通則法 （平成11年法律103号） 独立行政法人国立高等専門学校機構法 （平成15年法律113号）		
独立行政法人国立公文書館	独立行政法人通則法 （平成11年法律103号） 国立公文書館法 （平成11年法律79号）		
独立行政法人国立青少年教育振興機構	独立行政法人通則法 （平成11年法律103号） 独立行政法人国立青少年教育振興機構法 （平成11年法律167号）		

独立行政法人国立重度知的障害者総合施設のぞみの園	独立行政法人通則法 （平成11年法律103号） 独立行政法人国立重度知的障害者総合施設のぞみの園法 （平成14年法律167号）
独立行政法人国立女性教育会館	独立行政法人通則法 （平成11年法律103号） 独立行政法人国立女性教育会館法 （平成11年法律168号）
独立行政法人国立特別支援教育総合研究所	独立行政法人通則法 （平成11年法律103号） 独立行政法人国立特別支援教育総合研究所法 （平成11年法律165号）
独立行政法人国立美術館	独立行政法人通則法 （平成11年法律103号） 独立行政法人国立美術館法 （平成11年法律177号）
独立行政法人国立病院機構	独立行政法人通則法 （平成11年法律103号） 独立行政法人国立病院機構法 （平成14年法律191号）
独立行政法人国立文化財機構	独立行政法人通則法 （平成11年法律103号） 独立行政法人国立文化財機構法 （平成11年法律178号）

国立研究開発法人国立がん研究センター	独立行政法人通則法 （平成11年法律103号） 高度専門医療に関する研究等を行う国立研究開発法人に関する法律 （平成20年法律93号）
国立研究開発法人国立循環器病研究センター	
国立研究開発法人国立精神・神経医療研究センター	
国立研究開発法人国立国際医療研究センター	
国立研究開発法人国立成育医療研究センター	
国立研究開発法人国立長寿医療研究センター	
独立行政法人酒類総合研究所	独立行政法人通則法 （平成11年法律103号） 独立行政法人酒類総合研究所法 （平成11年法律164号）
国立研究開発法人産業技術総合研究所	独立行政法人通則法 （平成11年法律103号） 国立研究開発法人産業技術総合研究所法 （平成11年法律203号）
国立研究開発法人新エネルギー・産業技術総合開発機構	独立行政法人通則法 （平成11年法律103号） 国立研究開発法人新エネルギー・産業技術総合開発機構法 （平成14年法律145号）
国立研究開発法人森林研究・整備機構	独立行政法人通則法 （平成11年法律103号） 国立研究開発法人森林研究・整備機構法 （平成11年法律198号）
独立行政法人自動車事故対策機構	独立行政法人通則法 （平成11年法律103号） 独立行政法人自動車事故対策機構法 （平成14年法律183号）

独立行政法人住宅金融支援機構	独立行政法人通則法 （平成11年法律103号） 独立行政法人住宅金融支援機構法 （平成17年法律82号）	
国立研究開発法人情報通信研究機構	独立行政法人通則法 （平成11年法律103号） 国立研究開発法人情報通信研究機構法 （平成11年法律162号）	
独立行政法人自動車技術総合機構	独立行政法人通則法 （平成11年法律103号） 独立行政法人自動車技術総合機構法 （平成11年法律218号）	
独立行政法人情報処理推進機構	独立行政法人通則法 （平成11年法律103号） 情報処理の促進に関する法律 （昭和45年法律90号）	
国立研究開発法人水産研究・教育機構	独立行政法人通則法 （平成11年法律103号） 国立研究開発法人水産研究・教育機構法 （平成11年法律199号）	
独立行政法人製品評価技術基盤機構	独立行政法人通則法 （平成11年法律103号） 独立行政法人製品評価技術基盤機構法 （平成11年法律204号）	
独立行政法人石油天然ガス・金属鉱物資源機構	独立行政法人通則法 （平成11年法律103号） 独立行政法人石油天然ガス・金属鉱物資源機構法 （平成14年法律94号）	

独立行政法人造幣局	独立行政法人通則法 （平成11年法律103号） 独立行政法人造幣局法 （平成14年法律40号）
独立行政法人大学入試センター	独立行政法人通則法 （平成11年法律103号） 独立行政法人大学入試センター法 （平成11年法律166号）
独立行政法人大学改革支援・学位授与機構	独立行政法人通則法 （平成11年法律103号） 独立行政法人大学改革支援・学位授与機構法 （平成15年法律114号）
独立行政法人中小企業基盤整備機構	独立行政法人通則法 （平成11年法律103号） 独立行政法人中小企業基盤整備機構法 （平成14年法律147号）
独立行政法人駐留軍等労務管理機構	独立行政法人通則法 （平成11年法律103号） 独立行政法人駐留軍等労務管理機構法 （平成11年法律217号）
独立行政法人鉄道建設・運輸施設整備支援機構	独立行政法人通則法 （平成11年法律103号） 独立行政法人鉄道建設・運輸施設整備支援機構法 （平成14年法律180号）
独立行政法人統計センター	独立行政法人通則法 （平成11年法律103号） 独立行政法人統計センター法 （平成11年法律219号）

独立行政法人都市再生機構	独立行政法人通則法 （平成11年法律103号） 独立行政法人都市再生機構法 （平成15年法律100号）
国立研究開発法人土木研究所	独立行政法人通則法 （平成11年法律103号） 国立研究開発法人土木研究所法 （平成11年法律205号）
独立行政法人日本学術振興会	独立行政法人通則法 （平成11年法律103号） 独立行政法人日本学術振興会法 （平成14年法律159号）
国立研究開発法人日本医療研究開発機構	独立行政法人通則法 （平成11年法律103号） 国立研究開発法人日本医療研究開発機構法 （平成26年法律49号）
独立行政法人日本学生支援機構	独立行政法人通則法 （平成11年法律103号） 独立行政法人日本学生支援機構法 （平成15年法律94号）
独立行政法人日本芸術文化振興会	独立行政法人通則法 （平成11年法律103号） 独立行政法人日本芸術文化振興会法 （平成14年法律163号）
国立研究開発法人日本原子力研究開発機構	独立行政法人通則法 （平成11年法律103号） 国立研究開発法人日本原子力研究開発機構法 （平成16年法律155号）

独立行政法人日本高速道路保有・債務返済機構	独立行政法人通則法（平成11年法律103号） 独立行政法人日本高速道路保有・債務返済機構法（平成16年法律100号）
独立行政法人日本スポーツ振興センター	独立行政法人通則法（平成11年法律103号） 独立行政法人日本スポーツ振興センター法（平成14年法律162号）
独立行政法人日本貿易振興機構	独立行政法人通則法（平成11年法律103号） 独立行政法人日本貿易振興機構法（平成14年法律172号）
独立行政法人地域医療機能推進機構	独立行政法人通則法（平成11年法律103号） 独立行政法人地域医療機能推進機構法（平成17年法律71号）
年金積立金管理運用独立行政法人	独立行政法人通則法（平成11年法律103号） 年金積立金管理運用独立行政法人法（平成16年法律105号）
国立研究開発法人農業・食品産業技術総合研究機構	独立行政法人通則法（平成11年法律103号） 国立研究開発法人農業・食品産業技術総合研究機構法（平成11年法律192号）
独立行政法人農業者年金基金	独立行政法人通則法（平成11年法律103号） 独立行政法人農業者年金基金法（平成14年法律127号）

独立行政法人農畜産業振興機構	独立行政法人通則法 （平成11年法律103号） 独立行政法人農畜産業振興機構法 （平成14年法律126号）
独立行政法人農林漁業信用基金	独立行政法人通則法 （平成11年法律103号） 独立行政法人農林漁業信用基金法 （平成14年法律128号）
独立行政法人農林水産消費安全技術センター	独立行政法人通則法 （平成11年法律103号） 独立行政法人農林水産消費安全技術センター法 （平成11年法律183号）
独立行政法人福祉医療機構	独立行政法人通則法 （平成11年法律103号） 独立行政法人福祉医療機構法 （平成14年法律166号）
国立研究開発法人物質・材料研究機構	独立行政法人通則法 （平成11年法律103号） 国立研究開発法人物質・材料研究機構法 （平成11年法律173号）
独立行政法人北方領土問題対策協会	独立行政法人通則法 （平成11年法律103号） 独立行政法人北方領土問題対策協会法 （平成14年法律132号）
国立研究開発法人防災科学技術研究所	独立行政法人通則法 （平成11年法律103号） 国立研究開発法人防災科学技術研究所法 （平成11年法律174号）

独立行政法人水資源機構	独立行政法人通則法（平成11年法律103号）独立行政法人水資源機構法（平成14年法律182号）		
独立行政法人郵便貯金・簡易生命保険管理機構	独立行政法人通則法（平成11年法律103号）独立行政法人郵便貯金・簡易生命保険管理機構法（平成17年法律101号）		
国立研究開発法人理化学研究所	独立行政法人通則法（平成11年法律103号）国立研究開発法人理化学研究所法（平成14年法律160号）		
国立研究開発法人量子科学技術研究開発機構	独立行政法人通則法（平成11年法律103号）国立研究開発法人量子科学技術研究開発機構法（平成11年法律176号）		
独立行政法人労働者健康安全機構	独立行政法人通則法（平成11年法律103号）独立行政法人労働者健康安全機構法（平成14年法律171号）		
独立行政法人労働政策研究・研修機構	独立行政法人通則法（平成11年法律103号）独立行政法人労働政策研究・研修機構法（平成14年法律169号）		

第3節　登記事項

1　各法人に共通な登記事項

　各法人の登記事項は，それぞれの法人の性質等を考慮して当該法人の設立根拠法又は登記手続法令に規定されているが，各法人とも少くとも次の事項は登記事項とされている。

(1)　名称
(2)　事務所

　事務所には，主たる事務所（会社の本店に相当するもの）と従たる事務所（会社の支店に相当するもの）がある。従たる事務所は，会社の場合と同様に法人の規模に応じて設置されるので，必ずしも設置されるとは限らない。

(3)　代表者

　法人の登記においては，必ず代表者，すなわち「代表権を有する者」が登記されるが，この規定の仕方には，大体次のような方法がある。

　①　理事の氏名及び住所

　代表者を理事とする場合の規定の仕方で，これは酒類業組合（酒造組合，酒販組合）について規定する方法である（酒税の保全及び酒類業組合等に関する法律23条）。

　②　代表権を有する者の氏名，住所及び資格

　代表者を代表権を有する者とする規定の仕方で，これは独立行政法人，組合等，事業協同組合，農業協同組合及び宗教法人等大多数の法人について規定する方法である。この場合には，代表権を有する者の資格（例えば，代表理事，理事長，理事，会長，総裁，仮理事，清算人等），氏名及び住所が登記される。この規定の仕方と他の仕方で異なる大きな点は，代表権を有する者として仮理事が登記されることと清算人が就任した場合である。法人が解散した場合に②の方法で規定されている法人にあっては，清算人の就任の登記ではなく，代表権を有する者の変更の登記として処理される（登記研究202号64頁）**(注1)**。なお，初めてする清算人の登記の場合には，清算人の就

任の年月日の登記は要しないとされている（昭和41年8月24日民事甲第2441号民事局長回答）(注2)が，②の方法の場合には代表権を有する者の変更になるので，清算人の就任の年月日が登記されることになる（登記研究224号73頁）(注3)。

　③　会長及び副会長の氏名及び住所

弁護士会及び日本弁護士連合会について規定する方法である（弁護士法34条2項4号，50条）。

　④　代表者の氏名及び住所

労働組合について規定する方法である（労働組合法施行令3条4号）。

2　特定の法人に固有な登記事項

以上1に述べた各法人に共通な登記事項のほか，法人によっては次のような事項が登記事項とされている。これらについては，当該法人の登記手続の章において説明する。

　(1)　目的及び業務
　(2)　共同代表の定め
　(3)　代表権の範囲又は制限に関する定め
　(4)　代理人・参事の氏名及び住所
　(5)　代理人の代理権の範囲
　(6)　地区・区域・地域
　(7)　公告の方法
　(8)　存立時期又は解散の事由
　(9)　設立許可の年月日
　(10)　出資一口の金額
　(11)　出資一口の金額について払込んだ金額
　(12)　出資払込の方法
　(13)　出資の総口数
　(14)　資本金・資産の総額・基本金・基金
　(15)　払込んだ出資の総額

(注1) 登記研究202号64頁
　　　清算人の登記について
　問　商業登記法の施行に伴う関係法令の整理等に関する法律の施行によりまして，各種法人の清算人の登記に関する条文が削除されましたが，これは登記事項である代表権を有する者の氏名，住所及び資格に関する規定のうちに，当然代表権を有する清算人が含まれると解されますので，代表権を有する清算人は登記すべきだと考えますが，いかがでしょうか。
　　　いささか，疑義があるので，おたずねします。
　答　貴見のとおり考えます。

(注2) 昭和41年8月24日民事甲第2441号民事局長回答
　(伺い)　会社が解散し，商法第123条第1項又は同条第2項又はその準用規定により最初の清算人に関する登記をする場合，清算人及び代表清算人の就任年月日並びに共同代表についての規定を設けた年月日は，何れも登記することを要しないものと考えますが，いささか疑義がありますので，何分の御垂示を賜わりたくお伺いいたします。
　(回答)　客月20日付登第319号をもつて照会のあつた標記の件については，貴見のとおりと考える。

(注3) 登記研究224号73頁
　　　組合の清算人の就任の登記について
　問　会社が解散したときにする清算人の就任の登記の際には，清算人の就任年月日の登記をする必要はないものとされておりますが(最新商業登記書式精義482頁，商法123Ⅰ，Ⅱ)，組合の解散当初の清算人の就任の登記をする場合には，清算人の就任年月日を登記しなければなりませんか。
　答　組合の清算人の就任の登記は，代表権を有する者の変更の登記としてすることとなるので，清算人の就任の年月日は，変更の年月日として記載する(組合等登記令6条1項，中小企業等協同組合法86条1項等)のが相当と考えます。

第2章　登記申請義務

　法人についても，登記すべき事項に変更が生じたときは，所定の期間内に当該法人の代表者が登記の申請をしなければならないこととされている（独法令3条，4条，6条1項・3項，7条，8条，9条1項・3項，10条，11条，組合等令3条，4条，6条1項・3項，7条，7条の2，8条，8条の2，9条，10条，11条1項・3項，12条，13条等）。登記を怠ったときは，たとえ日本銀行のような法人であっても，登記を申請する義務のある者は，過料に処される（日本銀行法65条4号，独立行政法人通則法71条4号）。

　なお，登記すべき事項であって，官庁の認可を要するものについては，その認可書の到達した時から登記期間を起算することになる（独法令17条，組合等令24条）。

第3章　法人登記の管轄及び登記官

　商業登記の管轄については，商業登記法１条の３に「登記の事務は，当事者の営業所の所在地を管轄する法務局若しくは地方法務局若しくはこれらの支局又はこれらの出張所（以下単に「登記所」という。）がつかさどる。」というように規定されている。ところが，法人登記については，すべての法人の登記手続を規定する法人登記法といった法律は制定されていないので，第１章第２節「法人の種類別設立根拠法及び登記手続法令一覧表」で述べているように数多くある登記の手続法令の中に法人ごとに規定されている。しかし，現実には，独立行政法人等登記令はその18条において，組合等登記令はその25条において，一般社団法人及び一般財団法人に関する法律はその330条において，商業登記法１条の３の規定を準用しているというように，ほとんどの法人が，その登記手続法令において商業登記法１条の３の規定を準用しているので，法令上は，商業登記も法人登記も同じ登記所で取り扱われることになる。ところが，商業登記法２条の規定を受けて制定された登記事務委任規則の定めるところにより，多くの登記所では商業登記の事務を取り扱わず，商業登記の事務の取扱いを法務局又は地方法務局の本局又は特定の支局である登記所に委任している。その具体例をあげれば，次のとおりである。

（登記事務委任規則）
第２条　横浜地方法務局川崎支局，神奈川出張所，金沢出張所，港北出張所，戸塚出張所，旭出張所，栄出張所，青葉出張所及び麻生出張所の管轄に属する商業登記の事務（商業登記法（昭和38年法律第125号）第10条第２項（同法第12条第２項において準用する場合を含む。以下同じ。）の規定による交付の請求に係る事務を除く。）は，横浜地方法務局で取り扱わせる。

２　横浜地方法務局横須賀支局，小田原支局，相模原支局，厚木支局，平塚出張所及び大和出張所の管轄に属する商業登記の事務（商業登記法第10条

第2項の規定による交付の請求に係る事務を除く。）は，横浜地方法務局湘南支局で取り扱わせる。

そして，法人登記については，登記事務委任規則（昭和24年法務府令13号）46条1項1号で「この省令中商業登記の事務に関する規定は，次に掲げる事務について準用する。一　法人（会社及び外国会社を除く。）の登記の事務」と規定しているので，法人登記についても商業登記と同様，法務局又は地方法務局の本局若しくは特定の支局を中心とする登記所で取り扱われている。ただし，東京法務局では，事件数が多い関係で出張所でも取り扱われている。

なお，法人登記事務の停止，登記官とその職務執行の制限等については，商業登記法3条，4条及び5条の規定が準用されている（独法令18条，組合等令25条，法人法330条等）。

第4章　法人登記に関する帳簿とその公開

1　備付帳簿

　法人登記についても，登記簿のほか，受付帳，申請書類綴込帳等所定の帳簿を設けることとされている（法人法316条，組合等令15条，独法令12条，一般法登規3条，各種法登規5条，商登準82条）。登記簿は，独立行政法人等登記簿（独法令12条），組合等登記簿（組合等令15条），一般社団法人登記簿，一般財団法人登記簿（法人法316条），宗教法人登記簿（宗教法人法62条2項），労働組合登記簿（労働組合法施行令7条2項）というように，それぞれの登記手続法令に定められている。

　なお，受付帳や申請書類綴込帳は，法人の種類ごとに別冊にする必要はなく，一連の受付番号を付してもよいとされている（昭和35年10月5日民事甲第2425号民事局長回答）**(注)**が，法人登記と商業登記は，別個にしなければならない。

2　帳簿の保管等

　法人登記についても，商業登記法の登記簿等の持出禁止（商登法7条），登記簿の滅失回復（商登法8条），登記簿等の滅失防止（商登法9条）の規定等が準用されている（法人法330条，独法令18条，組合等令25条等）。

3　帳簿の公開

　登記簿については，商業登記簿と同様，登記事項証明書及び登記事項要約書の方法による公開が認められている（商登法10条，11条，商登規30条，31条，法人法330条，独法令18条，組合等令25条，各種法登規5条，一般法登規3条）。

(注)　昭和35年10月5日民事甲第2425号民事局長通達
　　　会社及び相互会社以外の法人の登記事件の受付帳等の取扱方について
　　標記の件について，別紙甲号のとおり水戸地方法務局長から照会があつたので，別紙乙号のとおり回答したから，この旨貴管下登記官吏に周知方取り計らわれたい。

(別紙甲号)

　会社及び相互会社以外の法人の登記事件の受附帳、登記事件の申請書類つづり込帳及び登記事件以外の申請書類つづり込帳等は、法人の種類ごとに設けることになっており、これらの法人登記は僅少な事件数にかかわらず、数多い帳簿が設けられている現状（別紙参照）でありますが、法人登記規則の適用される法人登記については、総べて一冊の帳簿により一連の進行番号をもって処理しても別段弊害の生ずるようなことも考えられないので、これが取扱方につき何分の御垂示を願います。

別　紙

会社及び相互会社以外の法人の登記事件の受付帳等冊数調

登記所名	昭和35年1月から7月までの甲号件数	登記事件の受付帳の冊数	登記事件の申請書類つづり込帳の冊数	昭和35年1月から7月までの乙号件数	登記事件以外の申請書類つづり込帳の冊数	備考
本　　局	360件	32冊	32冊	2679件	30冊	
日立支局	61	11	11	395	11	
太田　〃	91	8	8	180	11	
土浦　〃	91	14	14	280	13	
竜ヶ崎〃	39	7	7	120	4	
麻生　〃	37	10	10	71	10	
下妻　〃	33	5	5	88	5	
石塚出張所	26	3	3	44	4	
那珂湊〃	76	8	8	276	8	
堅倉　〃	24	7	7	128	8	
小川　〃	29	5	5	91	5	
鉾田　〃	52	4	4	76	4	
菅谷　〃	15	3	3	38	3	
笠間　〃	53	8	8	93	7	
岩瀬　〃	9	3	3	30	3	

（以下省略）

(別紙乙号)

　9月2日付日記登第324号で照会の件については、会社及び相互会社以外の法人の受附帳、登記事件の申請書類つづり込帳及び登記事件以外の申請書類つづり込帳は、法人の種類ごとに一冊とすることを要せず、これらの法人について、すべて一連の受附番号又は進行番号を付してさしつかえない。

第5章　登記申請手続

第1節　登記申請手続の原則

第1　当事者申請主義

　法人登記の手続は，法令に別段の定めがある場合を除いて，当事者の申請又は官庁の嘱託に基づいてのみ開始される（法人法330条，独法令18条，組合等令25条，商登法14条）が，このことを当事者申請主義という。なお，ここに当事者とは，登記を受ける主体となる法人をいう。法人登記においては，不動産登記のように登記権利者及び登記義務者という概念はない。

　ところで，当事者申請主義の例外として，法令に別段の定めがある場合とは，登記官の職権による登記等をいう（商登法14条参照）が，これらには，次のような登記がある。

(1)　職権更正登記（法人法330条，独法令18条，組合等令25条，商登法133条2項）

(2)　登記の職権抹消登記（法人法330条，独法令18条，組合等令25条，商登法135条・137条）

(3)　法務局長又は地方法務局長の命令による登記（法人法330条，独法令18条，組合等令25条，商登法146条）

第2　書面主義

　登記の申請は，法令で定める事項を記載した書面を登記所に提出してしなければならない（法人法330条，商登法17条）。口頭や電話等による申請は認められない（商登法17条1項・24条6号）。官庁の嘱託による登記の場合も同様である。ただし，オンライン申請をすることができる（行政手続等における情報通信の技術の利用に関する法律3条，各種法登規5条，一般法登規3条，商登規101条～103条）。

第3 郵送等による申請

登記の申請は，申請書等を登記所に直接提出する方法のほか，申請書等を郵送又は信書便等によってすることができる。これらの点については，商業登記の場合と同様である。

第2節 登記申請書

第1 申請書の様式

法人登記の申請は，商業登記の場合と同様，オンライン申請の場合を除き，書面（実務上，これを登記申請書という）でしなければならない（法人法330条，商登法17条1項）が，申請書の規格，紙質等については法定されていない。実務上は，日本工業規格B列4番の5年間の保存に耐える程度（申請書の保存期間は5年間とされている。）の紙質の用紙（各種法登規5条，一般法登規3条，商登規34条4号）をまん中に折って使用することになっている。したがって，折目になる部分には文字を記載しないように注意しなければならず，申請書の記載は横書きである（各種法登規5条，一般法登規3条，商登規35条1項）。

第2 申請書の記載文字

1 字画明確

登記用紙又は申請書その他登記に関する書面に記載する文字は，字画を明確にしなければならない（各種法登規5条，一般法登規3条，商登規48条1項）。

2 漢数字又はアラビア数字の使用

金銭その他の物の数量，年月日及び番号を記載するには「壱，弐，参，拾」の文字を用いなければならない。ただし，横書きをするときは，アラビア数字を用いることができる（各種法登規5条，一般法登規3条，商登規48

条2項)。

3　文字の訂正

　文字の訂正，加入又は削除をしたときは，その字数を欄外に記載し，又は訂正，加入若しくは削除をする文字の前後に括弧を付して，その範囲を明らかにし，かつ，その字数を欄外に記載した部分又は当該訂正，加入若しくは削除をした部分に押印しなければならない。この場合において，訂正又は削除をした文字は，なお読むことができるようにしておかなければならない（各種法登規5条，一般法登規3条，商登規48条3項)。

第3　記載事項

　法人登記の申請書には，次の事項を記載し，法人の代表者が，記名（又は署名）押印しなければならない（組合等令25条，独法令18条，法人法330条，商登法17条1項)。代表者が，申請書又は委任状に押す印鑑は，法人法330条等によって準用する商業登記法20条の規定によって登記所に提出している印鑑でなければならない（組合等令25条，独法令18条，法人法330条等，商登法24条7号)。

1　申請人の名称及び主たる事務所

　主たる事務所や代表者等の住所は，都道府県名から記載する取扱いであるが，地方自治法252条の19第1項の指定都市（札幌，仙台，さいたま，千葉，川崎，横浜，相模原，新潟，静岡，浜松，名古屋，京都，大阪，堺，神戸，岡山，広島，北九州，福岡，熊本）及び都道府県名と同一名称の市にあっては，都道府県名を記載しなくてもよいこととされている（昭和32年12月24日民事甲第2419号民事局長回答)(**注1**)。なお，平成30年3月12日から，法人名のフリガナを記載することとされた（平成30年2月27日民商第26号民事局長通達)。

2　従たる事務所

　従たる事務所の所在地において申請するときは，その従たる事務所も記載する（組合等令25条，独法令18条，法人法330条，商登法17条3項）が，同一登記所の管轄内に2以上の従たる事務所があるときは，1従たる事務所を

記載すれば足りる。

3　代理人の氏名及び住所

代理人によって申請するときは，その氏名及び住所を記載する（組合等令25条，独法令18条，法人法330条，商登法17条2項）。代理人が司法書士の場合は，事務所の所在地でも差し支えない。

4　登記の事由

どのような事由によって登記を申請するかを記載する。これは，法人登記においては，どのような場合に登記をしなければならないかが法定されているので，どのような事由によって登記をするかを明らかにするために記載するわけである。したがって，登記の事由を特定できる程度に簡潔に登記の事由発生の年月日と併せて記載すれば足りる。ただし，登記すべき事項の記載から登記の事由の発生の年月日がわかるときは，発生の年月日は重ねて記載する必要はない。

5　登記すべき事項

(1)　主たる事務所の所在地で申請する場合

登記すべき事項とは，法人法や宗教法人法等の設立根拠法で登記をしなければならないと定められている事項及び登記をすることができると定められている事項をいう。登記すべき事項は，「平成何年何月何日理事甲野一郎就任」というように，どのような登記を求めるかを具体的かつ簡潔に記載する。

(2)　従たる事務所の所在地において申請する場合

主たる事務所及び従たる事務所の所在地の両方で登記を要する事項について従たる事務所の所在地で申請する場合には，申請書に記載する登記すべき事項は，主たる事務所の所在地においてすでに登記をした登記事項証明書の記載を赤鉛筆で囲む等明らかにして引用し，「別紙登記事項証明書のとおり」というように記載することができる（各種法登規5条，一般法登規3条，商登規62条）。

6　許可書の到達した年月日

登記すべき事項について官庁の許可を要するときは，許可書の到達した年

月日を記載しなければならない（組合等令25条，独法令18条，法人法330条，商登法17条2項5号）。

7　年月日

登記の申請書を登記所に提出する年月日を記載する（組合等令25条，独法令18条，法人法330条，商登法17条2項7号）。従たる事務所の所在地における登記を郵送によって申請する場合は，郵送に付した年月日を記載する。

8　登記所の表示

登記申請書を提出する法務局若しくは地方法務局又はその支局若しくは出張所の名称を記載する（組合等令25条，独法令18条，法人法330条，商登法17条2項8号）。

9　添付書類の標目及び通数

法令に規定はないが，実務上は，添付書類の名称及びその通数を記載することとされている（昭和36年9月15日民事甲第2281号民事局長通達）(注2)。

第4　一括申請

　一括申請とは，申請人及び管轄登記所が同一の場合に，数個の登記すべき事項を一通の申請書に記載して申請することをいう。法人登記関係の法令には，一括申請に関する規定はないが，実務上は，一括申請ができるものと解されている（各種法登規5条，一般法登規3条，商登規37条参照）。

(注1)　昭和32年12月24日民事甲第2419号民事局長通達
　　　　登記簿に記載する本店，支店，事務所又は役員の住所等の表示について
　　　商業及び各種法人登記簿に記載する本店，支店，事務所又は役員の住所等については，地方自治法第252条の19第1項の指定都市（京都，大阪，横浜，神戸，名古屋）及び都道府県名と同一名称の市を除いては，都道府県名をも記載するのが相当であるので，この旨貴管下登記官吏に周知方しかるべく取り計らわれたい。
　　　もっとも，申請書に右の趣旨の記載がなされていない場合においてその補正ができないときでも，これのみを理由として当該申請を却下すべきではなく，この場合には申請書に記載のとおり登記簿に記載するほかはないので，念のため申し添える。

(注2)　昭和36年9月15日民事甲第2281号民事局長通達
　　　　登記申請書に添付書類を記載させることについて（通達）

標記の件について，別紙甲号のとおり岐阜地方法務局長から問合せがあり，別紙乙号のとおり回答したので，この旨貴管下登記官吏に周知方しかるべく取り計らわれたい。

(別紙甲号)

登記申請の際に提出する書類を当該登記申請書に添付書類として記載させることが通例であり，また記載させることが当然のようにも考えられるところ，一部の法務局管内においては，永年の慣行として，これに記載させないばかりでなく，記載することに反対の意向を示す司法書士等もあるようですが，事務の適正合理化を要請される現在においては，なるべく全国的に統一することが望ましいものと思料せられます。

右につき，本省の御意見を拝承致したく，お伺いします。

(別紙乙号)

昭和36年7月19日付日記第408号で問合せのあった標記の件については，当該添付書類をその通数とともに記載させるのを相当と考える。

第3節 添付書類

第1 添付書類の通則

登記の申請書には，登記すべき事項の真正を担保するため，一定の書面の添付が義務づけられている。この書面を添付書面といい，添付書面を総称して添付書類という（法人法330条，商登法18条，各種法登規5条，一般法登規3条，商登規49条参照）が，この点については，現在では，それ程厳格に考えられていないようである。ところで，どのような書面を添付しなければならないかは，各登記ごとに定められているので，各論において述べることにする。ここでは，各登記に共通な添付書面について述べることにする。

1 代理権限を証する書面

代理人によって登記の申請をするには，申請書にその権限を証する書面を添付しなければならない（法人法330条，商登法18条）。

任意代理の場合は委任状が，代理権限を証する書面になる。委任状には，他の添付書面とあいまっていかなる登記を委任しているかが判明するよう具体的に記載し，法人法330条等によって準用する商業登記法20条の規定に

よって登記所に提出している印鑑を押印しなければならない（法人法330条，商登法24条7号）。ここで注意を要するのは，登記申請の取下げをする場合と添付書類の原本還付を請求する場合には，登記申請書補正のための取下げの場合を除き，いずれも委任状にその権限が記載されている必要があるということである。

2 官庁の許可書

官庁の許可又は認可を要する事項の登記（登記すべき事項について官庁の許可又は認可を要する場合）を申請するには，申請書に官庁の許可又は認可書若しくはその認証がある謄本を添付しなければならない（法人法330条，独法令18条，組合等令25条，商登法19条）。官庁の許可を要する事項とは，官庁の許可が登記すべき事項の効力発生要件となっている場合をいう（昭和26年8月21日民事甲第1717号民事局長通達）(注1)。実務上は，官庁の認可という場合が多いようであるが，官庁の認可が登記すべき事項の効力発生要件となっている場合には，官庁の許可と同様に取り扱われる。

第2 添付書類の援用

同一の登記所に対し，同時に数個の登記の申請を連続してする場合に，各申請書に添付すべき書類に内容が同一であるものがあるときは，一個の申請書のみに一通を添付すれば足りる（各種法登規5条，一般法登規3条，商登規37条1項）。この場合には，他の申請書の添付書類の表示欄に，たとえば「社員総会議事録　1通　ただし，前件添付のものを援用する。」というように記載する（各種法登規5条，一般法登規3条，商登規37条2項）。

第3 添付書類の原本還付

登記の申請人は，申請書に添付した書類の還付を請求することができる（各種法登規5条，一般法登規3条，商登規49条1項）。これを実務上，原本還付という。

添付書類の還付を請求するには，登記の申請書に当該書類と相違がない旨を記載した謄本（実務上は，原本をコピーした謄本の最後の余白に，「この

謄本は原本と相違ありません」及び「作成年月日」を記載し，代表者又は申請代理人が署名又は記名押印する。）を添付すれば足りる。

　なお，社員総会議事録や理事会議事録については，謄本の代りに，便宜必要な事項のみをコピーした抄本でも差し支えないとされている（昭和52年10月15日民四第5546号民事局第四課長回答）（注2）。

　登記官は，添付書類を還付したときは，その謄本又は抄本と登記の申請書又は還付請求書の1枚目の用紙表面余白に，商業登記等事務取扱手続準則別記29号様式による印版を押印し，登記官印を押印しなければならない（各種法登規5条，一般法登規3条，商登規49条3項，商登準52条1項）。

　代理人によって原本還付の請求をする場合には，登記申請書にその権限を証する書面（実務上は，委任状に，授権事項として登記申請に関する権限のほか，原本還付請求ならびに受領に関する一切の権限を付加している。）を添付しなければならない（各種法登規5条，一般法登規3条，商登規49条4項）。

（注1）　昭和26年8月21日民事甲第1717号民事局長通達
　　登記申請書に添付すべき許可書，認可書等の取扱いについて（商通第7号）
　　非訟事件手続法第150条ノ2並びにその準用規定により登記申請書に添付すべき許可又は認可を証する書面については，当該許可又は認可が登記すべき事項の効力要件である場合に限りこれを添付すべく，例えば営業許可のごとく当該許可又は認可が登記事項の効力要件でない場合には，その添付を要しないものと解せられる（商業登記規則第21条参照）ので，この旨貴管下登記官吏に周知方然るべく取り計らわれたい。
　　なお，登記申請書に許可書，認可書等の添付を要する事項及び要せざる事項については，実務上の便宜に資するため，追って一覧表を作成の上送付する予定であるから参考までに申し添える。

（注2）　昭和52年10月15日民事甲第5546号民事局第四課長回答
　　商業法人登記申請書に添付すべき議事録の還付手続について
　（照会）商業法人登記申請書に添付すべき議事録の還付を請求する場合においては，当該書類と相違がない旨を記載した謄本を添付しなければならないこととされておりますが（商業登記規則第49条第2項，法人登記規則第9条），申請人の負担の軽減及び事務合理化の見地から，右謄本に代え，当該登記申請に不必要な部分の謄写を省略した抄本を添付した場合でも，便宜原本還付の取扱いをしても差し支えないと考えますがいかがでしょうか，いささか疑義がありますので，お伺い

します。
(回答) 本年10月13日付札登第127号をもって照会のあった標記の件については，貴見のとおりと考える。

第6章　印鑑の提出及び印鑑の証明

1　印鑑の提出

　法人登記についても，商業登記と同様，登記の申請書に押印すべき者は，あらかじめその印鑑を登記所に提出しなければならないとされている（法人法330条，独法令18条，組合等令25条等による商登法20条の準用）。

　印鑑提出の時期，方法，印鑑の再提出及び印鑑廃止の届出等，すべて商業登記の場合と同様である（各種法登規5条，一般法登規3条による商登規9条から9条の4までの準用）。

　なお，法人において登記される代理人，参事等のように支配人と同種の者（農協法43条3項，会社法11条1項）は，支配人と同様印鑑の提出をすることができる（独法令18条，組合等令25条による商登法12条の準用）。

2　印鑑の証明

　印鑑を登記所に提出している者は，商業登記の場合と同様，手数料を納付して，その印鑑の証明書の交付を請求することができる（これは，当該法人の設立根拠法によって商業登記法12条が準用されているためである。）。

　なお，この場合に，会社法346条1項（法律又は定款に定める役員の員数を欠いた場合の役員としての権利義務規定）のような法律の規定がない法人（例えば，特定非営利活動法人）においては，代表権を有する者の任期が満了している場合には，会社の場合と異なり，その者について，資格証明や印鑑証明書等の交付請求に応じることができるか否かの問題がある。法務当局は，かつて消極的な見解であった（民事月報42巻4号215頁(注1)，登記研究436号106頁(注2)，449号90頁(注3)）が，平成18年7月10日の最高裁判所の判決(注4)を受け，現在では，印鑑証明書等の交付は可能とされている（平成19年1月11日民商第31号民事局商事課長通知)(注5)。また，破産手続開始の登記がされた法人の破産手続開始の決定当時の代表の印鑑証明書についても，平成21年4月17日の最高裁判所の判決(注6)を受け，現在では，破産手続開始の登記がある旨付記して交付できるとされている（平成23年4月

1日民商第816号民事局商事課長通知)(注7)。

(注1)　民事月報42巻4号215頁（昭和62年3月11日民四第1085号民事局第四課長通知の解説参照）

(注2)　登記研究436号106頁
　　　任期満了している社会福祉法人の代表理事と主たる事務所移転の登記申請の可否について
　　問　登記簿上，既に任期満了となっている社会福祉法人の代表理事から主たる事務所移転の登記を申請することはできないと考えますが，いかがでしょうか。
　　答　御意見のとおりと考えます。

(注3)　登記研究449号90頁
　　　印鑑証明書交付の可否
　　問　登記簿上任期の満了している社会福祉法人の理事については，印鑑証明書の交付ができないと考えますが，いかがでしょうか。
　　答　御意見のとおりと考えます。

(注4)　最高裁平成18年7月10日第二小法廷判決（平成17年（受）第614号理事長選任互選不存在確認等請求事件）
　　　社会福祉法は，理事の退任によって定款に定めた理事の員数を欠くに至り，かつ，定款の定めによれば，在任する理事だけでは後任理事を選任するのに必要な員数に満たないため後任理事を選任することができない場合（理事全員が退任して在任する理事が存在しない場合も含まれる。）について，同法45条で仮理事の選任について定めた民法56条の規定を準用するのみで，新たに選任された取締役が就任するまで退任した取締役が取締役としての権利義務を有する旨定めた商法（平成17年法律第87号による改正前のもの）258条1項の規定を準用していなかったし，これと同旨の会社法346条1項の規定も準用していない。したがって，社会福祉法は，上記のような場合については，原則として，仮理事を選任し，在任する理事と仮理事とにおいて後任理事を選任することを予定しているものと解される。しかし，社会福祉法人と理事との関係は，基本的には，民法の委任に関する規定に従うものと解されるから，仮理事の選任を待つことができないような急迫の事情があり，かつ，退任した理事と当該社会福祉法人との間の信頼関係が維持されていて，退任した理事に後任理事の選任をゆだねても選任の適正が損なわれるおそれがない場合には，受任者は委任の終了後に急迫の事情があるときは必要な処分をしなければならない旨定めた民法654条の趣旨に照らし，退任した理事は，後任理事の選任をすることができるものと解するのが相当である。

（注5） 平成19年1月11日民商第31号民事局商事課長通知
　　　　社会福祉法人の理事の変更登記申請の受否について
　　　　　　（平成19.1.11民商第31号法務局民事行政部長
　　　　　　　地方法務局長（山口地方法務局を除く）あて法務省民事局商事課長通知）

　　（通知）

　標記の件について，別紙1のとおり山口地方法務局長から照会があり，別紙2のとおり民事局長から回答がありましたので，この旨貴管下登記官に周知方お取り計らい願います。

　　　　　　　　　　　　　　　　　　　　　　　　　　　　　　　別紙1
　　　　　　　　　　　　　　　　　　　　　　　　　　登　第　220　号
　　　　　　　　　　　　　　　　　　　　　　　　　　平成18年12月12日

　法務省民事局長　殿
　　（広島法務局長経由）

　　　　　　　　　　　　　　　　　　　　　　　　　　　　　山口地方法務局長

　　　　社会福祉法人の理事の変更登記申請の受否について（照会）

　社会福祉法人の理事の全員が任期満了により退任し，その後，後任理事が選任されたとして，変更の登記が申請されました。当該社会福祉法人の定款には「理事は，理事総数の3分の2以上の同意を得て，理事長が委嘱する」との規定がありますが，添付書面等から仮理事が選任された事実は認められません。先般，「社会福祉法人と理事との関係は，基本的には，民法の委任に関する規定に従うものと解されるから，仮理事の選任を待つことができないような急迫の事情があり，かつ，退任した理事と当該社会福祉法人との間の信頼関係が維持されていて，退任した理事に後任理事の選任をゆだねても選任の適正が損なわれるおそれがない場合には，受任者は委任の終了後に急迫の事情があるときは必要な処分をしなければならない旨定めた民法654条の趣旨に照らし，退任した理事は，後任理事の選任をすることができるものと解するのが相当である」との判決（最高裁平成18年7月10日第二小法廷判決）があったことから，本件申請については，受理して差し支えないと考えますが，「社会福祉法人の役員全員任期満了し，後任者の選任がない場合には社会福祉事業法第43条で準用する民法第56条の規定により選任された仮理事が役員選任手続を行うものであって，民法第654条の規定は適用されない」との貴職回答（昭和32年3月29日付け民事甲第636号民事局長回答）もあり，いささか疑義がありますので，照会します。

　また，本件申請を受理することができる場合には，組合等登記令第17条第1項の登記事項の変更を証する書面において，急迫の事情がある旨の記載がされている必要があると考えますが，この点についても併せて照会します。

別紙2
法務省民商第30号
平成19年1月11日

山口地方法務局長　殿

法務省民事局長

社会福祉法人の理事の変更登記申請の受否について（回答）

　平成18年12月12日付け登第220号をもって照会のありました標記の件については，貴見のとおりと考えます。

　なお，登記簿上，就任後2年を経過している社会福祉法人の理事についても，代表者事項証明書及び印鑑証明書を交付して差し支えないので，申し添えます。

（注6） 最高裁平成21年4月17日第二小法廷判決（平成20（受）951株主総会等決議不存在確認請求事件）

　1　本件は，被上告人の株主であり平成19年6月28日当時被上告人の取締役であった上告人らが，被上告人に対し，①　同日に開催されたとする被上告人の臨時株主総会における，上告人らを取締役から，Bを監査役から解任し，新たな取締役及び監査役を選任することを内容とする株主総会決議（以下「本件株主総会決議」という。），②　同日に新たに選任されたとする取締役らによって開催されたとする被上告人の取締役会における代表取締役選任決議（以下，上記両決議を併せて「本件株主総会決議等」という。）の不存在確認を求める事案である。

　記録によれば，上告人らは，平成19年7月10日，福島地方裁判所に本件訴訟を提起したが，被上告人は，第1審係属中の同年9月7日，破産手続開始の決定を受け，破産管財人が選任されたことが明らかである。

　2　原審は，次のとおり判断して，上告人らの訴えをいずれも却下した。

　被上告人が破産手続開始の決定を受け，破産管財人が選任されたことにより，本件株主総会決議で選任されたとする取締役らは，いずれも，被上告人との委任関係が当然終了してその地位を喪失し，他方，同決議で解任されたとする取締役らについても，本件訴訟で勝訴したとしても，破産手続開始の時点で委任関係が当然終了したものと扱われるので，被上告人の取締役らとしての地位に復活する余地はないから，特別の事情がない限り，本件株主総会決議等不存在確認の訴えは訴えの利益がない。そして，同訴えにつき訴えの利益を肯定すべき特別の事情があるとは認められない。

　3　しかしながら，原審の上記判断は是認することができない。その理由は，次のとおりである。

　民法653条は，委任者が破産手続開始の決定を受けたことを委任の終了事由として規定するが，これは，破産手続開始により委任者が自らすることができなくな

た財産の管理又は処分に関する行為は，受任者もまたこれをすることができないため，委任者の財産に関する行為を内容とする通常の委任は目的を達し得ず終了することによるものと解される。会社が破産手続開始の決定を受けた場合，破産財団についての管理処分権限は破産管財人に帰属するが，役員の選任又は解任のような破産財団に関する管理処分権限と無関係な会社組織に係る行為等は，破産管財人の権限に属するものではなく，破産者たる会社が自ら行うことができるというべきである。そうすると，同条の趣旨に照らし，会社につき破産手続開始の決定がされても直ちには会社と取締役又は監査役との委任関係は終了するものではないから，破産手続開始当時の取締役らは，破産手続開始によりその地位を当然には失わず，会社組織に係る行為等については取締役としての権限を行使し得ると解するのが相当である（最高裁平成12年（受）第56号同16年6月10日第一小法廷判決・民集58巻5号1178頁参照）。

　したがって，株式会社の取締役又は監査役の解任又は選任を内容とする株主総会決議不存在確認の訴えの係属中に当該株式会社が破産手続開始の決定を受けても，上記訴訟についての訴えの利益は当然には消滅しないと解すべきである。

　4　以上によれば，被上告人が破産手続開始の決定を受け，破産管財人が選任されたことにより，当然に取締役らがその地位を喪失したことを前提に，訴えの利益が消滅したとして本件株主総会決議等不存在確認の訴えを却下した原審の判断には法令解釈の誤りがあり，この違法が原判決に影響を及ぼすことは明らかである。論旨はこの趣旨をいうものとして理由があり，原判決は破棄を免れない。そこで，本案につき審理を尽くさせるため，本件を原審に差し戻すこととする。

(注7)　平成23年4月1日民商第816号民事局商事課長通知
　　　破産手続開始の登記がされた会社その他の法人の破産手続開始の決定当時の代表者に係る代表者事項証明書又は印鑑の証明書の交付について
　　(通知)
　　　標記の件について，別紙1のとおり東京法務局民事行政部長から照会があり，別紙2のとおり回答しましたので，この旨貴管下登記官に周知方取り計らい願います。
　　　なお，昭和45年7月20日付け民事甲第3024号民事局長回答及び平成5年12月27日付け民四第7784号民事局第四課長依命通知のうち，本件回答に抵触する部分は，本件回答によって変更されたものとして了知願います。
　　(別紙1)
　　　破産手続開始の登記がされた会社の破産手続開始の決定当時の代表者は，「破産手続開始によりその地位を当然には失わず，会社の組織に係る行為等についてはその権限を行使し得ると解するのが相当である」との最高裁判所の判決（平成21年4月17日最高裁判所第二小法廷判決・裁判集（民事）第290号395頁）がされたことか

ら，当該代表者（会社以外の法人の代表者を含む。）に係る代表者事項証明書又は印鑑の証明書の請求があった場合には，破産手続開始の登記がある旨を付記した上，これを交付して差し支えないと考えますが，いささか疑義がありますので，照会します。

（別紙2）

本年2月25日付け1法登1第106号をもって照会のありました標記の件については，貴見のとおり取り扱って差し支えないものと考える。

第2編　各　　論

第1章　一般社団法人の登記

第1節　総　　論

1　一般社団法人の特色

　一般社団法人の制度を利用するためには，まず一般社団法人の特色を知っておく必要があるので，次に一般社団法人の特色を列記してみよう。
(1)　一般社団法人の設立には，官庁の許認可は不要である。
(2)　一般社団法人には，監督官庁がない。
(3)　一般社団法人の設立には，出資金が不要であり，社員は一般社団法人の債務について責任を負はない。
(4)　一般社団法人には，特定非営利活動法人（平成29年11月30日現在51,779法人ある。）のように行う事業に制限がない（公益，共益，収益のいずれを目的にしてもよい。）。

　　なお，ここに「公益事業」とは「学術，技芸，慈善その他の公益に関する認定法別表各号に掲げる種類の事業であって，不特定かつ多数の者の利益の増進に寄与するもの」をいい（認定法2条4号），「共益事業」とは「社員に共通する利益を図ることを目的とする事業」（旧中間法人法2条1号参照）を，「収益事業」とは「一般的に利益を上げることを事業の性格とする事業」をいう。
(5)　商人に該当する一般社団法人には，商法の規定が商法11条から15条まで及び19条から24条までを除いて適用される（法人法9条）。したがって，例えば，事業譲渡の当事者のうち，譲渡人が商人（商人である一般社団法人等を含む。）であり，譲受人が商人である一般社団法人等である場合には，「名称譲渡人の債務に関する免責の登記」をすることがで

きる（商法17条2項，会社法2条1号，24条1項，吉野太人「登記情報563号8頁」）。

(6) 設立時社員は2人以上（設立後は1人でもよい。）必要である。

(7) 最小限必要な機関は，社員総会と理事1人（1人でも代表理事として登記される。）であるが，必要に応じて定款に定めれば①理事会（この場合は理事が3人以上，監事が1人以上必要），②監事，③会計監査人を置くことができる。

(8) 一般社団法人は，剰余金の分配をすることができない。

(9) 一般社団法人は，理事に役員報酬等や従業員に給与を支払うことはできる。

(10) 一般社団法人は，定款の認証と登記によって成立する。

(11) 一般社団法人は，行政庁（内閣総理大臣又は都道府県知事）の「公益認定」を受けて「公益社団法人」になることができる。

(12) 一般社団法人は，社員の持分に関する規律がない点を除けばほぼ株式会社と同じである（法人法の規律も株式会社に関する会社法の規律とよく似ている。）。

2 一般社団法人と非営利型法人（税法上優遇措置のある法人）

法人税法は，一般社団法人制度及び一般財団法人制度の創設に伴い法人の類型として「非営利型法人」を設けている（法人税法2条9号の2）。非営利型法人とは，一般社団法人又は一般財団法人（公益社団法人又は公益財団法人を除く。）のうち，次に掲げる二つの類型のいずれかに該当するものをいう（法人税法2条9号の2，法人税法施行令3条）。なお，非営利型法人に該当する場合には，これに該当しない場合（「普通法人」の場合）に比べ収益事業のみが課税対象になるなど法人税等の課税上若干有利な取扱いを受けることになる。

(1) 非営利性が徹底された一般社団法人・一般財団法人

これは，一般社団法人又は一般財団法人のうち，その行う事業により利益を得ること又はその得た利益を分配することを目的としない法人（非営利性徹底型法人）であってその事業を運営するための組織が適正であるものとし

て政令で定めるものである（法人税法2条9号の2イ）。

　具体的に政令（法人税法施行令）で定めるものは，次の全ての要件に該当する一般社団法人又は一般財団法人である（法人税法施行令3条1項）。ただし，清算中にこの要件に該当することになった場合は除かれる。

① その定款に剰余金の分配を行なわない旨の定めがあること。
② その定款に解散したときはその残余財産が国若しくは地方公共団体又は次に掲げる法人に帰属する旨の定めがあること。
　ア　公益社団法人又は公益財団法人
　イ　公益社団法人及び公益財団法人の認定等に関する法律（以下「認定法」という。）5条17号イからトまでに掲げる法人
③ ①及び②の定款の定めに反する行為（①，②及び④に掲げる要件のすべてに該当していた期間において，剰余金の分配又は残余財産の分配若しくは引渡し以外の方法（合併による資産の移転を含む。）により特定の個人又は団体に特別の利益を与えることを含む。）を行うことを決定し，又は行ったことがないこと。
④ 各理事（清算人を含む。以下同じ。）について，当該理事及び当該理事の配偶者又は3親等以内の親族その他当該理事と財務省令で定める特殊の関係のある者である理事の合計数の理事の総数に占める割合が，3分の1以下であること。

(2)　共益的活動を行う一般社団法人・一般財団法人

　これは，一般社団法人又は一般財団法人のうち，その会員から受け入れる会費により当該会員に共通する利益を図るための事業を行う法人（共益目的事業型法人）であってその事業を運営するための組織が適正であるものとして政令で定めるものである（法人税法2条9号の2ロ）。

　具体的に政令で定めるものは，次の全ての要件に該当する一般社団法人又は一般財団法人である（法人税法施行令3条2項）。ただし，清算中にこの要件に該当することになった場合は除かれる。

① その会員の相互の支援，交流，連絡その他の当該会員に共通する利益を図る活動を行うことをその主たる目的としていること。

② その定款(定款に基づく約款その他これに準ずるものを含む。)に，その会員が会費として負担すべき金銭の額の定め又は当該金銭の額を社員総会若しくは評議員会の決議により定める旨の定めがあること。

③ その主たる事業として収益事業(法人税法施行令3条2項3号・4項)^(※)を行っていないこと。

④ その定款に特定の個人又は団体に剰余金の分配を受ける権利を与える旨の定めがないこと。

⑤ その定款に解散したときはその残余財産が特定の個人又は団体(国若しくは地方公共団体，前記(1)の②のア若しくはイに掲げる法人又はその目的と類似の目的を有する他の一般社団法人若しくは一般財団法人を除く。)に帰属する旨の定めがないこと。

⑥ 前記(1)の①から④及び次の⑦の要件のすべてに該当していた期間において，特定の個人又は団体に剰余金の分配その他の方法(合併による資産の移転を含む。)により特別の利益を与えることを決定し，又は与えたことがないこと。

⑦ 各理事について，当該理事及び当該理事の配偶者又は3親等以内の親族その他当該理事と財務省令で定める特殊の関係のある者である理事の合計数の理事の総数に占める割合が，3分の1以下であること。

　なお，前記(1)の④及び(2)の⑦の要件の判定に際しては，職制上使用人としての地位のみを有する使用人以外の者で当該一般社団法人又は一般財団法人の経営に従事しているものは，当該一般社団法人又は一般財団法人の理事とみなされる(法人税法施行令3条3項)。

※　**収益事業**……法人税法施行令5条1項は，以下の34種類の事業で，事業場を設け，継続して営まれるものを収益事業と規定している(法人税法2条13号)。

　①物品販売業，②不動産販売業，③金銭貸付業，④物品貸付業(動植物その他通常物品といわないものの貸付業を含む。)，⑤不動産貸付業，⑥製造業(電気・ガスの供給業，物品の加工修理業を含む。)，⑦通信業(放送業を含む。)，⑧運送業(運送取扱業を含む。)，⑨倉庫業(寄託を

受けた物品を保管する業を含む。)，⑩請負業（事務処理の委託を受ける業を含む。)，⑪印刷業，⑫出版業（特定の資格を有する者を会員とする法人がその会報その他これに準ずる出版物を主として会員に配布するために行うもの及び学術，慈善その他公益を目的とする法人がその目的を達成するため会報をもっぱらその会員に配布するために行うものを除く。)，⑬写真業，⑭貸席業（不特定又は多数の者の娯楽，遊興又は慰安の用に供するための貸席業等)，⑮旅館業，⑯料理店業その他の飲食店業，⑰周旋業，⑱代理業，⑲仲立業，⑳問屋業，㉑鉱業，㉒土石採集業，㉓浴場業，㉔理容業，㉕美容業，㉖興行業，㉗遊戯所業，㉘遊覧所業，㉙医療保険業，㉚技芸教授業（学校教育法によるもの等例外多数あり），㉛駐車場業，㉜信用保証業，㉝無体財産権の譲渡・提供業の事業，㉞労働者派遣事業

3　一般社団法人と税

筆者は税の専門家ではないので，一般社団法人と税の関係について述べる知識は有していないが，ごくおおまかにいえば筆者は次のように理解している。

一般社団法人が直接納税の義務を負う税には，大まかにいって国税としては①法人税，②消費税及び③登録免許税があり，地方税としては④法人市民税と⑤法人事業税があるが，これらの税については，当該一般社団法人が非営利型法人に該当するか否かで大きな違いがある。

なお，公益社団法人及び公益財団法人については，①から⑤のすべてについて，税の減免措置がある。

(1)　非営利型法人に該当する場合

非営利型法人に該当する場合は，①については収益事業のみ課税となり，各事業年度の所得（収入から経費を控除した残額）に対する法人税の税率は，30％（ただし，各事業年度の所得金額のうち年800万円以下の金額については22％）とされ（法人税法66条1項・2項)，②については消費税法別表三に一般社団法人及び一般財団法人が追加され，③については減免措置はなく通常通り課税される（登免税法別表第一第24号㈠参照)。なお，収益事

業を営まない非営利型法人の場合は，法人税の確定申告をする必要はない（法人税法4条1項，塩井勝「一般社団・財団法人の設立・運営と税務」223頁）が，事業年度の収入金額の合計額が8,000万円を超えるときは，原則として「その事業年度終了の日の翌日から4月以内」に，その事業年度の損益計算書を主たる事務所の所在地の所轄税務署長に提出しなければならない（租税特別措置法68条の6，租税特別措置法施行令39条の37第2項）。

④については，法人住民税の均等割は最低税率（都道府県民税2万円，市町村民税5万円）で課税され（地方税法52条1項の表，312条1項の表），⑤については収益事業のみ課税となる（地方税法72条の5第1項2号）。

(2) 非営利型法人に該当しない場合

①については全所得課税となるが，税率は非営利型法人と同様である。②～④については，非営利型法人と同様であるが，⑤については普通法人と同じである。

4 一般社団法人の利用に適した事業

一般社団法人は，ボランティアからビジネスまで，法律に反しない限りあらゆる事業を営むことができるが，1～3で述べたことを前提に考えれば，特に次のような事業を営む法人に適した制度といえよう。なお，非営利型法人として設立する場合，最低限の年間税務コストは，法人住民税7万円と2年に1度の役員変更登記の登録免許税1万円である。

(1) ボランティア活動を行うための法人

ＮＰＯ法人よりも簡易に設立でき，要件を満たせば税法上の恩典もあるのでボランティア活動を行うための法人にも利用できる。将来公益社団法人を目指すことも可能である。

(2) 生きがい・やりがい兼収益志向型法人

定年退職者（定年が65歳になっても，老後の人生を年金のみで生活することは困難と考える。そこで，自分の小遣位は自分で稼ぐ必要がある。）が，"ささやかな"生きがい（社会貢献）と"ささやかな収入"を求めて起業する場合に最適の法人であり，家庭の主婦の起業にも適した法人である。

(3) 健康の増進，生活の向上，文化の向上等公益目的を付加したビジネスを目的とする法人

収益を目的とする事業の中でも，国民生活の向上，健康の増進，食文化の向上等を目的とする場合はイメージ的に，会社よりも一般社団法人の方が適していると考える。

(4) 会員に対する情報・研究成果等提供型法人

自己の有する知識，経験，情報，研究成果を特定の会員に提供するための法人。構成員は，会員（会費を支払うが，法人法上の社員ではない。）と社員の2本立てがよいと考える。

(5) 会員に対する農産物，物産等を提供するための法人

無農薬野菜，有機栽培の野菜・米などを産地直送で会員に供給するための法人（社員と会員で構成するが，会員は，法人法上の社員にしない方がよい。）にも適している。

(6) サークル活動型法人

同好会，趣味の会等サークル活動を主たる目的とする法人である。たとえば，源氏物語研究会，俳句・短歌の会，○○の歴史と文化研究会，カラオケ同好会等のサークル活動のための法人である。

(7) 地域振興事業型法人

村おこし，町おこし等の地域の振興をする事業を目的とするための法人（社員のみ又は社員と法人法上の社員でない会員で構成）にも適している。

(8) 共益目的事業型法人

社員に共通する利益（共益）を目的とする事業を営むための法人（同窓会，同業者団体等，町内会等。原則として社員のみで構成）に最適である。なお，地縁団体にも利用可能であるが，地縁団体及び町内会については，研究を要する点も多い。

平成20年6月29日付日本経済新聞朝刊は，大学の医局の有限責任中間法人化（北海道大学の産婦人科医局，京都大学の三の医局）を大きく報じていたが，この法人は，現在では一般社団法人としてこれに該当することになる。

(9) 非営利・公益目的事業型法人

認定法2条4号別表各号に掲げる事業を営む法人（研究団体，学会，自然環境保護団体等）で，不特定かつ多数の者の利益の増進に寄与することを目的とする法人である。この法人は，将来，公益社団法人になることを目指す法人である。

(10) 資産流動化スキームのビークル

不動産や金銭債権の流動化において，いわゆる倒産隔離のための仕組みの一つとして，資産を取得する合同会社や特定目的会社などの親法人として一般社団法人を利用する方法である（有吉尚哉・鈴木卓「資産流動化スキームのビークルとしての有限責任中間法人」ビジネス法務・2008年11月号46頁）。

(11) その他

以上，とりあえず現時点で思いつくものを述べてみたが，大学医学部の医局の一般社団法人化という通常は想定もできないような事業が一般社団法人化されていることから考えて，以上以外にも多くの利用方法，例えば，長寿社会に対応した各種の事業を営む法人が考えられ，今後更に研究・開発されていくものと思うが，いずれにしても"一般社団法人は宝の山"という気がする。そこで，筆者も非営利型社団法人の利用方法を実証的に研究するため，平成21年6月1日一般社団法人商業法人登記総合研究所を設立し，税務上のノウハウの取得に努めてきたが，その目的は達成できたので，平成28年に解散した。

5 会社を設立するか，一般社団法人を設立するかの検討

起業について相談を受けた場合には，4で述べたことをベースに，会社と一般社団法人のメリット，デメリットを説明し，アドバイスする必要がある。この場合の主なポイントは，起業の目的及びどのような事業を営むかであるが，会社の場合，定款の記載事項及び登記事項としての目的は，会社が営むべき事業であり（味村治「全訂第2版・詳解商業登記〈上巻〉」478頁），法人の場合は，いわゆる目的と目的を達成するための事業が登記事項と解されていることにも留意する。

6 設立後，公益認定を受けた場合のメリット・デメリット

内閣府公益認定等委員会の公表したデータによれば，設立後すぐ公益認定の申請をして公益社団法人・公益財団法人になった法人は意外に多いが，公益認定を受けた場合のメリット・デメリットは，次のとおりである。

(1) **メ リ ッ ト**……①国税，地方税における各種優遇措置（特定公益増進法人となり，公益目的事業は非課税になる等），②社会的評価の向上

(2) **デメリット**……①行政庁の監督（報告徴収，立入検査，勧告，命令，認定の取り消し），②機関設計の加重（理事会，監事，会計監査人の設置），③遵守事項（公益目的事業比率50％以上，収支相償，遊休財産規制，理事等の報酬等の支給基準の公表等）

第2節 特例民法法人（旧民法34条の法人）の取扱い

平成20年12月1日，一般社団法人及び一般財団法人に関する法律（平成18年法律第48号），公益社団法人及び公益財団法人の認定等に関する法律（平成18年法律第49号）及び一般社団法人及び一般財団法人に関する法律及び公益社団法人及び公益財団法人の認定等に関する法律の施行に伴う関係法律の整備等に関する法律（平成18年法律第50号。以下「整備法」という。）のいわゆる公益法人関連三法が施行され，新たな公益法人制度がスタートした。この新たな公益法人制度の創設に伴い，旧民法第34条の規定により設立された社団法人又は財団法人であって整備法施行の際（平成20年12月1日）現に存するものは，施行日以降は，一般社団法人又は一般財団法人として存続することとされ（整備法40条1項），その名称は，それぞれ特例社団法人又は特例財団法人（以下，これらの法人を併せて「特例民法法人」と総称する。）と称した（整備法42条）。

ところで，特例民法法人は，整備法の施行日から起算して5年を経過する日までの期間（この期間を「移行期間」という。）は，公益社団法人若しく

は公益財団法人への移行の認定申請又は一般社団法人若しくは一般財団法人への移行の認可申請を行い（整備法99条，115条1項），公益社団法人若しくは公益財団法人への認定又は一般社団法人若しくは一般財団法人への認可を受けることができ（整備法44条，45条），特例民法法人が，移行期間内に移行の認定又は認可を受けなかった場合は，移行期間の満了の日に，また，移行期間内に移行の認定申請又は認可申請を行って移行期間の満了の日後に認定又は認可が受けられなかった場合は，その認定又は認可をしない処分の通知を受けた日に，それぞれ解散したものとみなされた（整備法46条1項，110条1項，121条2項）。なお，この場合には，整備法96条1項に規定する旧主務官庁が，解散したものとみなされた特例民法法人の主たる事務所の所在地を管轄する登記所に解散の登記を嘱託することとされていた（整備法46条2項）。

第3節　一般社団法人の設立の登記

第1　実体上の設立手続

1　一般社団法人設立手続の流れ

一般社団法人の設立手続の流れは，次のとおりである。

①設立時社員（2人以上）⇨　②定款の作成⇨　③公証人による定款の認証⇨　④設立時理事及び設立時監事等の選任⇨　⑤設立時社員による主たる事務所の所在場所の決定⇨　⑥設立時理事及び設立時監事による設立手続が法令又は定款に違反していないことの調査（設立手続が法令若しくは定款に違反し，又は不当な事項があると認めるときは，設立時社員に対する通知）⇨　⑦設立時代表理事の選任⇨　⑧基金の募集・拠出（基金の募集をしない場合は，不要。なお，基金は登記事項とされていない。）⇨　⑨設立登記の申請⇨　⑩社員名簿の作成。なお，④及び⑦は，定款に定めれば，別途定める必要はない。

2　社員の資格

設立時社員は2人以上必要である（法人法10条1項が「共同して定款を作成し」と規定しているので，設立時社員は2人以上となる。）が，その資格については，基本的には株式会社の発起人と同様である。ただし，一般社団法人の場合は，株式会社の発起人と異なり，権利能力なき社団・財団も社員になることができる。

3　公益認定の手順等

(1)　公益認定の申請状況等

内閣府公益認定等委員会の次のURLに，公益法人に関する情報，公益認定の申請手続等に関する詳細な情報が登録されているので，参考にするとよい。

https://www.koeki-info.go.jp/

(2)　公益認定の手順

公益認定の手順は，次のとおりである。

① 公益社団法人又は公益財団法人用に定款の変更・整備をする。

② 内閣総理大臣（2以上の都道府県の区域内に事務所を設置する場合又は公益目的事業を2以上の都道府県の区域内において行う旨を定款で定める場合）又は都道府県知事（内閣総理大臣以外の場合）に対して公益認定の申請をする（認定法4条～7条）。

　　なお，内閣総理大臣又は都道府県知事を「行政庁」という（認定法3条）。

③ 行政庁は，公益認定をしようとするときは，次のとおり関係者（許認可等行政機関）から公益認定に関する意見聴取をする（認定法8条）。

　イ　認定法5条1号（公益目的事業を行うことを主たる目的とするものであること。），5条2号（公益目的事業を行うのに必要な経理的基礎及び技術的能力を有するものであること。）及び5条5号（投機的な取引，高利の融資その他の事業であって，公益法人の社会的信用を維持する上でふさわしくないものとして政令で定めるもの又

は公の秩序若しくは善良の風俗を害するおそれのある事業を行わないものであること。）並びに6条3号（その定款又は事業計画書の内容が法令又は法令に基づく行政機関の処分に違反しているもの）及び4号（その事業を行うに当たり法令上必要となる行政機関の許認可を受けることができないもの）に規定する事由の有無について，当該行政機関の意見（認定法8条1号）。

ロ　理事，監事又は評議員のうちに，認定法6条1号ニ（暴力団員による不当な行為の防止等に関する法律6条2号に規定する暴力団員又は暴力団員でなくなった日から5年を経過しない者）及び6号（暴力団員等がその事業活動を支配するもの）の規定に該当する者の有無について，行政庁が内閣総理大臣である場合には警察庁長官，都道府県知事である場合には警視総監又は都道府県警察本部長の意見（認定法8条2号）。

ハ　認定法6条5号（国又は地方税の滞納処分の執行がされているもの又は当該滞納処分の終了の日から3年を経過しないもの）に規定する事由の有無について，国税庁長官，関係都道府県知事又は関係市町村長の意見（認定法8条3号）。

④　内閣総理大臣は内閣府に設置された公益認定等委員会に，都道府県知事は都道府県に設置された公益認定等審議会その他合議制の機関に，③の許認可等行政機関の意見を付して諮問する（認定法43条，51条）。

⑤　公益認定等委員会等による答申及びその内容の公表（認定法44条，52条）。

⑥　内閣総理大臣又は都道府県知事による公益認定及び公益認定の公示（認定法10条）。

(3) **公益認定のメリット・デメリット**

公益認定を受けた場合には，次に述べるようなメリットがあるが，行政庁の厳しい監督等デメリットもある。

①　メリット

イ　国税，地方税における各種優遇措置（特定公益増進法人となり，公益目的事業は非課税になる等。詳細は上記公益認定等委員会のURLの「寄付・税制」参照）

　　　ロ　社会的評価の向上

　　② デメリット

　　　イ　行政庁の監督（報告徴収，立入検査，勧告，命令，認定の取り消し等）

　　　ロ　機関設計の加重（理事会，監事，会計監査人の設置）

　　　ハ　遵守事項（公益目的事業比率50％以上，収支相償，遊休財産規制，理事等の報酬等の支給基準の公表等）

4　設立資金等の調達方法

　一般社団法人の設立に最低限必要な資金は，①定款の認証料5万円と謄本代，②登録免許税6万円及び③司法書士の手数料（定款の作成等を含め10万〜20万円位）であり，その資金の調達方法であるが，①社員が負担する（社員からの借入れ又は社員の寄付）か②基金制度を活用するかのいずれかである。開業に伴い，例えば，事務所の敷金，営業保証金等，かなりの資金を必要とするときは，基金制度を利用するとよい。

　なお，基金は会計上「預り金」としての性格を有すると解されている(注)。

(注)　法務省HP（民事局：「一般社団法人及び一般財団法人制度Ｑ＆Ａ」）
　Q23　一般社団法人の基金の制度について簡単に説明して下さい。
　A23　「基金」とは，一般社団法人（一般社団法人の成立前にあっては，設立時社員）に拠出された金銭その他の財産であって，当該一般社団法人が拠出者に対して法及び当該一般社団法人と当該拠出者との間の合意の定めるところに従い返還義務（金銭以外の財産については，拠出時の当該財産の価額に相当する金銭の返還義務）を負うものとされています。

　　基金は，一種の外部負債であり，基金の拠出者の地位は，一般社団法人の社員たる地位とは結び付いていません。そのため，社員が基金の拠出者となること自体はもちろん可能ですし，社員が基金の拠出者にならないこともできます。

　　基金制度は，剰余金の分配を目的としないという一般社団法人の基本的性格

を維持しつつ、その活動の原資となる資金を調達し、その財産的基礎の維持を図るための制度です。一般社団法人及び一般財団法人に関する法律では、基金制度の採用は義務付けられておらず、基金制度を採用するかどうかは、一般社団法人の定款自治によることとなります。

　また、基金として集めた金銭等の使途に法令上の制限はなく、一般社団法人の活動の原資として自由に活用することができます（なお、一般財団法人には基金の制度は設けられていません）。

5　機関設計

一般社団法人の設立時に、最低限必要な機関は社員総会と理事1人である（法人法60条1項）が、定款に定めれば、理事会、監事又は会計監査人を置くことができる（法人法60条2項）。ただし、理事会設置一般社団法人は、理事3人以上、監事1人以上を置かなければならず（法人法61条、65条3項）、会計監査人設置一般社団法人は、監事を置かなければならない（法人法61条）。

なお、監事には、業務監査権があることに留意する必要がある（法人法99条）。

6　定款の作成

(1)　定款のあり方

定款は、法人の組織・運営および管理について定めた法人の基本となる規則であるが、その作成に際して問題となるのが、いわゆる「定款のあり方」である。筆者は、法人の社員は、極く例外的な場合を除き法律の専門家ではないと考えるので、定款をみれば、その法人の組織・運営・管理に関する大体の事項が分かるように、たとえ法人法に規定している事項（たとえば、社員総会の決議の省略、法定退社事由等）であっても、これを社員に周知するためにも規定すべきと考える。要は、定款は、法人の組織・運営・管理に関するバイブルであるということである。

(2)　定款作成の手順

同窓会、同業者団体のように社員数の多い法人を設立する場合には、まず、世話役的立場にある者が社員となって定款を作成し、法人成立後、他の者を社員として入社させる方が良いと思われる。定款作成の手順は、次のと

おりである。

①目的としての事業の決定⇨　②公益認定を受けるか否かの決定⇨　③社員の確定⇨　④設立に伴う費用，活動資金の調達方法の決定⇨　⑤税法上の優遇措置を受けるように（非営利型法人）するかしないかの決定⇨　⑥名称の決定⇨　⑦理事会を置くか置かないかの決定⇨　⑧理事会を置かない場合は，監事を置くか置かないかの決定⇨　⑨会計監査人を置くか置かないかの決定⇨　⑩役員を定款に定めるか否かの決定⇨　⑪相対的記載事項・任意的記載事項のうちどの事項を規定するかの検討⇨　⑫書面または電磁的記録としての定款の作成

　なお，定款に収入印紙の貼付は要しない。

(3)　**定款作成上の留意事項**

　定款に用いている用語，名称が法人法の用語，名称と異なる場合は，必ずその関連づけを記載する必要がある。例えば，代表権を有する者を「理事長」と称している場合は，「理事長は，法人法上の代表理事とする。」というような定めである。これに該当する事例として，他に，「会員」と「社員」，「会員名簿」と「社員名簿」，「会員総会」と「社員総会」等多数ある。

(4)　**定款の必要的記載事項**

　定款に必ず記載しなければならない必要的記載事項（絶対的記載事項ともいう。）は，次のとおりである（法人法11条1項）。なお，定款は電子定款でもよい。

　　①　目　　的

　　　　目的及び目的を達成するために営む事業を記載するが，目的と事業を分けて，異なる条文に記載する事例が多い。

　　②　名　　称

　　　　一般社団法人という文字を用いなければならない（法人法5条1項）。

　　③　主たる事務所の所在地

　　　　会社の場合と同様，最小行政区画（市町村。ただし，東京23区の場合は区）まで記載すればよい。

④ 設立時社員の氏名又は名称及び住所
⑤ 社員の資格の得喪に関する規定
　社員となるための資格，入社の手続，退社の手続を記載する。
⑥ 公告方法
　(ⅰ)官報，(ⅱ)日刊新聞紙，(ⅲ)電子公告の外，(ⅳ)主たる事務所の公衆の見やすい場所に掲示する方法（「主たる事務所の掲示場に掲示してする」）でもよい（法人法331条1項4号，法人法施行規則88条1項）が，(ⅳ)については，例えば「貸借対照表」の掲示が1年に及ぶ等要注意である。
⑦ 事業年度
　会社の場合は，任意的記載事項であるが，一般社団法人の場合は，必要的記載事項とされているので，登記官の審査が及ぶ（瑕疵がある場合には，却下事由に該当する。）ことに留意する必要がある。

(5) 相対的記載

　相対的記載事項の主なものは，次のとおりであるが，これらの事項は定款に記載しないと効力を生じないので，法人の規模等をベースに十分検討し，必要な事項は必ず記載したほうがよい。特に，②，③〜⑧，⑩，⑫〜⑯については十分検討する必要がある。

① 設立時役員等の選任の場合における議決権の個数に関する別段の定め（法人法17条）
② 経費の負担に関する定め（法人法27条）
③ 社員総会の招集通知期間に関する定め（法人法39条）
④ 議決権の数に関する別段の定め（法人法48条）
⑤ 社員総会の定足数に関する別段の定め（法人法49条1項）
⑥ 社員総会の決議要件に関する別段の定め（法人法49条2項）
⑦ 社員総会以外の機関の設置に関する定め（法人法60条2項）
⑧ 理事の任期の短縮に関する定め（法人法66条）
⑨ 監事の任期の短縮に関する定め（法人法67条）
⑩ 理事の業務の執行に関する別段の定め（法人法76条）

⑪　代表理事の互選規定（法人法77条3項）
⑫　代表理事の理事会に対する職務の執行の状況の報告の時期・回数に関する定め（法人法91条2項）
⑬　理事会の招集手続の期間の短縮に関する定め（法人法94条1項）
⑭　理事会の定足数又は決議要件に関する別段の定め（法人法95条1項）
⑮　理事会議事録に署名又は記名押印する者を理事会に出席した代表理事とする定め（法人法95条3項）
⑯　理事会の決議の省略に関する定め（法人法96条）
⑰　理事等による責任の免除に関する定め（法人法114条1項）
⑱　外部役員等と責任限定契約を締結することができる旨の定め（法人法115条1項）
⑲　基金を引き受ける者の募集等に関する定め（法人法131条）
⑳　清算人会を置く旨の定め（法人法208条2項）

(6)　**任意的記載**

定款に記載するか否か社員の任意とされている任意的記載事項の主なものは，次のとおりである。

①　社員総会の招集時期（法人法36条1項参照）
②　社員総会の議長（法人法54条参照）
③　役員等の員数（法人法60条1項，65条3項参照）
④　理事の報酬（法人法89条）
⑤　監事の報酬（法人法105条1項）
⑥　清算人（法人法209条1項2号）
⑦　残余財産の帰属（法人法239条1項）

(7)　**代議員制度を設ける場合の定款の記載事項**

代議員制度を設けることができるか否かについては，見解の対立があるかもしれないが，特例社団法人について既に認められており，内閣府公益認定等委員会も一定の条件をつけてこれを認めている。そこで，以下に，内閣府公益認定等委員会の見解を紹介する。

「社団法人における社員総会は，役員の人事や報酬等を決定するとともに，定款変更，解散などの重要な事項の意思決定をすることができる法人の最高意思決定機関である。そのため，社団法人の実態としては社員となることができる資格のある者が多数いるにも関わらず，社員の範囲を狭く絞って社員総会を運営し，多様な意見を反映する機会を設けることなく，構成員のうちの一部の勢力のみが法律上の「社員」として固定されてしまうような場合には，当該社団法人の実効性のあるガバナンスを確保することができなくなる。

例えば，社員総会で議決権を行使することとなる「代議員」の選定を理事ないし理事会で行うこととすると，理事や理事会の意向に沿った少数の者のみで社員総会を行って法人の意思決定をすることともなりかねないため（法人法35条4項，認定法5条14号イ参照），会員の中から社員（代議員）を選定する方法は特に留意する必要がある。また，社員の範囲を狭く絞ることにより，移行に伴い従来から社員の地位にあった者の個別の同意を得ることなくその者の地位（社員たる権利）を奪うこととなるだけでなく，法が社員に保障した各種の権利を行使できる者の範囲が狭まることとなり，社員権の行使により法人のガバナンスを確保しようとした法人法の趣旨に反することともなりかねない。

このような問題意識を踏まえ，特例社団法人が，上記の意味の代議員制を採る場合には，定款の定めにより，以下の5要件を満たすことが重要である。

① 「社員」（代議員）を選出するための制度の骨格（定数，任期，選出方法，欠員措置等）が定款で定められていること。

　定款における「社員の資格の得喪」に関する定め（法人法11条1項5号）の内容として，少なくとも，定款において，社員の定数，任期，選出方法，欠員措置等が定められている必要がある。

② 各会員について，「社員」を選出するための選挙（代議員選挙）で等しく選挙権及び被選挙権が保障されていること。

　代議員（社員）の選定方法の細部・細則を理事会において定めること

としても，少なくとも，「社員の資格の得喪」に関する定め（法人法11条1項5号）の内容として②の内容を定款で定める必要がある（認定法5条14号イ参照）。
③ 「社員」を選出するための選挙（代議員選挙）が理事及び理事会から独立して行われていること。

　①で，社員（代議員）の選出方法を定款に定めた場合でも，理事又は理事会が社員を選定することとなるような定めは法人法35条4項の趣旨に反する。定款の定めにおいては，②の内容とともに明記することが考えられる。
④ 選出された「社員」（代議員）が責任追及の訴え，社員総会決議取消しの訴えなど法律上認められた各種訴権を行使中の場合には，その間，当該社員（代議員）の任期が終了しないこととしていること。

　例えば，社員が責任追及の訴えを提起したものの，訴訟係属中に任期満了により当該社員が社員の地位を失った場合には，代表訴訟の原告適格も失うおそれが高い。そのため，比較的短期間の任期の社員を前提とする代議員制においては，事実上，任期満了間際に社員が訴権を行使できなくなるため，社員に各種の訴権を保障した法の趣旨を踏まえ，④の内容を定款に定める必要がある。
⑤ 会員に「社員」と同等の情報開示請求権等を付与すること。

　法は，「社員」によるガバナンスの実効性を確保するため社員たる地位を有する者に各種の権利を付与している。かかる法の趣旨を踏まえ，旧民法では「社員」の地位にあった者を新法下で「会員」として取り扱うこととするような特例社団法人等については，社員の法人に対する情報開示請求権等を定款の定めにより「会員」にも認める必要がある。

(8) 非営利型法人にするための定款の記載事項

イ　非営利性徹底型一般社団法人の場合

　この一般社団法人の場合は，次の事項は必ず定款に定めなければならない（法人税法2条9号の2イ，法人税法施行令3条1項）。
① その定款に剰余金の分配を行なわない旨の定めがあること。

② その定款に解散したときはその残余財産が国若しくは地方公共団体又は次に掲げる法人に帰属する旨の定めがあること。
　(イ) 公益社団法人又は公益財団法人
　(ロ) 認定法5条17号イからトまで（公益認定の基準）に掲げる法人

ロ　共益目的型一般社団法人の場合

この一般社団法人の場合は，次に述べるように必ず定款に定めなければならない事項と定めてはいけない事項があるので，十分留意する必要がある（法人税法2条9号の2ロ，法人税法施行令3条2項）。

① その会員の相互の支援，交流，連絡その他の当該会員に共通する利益を図る活動を行うことをその主たる目的としていること。

② その定款（定款に基づく約款その他これに準ずるものを含む。）に，その会員が会費として負担すべき金銭の額の定め又は当該金銭の額を社員総会の決議により定める旨の定めがあること。

③ その主たる事業として収益事業（法人法施行令3条2項3号・4項）を行っていないこと。

④ その定款に特定の個人又は団体に剰余金の分配を受ける権利を与える旨の定めがないこと。

⑤ その定款に解散したときはその残余財産が特定の個人又は団体（国若しくは地方公共団体，前記イの②の(イ)若しくは(ロ)に掲げる法人又はその目的と類似の目的を有する他の一般社団法人若しくは一般財団法人を除く。）に帰属する旨の定めがないこと。

(9) **公益認定を受けるための定款の記載事項**

公益法人は，①認定法別表各号に掲げる種類の事業であって，不特定かつ多数の者の利益の増進に寄与する事業（公益目的事業）を行うことを主たる目的とするもの（収益事業を営むこともできるが，公益目的事業の実施に支障を及ぼすおそれがないものである等の制限がある。認定法5条7号・8号）でなければならない（認定法2条4号，5条1号）ので，このことは，定款の「目的及び事業」の記載上明らかにしておく必要がある。このほかに，②認定法5条14号，5条17号及び5条18号に規定する事項の定めが必要

である。

7 公証人による定款の認証
定款については公証人の認証が必要である（法人法10条1項）。

第2 設立登記申請手続

1 申請期間
主たる事務所の所在地においては，次に掲げる日のいずれか遅い日から2週間以内である（法人法301条1項）。
(1) 法人法20条1項の規定による調査が終了した日
(2) 設立時社員が定めた日

2 登記の事由
登記の事由は，「平成何年何月何日設立手続終了」である。

3 登記すべき事項
一般社団法人の登記事項は，次のとおりであるが，⑦〜⑮および⑰は，その定めがある場合に限って登記される。
(1) 主たる事務所の所在地における登記事項（法人法301条2項，9条，商法16条，17条，18条，会社法24条1項）
　① 目　的
　　登記事項は，「目的及び事業」であるので，目的と事業を定款に異なる条文に定めている場合は，その接続に注意すること。
　② 名　称
　③ 主たる事務所及び従たる事務所の所在場所
　④ 一般社団法人の存続期間又は解散の事由についての定款の定めがあるときは，その定め
　⑤ 理事の氏名
　⑥ 代表理事の氏名及び住所
　⑦ 理事会設置一般社団法人であるときは，その旨
　⑧ 監事設置一般社団法人であるときは，その旨及び監事の氏名
　⑨ 会計監査人設置一般社団法人であるときは，その旨及び会計監査人

の氏名又は名称
⑩　一時会計監査人の職務を行うべき者の氏名又は名称
⑪　役員等の責任の免除に関する定め
⑫　非業務執行理事等が負う責任の限度に関する契約の締結についての定め
⑬　貸借対照表を電磁的方法により開示するときは，当該情報が掲載されているウェブページのアドレス
⑭　公告方法
⑮　公告方法が電子公告であるときは，当該公告を掲載するウェブページのアドレス及び予備的公告の方法が定款に定められているときは，その定め

(2) 従たる事務所の所在地における登記事項
① 名　称
② 主たる事務所の所在場所
③ 従たる事務所（その所在地を管轄する登記所の管轄区域内にあるものに限る。）の所在場所

4　添付書面

主たる事務所の所在地における設立の登記申請書の添付書面は，次のとおりである（法人法318条2項・3項，330条，商登法18条，一般法登規3条，商登規61条4項・5項・7項）。

(1) 定　款
(2) 設立時社員が設立時理事，設立時監事又は設立時会計監査人を選任したときは，設立時社員の議決権の過半数の一致によって選任したことを証する書面。(8)の事項も一緒に記載するとよい。
(3) 非理事会設置法人において，定款の定めに基づき設立時理事の互選によって設立時代表理事を選定したときは互選書，理事会設置法人において，理事会で設立時代表理事を選定したときは理事会議事録
(4) 設立時理事，設立時監事及び設立時代表理事が就任を承諾したことを証する書面

(5)　設立時会計監査人を選任したときは，次に掲げる書面
　　①　設立時社員が設立時会計監査人を選任したときは，設立時社員の議決権の過半数の一致があったことを証する書面
　　②　就任を承諾したことを証する書面
　　③　設立時会計監査人が法人であるときは，当該法人の登記事項証明書。ただし，当該登記所の管轄区域内に当該法人の主たる事務所がある場合を除く。
　　④　設立時会計監査人が法人でないときは，その者が公認会計士であることを証する書面
　(6)　理事会設置一般社団法人の場合は設立時代表理事，非理事会設置一般社団法人の場合は設立時理事が就任承諾書に押印した印鑑につき，市区町村長の作成した印鑑証明書
　(7)　理事会設置一般社団法人の場合は，設立時理事及び設立時監事，非理事会設置一般社団法人において設立時監事を設置した場合は，設立時監事の本人確認証明書
　(8)　設立時社員が主たる事務所又は従たる事務所の所在場所を定めたときは，設立時社員の議決権の過半数の一致があったことを証する書面
　(9)　委任状

5　登録免許税

　一般社団法人の設立の登記の登録免許税は，申請1件につき，主たる事務所の所在地においては6万円，従たる事務所の所在地においては9,000円である（登免税法別表第一第24号㈠ロ，㈡イ）。

第4節　一般社団法人の役員の変更の登記

第1　実体上の手続

1　総　説

　一般社団法人には，機関として，社員総会のほか1人以上の理事（理事会

設置一般社団法人にあっては3人以上の理事)を置かなければならず(法人法60条1項)，定款に定めれば理事会，監事又は会計監査人を置くことができる(法人法60条2項)。

なお，理事会設置一般社団法人及び会計監査人設置一般社団法人は，監事を置かなければならず(法人法61条)，大規模一般社団法人(最終事業年度に係る貸借対照表の負債の部に計上した額の合計額が200億円以上である一般社団法人をいう。)は，会計監査人を置かなければならない(法人法62条)。

2 理事の変更

理事の変更の登記の態様には，理事の氏，名又は住所の変更による登記及び理事の就任又は退任による登記があるが，ここでは，理事の就任の登記及び理事の退任の登記について説明する。

(1) 理事の就任

① 理事の選任の手続

イ 社員総会の招集

理事は，社員総会の決議によって選任する(法人法63条1項)。そこで，理事を選任するには，社員総会を招集しなければならないが，社員総会を招集するには，まず，理事(理事会設置一般社団法人においては理事会)が，①社員総会の日時，②社員総会の目的である事項(社員総会に提出する議題，ここでは，「理事選任の件」)，③社員総会に出席しない社員が書面によって議決権を行使する(法人法51条参照)ことができることとするときは，その旨，④社員総会に出席しない社員が電磁的方法(法人法52条参照)によって議決権を行使することができることとするときは，その旨，⑤法人法施行規則4条に定める事項を定め(法人法38条)，次いで，理事(社員総会を招集する理事を定款で定めている場合には，当該理事。定めていない場合には，各理事。)が，社員総会の日の1週間前までに招集通知を発しなければならない。ただし，理事会設置一般社団法人以外の法人において，1週間を下回る期間を定款に定めている場合には，その期間前，前記③及び④に述べた事項を定めた場合には，2週間前までに招集通知を発しなければならない(法人法39条1項)。なお，前記③及び④に述べた事項を定めた場合又

は理事会設置一般社団法人の場合は，社員総会の招集通知は，書面でしなければならず（法人法39条2項），この招集通知には，前記①～⑤の事項を記載しなければならない（法人法39条4項）。

ただし，社員総会は，社員全員の同意があるときは，前記③及び④に述べた事項を定めた場合を除き，招集の手続を経ないで開催することができる（法人法40条）。

ロ　社員総会の決議

社員総会の決議は，定款に別段の定めがある場合を除き，総社員の議決権の過半数を有する社員が出席し（これを「定足数」という。），出席した当該社員の議決権の過半数をもって行う（法人法49条1項）。これを，普通決議というが，問題は，定款に「別段の定め」として，どのような定めをすることができるかである。株式会社の場合の普通決議は，「定款に別段の定めがある場合を除き，議決権を行使することができる株主の議決権の過半数を有する株主が出席し，出席した当該株主の議決権の過半数をもって行う。」とされ（会社法309条1項），若干異なる規定の仕方になっているが，一般社団法人の場合も，株式会社の場合も，定款で「別段の定め」をすることは可能である。そこで，実務上は，「定足数の定め」を排除し，一般社団法人の場合には，公益認定を受けようとする一般社団法人を除き，例えば，「法人法49条1項の社員総会の決議は，出席した当該社員の議決権の過半数をもって行う。」というように定める事例が多い。ただし，株式会社の場合には，取締役選任又は解任の決議については，定足数の完全排除はできず，たとえ定款に定めても「議決権を行使することができる株主の議決権の3分の1以上」でなければならないとされている（会社法341条）が，一般社団法人については，このような制限はない。

なお，理事選任の決議をする場合には，将来理事が欠けた場合又は法人法若しくは定款で定めた理事の員数を欠くことになるときに備えて補欠の理事を予め選任しておくことができる（法人法63条2項）が，ここに理事が欠けた場合とは，理事が1人もいなくなることをいい，法人法で定めた理事の員数は理事会設置一般社団法人にあっては3人以上，それ以外では1人以上で

ある（法人法65条3項，60条1項）。

　　ハ　就任の承諾

　一般社団法人と理事との関係は，株式会社と役員の関係と同様，委任に関する規定に従う（法人法64条）ので，理事として選任されても，就任の承諾をしない限り理事になることはない。また，法人は，理事になることはできない（法人法65条1項1号）。

　なお，理事には，次の退任のところで述べるように欠格事由が定められていることに留意する必要がある（法人法65条1項2号・3号・4号）。

　② 社員総会の決議の省略の方法による理事の選任

　理事の選任は，社員総会の決議の省略の方法でもよい（法人法58条）。これは，定款に「社員総会の決議の省略の方法」についての定めがない場合でも差し支えない。社員総会の決議の省略の方法は，理事又は社員が，社員総会の目的である事項（議題及び議案として「理事何某の選任」を提案し，この提案に社員全員が書面又は電磁的記録により同意の意思表示をすることである。社員全員の同意の意思表示があったときは，当該提案を可決する旨の社員総会の決議があったものとみなされる（法人法58条1項）。なお，法人法317条3項は，この場合の添付書面の名称を「社員総会の決議があったものとみなされる場合に該当することを証する書面」というように規定しているが，法人法施行規則11条4項は，株主総会の決議省略の場合と同様，決議があったものとみなされる場合に該当することを証する書面は，社員総会議事録として作成することとしてその記載事項（イ．社員総会の決議があったものとみなされた事項の内容。ロ．イの事項の提案をした者の氏名又は名称。ハ．社員総会の決議があったものとみなされた日。ニ．議事録の作成に係る職務を行った者の氏名）を定めている。

　③ 仮理事の就任

　理事が欠けた場合又は法人法若しくは定款で定めた理事の員数が欠けた場合には，裁判所は，必要があると認めるときは，利害関係人の申立てにより，一時理事の職務を行うべき者を選任することができる（法人法75条2項）。この理事を，「仮理事」といい，その登記は，裁判所書記官の嘱託に

よってする（法人法315条1項2号イ）。なお，仮理事の登記は，後任理事の就任の登記をしたときは，抹消する記号を記録することになる（一般法登規3条，商登規68条1項）。

(2) 理事の退任

理事は，次に掲げる事由によって退任する。

　① 任期の満了
　② 辞　任
　③ 解　任
　④ 欠格事由に該当
　⑤ 死　亡
　⑥ その他

以下，理事の退任の事由について説明する。

① 任期の満了

理事は任期の満了によって退任する。理事の任期は，選任後2年以内に終了する事業年度のうち最終のものに関する定時社員総会の終結の時までである。ただし，定款又は社員総会の決議によって，その任期を短縮することができる（法人法66条）。

ところで，理事が欠けた場合又は法人法若しくは定款で定めた理事の員数が欠けた場合には，任期の満了により退任した理事は，新たに選任された理事（仮理事を含む。）が就任するまで，なお理事としての権利義務を有する（法人法75条1項）ので，これに該当する場合は，新たに選任された理事（仮理事を含む。）が就任するまで任期満了による退任の登記を申請することはできない。ただし，この場合の理事の退任の日は，任期満了の日である。

② 辞　任

一般社団法人と理事との関係は，民法の委任に関する規定に従うとされている（法人法64条）ので，理事はいつでも辞任することができる（民法651条）。辞任の効力は，辞任の意思表示が当該一般社団法人に到達した時に生じる。ただし，理事が欠けた場合又は法人法若しくは定款で定めた理事の員数が欠けた場合には，辞任により退任した理事は，新たに選任された理事

(仮理事を含む。）が就任するまで，なお理事としての権利義務を有する（法人法75条1項）ので，これに該当する場合は，新たに選任された理事（仮理事を含む。）が就任するまで辞任による退任の登記を申請することはできない。

なお，この場合の理事の退任の日は，辞任の効力発生の日である。

③ 欠格事由に該当

理事が，次に述べる欠格事由に該当することになったときは，ただちに退任する（法人法65条1項）。この場合は，法人法75条の適用はないので，退任の結果法人法又は定款で定めた理事の員数を欠くことになっても，退任の登記は申請しなければならない。

　　イ　成年被後見人若しくは被保佐人又は外国の法令上これらと同様に取り扱われている者
　　ロ　法人法65条1項3号に掲げる罪を犯し，刑に処せられ，その執行を終わり，又はその執行を受けることがなくなった日から2年を経過しない者
　　ハ　ロに規定する法律の規定以外の法令の規定に違反し，禁錮以上の刑に処せられ，その執行を終わるまで又はその執行を受けることがなくなるまでの者（刑の執行猶予中の者を除く。）

④ 解任

理事は，社員総会の決議によっていつでも解任することができる。ただし，解任された理事は，解任について正当な理由がある場合を除き，一般社団法人に対し，解任によって生じた損害の賠償を請求をすることができる（法人法70条）。理事を解任する社員総会の決議は，法人法49条1項の普通決議でよい（法人法49条2項2号参照）。

⑤ 死亡

理事は，死亡によって退任する（民法653条1号）。

⑥ その他

　　イ　定款に「理事は，社員の中から選任する。」旨を定めている一般社団法人において，当該理事が除名されて社員でなくなったときは，理

事を退任する。なお，社員の除名は，総社員の半数以上であって，総社員の議決権の3分の2（これを上回る割合を定款に定めた場合にあっては，その割合）以上に当たる多数をもって行わなければならない（法人法49条2項1号）。頭数要件があることに留意する必要がある。

　ロ　法人の解散

　　法人が解散すると理事，代表理事及び会計監査人は退任するが，この場合は，登記官が解散の登記をしたときに，理事等の登記に抹消する記号を記録することになっている（一般法登規3条，商登規72条1項1号・4号）ので，退任による変更の登記を申請する必要はない。

　ハ　法人の破産によって理事は当然には退任しない（最判平成21年4月17日）ので，退任の登記をする必要はない（平成23年4月1日民商第816号民事局商事課長通知参照）**(注)**が，理事個人が破産手続開始の決定を受けた場合は退任することになる（相澤外「論点解説　新・会社法」280頁参照）。ただし，再度選任することは差し支えない。

(注)　平成23年4月1日民商第816号民事局商事課通知

　　破産手続開始の登記がされた会社その他の法人の破産手続開始の決定当時の代表者に係る代表者事項証明書又は印鑑の証明書の交付について

　　（通知）

　標記の件について，別紙1のとおり東京法務局民事行政部長から照会があり，別紙2のとおり回答しましたので，この旨貴管下登記官に周知方取り計らい願います。

　なお，昭和45年7月20日付け民事甲第3024号民事局長回答及び平成5年12月27日付け民四第7784号民事局第四課長依命通知のうち，本件回答に抵触する部分は，本件回答によって変更されたものとして了知願います。

　　（別紙1）

　破産手続開始の登記がされた会社の破産手続開始の決定当時の代表者は，「破産手続開始によりその地位を当然には失わず，会社の組織に係る行為等についてはその権限を行使し得ると解するのが相当である」との最高裁判所の判決（平成21年4月17日最高裁判所第二小法廷判決・裁判集（民事）第290号395頁）がされたことから，当該代表者（会社以外の法人の代表者を含む。）に係る代表者事項証明書又は印鑑の証明書の請求があった場合には，破産手続開始の登記がある旨を付記した

上，これを交付して差し支えないと考えますが，いささか疑義がありますので，照会します。

(別紙2)

本年2月25日付け1法登1第106号をもって照会のありました標記の件については，貴見のとおり取り扱って差し支えないものと考える。

3 代表理事の変更
(1) 代表理事の就任
① 代表理事選定の手続

代表理事とは，一般社団法人を代表する理事をいう（法人法21条1項）。理事は，原則として，社団法人を代表する（法人法77条1項本文）ので，各理事が代表理事ということになるが，①定款，②定款の定めに基づく理事の互選，③社員総会の決議，④理事会設置一般社団法人において理事会の決議によって代表理事を定めた場合には，当該代表理事が一般社団法人を代表する（法人法77条ただし書，77条3項，90条3項）。したがって，①～④の場合には，代表理事に選定された者が代表理事として登記されるが，これら以外の場合には，理事が代表理事として登記される。この場合に理事が2人以上あるときは，理事は，各自一般社団法人を代表する（法人法77条1項）ので，理事全員が代表理事として登記される。登記事項は，理事については氏名，代表理事については氏名及び住所である（法人法301条2項5号・6号）。

なお，②及び④の場合には，就任の承諾が必要であるが，①及び③の場合には，理事の地位と代表理事の地位が一体となっているので，代表理事に就任することについて就任の承諾は不要である。

ところで，理事会設置一般社団法人において，定款に「当法人の代表理事は，社員総会において選定する。」旨定めた場合の取扱いである。現実に，このような定めを希望する事例が，同窓会を一般社団法人にする場合に見受けられる。同窓会の場合には，代表者の選定に会員の意向を直接反映させたいとするニーズがあるからであるが，このような取扱いも，理事会から代表理事選任権を剥奪するものでなければ（理事会，社員総会のいずれで代表理事を選任してもよいという趣旨であれば）差し支えないと解されている（法

人法35条2項，内閣府公益認定等委員会「新たな公益法人制度への移行等に関するよくある質問・問Ⅱ―1―④」）。法務当局の見解も同様である。

② 理事会の決議の省略の方法による代表理事の選定

　理事会設置一般社団法人における代表理事の選定は，定款に理事会の決議省略の方法を認める定めがある場合には，理事会の決議の省略の方法でもよい（法人法96条）。理事会の決議の省略の方法は，理事が，理事会の決議の目的である事項（議題及び議案として「代表理事何某の選任」）を提案し，この提案に理事（当該事項について議決に加わることができるものに限る。なお，代表理事の候補者は議決に加わることができる。）全員が書面又は電磁的記録により同意の意思表示をすること（監事が当該提案について異議を述べたときを除く。）である。この同意の意思表示があったときは，当該提案を可決する旨の理事会の決議があったものとみなされる（法人法96条）。なお，法人法317条3項は，この場合の添付書面の名称を「理事会の決議があったものとみなされる場合に該当することを証する書面」というように規定しているが，法人法施行規則15条4項は，取締役会の決議省略の場合と同様，決議があったものとみなされる場合に該当することを証する書面は，理事会議事録として作成することとして株式会社の場合と同様の記載事項（イ．理事会の決議があったものとみなされた事項の内容。ロ．イの事項の提案をした理事の氏名。ハ．理事会の決議があったものとみなされた日。ニ．議事録の作成に係る職務を行った理事の氏名）を定めている。

(2) 仮代表理事の就任

　代表理事が欠けた場合又は定款で定めた代表理事の員数が欠けた場合には，裁判所は，必要があると認めるときは，利害関係人の申立てにより，一時代表理事の職務を行うべき者を選定することができる（法人法79条2項）。この代表理事を，「仮代表理事」といい，その登記は，裁判所書記官の嘱託によってする（法人法315条1項2号イ）。

(3) 代表理事の退任

　代表理事は，次に掲げる事由によって退任する。

　　① 理事の退任

② 任期満了
③ 辞　任
④ 解　職
⑤ 死　亡

以下，代表理事の退任の事由について説明する。

① 理事の退任

　代表理事は，前提資格である理事を退任することによって代表理事も退任する。ただし，理事が退任した結果法人法又は定款で定めた理事の員数を欠くことになる場合には，任期満了又は辞任により退任した理事は，解任及び欠格事由該当の場合を除き，新たに選任された理事（仮理事を含む。）が就任するまで，なお理事としての権利義務を有する（法人法75条1項）ので，この場合には，新たに選任された理事（仮理事を含む。）が就任するまで代表理事は退任しない。なお，この場合，理事の退任の日は理事の任期満了又は辞任の日であるが，代表理事の退任の日は後任理事就任の日であることに留意する必要がある。

② 任期満了

　代表理事については，法律の定める任期はないが，定款で任期を定めている場合には，代表理事は定款で定めた任期の満了によって退任する。ただし，代表理事が退任した結果代表理事が不存在になる場合又は定款で定めた代表理事の員数を欠くことになる場合には，任期満了により退任した代表理事は，解任及び理事の欠格事由該当の場合を除き，新たに選任された代表理事（仮代表理事を含む。）が就任するまで，なお代表理事としての権利義務を有する（法人法79条1項）ので，この場合には，新たに選定された代表理事（仮代表理事を含む。）が就任するまで代表理事の退任の登記を申請することはできない。

③ 辞　任

　理事会又は定款の定めに基づく理事の互選によって選定された代表理事は，代表理事の地位のみを辞任することができるが，定款に定められた代表理事及び社員総会で選ばれた代表理事は，理事たる地位と代表理事たる地位

が一体となって不可分な関係にあるので，定款の変更又は社員総会の承認決議がない限り，代表理事の地位のみを辞任することはできないと解するのが登記実務の取扱いである。なお，代表理事が代表理事たる地位のみを辞任できる場合であっても，代表理事が欠けた場合又は定款で定めた代表理事の員数が欠けた場合には，辞任により退任した代表理事は，新たに選定された代表理事（仮代表理事を含む。）が就任するまで，なお代表理事としての権利義務を有する（法人法79条1項）ので，これに該当する場合は，新たに選定された代表理事（仮代表理事を含む。）が就任するまで辞任による退任の登記を申請することはできない。

④ 解 職

理事会の決議によって選定された代表理事は，理事会の決議によって解職することができる（法人法90条2項3号）。定款又は社員総会の決議によって定められた代表理事は，定款の変更又は社員総会の決議により解職することができる。また定款の定めに基づく理事の互選によって定められた代表理事は，理事の過半数の同意により解職することができる。

⑤ 死 亡

代表理事は，死亡によって退任する。

4　監事の変更

(1)　監事の就任

① 監事の選任の手続

イ　社員総会の決議

監事は，社員総会の決議によって選任する（法人法63条1項）。そこで，監事を選任するには，まず社員総会を招集しなければならないが，社員総会の招集の手続（法人法38条～40条）及び社員総会の決議の方法等については，理事の選任の場合と同様である（法人法49条1項）。なお，監事を置くには，定款にその旨の定めが必要である（法人法60条2項）。

ところで，監事選任の決議をする場合には，将来監事が欠けた場合又は定款で定めた監事の員数を欠くことになるときに備えて，予め補欠の監事を予選しておくことができる（法人法63条2項）が，ここに「監事が欠けた場

合」とは，監事が1人もいなくなることをいい，法人法で定めた監事の員数は，理事会設置一般社団法人にあっては1人以上である（法人法60条2項，61条参照）。

ロ　就任の承諾

一般社団法人と監事との関係は，委任に関する規定に従う（法人法64条）ので，監事として選任されても，就任の承諾をしない限り監事になることはない。法人は，監事になることができず（法人法65条1項1号），監事は，一般社団法人又はその子法人の理事又は使用人を兼ねることができない（法人法65条2項）。

なお，監事には，理事と同様の欠格事由が定められていることに留意する必要がある（法人法65条1項2号・3号・4号）。

② 監事の選任に関する監事の同意等

一般社団法人の監事については，次の点に留意する必要がある。

イ　理事は，監事の選任に関する議案を社員総会に提出するには，監事（監事が2人以上ある場合にあっては，その過半数）の同意を得なければならない（法人法72条1項）。

ロ　監事は，理事に対し，監事の選任を社員総会の目的とすること又は監事の選任に関する議案を社員総会に提出することを請求することができる（法人法72条2項）。

ハ　監事は，社員総会において，監事の選任について意見を述べることができる（法人法74条1項）。

③ 仮監事の就任

監事が欠けた場合又は定款で定めた監事の員数が欠けた場合には，裁判所は，必要があると認めるときは，利害関係人の申立てにより，一時監事の職務を行うべき者を選任することができる（法人法75条2項）。この監事を，「仮監事」といい，その登記は，裁判所書記官の嘱託によってする（法人法315条1項2号イ）。なお，仮監事の登記は，後任監事の就任の登記をしたときは，抹消する記号を記録することになる（一般法登規3条，商登規68条1項）。

(2) **監事の退任**

監事は，次に掲げる事由によって退任する。

① 任期満了
② 辞　任
③ 解　任
④ 欠格事由に該当
⑤ 死　亡
⑥ 破産手続開始の決定

以下，監事の退任の事由について説明する。

① **任期満了**

監事は任期の満了によって退任する。監事の任期は，選任後4年以内に終了する事業年度のうち最終のものに関する定時社員総会の終結の時までである。ただし，監事が欠けた場合又は定款で定めた監事の員数が欠けた場合には，任期の満了により退任した監事は，新たに選任された監事（仮監事を含む。）が就任するまで，なお監事としての権利義務を有する（法人法75条1項）ので，これに該当する場合は，新たに選任された監事（仮監事を含む。）が就任するまで任期満了による退任の登記を申請することはできない。

なお，次の場合には，監事の任期が短縮される（法人法67条）。

イ　定款によって，その任期を選任後2年以内に終了する事業年度のうち最終のものに関する定時社員総会の終結の時までとすることを限度として短縮することができる。

ロ　定款によって，任期の満了前に退任した監事の補欠として選任された監事の任期を退任した監事の任期の満了する時までとすることができる。

ハ　監事を置く旨の定款の定めを廃止する定款の変更をした場合には，監事の任期は，当該定款変更の効力が生じた時に満了する。

② **辞　任**

一般社団法人と監事との関係は，民法の委任に関する規定に従うとされている（法人法64条）ので，監事はいつでも辞任することができる（民法651

条)。ただし，監事が欠けた場合又は定款で定めた監事の員数が欠けた場合には，辞任により退任した監事は，新たに選任された監事（仮監事を含む。）が就任するまで，なお監事としての権利義務を有する（法人法75条1項）ので，これに該当する場合は，新たに選任された監事（仮監事を含む。）が就任するまで辞任による退任の登記を申請することはできない。

なお，監事の辞任については，次の点に留意する必要がある。

　　イ　監事は，社員総会において，監事の辞任について意見を述べることができる（法人法74条1項）。

　　ロ　監事を辞任した者は，辞任後最初に招集される社員総会に出席して，辞任した旨及びその理由を述べることができる（法人法74条2項）。

③　欠格事由に該当

監事が，理事と同様の欠格事由に該当することになったときは，ただちに退任する（法人法65条1項）。この場合は，法人法75条1項の適用はないので，退任の結果法人法又は定款で定めた監事の員数を欠くことになっても，退任の登記は申請しなければならない。

④　解　任

監事は，社員総会の決議によっていつでも解任することができる。ただし，解任された監事は，解任について正当な理由がある場合を除き，一般社団法人に対し，解任によって生じた損害の賠償を請求することができる（法人法70条）。監事を解任する社員総会の決議は，法人法49条2項の特別決議である（法人法49条2項2号）。

⑤　死　亡

監事は，死亡によって退任する（民法653条1号）。

⑥　破産手続開始の決定

監事と一般社団法人との関係は，委任に関する規定に従うとされている（法人法64条）ので，監事個人が破産手続開始の決定を受けたときは，委任契約の終了によって退任する（民法653条2号）。ただし，再度選任することは可能である。

5 会計監査人の変更

(1) 会計監査人の選任及び就任

大規模一般社団法人（法人法2条2号）以外では会計監査人を置く一般社団法人は，余り多くないと思われるので，簡潔に述べることにする。

① 会計監査人の選任

会計監査人は，社員総会の決議によって選任する（法人法63条1項）。そこで，会計監査人を選任するには，まず社員総会を招集しなければならないが，社員総会の招集の手続（法人法38条～40条）及び社員総会の決議の方法等については，理事の選任の場合と同様である（法人法49条1項）。この場合，理事は，会計監査人の選任議案について，監事の同意を得なければならない（法人法73条1項1号）。

なお，会計監査人は，公認会計士又は監査法人でなければならない（法人法68条1項）。

② 会計監査人の就任

一般社団法人と会計監査人との関係は，委任に関する規定に従う（法人法64条）ので，社員総会において会計監査人として選任された後，就任の承諾をして初めて会計監査人に就任する。

③ 仮会計監査人の選任

会計監査人が欠けた場合又は定款で定めた会計監査人の員数が欠けた場合において，遅滞なく会計監査人が選任されないときは，監事は，一時会計監査人の職務を行うべき者（仮会計監査人）を選任しなければならないとされている（法人法75条4項）。この登記は，当該一般社団法人の申請によってする。

(2) 会計監査人の退任

会計監査人は，次に掲げる事由によって退任する。

① 任期満了

会計監査人の任期は，選任後1年以内に終了する事業年度のうち最終のものに関する定時社員総会の終結の時までである（法人法69条1項）。会計監査人は，最終の事業年度に関する定時社員総会において別段の決議がなされ

なかったときは，当該定時総会において再任されたものとみなされる（法人法69条2項）。

なお，会計監査人を置く旨の定款の定めを廃止する定款の変更をした場合には，会計監査人の任期は，当該定款変更の効力が生じた時に満了する（法人法69条3項）。

② 辞　任

③ 解　任

会計監査人の解任は，社員総会（法人法70条1項）のほか，法人法71条1項各号のいずれかに該当するときは，監事もすることができる（法人法71条）。

④ 欠格事由に該当

法人法68条3項各号のいずれかに該当することになったときは，欠格事由に該当することになる。

⑤ 会計監査人の死亡又は破産手続開始の決定

⑥ 法人の解散

第2　登記申請手続

1　登記期間

理事，代表理事，監事又は会計監査人の変更の登記の登記期間は，変更が生じた日から，主たる事務所の所在地においては2週間以内，従たる事務所の所在地においては3週間以内である（法人法303条，314条）。

2　登記の事由

登記の事由は，どのような理由によって登記を申請するかを明らかにするために記載するものであるので，「理事，代表理事，監事及び会計監査人の変更」というように，どのようなポストの役員等が変更したか分かるように具体的に記載する。変更の年月日は，登記すべき事項の記載から判明する場合には，記載する必要はない。

3　登記すべき事項

主たる事務所の所在地における登記すべき事項（法人法301条2項5号・

6号・8号・9号，303条）は，次のとおりであるが，具体的に申請書に登記すべき事項を記載するときは，電磁的記録媒体に記録し，申請書には「別添CD－R（又はDVD－R）のとおり」というように記載する。なお，登記すべき事項をあらかじめ登記・供託オンライン申請システムを利用して送信し，提出している場合には，「別紙のとおりの内容をオンラインにより提出済み」と記載し，当該内容を別紙に記載する。

(1) 理事等の任期満了による変更の登記の場合

理事の氏名，退任の旨及びその年月日

(2) 理事等の辞任による変更の登記の場合

理事の氏名，辞任の旨及びその年月日

(3) 代表理事の資格喪失又は辞任による変更の登記の場合

代表理事の氏名，資格喪失により退任の旨及びその年月日

代表理事の氏名，辞任の旨及びその年月日

(4) 理事等の就任による変更の登記の場合

理事の氏名，就任の旨及びその年月日

(5) 代表理事の就任による変更の登記の場合

代表理事の氏名及び住所並びに就任の旨及びその年月日

(6) 監事（又は会計監査人）設置一般社団法人の定めの設定による変更の登記の場合

監事（又は会計監査人）設置一般社団法人の定めを設定した旨，監事（又は会計監査人）の氏名（又は名称）及び変更年月日である。

4 添付書面

主たる事務所の所在地における「理事，監事，代表理事及び会計監査人変更登記申請書」の添付書面は，次のとおりである（法人法317条2項・3項，320条，330条，商登法18条，一般法登規3条，商登規61条4項・5項・6項・7項・8項）。

(1) 定　款

① 後任者就任の社員総会議事録に理事何某等が年月日任期満了により退任した旨の記載がない場合に，任期を証明するため，「退任を

証する書面」として添付する（法人法320条5項）。
② 定款の定めに基づき代表理事を互選した場合に添付する（一般法登規3条，商登規61条1項）。
③ 代表理事選定の理事会の決議を「理事会の決議の省略の方法」（法人法96条）によって行った場合に，理事会の決議の省略ができる旨の定めがある定款を添付する（一般法登規3条，商登規61条1項）。
④ 理事会設置法人において，定款の定めに基づき社員総会で代表理事を定めた場合に添付する（一般法登規3条，商登規61条1項）。
(2) 辞任届
(3) 社員総会議事録
① 理事，監事，会計監査人を選任した社員総会議事録である。定時社員総会議事録でも，臨時社員総会議事録でもよい（法人法317条2項）。
② 社員総会で代表理事を定めた場合に添付する（法人法317条2項）。
③ 定款を変更して代表理事を定めた場合には，定款の変更に係る社員総会の議事録を添付する（法人法317条2項）。
④ 監事設置一般社団法人の定めの設定を決議し，監事を選任した社員総会の議事録（法人法317条2項）
⑤ 理事，監事又は会計監査人を解任した場合には，解任に係る社員総会議事録を添付する（法人法317条2項）。
⑥ 以上の場合に，社員総会の決議を「社員総会の決議の省略の方法」（法人法58条）によって行ったときは，法人法施行規則11条4項1号に規定する社員総会議事録を添付してもよく（平成20年9月1日民商第2351号民事局長通達），また「提案書」及び「同意書」を添付してもよい（法人法317条3項）。
(4) 理事会議事録又は互選書
① 代表理事を理事会で選定した場合又は理事の互選によって定めた場合に添付する（法人法317条2項）。
② 代表理事を理事会又は理事の過半数の同意で解任した場合に添付

する（法人法317条2項）。
- ③　以上の場合に，理事会の決議を「理事会の決議の省略の方法」（法人法96条）によって行ったときは，法人法15条4項1号に規定する理事会議事録を添付してもよく（平成20年9月1日民商第2351号民事局長通達），また「提案書」及び「同意書」を添付してもよい（法人法317条3項）。

(5) 就任を承諾したことを証する書面（法人法317条2項）

　　理事，監事及び代表理事（互選又は理事会で選定した場合）の就任による変更の登記の場合に添付する（法人法320条1項）。

(6) 会計監査人の就任による変更の登記の申請書には，次に掲げる書面（法人法317条3項・4項）。なお，任期満了の際の定時社員総会において別段の決議がされなかったことにより，会計監査人が再任されたものとみなされる場合（法人法69条2項）の重任の登記の申請書には，③又は④の書面及び当該定時社員総会の議事録（法人法317条2項）を添付すれば足り，会計監査人が就任を承諾したことを証する書面の添付は要しない。

- ①　会計監査人設置一般社団法人の定めの設定を決議し，会計監査人を選任した社員総会の議事録（法人法317条2項）又は会計監査人を選任した社員総会の議事録
- ②　就任を承諾したことを証する書面
- ③　会計監査人が法人であるときは，当該法人の登記事項証明書。ただし，当該登記所の管轄区域内に当該法人の主たる事務所がある場合を除く。
- ④　会計監査人が法人でないときは，その者が公認会計士であることを証する書面

(7) 市区町村長の作成した印鑑証明書
- ①　就任を承諾したことを証する書面の印鑑
  - イ　理事会設置一般社団法人にあっては，代表理事が就任を承諾したことを証する書面の印鑑（一般法登規3条，商登規61条4項・

5項)。ただし，再任の場合を除く。

ロ　非理事会設置一般社団法人にあっては，理事が就任を承諾したことを証する書面の印鑑（一般法登規3条，商登規61条4項）。ただし，再任の場合を除く。

② 社員総会議事録に押印された議長及び出席理事の印鑑

社員総会の決議によって代表理事を定めた場合に添付する。ただし，当該議事録に押印された印鑑と代表理事が登記所に提出している印鑑が同一であるときは添付する必要がない（一般法登規3条，商登規61条6項1号）。

③ 代表理事の互選を証する書面に押印された理事の印鑑

理事の互選によって代表理事を定めた場合に添付する。ただし，当該互選書に押印された印鑑と代表理事が登記所に提出している印鑑が同一であるときは添付する必要がない（一般法登規3条，商登規61条6項2号）。

④ 理事会議事録に押印された理事及び監事の印鑑

理事会の決議によって代表理事を選定した場合に添付する。ただし，当該議事録に押印された印鑑と代表理事が登記所に提出している印鑑が同一であるときは添付する必要がない（一般法登規3条，商登規61条6項3号）。

⑤ 代表理事の辞任届

辞任を証する書面に押印した印鑑。ただし，当該印鑑と当該代表理事が登記所に提出している印鑑が同一であるときは，添付する必要がない（一般法登規3条，商登規61条8項）。

(8)　本人確認証明書

理事又は監事が就任の承諾を証する書面に記載した氏名及び住所と同一の氏名及び住所が記載されている公務員が職務上作成した証明書。ただし，再任の場合，一般法登規3条で準用する商登規61条4項・5項又は6項により印鑑証明書を添付する場合を除く（一般法登規3条，商登規61条7項）。

(9) 委任状

5　登録免許税

　一般社団法人の役員等の変更の登記の登録免許税は，申請1件につき，主たる事務所の所在地においては1万円，従たる事務所の所在地においては9,000円である（登免税法別表第一第24号㈠カ，㈡イ）。

第5節　その他の変更の登記

第1　実体上の手続

1　総説

　一般社団法人の役員の変更の登記以外の変更の登記には，①理事会設置法人の登記，②監事設置法人の登記，③名称の変更の登記，④目的の変更の登記，⑤存続期間又は解散の事由の変更又は廃止による変更の登記，⑥公告方法の変更の登記，⑦貸借対照表の電磁的開示のためのＵＲＬの設定，変更又は廃止の登記，⑧役員等の責任の免除についての定款の定めの設定又は廃止による変更の登記，⑨外部役員等が負う責任の限度に関する契約の締結についての定款の定めの設定又は廃止による変更の登記等がある。これらの登記の実体上の手続としては，⑦を除き，いずれも定款の定めの設定又は変更の手続が必要であるが，①又は②の登記は，代表理事又は監事の登記とセットで申請することになるので，本節では，③〜⑧について解説する。

2　定款変更の手続

(1) 社員総会の招集

　一般社団法人が定款を変更するには，まず，理事（理事会設置一般社団法人においては，理事会）が，①社員総会の日時及び場所，②社員総会の目的である事項（議題及び議案），③社員総会に出席しない社員が書面によって議決権を行使することができることとするときは，その旨，④社員総会に出席しない社員が電磁的方法によって議決権を行使することができることとするときは，その旨，⑤以上のほか，法務省令で定める事項（法人法施行規則

4条）を定めて（法人法38条），社員総会の日の1週間（理事会設置一般社団法人以外の一般社団法人において，これを下回る期間を定款に定めた場合にあっては，その期間）前までに，社員に対してその通知を発しなければならない（法人法39条1項本文）。ただし，社員全員の同意があるときは，招集の手続を経ないで開催することができる（法人法40条）。

なお，この通知に際しては，次の点に留意する必要がある。

イ ③及び④の事項を定めた場合には，社員総会の2週間前までに招集通知を発しなければならず（法人法39条1項ただし書），その通知は，書面でしなければならない（法人法39条2項1号）。

ロ 理事会設置一般社団法人においては，招集通知は，書面でしなければならない（法人法39条2項2号）。

ハ 理事は，書面による通知の発出に代えて，法人法施行令1条1項1号の定めるところにより，社員の承諾を得て，電磁的方法により通知を発することができる（法人法39条3項）。

ニ 書面又は電磁的方法による通知には，前記①〜⑤の事項を記載又は記録しなければならない（法人法39条4項）。

(2) 定款変更の決議

定款変更の決議は，特別決議であるが，株式会社の場合と異なり，頭数要件が加えられていること及び総社員の議決権がベースになっていることに留意する必要がある。すなわち，①総社員の半数以上であって，②総社員の議決権の3分の2（これを上回る割合を定款で定めている場合にあっては，その割合）以上に当たる多数をもって行わなければならない（法人法49条2項）。したがって，社員数の多い法人の場合は，特別決議をするのに相当の困難を伴うので留意する必要がある。そこで，同窓会等の場合は，卒業生全員を社員にせず，例えば，代議員制度等の採用を考えてみる必要がある。

3 貸借対照表の電磁的開示のためのＵＲＬの設定，変更又は廃止の手続

公告の方法を，①官報に掲載する方法又は，②時事に関する事項を掲載する日刊新聞に掲載する方法に定めている一般社団法人は，法人法128条1項の規定に基づく貸借対照表の内容である情報を，定時社員総会の終結の日後

5年間（5年間継続であることについて留意する必要がある。）を経過する日までの間，継続して電磁的方法により開示する措置をとることができ，この場合には，①又は②の方法による貸借対照表又はその要旨の公告をする必要はないとされている（法人法128条3項）。ただし，この場合には，電磁的開示のためのURL（ウェブページのアドレス）を設定し，その登記をしなければならない（法人法301条2項15号）。これを変更又は廃止した場合も同様である。

ところで，電磁的開示制度の採用及びそのURLの決定，変更又は廃止は，一般社団法人の業務執行として代表理事が行うことになる（株式会社について，松井信憲「商業登記ハンドブック」第3版218頁参照）。

なお，公告の方法を電子公告の方法とする一般社団法人は，電磁的開示制度を採用することはできないが，貸借対照表の公告のためのURLを別に定めることは差し支えないとされている（松井「前掲書」219頁参照）。

4　役員等の法人に対する責任の免除に関する規定設定上の留意点

理事が2人以上ある監事設置一般社団法人は，法人法111条1項の役員等（理事，監事又は会計監査人をいう。）の一般社団法人に対する損害賠償責任について，役員等が職務を行うにつき善意でかつ重大な過失がない場合において，特に必要と認めるときは，一定の最低責任限度額を控除して得た額を限度として理事（当該責任を負う理事を除く。）の過半数の同意（理事会設置一般社団法人にあっては，理事会の決議）によって免除することができる旨を定款で定めることができるとされている（法人法114条1項）。そこで，この定めを設ける場合には，前記2の定款変更の手続に従うことになるが，その運用等について，次の点に留意する必要がある。

(1)　定款を変更して理事の責任の免除の定めを設ける議案を社員総会に提出する場合，定款の定めに基づく理事の責任の免除についての理事の同意を得る場合及び当該責任の免除に関する議案を理事会に提出する場合には，監事（監事が2人以上ある場合にあっては，各監事）の同意を得なければならない（法人法114条2項，113条3項）。

(2)　定款の定めに基づいて役員等の責任を免除する旨の同意（理事会設置

一般社団法人にあっては，理事会の決議）を行ったときは，理事は，遅滞なく，法人法113条2項各号に掲げる事項及び責任を免除することに異議がある場合には一定の期間内に当該異議を述べるべき旨を社員に通知しなければならない。ただし，当該期間は，1か月を下ることができない（法人法114条3項）。
(3) 総社員（損害賠償責任を負う役員等を除く。）の議決権の10分の1（これを下回る割合を定款に定めた場合にあっては，その割合）以上の議決権を有する社員が(2)の一定の期間内に異議を述べたときは，定款の定めに基づく免除をすることはできない（法人法114条4項）。

5 非業務執行理事等の法人に対する責任の限度に関する規定設定上の留意点

　一般社団法人は，法人法111条1項に規定する非業務執行理事等の一般社団法人に対する損害賠償責任について，非業務執行理事等が職務を行うにつき善意でかつ重大な過失がないときは，定款で定めた額の範囲内であらかじめ一般社団法人が定めた額と最低責任限度額とのいずれか高い額を限度とする旨の契約を非業務執行理事等と締結することができる旨を定款で定めることができるとされている（法人法115条1項）。そこで，この定めを設ける場合には，前記2の定款変更の手続に従うことになるが，その運用等について，次の点に留意する必要がある。

(1) この契約を締結した非業務執行理事等が当該一般社団法人の業務執行理事又は使用人に就任したときは，当該契約は，将来に向かってその効力を失う（法人法115条2項）。
(2) 非業務執行理事等が負う責任の限度に関する契約の締結についての定款の定めの設定の議案を社員総会に提出する場合，監事（監事が2人以上ある場合にあっては，各監事）の同意を得なければならない（法人法115条3項，113条3項）。
(3) 一般社団法人が，契約を締結した外部役員等が任務を怠ったことにより損害を受けたことを知ったときは，その後最初に招集される社員総会において，所定の事項を報告しなければならない（法人法115条4項）。

第2　登記申請手続

1　申請人

前記変更の登記の申請人は，いずれも当該一般社団法人であるが，具体的には当該一般社団法人を代表すべき代表理事が当該一般社団法人を代表して申請する。

2　申請期間

前記変更の登記は，主たる事務所の所在地においては2週間以内，従たる事務所の所在地においては3週間以内に申請しなければならない（法人法303条，312条4項）。

3　登記の事由

登記の事由は，次のとおりである。

(1) 名称の変更の登記の場合

　　登記の事由は「名称変更」である。

(2) 目的の変更の登記の場合

　　登記の事由は「目的変更」である。

(3) 存続期間又は解散の事由の設定，変更又は廃止による変更の登記の場合

　① 存続期間の設定，変更又は廃止による変更の登記の登記の事由は，「存続期間の設定」，「存続期間の変更」又は「存続期間の廃止」である。

　② 解散の事由の設定，変更又は廃止による変更の登記の登記の事由は，「解散の事由の設定」，「解散の事由の変更」又は「解散の事由の廃止」である。

(4) 公告方法の変更の登記の場合

　　登記の事由は，「公告方法の変更」である。

(5) 貸借対照表の電磁的開示のためのＵＲＬの設定，変更又は廃止による変更の登記

　　登記の事由は，「貸借対照表に係る情報の提供を受けるために必要な

事項の決定」,「貸借対照表に係る情報の提供を受けるために必要な事項の変更」又は「貸借対照表に係る情報の提供を受けるために必要な事項の廃止」である。

(6) 役員等の法人に対する責任の免除についての定款の定めの設定又は廃止による変更の登記

登記の事由は,「役員等の法人に対する責任の免除についての定めの設定」又は「役員等の法人に対する責任の免除についての定めの廃止」である。

(7) 非業務執行理事等が法人に対して負う責任の限度に関する契約の締結についての定款の定めの設定又は廃止による変更の登記

登記の事由は,「非業務執行理事等の法人に対する責任の限度に関する規定の設定」及び「理事及び監事の変更」又は「非業務執行理事等の法人に対する責任の限度に関する規定の廃止」及び「理事及び監事の変更」である。

4 登記すべき事項

登記すべき事項は,次のとおりである。

(1) 名称の変更の登記の場合

登記すべき事項は,「変更後の名称及び変更の年月日」である。

(2) 目的の変更の登記の場合

登記すべき事項は,「変更後の目的及び変更の年月日」である。

(3) 存続期間又は解散の事由の設定,変更又は廃止による変更の登記の場合

① 存続期間の設定の登記の登記すべき事項は,「存続期間及び設定の年月日」,存続期間の変更の登記の登記すべき事項は,「変更後の存続期間及び変更の年月日」,存続期間の定めの廃止の登記の登記すべき事項は,「存続期間を廃止した旨及びその年月日」である。

② 解散の事由の設定,変更又は廃止による変更の登記の登記のすべき事項は,「解散の事由及びその設定の年月日」,解散の事由の変更の登記の登記すべき事項は,「変更後の解散の事由及び変更の年月日」,解

散の事由の廃止による変更の登記の登記すべき事項は,「解散の事由の定めを廃止した旨及びその年月日」である。

(4) 公告方法の変更の登記の場合

登記すべき事項は,「変更後の公告方法及び変更の年月日」である。

(5) 貸借対照表の電磁的開示のためのＵＲＬの設定,変更又は廃止による変更の登記

電磁的開示のためのＵＲＬの設定の場合の登記すべき事項は,「貸借対照表の電磁的開示のためのＵＲＬ（ウェブページのアドレス）及び変更の年月日」,ＵＲＬ変更の場合の登記すべき事項は,「変更後のＵＲＬ及び変更の年月日」,貸借対照表に係る情報の提供を受けるために必要な事項を廃止した場合の登記すべき事項は,「廃止の年月日」である。

(6) 役員等の責任の免除についての定款の定めの設定又は廃止による変更の登記

登記すべき事項は,「役員等の責任の免除についての定め及びこれを定めた年月日」又は「役員等の責任の免除についての定めを廃止した旨及び廃止の年月日」である。

(7) 非業務執行社員等が負う責任の限度に関する契約の締結についての定款の定めの設定又は廃止による変更の登記

登記すべき事項は,「非業務執行社員等の法人に対する責任の限度に関する定款の定め及び変更の年月日」又は「非業務執行社員等の法人に対する責任の限度に関する定めを廃止した旨及びその年月日」である。

なお,定款の定め方は,次のとおりである。

当法人は,一般社団法人及び一般財団法人に関する法律第115条の規定により,理事（業務執行理事又は当法人の使用人でないものに限る。）との間に,同法第111条の行為による賠償責任を限定する契約を締結することができる。ただし,当該契約に基づく賠償責任の限度額は,何万円以上であらかじめ定めた金額又は法令が規定する額のいずれか高い額とする。

5 添付書面

添付書面は，社員総会議事録及び代理人によって申請する場合の委任状である（法人法317条2項・3項，330条，商登法18条）が，貸借対照表の電磁的開示のためのＵＲＬの設定，変更又は廃止の登記の場合には，委任状にその旨記載すればよい（松井信憲「前掲書」219頁以下参照）。

6 登録免許税

主たる事務所の所在地において申請する場合の登録免許税は，申請1件につき3万円である（登免税法別表第一第24号㈠ツ）。

第6節 解散及び清算人の登記

第1 実体上の手続

1 解散の事由

一般社団法人は，次の事由によって解散する（法人法148条）。

(1) 定款で定めた存続期間の満了
(2) 定款で定めた解散の事由の発生
(3) 社員総会の決議
(4) 社員が欠けたとき
　　社員が一人もいなくなることである。
(5) 合併（合併により当該一般社団法人が消滅する場合に限る。）
(6) 破産手続開始の決定
(7) 法人法261条1項又は268条の規定による解散を命ずる裁判
(8) 休眠一般社団法人のみなし解散
　　最後の登記後5年を経過した一般社団法人については，法務大臣が当該一般社団法人に対し2か月以内に主たる事務所の所在地を管轄する登記所に事業を廃止していない旨の届出をすべき旨を官報に公告し，当該一般社団法人がその公告の日から2か月以内に届出をしないとき（当該期間内に登記がされたときを除く。）は，その期間満了の時に解散した

ものとみなされる（法人法149条）。なお，解散の登記は，登記官が職権でする（法人法330条，商登法72条）。

2 社員総会の決議による解散の手続

解散事由で最も多いのは，他の法人の解散の状況から判断して，社員総会の決議による解散と思われるので，本書では，社員総会の決議による解散の手続について解説する。

(1) 社員総会の招集

一般社団法人が解散の決議をするには，まず，理事（理事会設置一般社団法人においては，理事会）が，①社員総会の日時及び場所，②社員総会の目的である事項（議題及び議案），③社員総会に出席しない社員が書面によって議決権を行使することができることとするときは，その旨，④社員総会に出席しない社員が電磁的方法によって議決権を行使することができることとするときは，その旨，⑤以上のほか，法務省令で定める事項（法人法施行規則4条）を定めて（法人法38条），社員総会の日の1週間（理事会設置一般社団法人以外の一般社団法人において，これを下回る期間を定款に定めた場合にあっては，その期間）前までに，社員に対してその通知を発しなければならない（法人法39条1項本文）。ただし，社員全員の同意があるときは，招集の手続を経ないで開催することができる（法人法40条）。

(2) 解散の決議

解散の決議は，社員総会の特別決議とされている（法人法49条2項6号）。したがって，①総社員の半数以上であって，②総社員の議決権の3分の2（これを上回る割合を定款で定めている場合にあっては，その割合）以上に当たる多数をもって行わなければならない（法人法49条2項本文）。

3 清算一般社団法人の機関

清算をする一般社団法人（以下「清算一般社団法人」という。）は，機関として，社員総会及び1人以上の清算人のほか，定款の定めによって，清算人会又は監事をおくことができる（法人法208条1項，2項）ほか，解散時に大規模一般社団法人であった清算一般社団法人は監事を置かなければならない（法人法208条3項）。なお，清算一般社団法人については，解散前の一

般社団法人に関するその余の機関に関する規律の適用はない（法人法208条4項）。

4 清算人及び代表清算人
(1) 清算人
次に掲げる者は，次の順序で清算一般社団法人の清算人になる（法人法209条）。

① 定款で定めた者
② 社員総会の決議によって選任された者
③ 理事
④ 裁判所が選任した者

(2) 代表清算人
清算一般社団法人においては，次に掲げる者が代表清算人になる（法人法214条，220条3項）。

① 清算人は，他に代表清算人その他法人を代表する者を定めない限り，清算法人を代表し，代表清算人となる（法人法214条1項）。
② ①の場合において，清算人が2人以上ある場合には，清算人は各自法人を代表し，代表清算人となる（法人法214条2項）。
③ 定款，定款の定めに基づく清算人（裁判所の選任した者を除く。）の互選又は社員総会の決議によって，清算人の中から定められた者が代表清算人となる。
④ 理事が清算人になる場合において，代表理事を定めていたときは，当該代表理事が代表清算人になる。
⑤ 裁判所が清算人を選任する場合において，その清算人の中から裁判所が代表清算人を定めたときは，その者が代表清算人になる。
⑥ 清算人会設置清算一般社団法人において，他に代表清算人がない場合は，清算人会が選定した者が代表清算人になる。

第2 登記申請手続

1 申請人

　解散の登記の申請人は，解散した一般社団法人であるが，具体的には当該一般社団法人を代表すべき清算人が当該清算一般社団法人を代表して申請する。なお，解散の登記と清算人及び代表清算人の登記は，一括又は同時申請は義務づけられていないが，一括又は同時に申請するのが通例であろう。

2 申請期間

　解散の登記及び清算人及び代表清算人の登記は，主たる事務所の所在地において2週間以内に申請しなければならない（法人法308条1項，310条1項・2項）。

3 登記の事由

　解散の登記の登記の事由は，「社員総会の決議による解散」，「存立期間の満了による解散」，「社員が欠けたことによる解散」等であり，清算人及び代表清算人の登記の登記の事由は「清算人及び代表清算人の就任，清算人会設置法人の定めを設定する場合は，その旨」である。

4 登記すべき事項

　解散の登記の登記すべき事項は，「解散の旨並びにその事由及び年月日」であり，清算人及び代表清算人の登記の登記すべき事項は「清算人の氏名，代表清算人の氏名及び住所及び清算人会設置法人であるときは，その旨」である。

　なお，登記官は，解散の登記をしたときは，職権で，次に掲げる登記を抹消する記号を記録しなければならないとされている（一般法登記3条，商登規72条1項）。

(1) 理事会設置一般社団法人である旨の登記並びに理事及び代表理事に関する登記

(2) 会計監査人設置一般社団法人である旨の登記及び会計監査人に関する登記

5 添付書面

解散の登記及び清算人及び代表清算人の登記の申請書には，次の書面を添付しなければならない。なお，社員が欠けたことによって解散した場合は，解散の事由を証する書面の添付を要しないと解するのが法務当局の見解である。

(1) 定款で定めた解散の事由の発生による解散の場合には，当該事由の発生を証する書面（法人法324条1項）
(2) 社員総会の決議による解散の場合は，社員総会議事録（法人法317条2項）
(3) 定款（法人法326条1項）
(4) 清算人の選任を証する書面

①定款に定めたときは定款，②社員総会の決議によって定めたときは社員総会の議事録（法人法317条2項），③裁判所が選任したときは選任決定書（法人法326条3項）を添付する。なお，理事が清算人になる法定清算人の場合は，清算人の選任を証する書面を添付する必要はない。

(5) 清算人の中から代表清算人を定めたときは，その選定を証する書面

①定款に定めたときは定款，②定款の定めに基づく清算人の互選によって定めたときは，定款及び互選書，③社員総会の決議によって定めたときは社員総会の議事録，④清算人会で選定したときは清算人会議事録である（法人法317条2項）。なお，代表理事が法定代表清算人になる場合は，代表清算人の選定を証する書面を添付する必要はない。

(6) 清算人及び代表清算人が就任の承諾をしたことを証する書面

① 裁判所が清算人を選任した場合及び法定清算人の場合には，就任の承諾をしたことを証する書面の添付を要しない。

② 代表理事が法定代表清算人になる場合，定款に代表清算人を定めた場合，社員総会の決議によって代表清算人を定めた場合，裁判所が代表清算人を選任した場合は，就任の承諾をしたことを証する書面の添付を要しない。

6 登録免許税

(1) 主たる事務所の所在地における解散の登記の登録免許税額は，申請1件につき3万円である（登免税法別表第一第24号㈠レ）。

(2) 主たる事務所の所在地における清算人及び代表清算人の登記の登録免許税額は，申請1件につき9,000円である（登免税法別表第一第24号㈣イ）。

第7節　継続の登記

第1　実体上の手続

　一般社団法人は，①定款で定めた存続期間の満了，②定款で定めた解散の事由の発生及び，③社員総会の決議によって解散した場合（法人法149条による休眠一般社団法人のみなし解散を含む。）には，清算が結了するまで（休眠一般社団法人のみなし解散の場合にあっては，解散したものとみなされた後3年以内に限る。），社員総会の特別決議によって，一般社団法人を継続することができる（法人法150条，49条2項6号）。

第2　登記申請手続

1　申請人
　継続の登記の申請人は，継続した一般社団法人であるが，具体的には当該一般社団法人を代表すべき代表理事が当該一般社団法人を代表して申請する。

2　申請期間
　一般社団法人が継続したときは，主たる事務所の所在地において2週間以内に継続の登記を申請しなければならない（法人法309条）。

3　登記の事由
　継続の登記の登記の事由は，「一般社団法人の継続」，「理事及び代表理事の変更」等であるが，その他継続後の機関設計に対応して，「理事会設置一

般社団法人の定めの設定」,「監事設置一般社団法人の定めの設定」等が追加される。なお,定款で定めた存続期間,解散の事由を変更し,又は廃止したときは,その記載も必要である。

4　登記すべき事項

継続の登記の登記すべき事項は,「継続の旨及びその年月日」であるが,一般社団法人を継続する場合には,継続後の機関設計に対応した機関を置き,理事及び代表理事等の登記も申請しなければならない。なお,定款で定めた存続期間の満了又は定款で定めた解散の事由に該当して解散した場合は,その変更又は廃止も必要であるので,その登記の申請をしなければならない。

5　添付書面

継続の登記の申請書には,継続の決議をした社員総会議事録を添付するほか,機関設計等登記すべき事項に対応した書面の添付が必要である。

6　登録免許税

主たる事務所の所在地における継続の登記の登録免許税額は,申請1件につき3万円である(登免税法別表第一第24号㈠ソ)。なお,そのほかに,定款で定めた存続期間又は解散の事由の変更又は廃止の登記,機関設計に対応した登記の登録免許税の納付が必要である。

7　印鑑の提出

代表理事は,印鑑を提出しなければならない(法人法330条,商登法20条1項,一般法登規3条,商登規9条)。

第8節　清算結了の登記

1　登記期間

清算が結了したときは,清算一般社団法人は,社員総会における決算報告承認の日から,主たる事務所の所在地においては2週間以内に,従たる事務所の所在地においては3週間以内に,清算結了の登記を申請しなければならない(法人法311条,314条)。

2　登記の事由及び登記すべき事項

清算結了登記の登記の事由は、「清算結了」であり、登記すべき事項は、「清算が結了した旨及びその年月日」である。なお、清算人の就任後2か月以内の清算結了登記の申請は、受理されない（法人法233条、昭和33年3月18日民事甲第572号民事局長心得通達参照）。

3　添付書面

主たる事務所の所在地における清算結了登記の添付書面は、決算報告の承認があったことを証する社員総会の議事録及び代理人によって申請する場合の委任状である（法人法328条、240条3項、330条、商登法18条、法人法施行規則74条）。なお、社員が欠けたことによって解散した一般社団法人の清算結了登記の申請書には、決算報告の承認があったことを証する書面として、代表清算人の作成した決算報告書を添付すればよい。

4　登録免許税

清算結了登記の登録免許税額は、主たる事務所及び従たる事務所の所在地とも、申請1件につき2,000円である（登免税法別表第一第24号㈣ハ）。

108　第2編　各　論

第2章　一般財団法人の登記

第1節　総　論

1　一般財団法人の意義及び特色

　一般財団法人は，一定の目的のために結合された一団の財産にたいして法人格が付与されたものであり（新公益法人制度研究会「一問一答　公益法人関連三法」15頁），その特色は，以下のとおりである。

　(1)　一般財団法人の設立には，官庁の許認可は不要である。

　(2)　一般財団法人には，監督官庁がない。

　(3)　一般財団法人の設立に際して設立者が拠出する財産の合計額は，300万円を下回ってはならない（法人法153条2項）。なお，貸借対照表上の純資産額が2期連続して300万円未満となった場合には，最終の事業年度に関する定時評議員会の終結の時に解散することになる（法人法202条2項）。

　(4)　一般財団法人の行う事業に制限はない。

　(5)　一般財団法人は遺言によって設立することができる（法人法152条2項）。

　(6)　設立者は1人以上いればよい。なお，設立後は，設立者が死亡又は解散しても一般財団法人の解散事由にはならない（法人法202条参照）。

　(7)　商人に該当する一般財団法人には，商法の規定が商法11条から15条まで及び19条から24条までを除いて適用される（法人法9条）。したがって，例えば，事業譲渡の当事者のうち，譲渡人が商人（商人である一般財団法人等を含む。）であり，譲受人が商人である一般財団法人である場合には，「名称譲渡人の債務に関する免責の登記」をすることができる（商法17条2項，商法4条，24条1項，吉野太人「登記情報563号8頁」参照）。

　(8)　一般財団法人に必要な機関は，評議員（3人以上），評議員会，理事（3人以上），理事会及び監事（1人以上）であり（法人法170条1項，173条3項，177条，65条3項，定款の定めによって会計監査人を置くことができ

る（法人法170条2項）。一般社団法人よりも，義務的設置機関が多く，役員等が最低限7人は必要である。

(9) 設立者に剰余金又は残余財産の分配を受ける権利を与える旨の定款の定めは，効力を有しない（法人法153条3項2号）。

(10) 一般財団法人は，理事・監事等に役員報酬等を支払うことができる。

(11) 一般財団法人は，定款の認証，財産の拠出の履行と登記によって成立する（準則主義）。

(12) 公益認定基準（認定法5条）に適合し，欠格事由（認定法6条）に該当しない一般財団法人は，行政庁（内閣総理大臣または都道府県知事）の「公益認定」を受けて「公益財団法人」になることができる（法人法2条2号，3条，4条）。

2 一般財団法人と非営利型法人（税法上優遇措置のある法人）

改正法人税法は，一般財団法人制度の創設に伴い法人の類型として「非営利型法人」を設けた（法人税法2条9号の2）。非営利型法人の要件については，一般社団法人の場合と同様である。

3 一般財団法人の利用に適した事業

一般財団法人を設立するには，一般社団法人の場合と異なり，財産の拠出が必要である（法人法153条1項5号）。一般財団法人においては，一定の目的のために拠出された一団の財産に対して法人格が付与されるわけであるから，その財産の価額は，一般財団法人の目的を達成するために必要な額でなければならない。この額が，あまり高額だと一般財団法人制度の利用が困難になり，またあまりに低額であると一般財団法人制度の濫用に繋がるおそれがあるところから，300万円という額になったものと思われるが，前述したように，2期連続して貸借対照表上の純資産額が300万円未満になると法定解散事由になることに留意する必要がある（法人法202条2項）。しかも，一般財団法人の場合は，一般社団法人の場合と異なり，必ず設置しなければならない機関が，評議員，評議員会，理事，理事会及び監事と多く，役員だけでも最低7人必要になるところから，一般論としては，一般財団法人は資産の額がかなり大きな法人を設立する場合に適した制度といえよう。ただし，

次に述べるボランティア活動として行う事業，公益目的事業及び地域の振興を図る事業の場合には，事業の種類によっては，人的資源さえ豊富であれば，財産の額の多寡は余り問題にならないといえよう。

次に，参考までに，一般財団法人に適していると思われる事業を例示してみよう。

(1) ソーシャルビジネス（社会的事業）

ソーシャルビジネスとは，環境，福祉，健康，少子高齢化，障害者の自立支援，教育，食の安全等社会が抱えるさまざまな課題を解決するための有料の事業をいう。この事業は，当然のことながら，一般財団法人の事業にも適したものといえる。

なお，認定法2条4号の別表に掲げる次の公益目的事業[※]を，有料で行う場合は，ソーシャルビジネスに該当すると思われるが，この事業の対象を不特定多数の者ではなく，特定の者を対象に行う場合も，一般財団法人・一般社団法人の事業に適したものといえよう。

※ **公益目的事業**……①学術及び科学技術の振興，②文化及び芸術の振興，③障害者若しくは生活困窮者又は事故，災害若しくは犯罪による被害者の支援，④高齢者の福祉の増進，⑤就労の支援，⑥公衆衛生の向上，⑦児童又は青少年の健全な育成，⑧勤労者の福祉の向上，⑨教育，スポーツ等を通じて国民の心身の健全な発展に寄与し又は豊かな人間性の涵養，⑩犯罪の防止又は治安の維持，⑪事故又は災害の防止，⑫人種，性別その他の事由による不当な差別又は偏見の防止及び根絶，⑬思想及び良心の自由，信教の自由又は表現の自由の尊重又は擁護，⑭男女共同参画社会の形成その他より良い社会の形成の推進，⑮国際総合理解の促進及び開発途上にある海外の地域に対する経済協力，⑯地球環境の保全又は自然環境の保護及び整備，⑰国土の利用，整備又は保全，⑱国政の健全な運営の確保に資すること，⑲地域社会の健全な発展，⑳公正かつ自由な経済活動の機会の確保及び促進並びにその活性化による国民生活の安定向上，㉑国民生活に不可欠な物資，エネルギー等の安定供給の確保，㉒一般消費者の利益の擁護又は増進（別表23号は，「前各号に

掲げるもののほか，公益に関する事業として政令で定めるもの」と規定しているが，政令は制定されていない。）

(2) **ボランティア活動として行う事業**

ＮＰＯよりも簡易に設立でき，要件を満たせば税法上の恩典もあるのでボランティア活動として行う事業でもよい。

(3) **公益目的事業**

学術，技芸，慈善その他認定法２条４号の別表に掲げる前述の公益目的事業で，不特定かつ多数の者の利益の増進に寄与することを目的とする事業である。この事業を営む法人は，ある意味では，将来，公益財団法人になることを目的とすることになろう。

(4) **地域の振興を図る事業**

村おこし，町おこし，商店街等の地域の振興を図る事業である。

第２節　一般財団法人の設立の登記

第１　実体上の設立手続

１　一般財団法人設立手続の流れ

一般財団法人の設立手続の流れは，次のとおりである。

①設立者（又は遺言執行者）による定款の作成（法人法152条・153条）⇨ ②公証人による定款の認証（法人法155条）⇨ ③財産の拠出の履行（法人法157条・158条）⇨ ④設立時評議員，設立時理事，設立時監事又は設立時会計監査人の選任（法人法159条）⇨ ⑤設立者による主たる事務所の所在場所の決定⇨ ⑥設立時理事及び設立時監事による財産の拠出が完了していること及び設立手続が法令又は定款に違反していないことの調査（設立手続が法令若しくは定款に違反し，又は不当な事項があると認めるときは，設立者に対するその旨の通知）（法人法161条）⇨ ⑦設立時理事による設立時代表理事の選定（法人法162条）⇨ ⑧設立登記の申請

なお，④及び⑦については，定款に定めることも可能と解されている。

2 設立者

設立者は1人以上いればよく（法人法152条1項参照），自然人でも法人でもまた権利能力なき社団・財団でもよい。ただし，法人の場合には，その設立根拠法で子法人の設立者となることが禁じられている場合は，この限りでない。

なお，一般財団法人の設立に関する事務は，原則として，設立者が行う（杉浦直紀・希代浩正「一般社団・財団法人の登記実務」94頁）。

3 機関設計

一般財団法人の設立時に必要な機関は，評議員（3人以上），評議員会，理事（3人以上），理事会及び監事（1人以上）であり（法人法170条1項，173条3項。177条において準用する65条3項），定款の定めによって会計監査人を置くことができる（法人法170条2項）。

なお，大規模一般財団法人（法人法2条3号）は会計監査人を置かなければならない（法人法171条）が，この場合も定款に会計監査人を置く旨を定めなければならない（法人法170条2項）。

ところで，一般財団法人の場合は，機関設計の態様は，次の二通りしかないが，一般社団法人よりも必ず設置しなければならない機関が多く，そのために役員等が最低限7人は必要となるので，一般財団法人の設立に際しては留意する必要がある。

（機関設計）

(1) 評議員＋評議員会＋理事＋理事会（代表理事）＋監事

(2) 評議員＋評議員会＋理事＋理事会（代表理事）＋監事＋会計監査人

なお，監事には，一般社団法人と同様業務監査権があることに留意する必要がある（法人法197条による99条の準用）。

4 定款の作成

(1) 定款のあり方

法人法は，一般財団法人の組織と活動に関する根本規則及びこれらの内容を記載した書面又は電磁的記録を一般社団法人と同様「定款」と称することにした（法人法152条1項参照）。なお，旧民法34条の規定により設立された

財団法人（特例財団法人）については，法人法施行前は，定款ではなく「寄附行為」と称していたが，整備法は，特例財団法人（特例財団法人については，第2編第1章第2節「特例民法法人（旧民法34条の法人）の取扱い」参照）の寄附行為についても，定款とみなすことにした（整備法40条2項）。

　ところで，定款の作成に際して問題となるのが，いわゆる「定款のあり方」である。筆者は，法人の設立者や評議員は，極く例外的な場合を除き法律の専門家ではないと考えるので，定款をみれば，その法人の組織・運営・管理に関する大体の事項が理解できるように，たとえ法人法に規定している事項（たとえば，評議員会の決議の省略，評議員，理事及び監事の任期等）であっても，これを関係者に周知するために定款に定めるべきと考える。

(2)　**定款作成の手順**

　定款は，設立者（設立者が2人以上あるときは，その全員）が作成し，これに署名又は記名押印しなければならない（法人法152条1項）。なお，設立者は，遺言で，定款の絶対的記載事項（必要的記載事項ともいう。），相対的記載事項及び任意的記載事項を定めて一般財団法人を設立する意思を表示することができるが，この場合においては，遺言執行者は，当該遺言の効力が生じた後，遅滞なく，当該遺言で定めた事項を記載した定款を作成し，これに署名し，又は記名押印しなければならない（法人法152条2項）。以上，いずれの場合も，電子定款の作成が可能であり，この場合は，電子署名をすることになるが，書面としての定款であっても，収入印紙の貼付は要しないので，設立費用的には，電子定款を作成するメリットはない。

　ところで，定款作成の手順は，次のとおりである。

　①目的としての事業の決定⇨　②拠出する財産及びその価額の決定⇨　③設立後すみやかに公益認定を受けるか否かの決定⇨　④税法上の優遇措置を受けるように（非営利型法人）するかしないかの決定⇨　⑤名称の決定⇨　⑥会計監査人を置くか置かないかの決定⇨　⑦役員を定款に定めるか否かの決定⇨　⑧相対的記載事項・任意的記載事項のうちどの事項を規定するかの検討⇨　⑨書面又は電磁的記録としての定款の作成⇨　⑩設立者の署名又は記名押印

(3) 定款作成上の留意事項

定款に用いている用語,名称が法人法の用語,名称と異なる場合は,必ずその関連づけを記載する必要がある。例えば,代表権を有する者を「理事長」と称している場合は,「理事長は,法人法上の代表理事とする。」というような定めである。

(4) 定款の絶対的記載事項

定款に必ず記載しなければならない絶対的記載事項は,次のとおりである（法人法153条1項）。

① 目　的

「目的」及び目的を達成するために営む「事業」を記載するが,目的と事業を分けて,異なる条文に記載する事例が多い。

② 名　称

一般財団法人という文字を用いなければならない（法人法5条1項）が,その位置について制限はない。

③ 主たる事務所の所在地

会社の場合と同様,最小行政区画（市町村。ただし,東京23区の場合は区）まで記載すればよい。

④ 設立者の氏名又は名称及び住所

⑤ 設立に際して設立者が拠出をする財産及びその価額

設立者が拠出する財産が特定できるように具体的に記載する必要がある。設立者が2人以上あるときは,設立者全員について誰が何をどれだけ拠出するかについて明確に記載しなければならない（新公益法人制度研究会「前掲書」109頁）。

なお,財産の価額の合計額は,300万円を下回ることはできない（法人法153条2項）。2期連続して貸借対照表上の純資産額が300万円未満となった場合は,翌事業年度に関する定時評議員会の終結の時に法定解散することになる（法人法202条2項）ので,留意する必要がある。

⑥ 設立時評議員,設立時理事及び設立時監事の選任に関する事項

「設立時評議員」,「設立時理事」及び「設立時監事」とは,設立に際し

て，それぞれ評議員，理事及び監事になる者をいう。これらの者は，定款で直接定めるのが原則であるが，定款で定めなかったときは，財産の拠出の履行が完了した後，遅滞なく，定款で定める選任の方法により，これらの者を選任することになる（法人法153条1項6号，159条1項，新公益法人制度研究会「前掲書」109頁）。

定款で定める選任方法としては，次のような方法が考えられる。

　ア　設立時評議員の場合
　　(ア)　定款の定めに基づき，設立時評議員選任のための任意の機関を設け，そこで選任する方法
　　(イ)　定款の定めに基づき，外部の特定の者に選任を委ねる方法
　　(ウ)　定款で設立時評議員を直接定める方法
　イ　設立時理事又は設立時監事の場合
　　(ア)　定款の定めに基づき，設立時評議員の過半数をもってする決定により選任する方法
　　(イ)　定款の定めに基づき，設立者の全員をもってする決定により選任する方法
　　(ウ)　定款で設立時理事又は監事を直接定める方法

なお，設立時評議員及び設立時理事は，それぞれ3人以上でなければならない（法人法160条1項）。

また，評議員，理事及び監事については，それぞれ欠格事由が定められていることに留意する必要がある（法人法160条，173条1項において準用する65条1項，177条において準用する65条1項，68条1項・3項）。

⑦　会計監査人設置一般財団法人であるときは，設立時会計監査人の選任に関する事項

会計監査人設置一般財団法人とは，定款の定めにより会計監査人を置く一般財団法人又は法人法の規定により会計監査人を置かなければならない一般財団法人をいう。設立時会計監査人は定款に定めるのが原則である（法人法159条2項）が，定款で定めなかったときは，財産の拠出の履行が完了した後，遅滞なく，定款で定める選任の方法により，設立時会計監査人を選任す

ることになる(法人法153条1項7号,159条2項)。

定款で定める選任の方法としては,次の方法が考えられる。

 ア　定款の定めに基づき,設立時評議員の過半数をもってする決定により選任する方法

 イ　定款の定めに基づき,設立者の全員をもってする決定により選任する方法

なお,会計監査人は,1人でもよいが,公認会計士又は監査法人でなければならない(法人法160条2項において準用する68条1項)。

また,会計監査人についても欠格事由が定められている(法人法160条2項において準用する68条3項)。

⑧　評議員の選任及び解任の方法

評議員は,評議員会を組織する一般財団法人の機関であり(法人法170条1項),一般財団法人と評議員との関係は,委任に関する規定に従うとされている(法人法172条1項)が,評議員については,資格制限があり(法人法173条において準用する65条1項),一般財団法人又はその子法人の理事,監事又は使用人を兼ねることができず,その員数も3人以上とされている(法人法173条2項・3項)ので留意する必要がある。

ところで,定款で定める評議員の選任及び解任の方法としては,次の方法が考えられる。

 ア　評議委員会の決議によって選任又は解任する方法

 イ　評議員の選任のための特定の機関の決定によって選任又は解任する方法

 ウ　外部の特定の者の決定によって選任又は解任する方法

なお,理事又は理事会が評議員を選任し,又は解任する旨の定款の定めは,その効力を有しないとされている(法人法153条3項1号)。アの選任法についても,公益認定を担当する内閣府の公益認定等委員会は消極的見解を示している(「移行認定又は移行認可の申請に当たって定款の変更の案を作成するに際し特に留意すべき事項について」16頁以下参照)。

⑨　公告方法

㋐官報，㋑日刊新聞紙，㋒電子公告の外，㋓主たる事務所の公衆の見やすい場所に掲示する方法（「主たる事務所の掲示場に掲示してする」）でもよい（法人法331条1項4号，法人法施行規則88条1項）が，㋓については，本当に「公衆の見やすい場所」かどうかに注意するとともに，この方法の場合，例えば「貸借対照表」の掲示が1年に及ぶこと（法人法施行規則88条2項1号）も要注意である。

⑩ 事業年度

会社の場合は，事業年度は，任意的記載事項であるが，一般財団法人の場合は，必要的記載事項とされているので，登記官の審査が及ぶ（事業年度の記載に瑕疵がある場合には却下事由に該当する。）ことに留意する必要がある。

なお，事業年度は1年を超えることができないが，事業年度の末日を変更する場合における変更後の最初の事業年度については，1年6か月をこえることができないとされている（法人法施行規則29条1項）。

(5) 相対的記載

相対的記載事項（法人法154条）の主なものは，次のとおりであるが，これらの事項は定款に記載しないと効力を生じないので，法人の規模等をベースに充分検討し，必要な事項は必ず記載したほうがよい。

① 会計監査人を置く旨の定め（法人法170条2項）
② 評議員の任期を選任後6年以内に終了する事業年度のうち最終のものに関する定時評議員会の終結の時まで伸長する旨の定め（法人法174条1項）
③ 補欠選任評議員の任期を前任者の残り任期とする定め（法人法174条2項）
④ 評議員会の招集通知期間短縮に関する定め（法人法182条1項）
⑤ 評議員提案権に関する定め（法人法184条〜186条）
⑥ 評議員会の定足数，決議要件等の過重の定め（法人法189条1項・2項）
⑦ 代表理事の理事会に対する職務の執行の状況の報告の時期・回数に

関する定め（法人法197条において準用する91条2項）

⑧ 理事会の招集手続の期間の短縮に関する定め（法人法197条において準用する94条1項）

⑨ 理事会の定足数又は決議要件に関する別段の定め（法人法197条において準用する95条1項）

⑩ 理事会議事録に署名又は記名押印する者を理事会に出席した代表理事とする定め（法人法197条において準用する95条3項）

⑪ 理事会の決議の省略に関する定め（法人法197条において準用する96条）

⑫ 理事等による責任の免除に関する定め（法人法198条において準用する114条1項）

⑬ 非業務執行理事等と責任限定契約を締結することができる旨の定め（法人法198条において準用する115条1項）

⑭ 存続期間又は解散の事由の定め（法人法202条1項1号・2号）

⑮ 清算人会を置く旨の定め（法人法208条2項）

(6) **任意的記載**

定款に記載するか否か設立者の任意とされている任意的記載事項（法人法154条）の主なものは，次のとおりである。

① 定時評議員会の招集時期（法人法179条1項参照）

② 評議員会の議長

③ 役員等の員数

④ 理事の報酬（法人法197条において準用する89条）

⑤ 監事の報酬（法人法197条において準用する105条1項）

⑥ 清算人（法人法209条1項2号）

⑦ 残余財産の帰属（法人法239条1項）

(7) **非営利型法人にするための定款の記載事項**

ア 非営利性徹底型一般財団法人の場合

この一般財団法人の場合は，次の事項は必ず定款に定めなければならない（法人税法2条9号の2イ，法人税法施行令3条1項）。

① その定款に剰余金の分配を行なわない旨の定めがあること。
② その定款に解散したときはその残余財産が国若しくは地方公共団体又は次に掲げる法人に帰属する旨の定めがあること。
　(イ)　公益社団法人又は公益財団法人
　(ロ)　認定法5条17号イからトまで（公益認定の基準）に掲げる法人

イ　共益目的型一般財団法人の場合

　この一般財団法人の場合は，次に述べるように必ず定款に定めなければならない事項と定めてはいけない事項があるので，十分留意する必要がある（法人税法2条9号の2ロ，法人税法施行令3条2項）。なお，法人税法2条9号の2ロは，「会員から受け入れる会費により当該会員に共通する利益を図るための事業を行う法人」に一般社団法人のほかに一般財団法人があることを前提としている。

① その会員の相互の支援，交流，連絡その他の当該会員に共通する利益を図る活動を行うことをその主たる目的としていること。
② その定款（定款に基づく約款その他これに準ずるものを含む。）に，その会員が会費として負担すべき金銭の額の定め又は当該金銭の額を評議員総会の決議により定める旨の定めがあること。
③ その主たる事業として収益事業（法人法施行令3条2項3号・4項）を行っていないこと。
④ その定款に特定の個人又は団体に剰余金の分配を受ける権利を与える旨の定めがないこと。
⑤ その定款に解散したときはその残余財産が特定の個人又は団体（国若しくは地方公共団体，前記アの②の(イ)若しくは(ロ)に掲げる法人又はその目的と類似の目的を有する他の一般社団法人若しくは一般財団法人を除く。）に帰属する旨の定めがないこと。

(8)　公益認定を受けるための定款の記載事項

　一般財団法人又は一般社団法人として設立後，すみやかに公益認定を申請する場合には，①認定法別表各号に掲げる種類の事業であって，不特定かつ多数の者の利益の増進に寄与する事業（公益目的事業）を行うことを主たる

目的とするもの（収益事業を営むこともできるが，公益目的事業の実施に支障を及ぼすおそれがないものである等の制限がある。）であること（認定法2条4号，5条1号）を，定款の「目的及び事業」の記載上明らかにするとともに，②認定法5条各号に掲げる基準に適合するように留意する必要がある。なお，認定法6条各号に規定する欠格事由に該当する場合は，公益認定を受けることができない。

5 公証人による定款の認証

定款については公証人の認証が必要である（法人法155条）。

第2 設立登記申請手続

1 申請期間

主たる事務所の所在地においては，次に掲げる日のいずれか遅い日から2週間以内である（法人法302条1項）。

(1) 法人法161条1項の規定による調査が終了した日

(2) 設立者が定めた日

2 登記の事由

登記の事由は，「平成何年何月何日設立手続終了」である。

3 登記すべき事項

一般財団法人の登記事項は，次のとおりであるが，主たる事務所の所在地における登記事項のうち，④，⑦～⑬及び⑮は，その定めがある場合に限って登記する。

(1) **主たる事務所の所在地における登記事項**（法人法302条2項）

① 目　的

登記事項は，「目的及び事業」であるので，目的と事業を定款に異なる条文に定めている場合は，その記載方法に注意すること。

② 名　称

③ 主たる事務所及び従たる事務所の所在場所

④ 一般財団法人の存続期間又は解散の事由についての定款の定めがあるときは，その定め

⑤　評議員，理事及び監事の氏名
⑥　代表理事の氏名及び住所
⑦　会計監査人設置一般財団法人であるときは，その旨及び会計監査人の氏名又は名称
⑧　一時会計監査人の職務を行うべき者の氏名又は名称
⑨　役員等の責任の免除に関する定め
⑩　非業務執行理事等が負う責任の限度に関する契約の締結についての定め
⑪　貸借対照表を電磁的方法により開示するときは，当該情報が掲載されているウェブページのアドレス
⑫　公告方法
⑬　公告方法が電子公告であるときは，当該公告を掲載するウェブページのアドレス及び予備的公告の方法が定款に定められているときは，その定め

(2) 従たる事務所の所在地における登記事項

　一般財団法人の設立に際して従たる事務所を設けた場合には，従たる事務所の所在地において，主たる事務所の所在地において設立の登記をした日から3週間以内に，次に掲げる事項を登記しなければならない（法人法302条1項1号・2項・3項）。

① 　名　　称
② 　主たる事務所の所在場所
③ 　従たる事務所（その所在地を管轄する登記所の管轄区域内にあるものに限る。）の所在場所

4　添付書面

　主たる事務所の所在地における設立の登記申請書の添付書面は，次のとおりである（法人法312条2項・3項，317条，330条において準用する商登法18条，一般法規3条において準用する商登規61条4項・5項・7項）。

(1)　定　　款
(2)　財産の拠出の履行があったことを証する書面

(3) 設立時評議員，設立時理事及び設立時監事の選任に関する書面

定款に直接定めている場合は定款，定款で定める方法によって選任している場合は定款及び定款で定める方法によって選任したことを直接証する書面が該当する。

(4) 設立時代表理事の選定に関する書面

設立時理事の過半数をもって設立時代表理事を選定した書面である（法人法166条1項・2項）。

(5) 設立時評議員，設立時理事，設立時監事及び設立時代表理事が就任を承諾したことを証する書面

(6) 設立時評議員，設立時理事及び設立時監事の本人確認証明書

(7) 設立時会計監査人を選任したときは，次に掲げる書面

　① 設立時会計監査人の選任に関する書面

　　定款に直接定めている場合は定款，定款で定める方法によって選任している場合は定款及び定款で定める方法によって選任したことを直接証する書面が該当する。

　② 就任を承諾したことを証する書面

　③ 設立時会計監査人が法人であるときは，当該法人の登記事項証明書。ただし，当該登記所の管轄区域内に当該法人の主たる事務所がある場合を除く。

　④ 設立時会計監査人が法人でないときは，その者が公認会計士であることを証する書面

(8) 設立時代表理事が就任を承諾したことを証する書面に押印した印鑑につき，市区町村長の作成した印鑑証明書

(9) 登記すべき事項につき設立者全員の同意又はある設立者の一致を要するときは，その同意又は一致があったことを証する書面

設立者が主たる事務所又は従たる事務所の所在場所を定めたときは，設立者の過半数の一致があったことを証する書面（決議書等）を添付する。

(10) 委任状

5　登録免許税

一般財団法人の設立の登記の登録免許税は，申請1件につき，主たる事務所の所在地においては6万円，従たる事務所の所在地においては9,000円である（登免税法別表第一第24号㈠ロ，㈡イ）。

第3節　一般財団法人の役員等の変更の登記

第1　実体上の手続

1　総　説

一般財団法人は，機関として，①評議員，②評議員会，③理事，④理事会及び⑤監事を置かなければならず（法人法170条1項），定款に定めれば会計監査人を置くことができる（法人法170条2項）。ただし，大規模一般財団法人（最終事業年度に係る貸借対照の負債の部に計上した額の合計額が200億円以上である一般財団法人をいう。）は，会計監査人を置かなければならない（法人法171条）。

なお，評議員，理事及び監事についてはその氏名が登記事項とされ，代表理事については氏名及び住所が登記事項とされている（法人法302条2項5号・6号）。また，会計監査人についてはその氏名又は名称が登記事項とされているほか，会計監査人設置一般財団法人である旨が登記事項とされている（法人法302条2項7号）。したがって，これらの事項に変更を生じた場合には，その変更の登記が必要になる（法人法303条）。

2　評議員の変更

評議員の変更の登記の態様には，評議員の氏名の変更による登記及び評議員の就任又は退任による登記があるが，ここでは，まず評議員の就任の登記及び評議員の退任の登記の前提となる実体上の手続について説明する。

(1) 評議員の就任
① 評議員の選任の手続
イ　定款で定める方法による選任

　評議員は，「理事，監事及び会計監査人の選任又は解任，定款の変更等一般財団法人の基本的事項について決議をする権限を有する評議員会の構成員」として，極めて重要な機関であり（新公益法人制度研究会編「一問一答公益法人関連三法」124頁参照），その「評議員の選任の方法及び解任の方法」は，定款の絶対的記載事項とされ（法人法153条1項8号），しかも，その変更は，原則として，設立者が，「評議員会の決議によって当該定款の規定を変更することができる旨を定めている場合」に限って許される（法人法200条）。

　ところで，定款に定める評議員の選任の方法としては，次のような方法が考えられる。そこで，これらの定款に定める方法に従って評議員を選任することになる。

　ア　評議員会の決議によって選任する方法
　イ　評議員の選任のための特定の機関の決定によって選任する方法
　ウ　外部の特定の者の決定によって選任する方法

　なお，評議員については，法人，成年被後見人若しくは被保佐人又は外国の法令上これらと同様に取り扱われている者は評議員になることができない等の資格制限があり（法人法173条において準用する65条1項），評議員は，一般財団法人又はその子法人の理事，監事又は使用人を兼ねることができず，その員数も3人以上とされている（法人法173条2項・3項）ので留意する必要がある。

　また，アの選任法については，公益認定を担当する内閣府の公益認定等委員会は，条件付きでしか認めていない（公益認定等委員会のＨＰの「法令・ガイドライン等」の「移行認定又は移行認可の申請に当たって定款の変更の案を作成するに際し特に留意すべき事項について」16頁以下。）ので，公益認定を申請する予定がある場合には，留意する必要がある。

ロ　就任の承諾

　一般財団法人と評議員との関係は，委任に関する規定に従う（法人法172条１項）ので，評議員として選任されても，就任の承諾をしない限り評議員になることはない。そこで，就任の承諾が必要である。

② 仮評議員の就任

　法人法又は定款で定めた評議員の員数が欠けた場合には，裁判所は，必要があると認めるときは，利害関係人の申立てにより，一時評議員の職務を行うべき者を選任することができる（法人法175条２項）。この評議員を，「仮評議員」といい，その登記は，裁判所書記官の嘱託によってする（法人法315条１項２号イ）。なお，仮評議員の登記は，後任評議員の就任の登記をしたときは，抹消する記号を記録することになる（一般法登規３条，商登規68条１項）。

(2) 評議員の退任

　評議員は，次に掲げる事由によって退任する。

① 任期の満了
② 辞　任
③ 解　任
④ 欠格事由に該当
⑤ 死　亡
⑥ 破産手続開始の決定

以下，評議員の退任の事由について説明する。

① 任期の満了

　評議員は任期の満了によって退任する。評議員の任期は，選任後４年以内に終了する事業年度のうち最終のものに関する定時評議員会の終結の時までである（法人法174条１項本文）。ただし，定款によって，その任期を選任後６年以内に終了する事業年度のうち最終のものに関する定時評議員会の終結の時まで伸長することができる（法人法174条１項ただし書）。また，定款によって，任期の満了前に退任した評議員の補欠として選任された評議員の任期を退任した評議員の任期の満了する時までとすることができる（法人法

174条2項)。

ところで，法人法若しくは定款で定めた評議員の員数が欠けた場合には，任期の満了により退任した評議員は，新たに選任された評議員（仮評議員を含む。）が就任するまで，なお評議員としての権利義務を有する（法人法175条1項）ので，これに該当する場合は，新たに選任された評議員（仮評議員を含む。）が就任するまで任期満了による退任の登記を申請することはできない。なお，退任の登記を申請する場合における評議員の退任の日は，後任者就任の日ではなく任期満了の日である。

② 辞 任

一般財団法人と評議員との関係は，委任に関する規定に従うとされている（法人法172条1項）ので，評議員はいつでも辞任することができる（民法651条）。辞任の効力は，辞任の意思表示が当該一般財団法人に到達した時に生じる。ただし，辞任の結果，法人法若しくは定款で定めた評議員の員数を欠くことになる場合には，辞任により退任した評議員は，新たに選任された評議員（仮評議員を含む。）が就任するまで，なお評議員としての権利義務を有する（法人法175条1項）ので，これに該当する場合は，新たに選任された評議員（仮評議員を含む。）が就任するまで辞任による退任の登記を申請することはできない。

なお，この場合の評議員の退任の日は，前述した任期満了の場合と同様，後任者就任の日ではなく，辞任の効力発生の日である。

③ 欠格事由に該当

評議員が，次に述べる欠格事由に該当する者になった場合は，ただちに退任する（法人法173条において準用する65条1項）。この場合は，法人法175条1項の規定の適用はない（法人法175条1項参照）ので，退任の結果，法人法又は定款で定めた評議員の員数を欠くことになっても，退任の登記は申請しなければならない。

　　イ　成年被後見人若しくは被保佐人又は外国の法令上これらと同様に取り扱われている者
　　ロ　法人法65条1項3号に掲げる罪を犯し，刑に処せられ，その執行を

終わり，又はその執行を受けることがなくなった日から2年を経過しない者

ハ　ロに規定する法律の規定以外の法令の規定に違反し，禁錮以上の刑に処せられ，その執行を終わるまで又はその執行を受けることがなくなるまでの者（刑の執行猶予の者を除く。）

④　解　任

評議員は，定款に定める方法（法人法153条1項8号）によって解任することができる。この場合は，法人法175条1項の規定の適用はないので，解任の結果法人法又は定款で定めた評議員の員数を欠くことになっても，解任による退任の登記は申請しなければならない。

⑤　死　亡

評議員は，死亡によって退任する（民法653条1号）。

⑥　破産手続開始の決定

評議員と一般財団法人との関係は，委任に関する規定に従うとされている（法人法172条1項）ので，評議員が破産手続開始の決定を受けたときは，委任契約の終了により退任する（民法653条2号）。なお，復権していない者を評議員として選任することは差し支えない。

3　理事の変更

理事の変更の登記の態様には，理事の氏名の変更による登記及び理事の就任又は退任による登記があるが，ここでは，理事の就任の登記及び理事の退任の登記の前提となる実体上の手続について説明する。

(1)　理事の就任

①　理事の選任の手続

イ　評議員会の招集

理事は，評議員会の決議によって選任する（法人法177条において準用する63条1項）。そこで，理事を選任するには，評議員会を招集しなければならないが，評議員会を招集するには，まず，理事会の決議によって，①評議員会の日時及び場所，②評議員会の目的である事項（評議員会に提出する議題。ここでは，「理事選任の件」），③議案の概要を定め（法人法181条1項，

法人法施行規則58条1号），次いで，理事（評議員会を招集する理事を定款で定めている場合には，当該理事。定めていない場合には，各理事。）が，評議員会の日の1週間（これを下回る期間を定款で定めた場合にあっては，その期間）前までに，評議員に対して，書面で招集通知を発しなければならない（法人法182条1項）。ただし，評議員会は，評議員の全員の同意があるときは，招集の手続を経ないで開催することができる（法人法183条）。

　　ロ　評議員会の決議

　評議員会における理事選任の決議は，議決に加わることができる評議員の過半数（これを上回る割合を定款で定めた場合にあっては，その割合以上）が出席し（これを「定足数」という。），その過半数（これを上回る割合を定款で定めた場合にあっては，その割合以上）をもって行う（法人法189条1項）。なお，理事にも評議員と同様の資格及び欠格事由が定められているので，留意する必要がある（法人法177条において準用する65条1項）。

　なお，理事選任の決議をする場合には，将来理事が欠けた場合又は法人法若しくは定款で定めた理事の員数を欠くことになるときに備えて補欠の理事を予め選任しておくことができる（法人法177条において準用する63条2項）ので，法人の組織の実情を勘案し必要であれば，予選しておくとよい。

　　ハ　就任の承諾

　一般財団法人と理事との関係は，委任に関する規定に従う（法人法172条1項）ので，理事として選任されても，就任の承諾をしない限り理事になることはない。そこで，就任の承諾が必要である。

　②　評議員会の決議の省略の方法による理事の選任

　理事の選任は，評議員会の決議の省略の方法でもよい（法人法194条）。これは，定款に「評議員会の決議の省略の方法」についての定めがない場合でも差し支えない。評議員会の決議の省略の方法は，理事が，評議員会の目的である事項（議題及び議案として「理事何某の選任」）を提案し，この提案に評議員全員が書面又は電磁的記録により同意の意思表示をすることである。この同意の意思表示があったときは，当該提案を可決する旨の評議員会の決議があったものとみなされる（法人法194条1項）。なお，法人法317条3項

は，この場合の添付書面の名称を「評議員会の決議があったものとみなされる場合に該当することを証する書面」というように規定しているが，法人法施行規則11条4項は，決議があったものとみなされる場合に該当することを証する書面は，評議員会議事録として作成することとしてその記載事項を定めている（法人法施行規則60条4項1号）。

③ 仮理事の就任

理事が欠けた場合又は法人法若しくは定款で定めた理事の員数が欠けた場合には，裁判所は，必要があると認めるときは，利害関係人の申立てにより，一時理事の職務を行うべき者を選任することができる（法人法177条において準用する75条2項）。この理事を，「仮理事」といい，その登記は，裁判所書記官の嘱託によってする（法人法315条1項2号イ）。なお，仮理事の登記は，後任理事の就任の登記をしたときは，抹消する記号を記録することになる（一般法登規3条，商登規68条1項）。

(2) 理事の退任

理事は，次に掲げる事由によって退任する。

　① 任期の満了
　② 辞　任
　③ 解　任
　④ 欠格事由に該当
　⑤ 死　亡
　⑥ 法人の解散
　⑦ 破産手続開始の決定

以下，理事の退任の事由について説明する。

① 任期の満了

理事は任期の満了によって退任する。理事の任期は，選任後2年以内に終了する事業年度のうち最終のものに関する定時評議員会の終結の時までである。なお，定款によって，その任期を短縮することができる（法人法177条において準用する66条）ので，定款の確認が必要である。

ところで，理事が欠けた場合又は法人法若しくは定款で定めた理事の員数

が欠けた場合には，任期の満了により退任した理事は，新たに選任された理事（仮理事を含む。）が就任するまで，なお理事としての権利義務を有するとされている（法人法177条において準用する75条1項）ので，これに該当する場合は，新たに選任された理事（仮理事を含む。）が就任するまで任期満了による退任の登記を申請することはできない。ただし，その後，理事の退任による変更の登記を申請する場合の理事の退任の日は，任期満了の日である。

② 辞任

一般財団法人と理事との関係は，委任に関する規定に従うとされている（法人法177条において準用する64条）ので，理事はいつでも辞任することができる（民法651条）。辞任の効力は，辞任の意思表示が当該一般財団法人に到達した時に生じる。ただし，理事が欠けた場合又は法人法若しくは定款で定めた理事の員数が欠けた場合には，辞任により退任した理事は，新たに選任された理事（仮理事を含む。）が就任するまで，なお理事としての権利義務を有する（法人法177条において準用する75条1項）ので，これに該当する場合は，新たに選任された理事（仮理事を含む。）が就任による変更の登記を申請するまで辞任による退任の登記を申請することはできない。

なお，この場合の理事の退任の日は，任期満了の場合と同様，後任者就任の日ではなく，辞任の効力発生の日である。

③ 欠格事由に該当

理事が，次に述べる欠格事由に該当する者になった場合は，ただちに退任する（法人法177条において準用する65条1項）。この場合は，法人法177条において準用する75条の適用はない（法人法75条1項は，「任期の満了又は辞任の場合」に限って適用される。）ので，退任の結果，法人法又は定款で定めた理事の員数を欠くことになっても，退任の登記は申請しなければならない。

　　イ　成年被後見人若しくは被保佐人又は外国の法令上これらと同様に取り扱われている者
　　ロ　法人法65条1項3号に掲げる罪を犯し，刑に処せられ，その執行を

終わり，又はその執行を受けることがなくなった日から２年を経過しない者

ハ　ロに規定する法律の規定以外の法令の規定に違反し，禁錮以上の刑に処せられ，その執行を終わるまで又はその執行を受けることがなくなるまでの者（刑の執行猶予の者を除く。）

④　解　任

理事が次のいずれかに該当するときは，評議員会の決議によって，その理事を解任することができる（法人法176条１項）。理事を解任する評議員会の決議は，法人法189条１項で規定する普通決議でよい（法人法189条２項１号参照）。なお，解任の結果，法人法又は定款で定めた理事の員数を欠くことになっても，退任の登記は申請しなければならない。

イ　職務上の義務に違反し，又は職務を怠ったとき。

ロ　心身の故障のため，職務の執行に支障があり，又はこれに堪えないとき。

⑤　死　亡

理事は，死亡によって退任する（民法653条１号）。

⑥　法人の解散

法人が解散したときは，理事は退任するが，この場合は，登記官が解散の登記をしたときに，理事の登記を抹消する記号を記録することになる（一般法登規３条，商登規73条１号）ので，退任の登記を申請する必要はない。

⑦　破産手続開始の決定

理事と一般財団法人との関係は，委任に関する規定に従うとされている（法人法172条１項）ので，理事が破産手続開始の決定を受けたときは，委任契約の終了により退任する（民法653条２号）。ただし，その後，復権していない者でも理事に選任することは差し支えない。

なお，一般財団法人が破産手続開始の決定を受けても，理事は当然には退任しない（最判平成21年４月17日，平成23年４月１日民商第816号民事局商事課長通知参照）。

4 代表理事の変更

(1) 代表理事の就任

① 代表理事選定の手続

　代表理事とは，一般財団法人を代表し，一般財団法人の業務を執行する理事をいう（法人法197条において準用する77条4項，91条1項1号）。代表理事は，理事の中から理事会において選定する（法人法197条において準用する90条2項3号・3項）。代表理事を選定する理事会の決議は，議決に加わることができる理事の過半数（これを上回る割合を定款で定めた場合にあっては，その割合以上）が出席し，その過半数（これを上回る割合を定款で定めた場合にあっては，その割合以上）をもって行う（法人法197条において準用する95条1項）。なお，この場合，就任の承諾も必要である。

　ところで，理事会の決議について特別の利害関係を有する理事は，議決に加わることができないとされている（法人法197条において準用する95条2項）ので，代表理事の候補になっている理事が議決に加わることができるか否かという問題があるが，この規定の趣旨は，決議の公正を期すためのものであるから，私見は，代表理事の候補になっている理事も議決に加わることができると考える。

　なお，代表理事の登記事項は，代表理事の氏名及び住所である（法人法301条2項5号・6号）。

　また，代表理事の選定について，定款に「当法人の代表理事は，評議員会において選定する。」旨定めた場合の取扱いである。このような定款の定めも，理事会から代表理事選定権を剥奪するものでなければ（理事会，評議員会のいずれで代表理事を選定してもよいという趣旨であれば）問題はないといえよう（法人法178条2項，江原健志編「一般社団・財団法人法の法人登記実務」326頁）。ただし，「定款の定めにより，代表理事の選定・解職権限という理事会の固有の法定権限を評議員会の決議事項とするだけでなく，当該権限を理事会から奪い，完全に評議員会に委譲することができるかどうかについては議論がある。」（江原健志編「前掲書」109頁）と解するのが法務当局の見解と思われるので，実務上は，代表理事の選定権限を理事会から奪

い，完全に評議員会に委譲するような定款の定めは避けるべきと考える。

② 理事会の決議の省略の方法による代表理事の選定

代表理事の選定は，定款に理事会の決議省略の方法を認める定めがある場合（法人法197条において準用する96条）には，理事会の決議の省略の方法でもよい。理事会の決議の省略の方法は，理事が，理事会の決議の目的である事項（議題及び議案として「代表理事何某の選任」）を提案し，この提案に理事（当該事項について議決に加わることができるものに限る。）全員が書面又は電磁的記録により同意の意思表示をすること（監事が当該提案について異議をのべたときを除く。）である。この同意の意思表示があったときは，当該提案を可決する旨の理事会の決議があったものとみなされる（法人法197条において準用する96条）。なお，法人法317条3項は，この場合の添付書面の名称を「理事会の決議があったものとみなされる場合に該当することを証する書面」というように規定しているが，法人法施行規則15条4項は，決議があったものとみなされる場合に該当することを証する書面は，理事会議事録として作成することとしてその記載事項を定めている。

(2) 仮代表理事の就任

代表理事が欠けた場合又は定款で定めた代表理事の員数が欠けた場合には，裁判所は，必要があると認めるときは，利害関係人の申立てにより，一時代表理事の職務を行うべき者を選定することができる（法人法197条において準用する79条2項）。この代表理事を，「仮代表理事」といい，その登記は，裁判所書記官の嘱託によってする（法人法315条1項2号イ）。

(3) 代表理事の退任

代表理事は，次に掲げる事由によって退任する。

① 理事の退任
② 任期満了
③ 辞任
④ 解職
⑤ 死亡

以下，代表理事の退任の事由について説明する。

① 理事の退任

　代表理事は，前提資格である理事を任期満了又は辞任等により退任することによって代表理事も退任することになる。ただし，理事が退任した結果，法人法又は定款で定めた理事の員数を欠くことになる場合には，任期満了又は辞任により退任した理事は，解任及び欠格事由該当の場合を除き，新たに選任された理事（仮理事を含む。）が就任するまで，なお理事としての権利義務を有する（法人法177条において準用する75条1項）ので，この場合には，新たに選任された理事（仮理事を含む。）が就任するまで代表理事は退任しない。なお，この場合，理事の退任の日は理事の任期満了又は辞任の日であるが，代表理事の退任の日は後任理事就任の日であることに留意する必要がある。

② 任期満了

　代表理事については，法律の定める任期はないが，定款で任期を定めている場合には，代表理事は定款で定めた任期の満了によって退任する。ただし，代表理事が退任した結果代表理事が不存在になる場合又は定款で定めた代表理事の員数を欠くことになる場合には，任期満了により退任した代表理事は，解任及び理事の欠格事由該当の場合を除き，新たに選定された代表理事（仮代表理事を含む。）が就任するまで，なお代表理事としての権利義務を有する（法人法197条において準用する79条1項）ので，この場合には，新たに選定された代表理事（仮代表理事を含む。）が就任するまで代表理事の退任の登記を申請することはできない。

③ 辞　任

　代表理事は，代表理事の地位のみを辞任することができる。ただし，代表理事が代表理事たる地位のみを辞任した結果，代表理事が不存在になる場合又は定款で定めた代表理事の員数を欠くことになる場合には，辞任により退任した代表理事は，新たに選定された代表理事（仮代表理事を含む。）が就任するまで，なお代表理事としての権利義務を有する（法人法197条において準用する79条1項）ので，これに該当する場合は，新たに選定された代表理事（仮代表理事を含む。）が就任するまで辞任による退任の登記を申請す

ることはできない。

④ 解　職

　代表理事は，理事会の決議によって解職することができる（法人法197条において準用する90条2項3号）。解職の場合には，たとえ解職の結果，代表理事が不存在になり又は定款で定めた代表理事の員数を欠くことになる場合であっても，解職により退任した代表理事は，新たに選定された代表理事（仮代表理事を含む。）が就任するまで，なお代表理事としての権利義務を有するということはないので，解職による代表理事の変更の登記を申請しなければならない。

⑤ 死　亡

　代表理事は，死亡によって退任する。

5　監事の変更

(1)　監事の就任

① 監事の選任の手続

イ　評議員会の招集及び決議

　監事は，評議員会の決議によって選任する（法人法177条において準用する63条1項）。そこで，監事を選任するには，まず評議員会を招集しなければならないが，評議員会の招集の手続（法人法181条〜183条）及び評議員会の決議の方法（法人法189条1項）については，理事の選任の場合と同様である。

　ところで，監事選任の決議をする場合には，将来監事が欠けた場合又は定款で定めた監事の員数を欠くことになるときに備えて，予め補欠の監事を予選しておくことができる（法人法177条において準用する63条2項）が，ここに監事が欠けた場合とは，監事が1人もいなくなることをいい，法人法で定めた監事の員数は，1人以上である（法人法170条1項は，「監事を置かなければならない。」と定めるのみで，その員数については規定していないので，1人以上ということになる。）。

ロ　就任の承諾

　一般財団法人と監事との関係は，委任に関する規定に従う（法人法172条

1項）ので，監事として選任されても，就任の承諾をしない限り監事になることはない。法人は，監事になることができず（法人法177条において準用する65条1項1号），監事は，一般財団法人又はその子法人の理事又は使用人を兼ねることができない（法人法177条において準用する65条2項）。

なお，監事には，理事と同様の欠格事由が定められていることに留意する必要がある（法人法177条において準用する65条1項2号・3号・4号）。

② **監事の選任に関する監事の同意等**

一般財団法人の監事の選任については，次の点に留意する必要がある。

　イ　理事は，監事の選任に関する議案を評議員会に提出するには，監事（監事が2人以上ある場合にあっては，その過半数）の同意を得なければならない（法人法177条において準用する72条1項）。

　ロ　監事は，理事に対し，監事の選任を評議員会の目的とすること又は監事の選任に関する議案を評議員会に提出することを請求することができる（法人法177条において準用する72条2項）。

　ハ　監事は，評議員会において，監事の選任について意見を述べることができる（法人法177条において準用する74条1項）。

③ **仮監事の就任**

監事が欠けた場合又は法人法若しくは定款で定めた監事の員数が欠けた場合には，裁判所は，必要があると認めるときは，利害関係人の申立てにより，一時監事の職務を行うべき者を選任することができる（法人法177条において準用する75条2項）。この監事を，「仮監事」といい，この登記は，裁判所書記官の嘱託によってする（法人法315条1項2号イ）。なお，仮監事の登記は，後任監事の就任の登記をしたときは，登記官が抹消する記号を記録することになる（一般法登規3条，商登規68条1項）。

(2) **監事の退任**

監事は，次に掲げる事由によって退任する。

　① 任期満了
　② 辞　任
　③ 解　任

④ 欠格事由に該当
⑤ 死　亡
⑥ 破産手続開始の決定

以下，監事の退任の事由について説明する。

① 任期満了

監事は任期の満了によって退任する。監事の任期は，選任後4年以内に終了する事業年度のうち最終のものに関する定時評議員会の終結の時までである。ただし，次の定めに該当する場合には，監事の任期が短縮される（法人法177条において準用する67条）。

　イ　定款によって，その任期を選任後2年以内に終了する事業年度のうち最終のものに関する定時評議員会の終結の時までとすることを限度として短縮する旨を定めている場合

　ロ　定款によって，任期の満了前に退任した監事の補欠として選任された監事の任期を退任した監事の任期の満了する時までとする旨を定めている場合

　ハ　監事を置く旨の定款の定めを廃止する定款の変更をした場合には，監事の任期は，当該定款変更の効力が生じた時に満了する。

なお，監事が任期満了による退任の結果，監事を欠くことになる場合又は法人法若しくは定款で定めた監事の員数を欠くことになる場合には，任期の満了により退任した監事は，新たに選任された監事（仮監事を含む。）が就任するまで，なお監事としての権利義務を有する（法人法177条において準用する75条1項）ので，これに該当する場合は，新たに選任された監事（仮監事を含む。）が就任するまで任期満了による退任の登記を申請することはできない。

② 辞　任

一般財団法人と監事との関係は，委任に関する規定に従うとされている（法人法172条1項）ので，監事はいつでも辞任することができる（民法651条）。ただし，監事が欠けた場合又は定款で定めた監事の員数が欠けた場合には，辞任により退任した監事は，新たに選任された監事（仮監事を含む。）

が就任するまで，なお監事としての権利義務を有する（法人法177条において準用する75条1項）ので，これに該当する場合は，新たに選任された監事（仮監事を含む。）が就任するまで辞任による退任の登記を申請することはできない。

なお，監事の辞任については，次の点に留意する必要がある。
　　イ　監事は，評議員会において，監事の辞任について意見を述べることができる（法人法177条において準用する74条1項）。
　　ロ　監事を辞任した者は，辞任後最初に招集される評議員会に出席して，辞任した旨及びその理由を述べることができる（法人法177条において準用する74条2項）。

③　欠格事由に該当

監事が，理事と同様の欠格事由に該当することになったときは，ただちに退任する（法人法177条において準用する65条1項）。この場合は，法人法75条1項の準用はないので，退任の結果法人法又は定款で定めた理事の員数を欠くことになっても，退任の登記は申請しなければならない。

④　解　任

監事が次のいずれかに該当するときは，評議員会の決議によって，その監事を解任することができる（法人法176条1項）が，監事を解任する評議員会の決議は，議決に加わることができる評議員の3分の2（これを上回る割合を定款に定めた場合にあっては，その割合）以上に当たる多数をもって行わなければならない（法人法189条2項1号）。
　　イ　職務上の義務に違反し，又は職務を怠ったとき。
　　ロ　心身の故障のため，職務の執行に支障があり，又はこれに耐えないとき。

⑤　死　亡

監事は，死亡によって退任する（民法653条1号）。

⑥　破産手続開始の決定

監事と一般財団法人との関係は，委任に関する規定に従うとされている（法人法172条1項）ので，監事が破産手続開始の決定を受けたときは，委任

契約の終了により退任する（民法653条2号）。なお，復権していない者を監事として選任することは差し支えない。

6 会計監査人の変更

(1) 会計監査人の選任及び就任

大規模一般財団法人（法人法2条3号参照）以外では会計監査人を置く一般財団法人は，余り多くないと思われるので，簡潔に述べることにする。

① 会計監査人の選任

会計監査人は，評議員会の決議によって選任する（法人法177条において準用する63条1項）。そこで，会計監査人を選任するには，まず評議員会を招集しなければならないが，評議員会の招集の手続（法人法181条～183条）及び評議員会の決議の方法等については，理事の選任の場合と同様である（法人法189条1項）。この場合，理事は，会計監査人の選任議案について，監事の同意を得なければならない（法人法177条において準用する73条1項1号）。

なお，会計監査人は，公認会計士又は監査法人でなければならない（法人法177条において準用する68条1項）。

② 会計監査人の就任

一般財団法人と会計監査人との関係は，委任に関する規定に従う（法人法172条1項）ので，評議員会において会計監査人として選任された後，就任の承諾をして初めて会計監査人に就任する。

③ 仮会計監査人の選任

会計監査人が欠けた場合又は定款で定めた会計監査人の員数が欠けた場合において，遅滞なく会計監査人が選任されないときは，監事は，一時会計監査人の職務を行うべき者（仮会計監査人）を選任しなければならないとされている（法人法177条において準用する75条4項）。この登記は，当該一般財団法人の申請によってする。

(2) 会計監査人の退任

会計監査人は，次に掲げる事由によって退任する。

① 任期満了

会計監査人の任期は，選任後1年以内に終了する事業年度のうち最終のものに関する定時評議員会の終結の時までである（法人法177条において準用する69条1項）。会計監査人は，最終の事業年度に関する定時評議員会において別段の決議がなされなかったときは，当該定時評議員会において再任されたものとみなされる（法人法177条において準用する69条2項）。

なお，会計監査人を置く旨の定款の定めを廃止する定款の変更をした場合には，会計監査人の任期は，当該定款変更の効力が生じた時に満了する（法人法177条において準用する69条3項）。

② 辞任

③ 解任

会計監査人が次のいずれかに該当するときは，評議員会の決議によって，その会計監査人を解任することができる（法人法176条2項，71条1項）。

　　イ　職務上の義務に違反し，又は職務を怠ったとき。
　　ロ　会計監査人としてふさわしくない非行があったとき。
　　ハ　心身の故障のため，職務の執行に支障があり，又はこれに堪えないとき。

④ 欠格事由に該当

法人法177条において準用する68条3項各号のいずれかに該当することになったときは，欠格事由に該当し退任することになる。

⑤ 死亡，破産手続開始の決定又は解散

第2　登記申請手続

1　登記期間

評議員，理事，代表理事，監事又は会計監査人の変更の登記の登記期間は，変更が生じた日から，主たる事務所の所在地においては2週間以内である（法人法303条）。

2　登記の事由

登記の事由は，どのような理由によって登記を申請するかを明らかにする

ために記載するものであるので,「評議員,理事,代表理事,監事及び会計監査人の変更」というように,どのようなポストの役員等が変更したか分かるように具体的に記載する。変更の年月日は,登記すべき事項の記載から判明する場合には,記載する必要はない。

3 登記すべき事項

主たる事務所の所在地における登記すべき事項(法人法302条2項5号・6号・8号・9号,303条)は,次のとおりであるが,具体的に申請書に登記すべき事項を記載するときは,電磁的記録媒体に記録し,申請書には「別添CD-R(又はDVD-R)のとおり」というように記載する。なお,オンラインによりあらかじめ登記事項提出書を提出している場合は,「別紙のとおりの内容をオンラインにより提出済み」と記載する。

(1) 評議員等の任期満了による変更の登記の場合
　　評議員等の氏名,退任の旨及びその年月日
(2) 評議員等の辞任による変更の登記の場合
　　評議員等の氏名,辞任の旨及びその年月日
(3) 代表理事の資格喪失又は辞任による変更の登記の場合
　　代表理事の氏名,資格喪失による退任の旨及びその年月日
　　代表理事の氏名,辞任の旨及びその年月日
(4) 評議員等の就任による変更の登記の場合
　　評議員等の氏名,就任の旨及びその年月日
(5) 代表理事の就任による変更の登記の場合
　　代表理事の氏名及び住所並びに就任の旨及びその年月日

4 添付書面

主たる事務所の所在地における「評議員,理事,監事,代表理事及び会計監査人変更登記申請書」の添付書面は,次のとおりである。

(1) **定　款**
　① 評議員の就任又は解任による変更の登記の場合には,評議員の選任又は解任の方法を定めた定款を添付する(一般法登規3条,商登規61条1項)。

② 後任者就任の評議員会議事録に理事何某等が年月日任期満了により退任した旨の記載がない場合に，退任を証する書面として添付する（法人法320条5項）。

　③ 理事会設置一般財団法人において定款の定めに基づき評議員会で代表理事を選定した場合又は定款の定めに基づく理事の互選により代表理事を選定した場合に添付する（一般法登規3条，商登規61条1項）。

(2) 辞任届

評議員，理事，監事，代表理事又は会計監査人が辞任した場合に添付する（法人法320条5項）。ただし，印鑑の提出をしている代表理事の辞任届には，当該届出印又は実印を押印し，市区町村長作成の印鑑証明書を添付する（一般法登規3条，商登規61条8項）。

(3) 評議員会議事録

　① 理事，監事又は会計監査人を選任した評議員会議事録である。定時評議員会議事録でも，臨時評議員会議事録でもよい（法人法317条2項）。

　② 評議員会で代表理事を定めた場合に添付する（法人法317条2項）。

　③ 定款を変更して代表理事を定めた場合には，定款の変更に係る評議員会の議事録を添付する（法人法317条2項）。

　④ 理事，監事又は会計監査人を解任した場合には，解任に係る評議員会議事録を添付する（法人法317条2項）。

(4) 理事会議事録

　① 代表理事を理事会で選定した場合に添付する（法人法317条2項）。

　② 代表理事を理事会で解職した場合に添付する（法人法317条2項）。

(5) 就任を承諾したことを証する書面（法人法317条2項）

評議員，理事，監事及び代表理事の就任による変更の登記の場合に添付する（法人法320条1項）。

(6) 本人確認証明書

評議員，理事及び監事の就任承諾書に係る本人確認証明書（当該評議員，理事及び監事の再任の場合には不要）。ただし，登記の申請書に当該理事又

は監事の印鑑証明書が添付される場合を除く。
- (7) 定款に定める方法によって評議員を選任又は解任をしたことを証する書面（法人法320条2項，5項）
- (8) 会計監査人の就任による変更の登記の申請書には，次に掲げる書面（法人法320条3項，317条2項）
  - ① 就任を承諾したことを証する書面
  - ② 会計監査人が法人であるときは，当該法人の登記事項証明書。ただし，当該登記所の管轄区域内に当該法人の主たる事務所がある場合を除く。
  - ③ 会計監査人が法人でないときは，その者が公認会計士であることを証する書面
  - ④ 会計監査人を選任した評議員会議事録
- (9) 市区町村長の作成した印鑑証明書
  - ① 就任を承諾したことを証する書面の印鑑
    代表理事が就任を承諾したことを証する書面の印鑑について添付する（一般法登規3条，商登規61条4項・5項）。
  - ② 評議員会議事録に押印された議長及び出席理事の印鑑
    評議員会の決議によって代表理事を定めた場合に添付する。ただし，当該議事録に押印された印鑑と代表理事が登記所に提出している印鑑が同一であるときは添付する必要がない（一般法登規3条，商登規61条4項1号）。
  - ③ 理事会議事録に押印された理事及び監事の印鑑
    理事会の決議によって代表理事を選定した場合に添付する。ただし，当該議事録に押印された印鑑と代表理事が登記所に提出している印鑑が同一であるときは添付する必要がない（一般法登規3条，商登規61条6項3号）。
- (10) 委任状

5 登録免許税

一般財団法人の役員等の変更の登記の登録免許税は，申請1件につき，主

たる事務所の所在地においては1万円である（登免税法別表第一第24号㈠カ）。

第4節　その他の変更の登記

第1　実体上の手続

1　総説

　一般財団法人の役員の変更の登記以外の変更の登記の主なものには，①会計監査人設置法人の登記，②名称の変更の登記，③目的の変更の登記，④主たる事務所の移転の登記，⑤存続期間又は解散の事由の変更又は廃止による変更の登記，⑥役員等の責任の免除についての定款の定めの設定又は廃止による変更の登記，⑦非業務執行理事等が負う責任の限度に関する契約の締結についての定款の定めの設定又は廃止による変更の登記，⑧貸借対照表の電磁的開示のためのＵＲＬの設定，変更又は廃止の登記，⑨公告方法の変更の登記等がある。これらの登記の実体上の手続としては，⑧を除き，いずれも定款の定めの設定又は変更の手続が必要である（④の主たる事務所の移転については，定款の変更が必要になるのは，行政区画を異にする地への移転の場合である。）が，①の登記は，会計監査人の登記とセットで申請することになり，②及び⑤の定款の変更については特段の問題はないと考えるので，本書では，まず，一般財団法人の定款の変更手続を述べ，次いで，③，⑥，⑦及び⑨について，そのポイントを簡単に述べることにする。

2　定款変更の手続

(1)　評議員会の招集

　一般財団法人の定款の変更は，評議員会の特別決議によってすることになる（法人法200条1項本文，189条2項3号）ので，一般財団法人が定款を変更するには，まず，理事会が，①評議員会の日時及び場所，②評議員会の目的である事項（議題及び議案），③定款変更の概要を定めて（法人法181条1項各号），評議員会の日の1週間前までに，評議員に対して，書面でその通

知を発しなければならない（法人法182条1項）。ただし，評議員全員の同意があるときは，招集の手続を経ないで開催することができる（法人法183条）。

なお，この通知に際しては，次の点に留意する必要がある。

イ　理事は，書面による通知の発出に代えて，法人法施行令1条1項1号の定めるところにより，評議員の承諾を得て，電磁的方法により通知を発することができる（法人法182条2項）。

ロ　書面又は電磁的方法による通知には，前記①～③の事項を記載又は記録しなければならない（法人法182条3項）。

(2) 定款変更の決議

定款変更に関する評議員会の決議は，議決に加わることができる評議員の3分の2（これを上回る割合を定款で定めている場合にあっては，その割合）以上に当たる多数をもって行わなければならない（法人法189条2項3号）。

3　定款変更上の留意点

(1) 目的の変更の場合

一般財団法人は，設立者が目的を定めて拠出した財産に対して法人格が与えられたものであるので，設立者が，評議員会の決議によって目的の変更ができる旨を定款に定めていない限り，原則として目的の変更をすることができない（法人法200条1項，2項）。ただし，定款に評議員会の決議によって定款の変更をすることができる旨の定めがない場合においても，当該一般財団法人がその設立の当時予見することのできなかった特別の事情により，目的の変更をしなければその運営の継続が不可能又は著しく困難となるに至ったときは，裁判所の許可を得て，評議員会の決議によって，目的の変更をすることができる（法人法200条3項）とされている。

なお，目的の変更をしなければその運営の継続が不可能又は著しく困難となるに至った場合としては，次のような場合が考えられる（新公益法人制度研究会編著「一問一答公益法人関連三法」146頁）。

①　定款記載の目的（事業）が設立後の法改正によって遂行不能になるに至った場合

② 設立後の社会情勢の変化によって定款記載の目的（事業）のみでは運営の継続が困難となり，新たな目的（事業）を追加する必要が生じた場合

(2) 役員等の法人に対する責任の免除に関する規定設定の場合

　一般財団法人は，法人法198条において準用する111条1項に規定する理事，監事若しくは会計監査人（以下「役員等」という。）又は評議員の一般財団法人に対する損害賠償責任について，役員等が職務を行うにつき善意でかつ重大な過失がない場合において，責任の原因となった事実の内容，当該役員等の職務の執行の状況その他の事情を勘案して特に必要と認めるときは，一定の最低責任限度額を控除して得た額を限度として理事会の決議によって免除することができる旨を定款で定めることができるとされている（法人法198条において準用する114条1項）。そこで，この定め（具体的な定款の文例については，平成20年9月22日民商第2529号民事局商事課長依命通知第2節第5の1参照）を設ける場合には，前記2の定款変更の手続に従うことになるが，この議案を評議員会に提出する場合，監事（監事が2人以上ある場合にあっては，各監事）の同意を得なければならない（法人法198条において準用する114条2項）ことに留意する必要がある。

(3) 非業務執行理事等の法人に対する責任の限度に関する規定設定の場合

　一般財団法人は，法人法198条において準用する111条1項に規定する非業務執行理事等（業務執行理事又は当該一般財団法人の使用人でないもの，監事又は会計監査人をいう。）の一般財団法人に対する損害賠償責任について，当該非業務執行理事等が職務を行うにつき善意でかつ重大な過失がないときは，定款で定めた額の範囲内であらかじめ一般財団法人が定めた額と最低責任限度額とのいずれか高い額を限度とする旨の契約を外部役員等と締結することができる旨を定款で定めることができるとされている（法人法198条において準用する115条1項）。そこで，この定め（具体的な文例については，平成20年9月22日民商第2529号民事局商事課長依命通知第2節第5の2参照）を設ける場合には，前記2の定款変更の手続に従うことになるが，この場合，次の点に留意する必要がある。

① この契約を締結した非業務執行理事等が当該一般財団法人又はその子法人の業務執行理事又は使用人に就任したときは、当該契約は、将来に向かってその効力を失う（法人法198条において準用する115条2項）。
② 非業務執行理事等が負う責任の限度に関する契約の締結についての定款の定めの設定の議案を評議員会に提出する場合、監事（監事が2人以上ある場合にあっては、各監事）の同意を得なければならない（法人法198条において準用する114条3項）。

4 貸借対照表の電磁的開示のためのURLの設定、変更又は廃止の場合

公告の方法を、①官報に掲載する方法又は、②時事に関する事項を掲載する日刊新聞に掲載する方法に定めている一般財団法人は、法人法199条において準用する128条1項の規定に基づく貸借対照表の内容である情報を、定時評議員会の終結の日後5年間を経過する日までの間、継続して電磁的方法により開示する措置をとることができ、この場合には、①又は②の方法による貸借対照表又はその要旨の公告をする必要はないとされている（法人法199条において準用する128条3項）。ただし、この場合には、電磁的開示のためのURL（ウェブページのアドレス）を設定し、その登記をしなければならない（法人法302条2項13号）。これを変更又は廃止した場合も同様である。

ところで、電磁的開示制度の採用及びそのURLの決定、変更又は廃止は、一般財団法人の業務執行として代表理事が行うことになる（株式会社について、松井信憲「商業登記ハンドブック」第3版218頁参照）。

なお、公告の方法を電子公告の方法とする一般財団法人は、電磁的開示制度を採用することはできないが、貸借対照表の公告のためのURLを別に定めることは差し支えないとされている（松井「前掲書」219頁参照）。

第2 登記申請手続

1 申請人

前記変更の登記の申請人は、いずれも当該一般財団法人であるが、具体的には当該一般財団法人を代表すべき代表理事が当該一般財団法人を代表して

申請する。

2 申請期間

前記変更の登記は，主たる事務所の所在地においては2週間以内，従たる事務所の所在地においてする名称の変更の登記及び主たる事務所の移転の登記は3週間以内に申請しなければならない（法人法303条，312条4項）。

3 登記の事由

登記の事由は，次のとおりである。

(1) 目的の変更の登記の場合

登記の事由は「目的変更」である。

(2) 役員等の法人に対する責任の免除についての定款の定めの設定又は廃止による変更の登記の場合

登記の事由は，「役員等の法人に対する責任の免除についての定めの設定」又は「役員等の法人に対する責任の免除についての定めの廃止」である。

(3) 非業務執行理事等が法人に対して負う責任の限度に関する契約の締結についての定款の定めの設定又は廃止による変更の登記の場合

登記の事由は，「非業務執行理事等の法人に対する責任の限度に関する規定の設定」及び「理事及び監事の変更」又は「非業務執行理事等の法人に対する責任の限度に関する規定の廃止」及び「理事及び監事の変更」である。

(4) 貸借対照表の電磁的開示のためのＵＲＬの設定，変更又は廃止による変更の登記の場合

登記の事由は，「貸借対照表に係る情報の提供を受けるために必要な事項の決定」，「貸借対照表に係る情報の提供を受けるために必要な事項の変更」又は「貸借対照表に係る情報の提供を受けるために必要な事項の廃止」である。

4 登記すべき事項

登記すべき事項は，次のとおりである。

(1) 目的の変更の登記の場合

登記すべき事項は，「変更後の目的及び変更の年月日」である。
(2) 役員等の責任の免除についての定款の定めの設定又は廃止による変更の登記の場合

登記すべき事項は，「役員等の責任の免除についての定め及びこれを定めた年月日」又は「役員等の責任の免除についての定めを廃止した旨及びその年月日」である。

(3) 非業務執行理事等が負う責任の限度に関する契約の締結についての定款の定めの設定又は廃止による変更の登記の場合

登記すべき事項は，「非業務執行理事等の法人に対する責任の限度に関する定款の定め及びこれを定めた年月日」（この登記は，非業務執行理事等と責任限定契約を締結する前においてもすることができる。）又は「非業務執行理事等の法人に対する責任の限度に関する定めを廃止した旨及びその年月日」である。

(4) 貸借対照表の電磁的開示のためのＵＲＬの設定，変更又は廃止による変更の登記の場合

電磁的開示のためのＵＲＬの設定の場合の登記すべき事項は，「貸借対照表の電磁的開示のためのＵＲＬ（ウェブページのアドレス）及びその設定の年月日」，ＵＲＬ変更の場合の登記すべき事項は，「変更後のＵＲＬ及び変更の年月日」，貸借対照表に係る情報の提供を受けるために必要な事項を廃止した場合の登記すべき事項は，「廃止の旨及びその年月日」である。

5 添付書面

添付書面は，次のとおりである（法人法317条2項・3項，330条，商登法18条，一般法登規3条，商登規61条1項）。

(1) 目的の変更の登記の場合
① 定　款
② 評議員会議事録
③ 代理人によって申請する場合は委任状

(2) 役員等の責任の免除についての定款の定めの設定又は廃止による変更

の登記の場合
① 評議員会議事録
② 代理人によって申請する場合は委任状
(3) 非業務執行理事等が負う責任の限度に関する契約の締結についての定款の定めの設定又は廃止による変更の登記の場合
① 評議員会議事録
② 代理人によって申請する場合は委任状
(4) 貸借対照表の電磁的開示のためのＵＲＬの設定，変更又は廃止による変更の登記の場合

貸借対照表の電磁的開示のためのＵＲＬの設定，変更又は廃止の登記の場合には，委任状にその旨記載すればよい（株式会社について，松井信憲「前掲書」218頁以下参照）。

6 登録免許税

主たる事務所の所在地において申請する場合の登録免許税は，申請1件につき3万円である。（登免税法別表第一第24号㈠ツ）。

第5節　解散及び清算人の登記

第1　実体上の手続

1 解散の事由

一般財団法人は，次の事由によって解散する（法人法202条）。
(1) 定款で定めた存続期間の満了
(2) 定款で定めた解散の事由の発生
(3) 基本財産の滅失その他の事由による一般財団法人の目的である事業の成功の不能
(4) 合併（合併により当該一般財団法人が消滅する場合に限る。）
(5) 破産手続開始の決定
(6) 法人法261条1項又は268条の規定による解散を命ずる裁判

(7) ある事業年度及びその翌事業年度に係る貸借対照表上の純資産額がいずれも300万円未満となった場合には，当該翌事業年度に関する定時評議員会の終結の時に解散する。なお，新設合併により設立した一般財団法人は，このほか，法人法199条において準用する123条1項の貸借対照表及びその成立の日に属する事業年度に係る貸借対照表上の純資産額がいずれも300万円未満となった場合においても，当該事業年度に関する定時評議員会の終結の時に解散する。

(8) 休眠一般財団法人のみなし解散

最後の登記後5年を経過した一般財団法人については，法務大臣が当該一般財団法人に対し2か月以内に主たる事務所の所在地を管轄する登記所に事業を廃止していない旨の届出をすべき旨を官報に公告し，当該一般財団法人がその公告の日から2か月以内に届出をしないとき（当該期間内に登記がされたときを除く。）は，その期間満了の時に解散したものとみなされ（法人法203条），この登記は，登記官が職権でする（法人法330条，商登法72条）。

2 清算の手続

(1) 清算一般財団法人の機関

清算をする一般財団法人（以下「清算一般財団法人」という。）は，機関として，評議員及び評議員会のほか1人又は2人以上の清算人を置かなければならない（法人法208条1項）。定款の定めによって，清算人会又は監事をおくことができる（法人法208条2項）。解散時に大規模一般財団法人であった清算一般財団法人は監事を置かなければならない（法人法208条3項）。清算一般財団法人の清算人，監事及び評議員については，任期に関する規律は適用されない（法人法211条2項，177条において準用する67条，174条）。

ところで，一般財団法人においては，監事は必置の機関である（法人法170条1項）ので，定款に監事を置く旨を定める必要はないが，清算一般財団法人においては任意の機関となるので，清算一般財団法人が監事を置くには定款にその旨定めなければならない（定めない場合は，監事は任期満了により退任することになる。）。また，監事を置く旨を定めた清算一般財団法人が，監事を置く旨の定款の定めを廃止する定款の変更をした場合には，当該

定款の変更が効力を生じた時に当該清算一般財団法人の監事は任期満了により退任することになる（法人法211条1項）。

(2) **清算人**

次に掲げる者は，次の順序で清算一般財団法人の清算人になる（法人法209条）。

① 定款で定めた者
② 評議員会の決議によって選任された者
③ 理　事
④ 裁判所が選任した者

(3) **代表清算人**

清算一般財団法人においては，次に掲げる者が代表清算人になる（法人法214条，220条3項）。

① 清算人は，他に代表清算人その他法人を代表する者を定めない限り，清算法人を代表し，代表清算人となる（法人法214条1項）。
② ①の場合において，清算人が2人以上ある場合には，清算人は各自，法人を代表し，代表清算人になる（法人法214条2項）。
③ 清算人会設置法人でない清算一般財団法人においては，定款，定款の定めに基づく清算人（裁判所の選任した者を除く。）の互選又は評議員会の決議によって，清算人の中から定められた者が代表清算人となる（法人法214条3項）。
④ 理事が清算人になる場合において，代表理事を定めていたときは，当該代表理事が代表清算人になる（法人法214条4項）。
⑤ 裁判所が清算人を選任する場合において，その清算人の中から裁判所が代表清算人を定めたときは，その者が代表清算人になる（法人法214条5項）。
⑥ 清算人会設置清算一般財団法人において，他に代表清算人がない場合は，清算人会が選定した者が代表清算人になる（法人法220条3項）。

(4) **清算人の解任**

清算一般財団法人の清算人が次のいずれかに該当するときは，評議員会の

決議によって，その清算人を解任することができる（法人法210条2項）。なお，重要な事由があるときは，裁判所は，利害関係人の申立てにより，清算人を解任することができる（法人法210条3項）。

① 職務上の義務に違反し，又は職務を怠ったとき。
② 心身の故障のため，職務の執行に支障があり，又はこれに堪えないとき。

(5) **清算人の職務等**

清算人は，清算一般財団法人を代表し（代表清算人を定めた場合は，代表清算人が代表する。）（法人法214条），清算一般財団法人の業務を執行する清算一般財団法人の機関であり（法人法213条），次に掲げる職務を行う（法人法212条）。

① 現務の結了
② 債権の取立て及び債務の弁済
③ 残余財産の引渡し

なお，上記以外に，清算人が行わなければならない主な業務には，次のようなものがある。

① 財産目録等の作成（法人法225条）
② 貸借対照表等の作成等（法人法227条～229条）
③ 債権者に対する公告等（法人法233条）
④ 残余財産の帰属等（法人法239条）
⑤ 清算事務の終了等（法人法240条）

第2 登記申請手続

1 申請人

解散の登記の申請人は，解散した一般財団法人であるが，具体的には当該財団法人を代表すべき清算人が当該清算一般財団法人を代表して申請する。なお，解散の登記と清算人及び代表清算人の登記は，一括又は同時申請は義務づけられていないが，一括又は同時に申請するのが通例であろう。

2 申請期間

　解散の登記及び清算人及び代表清算人の登記は，主たる事務所の所在地において2週間以内に申請しなければならない（法人法308条1項，310条1項・2項）。

3 登記の事由

　解散の登記の登記の事由は，「存立期間の満了による解散」，「定款で定めた解散の事由の発生による解散」等であり，清算人及び代表清算人の登記の登記の事由は，「清算人及び代表清算人の選任」等である。

4 登記すべき事項

　解散の登記の登記すべき事項は，「解散の旨並びにその事由及び年月日」であり，清算人及び代表清算人の登記の登記すべき事項は「清算人の氏名，代表清算人の氏名及び住所及び清算人会設置法人であるときは，その旨」である。

　なお，登記官は，解散の登記をしたときは，職権で，次に掲げる登記を抹消する記号を記録しなければならないとされている（一般法登規3条，商登規72条1項）。

(1) 理事，代表理事及び外部理事に関する登記
(2) 会計監査人設置一般財団法人である旨の登記及び会計監査人に関する登記

5 添付書面

　解散の登記及び清算人及び代表清算人の登記の申請書には，次の書面を添付しなければならない（法人法317条2項，324条1項，326条1項・2項・3項，327条1項・2項）。

(1) 定款で定めた解散の事由の発生による解散の場合には，当該事由の発生を証する書面
(2) 基本財産の滅失その他の事由による一般財団法人の目的である事業の成功の不能の事由の発生による解散の場合は，その事由の発生を証する書面
(3) 法人法202条2項又は3項に規定する事由の発生による解散の場合は，その事由の発生を証する書面

(4) 定　款
(5) 清算人の選任を証する書面

①定款に定めたときは定款，②評議員会の決議によって定めたときは評議員会の議事録，③裁判所が選任したときは選任決定書を添付する。なお，理事が清算人になる法定清算人の場合は，清算人の選任を証する書面を添付する必要はない。

(6) 清算人の中から代表清算人を定めたときは，その選定を証する書面

①定款に定めたときは定款，②定款の定めに基づく清算人の互選によって定めたときは，定款及び互選書，③評議員会の決議によって定めたときは評議員会の議事録，④清算人会で選定したときは清算人会議事録，⑤裁判所が清算人の中から代表清算人を定めたときは選任決定書を添付する。なお，代表理事が法定代表清算人になる場合は，代表清算人の選定を証する書面を添付する必要はない。

(7) 清算人および代表清算人が就任の承諾をしたことを証する書面

ただし，①裁判所が清算人を選任した場合及び法定清算人の場合，②代表理事が法定代表清算人になる場合，③定款に代表清算人を定めた場合，④評議員会の決議によって代表清算人を定めた場合は，就任の承諾をしたことを証する書面の添付を要しない。

6　登録免許税

(1) 主たる事務所の所在地における解散の登記の登録免許税額は，申請1件につき3万円である（登免税法別表第一第24号㈠レ）。

(2) 主たる事務所の所在地における清算人及び代表清算人の登記の登録免許税額は，申請1件につき9,000円である（登免税法別表第一第24号㈣イ）。

第6節　継続の登記

1　実体上の手続

一般財団法人は，次に掲げる場合には，清算が結了するまで（休眠一般財団法人のみなし解散の場合にあっては，解散したものとみなされた後3年以

内に限る。），評議員会の特別決議によって（法人法189条2項5号），一般財団法人を継続することができる（法人法204条）。

(1) 法人法202条2項又は3項の規定による解散後，清算事務年度に係る貸借対照表上の純資産額がいずれも300万円以上となった場合
(2) 法人法203条1項の規定により解散したものとみなされた休眠一般財団法人の場合

2 登記申請手続

(1) 申請人

継続の登記の申請人は，継続した一般財団法人であるが，具体的には当該一般財団法人を代表すべき代表理事が当該一般財団法人を代表して申請する。

(2) 申請期間

一般財団法人が継続したときは，主たる事務所の所在地において2週間以内に継続の登記を申請しなければならない（法人法309条）。

(3) 登記の事由

継続の登記の登記の事由は，「一般財団法人の継続」，「理事，監事及び代表理事の変更」等であるが，その他継続後の機関設計に対応して，「会計監査人設置一般財団法人の定めの設定，会計監査人の就任」等が追加される。なお，定款で定めた存続期間，解散の事由を変更し，又は廃止したときは，その記載も必要である。

(4) 登記すべき事項

継続の登記の登記すべき事項は，「継続の旨及びその年月日」であるが，一般財団法人を継続する場合には，継続後の機関設計に対応した機関を置き，理事，監事（監事が退任している場合）及び代表理事等の登記も申請しなければならない。なお，定款で定めた存続期間の満了又は定款で定めた解散の事由に該当して解散した場合は，その変更又は廃止も必要であるので，その登記の申請をしなければならない。

(5) 添付書面

継続の登記の申請書には，継続の決議をした評議員会議事録を添付するほか，機関設計等登記すべき事項に対応した書面の添付が必要である。

(6) 登録免許税

　主たる事務所の所在地における継続の登記の登録免許税額は、申請1件につき3万円である（登免税法別表第一第24号㈠ソ）。なお、そのほかに、定款で定めた存続期間又は解散の事由の変更又は廃止の登記、機関設計に対応した登記の登録免許税の納付が必要である。

(7) 印鑑の提出

　代表理事は、印鑑を提出しなければならない（法人法330条、商登法20条1項、一般法登規3条、商登規9条）。

第7節　清算結了の登記

1　登記期間

　清算が結了したときは、清算一般財団法人は、評議員会における決算報告承認の日から、主たる事務所の所在地においては2週間以内に、従たる事務所の所在地においては3週間以内に、清算結了の登記を申請しなければならない（法人法311条、314条）。

2　登記の事由及び登記すべき事項

　清算結了登記の登記の事由は、「清算結了」であり、登記すべき事項は、「清算が結了した旨及びその年月日」である。なお、清算人の就任後2か月以内の清算結了登記の申請は、受理されない（法人法233条1項、昭和33年3月18日民事甲第572号民事局長心得通達参照）。

3　添付書面

　主たる事務所の所在地における清算結了登記の添付書面は、決算報告の承認があったことを証する評議員会の議事録及び代理人によって申請する場合の委任状である（法人法328条、330条、商登法18条）。

4　登録免許税

　清算結了登記の登録免許税額は、主たる事務所及び従たる事務所の所在地とも、申請1件につき2,000円である（登免税法別表第一第24号㈣ハ）。

第3章 医療法人・特定非営利活動法人・社会福祉法人等組合等登記令の適用を受ける法人の登記

第1節 総論

1 登記の手続が組合等登記令に規定されている法人

　登記の手続が「組合等登記令」（昭和39年政令29号，以下「組合等令」という。）に定められている法人には，次に掲げる79種類の法人がある（組合等令1条，別表に「あいうえお」順に掲げられている。）。このうち最も数の多いのは，医療法人で53,944法人（2018.3.31現在），次が特定非営利活動法人（以下「ＮＰＯ法人」という。）で51,872法人（2018.3.31現在）であり，これら以外の77法人のうち，ある程度の数があるのは社会福祉法人と学校法人と思われるが，社会福祉法人約2万，学校法人約7,800というように，いずれもそれ程多くはない。そこで，本書では，医療法人を中心に述べることにする。

　登記手続が組合等登記令に定められている法人の名称と実体手続の根拠法は，次のとおりである。

法人名	根拠法
委託者保護基金	商品先物取引法
医療法人	医療法
外国法事務弁護士法人	外国弁護士による法律事務の取扱いに関する特別措置法
貸金業協会	貸金業法
学校法人・私立学校法第64条第4項の法人	私立学校法
監査法人	公認会計士法
管理組合法人・団地管理組合法人	建物の区分所有等に関する法律

第3章 医療法人・特定非営利活動法人・社会福祉法人等組合等登記令の適用を受ける法人の登記

法　人　名	根　拠　法
行政書士会・日本行政書士会連合会	行政書士法
行政書士法人	行政書士法
漁業共済組合・漁業共済組合連合会	漁業災害補償法
漁業信用基金協会	中小漁業融資保証法
原子力発電環境整備機構	特定放射性廃棄物の最終処分に関する法律
広域臨海環境整備センター	広域臨海環境整備センター法
更生保護法人	更生保護事業法
港務局	港湾法
司法書士会・日本司法書士会連合会	司法書士法
司法書士法人	司法書士法
社会福祉法人	社会福祉法
社会保険労務士会・全国社会保険労務士会連合会	社会法険労務士法
社会保険労務士法人	社会法険労務士法
商工会議所・日本商工会議所	商工会議所法
商工会・商工会連合会	商工会法
使用済燃料再処理機構	原子力発電における使用済燃料の再処理等の実施に関する法律
商店街振興組合・商店街振興組合連合会	商店街振興組合法
商品先物取引協会	商品先物取引法
職業訓練法人・都道府県職業能力開発協会・中央職業能力開発協会	職業能力開発促進法
信用保証協会	信用保証協会法
森林組合・生産森林組合・森林組合連合会	森林組合法
生活衛生同業組合・生活衛生同業小組合・生活衛生同業組合連合会	生活衛生関係営業の運営の適正化及び振興に関する法律
税理士会・日本税理士会連合会	税理士法
税理士法人	税理士法

法 人 名	根 拠 法
船員災害防止協会	船員災害防止活動の促進に関する法律
船主相互保険組合	船主相互保険組合法
たばこ耕作組合	たばこ耕作組合法
地方住宅供給公社	地方住宅供給公社法
地方道路公社	地方道路公社法
地方独立行政法人	地方独立行政法人法
投資者保護基金	金融商品取引法
特定非営利活動法人	特定非営利活動促進法
土地開発公社	公有地の拡大の推進に関する法律
土地改良事業団体連合会	土地改良法
土地家屋調査士会・日本土地家屋調査士会連合会	土地家屋調査士法
土地家屋調査士法人	土地家屋調査士法
特許業務法人	弁理士法
内航海運組合・内航海運組合連合会	内航海運組合法
認可金融商品取引業協会	金融商品取引法
農業共済組合・農業共済組合連合会	農業保険法
農業協同組合・農業協同組合連合会・農事組合法人	農業協同組合法
農業信用基金協会	農業信用保証保険法
農住組合	農住組合法
農林中央金庫	農林中央金庫法
弁護士法人	弁護士法
保険契約者保護機構	保険業法
防災街区計画整備組合	密集市街地における防災街区の整備の促進に関する法律
水先人会・日本水先人会連合会	水先人法
中央労働災害防止協会・労働災害防止協会	労働団体防止協会法

第3章　医療法人・特定非営利活動法人・社会福祉法人等組合等登記令の適用を受ける法人の登記　　　161

2　組合等登記令の構成

　組合等登記令は，次の31条で構成されているが，第2条第1項から第13条までは，登記期間に関する規定であり，第2条第2項は設立の登記の登記事項，第16条から第23条は，主として添付書面に関する規定である。

　第1条（適用範囲），第2条（設立の登記），第3条（変更の登記），第4条（他の登記所の管轄区域内への主たる事務所の移転の登記），第5条（職務執行停止の仮処分等の登記），第6条（代理人の登記），第7条（解散の登記），7条の2（継続の登記），第8条（合併等の登記），第8条の2（分割の登記），第9条（移行等の登記），第10条（清算結了の登記），第11条（従たる事務所の所在地における登記），第12条（他の登記所の管轄区域内への従たる事務所の移転の登記），第13条（従たる事務所における変更の登記等），第14条（登記の嘱託），第15条（登記簿），第16条（設立の登記の申請），第17条（変更の登記の申請），第18条（代理人の登記の申請），第19条（解散の登記の申請），第19条の2（継続の登記の申請），第20条（合併による変更の登記の申請），第21条（合併による設立の登記の申請），第21条の2（分割による変更の登記の申請），第21条の3（分割による設立の登記の申請），第22条（移行等の登記の申請），第23条（清算結了の登記の申請），第24条（登記の期間の計算），第25条（商業登記法の準用），第26条（特則）

3　添付書面の規定の仕方

　組合等登記令の適用を受ける法人の各種登記の添付書面は，16条2項の「定款又は寄附行為」を除き，そのほとんどが「○○○を証する書面」という規定の仕方である。そこで，「○○○を証する書面」とは，どのような書面をいうのかが問題になるが，たとえば，「医療法人の名称の変更を証する書面」（組合等令17条1項）であれば（医療法人には，社団形式の医療法人と財団形式の医療法人があるが，そのほとんどが社団形式であるので，ここでは社団形式について述べることにする。），定款に定める定款変更の方法（医療法44条2項10号の規定により「定款の変更に関する規定」が定款の絶対的記載事項とされ，厚生労働省の定めるモデル定款の規定では定款の変更は社員総会の決議事項とされている。医療法54条の9第1項）にしたがって

変更し，かつ都道府県知事の認可（医療法54条の9第3項）を得る必要があるので，①定款，②社員総会議事録，③知事の認可書が，「名称の変更を証する書面」ということになる。つまり，「〇〇〇を証する書面」とは，変更の事実を直接証明する書面ということになる。

第2節 医療法人の設立の登記

第1 実体上の手続

1 医療法人の意義及び設立手続の流れ

　医療法人とは，病院（病院とは，医師又は歯科医師が，公衆又は特定多数人のため医業又は歯科医業を行う場所であって，20人以上の患者を入院させるための施設を有するものをいう。），医師若しくは歯科医師が常時勤務する診療所（診療所とは，医師又は歯科医師が，公衆又は特定多数人のため医業又は歯科医業を行う場所であって，患者を入院させるための施設を有しないもの又は19人以下の患者を入院させるための施設を有するものをいう。）又は医師が常時勤務する介護老人保健施設を開設する社団又は財団で，都道府県知事の認可を受けたもの（医療法39条，44条1項），剰余金の配当ができない法人をいう（医療法54条）。

　医療法人の総数は，前述のように53,944法人であるが，このうち社団が53,575法人，財団が369法人というように，99％が社団であり，常勤医師が1人しかいない「1人医師医療法人」が44,847法人で約83％を占めている。

　なお，医療法人内の区分として，特定医療法人（租税特別措置法67条の2に定める要件を満たすものとして国税庁長官が承認した医療法人で，法人税の税率が30％から22％に軽減される。），社会医療法人（医療法42条の2第1項に定める要件に該当するものとして都道府県知事が認定した医療法人）及び特別医療法人（これは，平成19年医療法改正前に認められていたもので，医療法の改正に伴い平成24年3月31日をもって廃止され，社会医療法人に発展解消された。）があるが，特定医療法人は358，特別医療法人は0，社会医

療法人は291（いずれも，2018.3.31現在）と極めて少数である。

　ところで，社団である医療法人の設立手続等の流れは，次のとおりであるが，今後設立される医療法人は，社団である１人医師医療法人（診療所）が多いと思われるので，社団である１人医師医療法人の設立手続を中心に解説することにする。

（１人医師医療法人設立手続の流れ）

　①社員の確定➡②定款の作成等設立準備➡③都道府県知事に対する事前審査（予備審査）のための書類の提出➡④都道府県知事に対する設立認可の本申請➡⑤認可書の受領➡⑥設立登記の申請（医療法人は，設立の登記によって成立する。）➡⑦都道府県知事に対する設立登記完了届➡⑧都道府県知事に対する診療所等の開設許可申請➡⑨診療所等の開設

２　社　員

　社員の員数，資格については，医療法に規定はないが，認可庁である都道府県知事において，社員は３人以上で，自然人に限るとする基準を設けている（各都道府県作成の「医療法人設立の手引」等）。また，未成年者でも，自分の意思で議決権が行使できる程度の弁別能力を有していれば（義務教育終了程度の者）社員となることができるとされている（平成20.12.12医政発第1212008号厚生労働省医政局長通知中の医療法人運営管理指導要綱Ⅰ４(1)の備考）。

　なお，「社員の欠乏」（社員が１人もいなくなること）は，法定解散事由とされている（医療法55条１項５号）。

３　定款の作成

(1)　定款の絶対的記載事項

　定款の絶対的記載事項は，次のとおりである（医療法44条２項）が，厚生労働省においてモデル定款を定め（地方自治法245条の４第１項参照），「医療法人運営管理指導要綱」において，「モデル定款」に準拠するように指導しているので，設立認可をスムーズに得るためには，モデル定款に従う方がよい。

　なお，定款については，一般社団法人・一般財団法人と異なり公証人の認

証等は不要である。これは，医療法人の設立については，都道府県知事の認可が必要であり（医療法44条1項），定款の内容については都道府県知事が審査するからである。

① 目　的

目的及び事業を記載する。

② 名　称

「医療法人でない者は，その名称中に，医療法人という文字を用いてはならない。」という名称独占の規定はある（医療法40条）が，「医療法人という文字」を用いなければならないという規定はない。

なお，同一所在場所における同一名称の登記は，することができない（組合等令25条において準用する商登法27条）。

③ その開設しようとする病院，診療所又は介護老人保健施設の名称及び開設場所

④ 事務所の所在地

⑤ 資産及び会計に関する規定

医療法人は，その業務を行うに必要な資産を有していなければならない（医療法41条）。医療法人の会計年度は，4月1日に始まり，翌年3月31日に終わるのが原則であるが，定款でこれと異なる定めをすることもできる（医療法53条）。そこで，「資産及び会計」に関する事項として，資産の内容，基本財産，資産の管理の方法，収支予算，会計年度，決算，剰余金の取扱い等について定めることになる。

なお，医療法人は，毎会計年度終了後3月以内に，事業報告書，財産目録，貸借対照表，損益計算書その他厚生労働省令で定める書類（以下「事業報告書等」という。），監事の監査報告書等を都道府県知事に届け出なければならない（医療法52条1項）。

⑥ 役員に関する規定

役員の員数，選任の方法，理事長，任期等であるが，医療法に次のような規定が設けられている。

ア　設立当初の役員は，定款に定めなければならない（医療法44条4項）。

イ 理事は3人以上，監事は1人以上を置かなければならない。ただし，理事については，都道府県知事の認可を受けた場合は，1人又は2人以上の理事を置けばよい（医療法46条の5第1項）。

ウ 次のいずれかに該当する者は，役員になることができない（医療法46条の5第5項，46条の4第2項）。

　(ｱ) 法　人
　(ｲ) 成年被後見人又は被保佐人
　　　(ｲ)については，第197回臨時国会で審議中の「成年被後見人等の権利の制限に係る措置の適正化等を図るための関係法律の整備に関する法律案」が成立すれば，削除されることになる。
　(ｳ) 医療法，医師法，歯科医師法その他医事に関する法令の規定により罰金以上の刑に処せられ，その執行を終わり，又は執行を受けることがなくなった日から起算して2年を経過しない者
　(ｴ) (ｳ)に該当する者を除くほか，禁錮以上の刑に処せられ，その執行を終わり，又は執行を受けることがなくなるまでの者

エ 役員の任期は，2年を超えることができない。ただし，再任を妨げない（医療法46条の5第9項）。なお，補欠により就任した役員の任期を，前任者の残任期間とすることは差し支えない。

オ 理事のうち1人を理事長とし，定款の定めるところにより，医師又は歯科医師である理事の内から選出する。ただし，都道府県知事の認可を受けた場合は，医師又は歯科医師でない理事のうちから選出することができる（医療法46条の6第1項）。なお，理事長は医療法人を代表し，その業務を総理する（医療法46条の6の2第1項）。

カ 医療法46条の5第1項ただし書の規定に基づく都道府県知事の認可を受けて1人の理事を置く医療法人にあっては，当該理事が理事長とみなされる（医療法46条の6第2項）。

キ 医療法人は，原則として，その開設するすべての病院，診療所又は介護老人保健施設の管理者（医療法10条，14条の2）を理事に加えなければならない（医療法46条の5第6項）。

ク 監事は,医療法人の理事又は職員を兼ねてはならない(医療法46条の5第8項)。

ケ 役員に欠員が生じた場合の権利義務規定が,平成27年改正により新設された(医療法46条の5の3第1項・2項)。

コ 理事又は監事のうち,その定数の5分の1を超える者が欠けたときは,1月以内に補充しなければならない(医療法46条の5の3第3項)。

⑦ 理事会に関する規定

理事会招集権者,理事会招集期間,理事会の議長等について規定する。

⑧ 社員総会及び社員たる資格の得喪に関する規定

「社員総会に関する規定」としては,定時社員総会の開催時期,臨時社員総会の招集権者,社員総会の権限,社員総会の定足数・決議要件,社員総会の招集通知期間,社員の議決権等について規定し,「社員たる資格の得喪に関する規定」としては,社員の資格,社員名簿,社員の権限,入退社の手続,退社事由等について規定する。

なお,医療法人は,定時社員総会を年2回開催するのが通例である。これは,収支予算の議決と決算について各別に承認を得るためである。

⑨ 解散に関する規定

解散の事由,清算人,清算手続,残余財産の帰属等について記載する。

なお,「目的たる業務の成功の不能」又は「社員総会の決議」による解散の場合は,都道府県知事の認可を受けなければ,解散の効力を生じない(医療法55条6項)。

また,残余財産は,合併及び破産手続開始の決定による解散の場合を除いて,定款で定めた者に帰属する。これにより処分されない財産は,国庫に帰属する(医療法56条)。

⑩ 定款の変更に関する規定

定款変更の手続について規定する。定款の変更については,都道府県知事の認可を受けなければならない(医療法54条の9)。

⑪ 公告の方法

公告の方法については,法令上の制限はないが,モデル定款では,官報,

日刊新聞又は電子公告とされている。

(2) **モデル定款の構成**

厚生労働省の定めるモデル定款の構成は以下のとおりであり，47条で構成されている。

  第 1 章 名称及び事務所
  第 2 章 目的及び事業
  第 3 章 資産及び会計
  第 4 章 社　員
  第 5 章 社員総会
  第 6 章 役　員
  第 7 章 理事会
  第 8 章 定款の変更
  第 9 章 解散・合併及び分割
  第10章 雑　則
  附　則

4　都道府県知事に対する認可の申請・認可書の受領

医療法人の設立については，都道府県知事の認可が必要であるが，認可の申請に際しては，まず予備審査を受け（予備審査も，年 2 回程度に限定されているので，事前に調べておく必要がある。），次いで本申請をする取扱いである。

なお，都道府県知事は，認可をし，又は認可をしない処分をするに当たっては，あらかじめ，都道府県医療審議会の意見を聞かなければならない（医療法45条 2 項）。

第 2　登記申請手続

1　申請人

医療法人の設立の登記は，理事長が当該医療法人を代表して申請する（組合等令16条 1 項）。

2 申請期間

医療法人の設立の登記は，その主たる事務所の所在地において，設立の認可その他設立に必要な手続が終了した日から2週間以内にしなければならない（組合等令2条1項）。

設立に際して従たる事務所を設けた場合は，主たる事務所の所在地における設立の登記をした日から2週間以内に，従たる事務所の所在地における登記をしなければならない（組合等令11条1項1号）。

3 登記の事由

登記の事由は，「平成何年何月何日設立手続終了」である。

4 登記すべき事項

医療法人の設立の登記の登記すべき事項は，次のとおりであるが，理事，監事，公告の方法が登記事項とされていないことに留意する必要がある。

(1) **主たる事務所の所在地における登記事項**（組合等令2条2項）

① 目的及び業務

② 名　称

名称に「社会医療法人」，「特定医療法人」という文字を用いて登記することは可能と解されている。

③ 事務所の所在場所

主たる事務所及び従たる事務所の所在場所である。

④ 代表権を有する者の氏名，住所及び資格

理事長の氏名及び住所である（医療法46条1項）。

⑤ 存続期間又は解散の事由を定めたときは，その期間又は事由

⑥ 資産の総額

(2) **従たる事務所の所在地における登記事項**（組合等令11条2項）

① 名　称

② 主たる事務所の所在場所

③ 従たる事務所（その所在地を管轄する登記所の管轄区域内にあるものに限る。）の所在場所

5　添付書面

　主たる事務所の所在地における設立の登記の申請書の添付書面は，次のとおりである（組合等令16条2項・3項，25条，商登法18条，19条）。なお，商登規61条は，1項・4項及び6項しか準用されていないことに留意する必要がある。

(1)　定　款
(2)　知事の認可書
(3)　医療法人を代表すべき者の資格を証する書面
　　定款の記載を援用する（医療法44条4項）。
(4)　理事長が理事及び理事長に就任を承諾したことを証する書面
(5)　資産の総額を証する書面
　　財産目録（医療法46条2項）を添付する。
(6)　委任状

6　登録免許税

登録免許税は，非課税である。

7　モデル定款

　このモデル定款は，東京都福祉保健局作成の「医療法人設立の手引き」に収録されているものであるが，「第3章　基金」及び附則2条，3条を除いたものが，厚生労働省のモデル定款とほぼ同じである。

医療法人社団○○会定款

第1章　名称及び事務所

第1条　本社団は，医療法人社団○○会と称する。

第2条　本社団は，事務所を東京都○○区（市）○○町○丁目○番○号に置く。

第2章　目的及び事業

第3条　本社団は，病院（診療所，介護老人保健施設，介護医療院）を経営し，科学的でかつ適正な医療（及び要介護者に対する看護，医学的管理下の介護及び必要な医療等）を普及することを目的とする。

第4条　本社団の開設する病院（診療所，介護老人保健施設）の名称及び開設場所は，次のとおりとする。

(1)　医療法人社団　　○○会　　○○病院
　　東京都○○区（市）○○町○丁目○番○号
(2)　医療法人社団　　○○会　　○○診療所
　　東京都○○区（市）○○町○丁目○番○号
(3)　医療法人社団　　○○会　　介護老人保健施設○○園
　　東京都○○区（市）○○町○丁目○番○号

2　本社団が○○区（市）から指定管理者として指定を受けて管理する病院（診療所，介護老人保健施設，介護医療院）の名称及び開設場所は，次のとおりとする。

(1)　○○病院
　　東京都○○区（市）○○町○丁目○番○号
(2)　○○診療所
　　東京都○○区（市）○○町○丁目○番○号
(3)　介護老人保健施設○○園
　　東京都○○区（市）○○町○丁目○番○号

第5条　本社団は，前条に掲げる病院（診療所，介護老人保健施設，介

護医療院）を経営するほか，次の業務を行う。

　　医療法人社団　　○○会　　○○訪問看護ステーション
　　東京都○○区（市）○○町○丁目○番○号

　　　第3章　基　　金
第6条　本社団は，その財政的基盤の維持を図るため，基金を引き受ける者の募集をすることができる。
第7条　本社団は，基金の拠出者に対して，本社団と基金の拠出者との間の合意の定めるところに従い返還義務（金銭以外の財産については，拠出時の当該財産の価額に相当する金銭の返還義務）を負う。
第8条　基金の返還は，定時社員総会の決議によって行わなければならない。
2　本社団は，ある会計年度に係る貸借対照表上の純資産額が次に掲げる金額の合計額を超える場合においては，当該会計年度の次の会計年度の決算の決定に関する定時社員総会の日の前日までの間に限り，当該超過額を返還の総額の限度として基金の返還をすることができる。
　(1)　基　　金（代替基金を含む。）
　(2)　資本剰余金
　(3)　資産につき時価を基準として評価を行ったことにより増加した貸借対照表上の純資産額
3　前項の規定に違反して本社団が基金の返還を行った場合には，当該返還を受けた者及び当該返還に関する職務を行った業務執行者は，本社団に対し，連帯して，返還された額を弁済する責任を負う。
4　前項の規定にかかわらず，業務執行者は，その職務を行うについて注意を怠らなかったことを証明したときは，同項の責任を負わない。
5　第3項の業務執行者の責任は，免除することができない。ただし，第2項の超過額を限度として当該責任を免除することについて総社員の同意がある場合は，この限りでない。
6　第2項の規定に違反して基金の返還がされた場合においては，本社

団の債権者は，当該返還を受けた者に対し，当該返還の額を本社団に対して返還することを請求することができる。

第9条 基金の返還に係る債権には，利息を付することができない。

第10条 基金の返還をする場合には，返還をする基金に相当する金額を代替基金として計上しなければならない。

2 前項の代替基金は，取り崩すことができない。

第4章 資産及び会計

第11条 本社団の資産は次のとおりとする。

(1) 設立当時の財産
(2) 設立後寄附された金品
(3) 事業に伴う収入
(4) その他の収入

2 本社団の設立当時の財産目録は，主たる事務所において備え置くものとする。

第12条 本社団の資産のうち，次に掲げる財産を基本財産とする。

(1) ─────────────────────────
(2) ─────────────────────────
(3) ─────────────────────────

2 基本財産は処分し，又は担保に供してはならない。ただし，特別の理由のある場合には，理事会及び社員総会の議決を経て，処分し，又は担保に供することができる。

第13条 本社団の資産は，社員総会で定めた方法によって，理事長が管理する。

第14条 資産のうち現金は，医業経営の実施のため確実な銀行又は信託会社に預け入れ若しくは信託し，又は国公債若しくは確実な有価証券に換え保管するものとする。

第15条 本社団の収支予算は，毎会計年度開始前に理事会及び社員総会の議決を経て定める。

第16条　社団の会計年度は，毎年4月1日に始まり翌年3月31日に終る。

第17条　本社団の決算については，事業報告書，財産目録，貸借対照表及び損益計算書（以下「事業報告書等」という。）を作成し，監事の監査，理事会の承認及び社員総会の承認を受けなければならない。

2　本社団は，事業報告書等，監事の監査報告書及び本社団の定款を事務所に備えて置き，社員又は債権者から請求があった場合には，正当な理由がある場合を除いて，これを閲覧に供しなければならない。

3　本社団は，毎会計年度終了後3月以内に，事業報告書等及び監事の監査報告書を東京都知事に届け出なければならない。

第18条　決算の結果，剰余金を生じたとしても，配当してはならない。

第5章　社　　員

第19条　本社団の社員になろうとする者は，社員総会の承認を得なければならない。

2　社団は，社員名簿を備え置き，社員の変更があるごとに必要な変更を加えなければならない。

第20条　社員は，次に掲げる理由によりその資格を失う。

(1)　除　名
(2)　死　亡
(3)　退　社

2　社員であって，社員たる義務を履行せず本社団の定款に違反し又は品位を傷つける行為のあった者は，社員総会の議決を経て除名することができる。

第21条　やむを得ない理由のあるときは，社員はその旨を理事長に届け出て，退社することができる。

第6章　社員総会

第22条　理事長は，定時社員総会を，毎年2回，○月及び○月に開催

する。
2　理事長は，必要があると認めるときは，いつでも臨時社員総会を招集することができる。
3　理事長は，総社員の5分の1以上の社員から社員総会の目的である事項を示して臨時社員総会の招集を請求された場合には，その請求があった日から20日以内に，これを招集しなければならない。
4　社員総会の招集は，期日の少なくとも5日前までに，その社員総会の目的である事項，日時及び場所を記載し，理事長がこれに記名した書面で社員に通知しなければならない。

第23条　社員総会の議長は，社員の中から社員総会において選任する。

第24条　次の事項は，社員総会の議決を経なければならない。
(1)　定款の変更
(2)　基本財産の設定及び処分（担保提供を含む。）
(3)　毎事業年度の事業計画の決定又は変更
(4)　収支予算及び決算の決定又は変更
(5)　重要な資産の処分
(6)　借入金額の最高限度の決定
(7)　社員の入社及び除名
(8)　本社団の解散
(9)　他の医療法人との合併若しくは分割に係る契約の締結又は分割計画の決定
2　その他重要な事項についても，社員総会の議決を経ることができる。

第25条　社員総会は，総社員の過半数の出席がなければ，その議事を開き，決議することができない。
2　社員総会の議事は，法令又はこの定款に別段の定めがある場合を除き，出席した社員の議決権の過半数で決し，可否同数のときは，議長の決するところによる。
3　前項の場合において，議長は，社員として議決に加わることができ

ない。

第26条 社員は，社員総会において各1個の議決権及び選挙権を有する。

第27条 社員総会においては，あらかじめ通知のあった事項のほかは議決することができない。ただし，急を要する場合はこの限りではない。

2　社員総会に出席することのできない社員は，あらかじめ通知のあった事項についてのみ書面又は代理人をもって議決権及び選挙権を行使することができる。ただし，代理人は社員でなければならない。

3　代理人は，代理権を証する書面を議長に提出しなければならない。

第28条 社員総会の議決事項につき特別の利害関係を有する社員は，当該事項につきその議決権を行使できない。

第29条 社員総会の議事については，法令で定めるところにより，議事録を作成する。

第30条 社員総会の議事についての細則は，社員総会で定める。

第7章　役　　員

第31条 本社団に，次の役員を置く。

　(1)　理　　　事　　　　　〇名以上〇名以内
　　　　うち　理事長　　　1名
　(2)　監　　　事　　　　　〇名

第32条 理事及び監事は，社員総会の決議によって選任する。

2　理事長は，理事会において，理事の中から選出する。

3　本社団が開設（指定管理者として管理する場合も含む。）する病院（診療所，介護老人保健施設，介護医療院）の管理者は，必ず理事に加えなければならない。

4　前項の理事は，管理者の職を退いたときは，理事の職を失うものとする。

5　理事又は監事のうち，その定数の5分の1を超える者が欠けたとき

は，1月以内に補充しなければならない。

第33条 理事長は本社団を代表し，本社団の業務に関する一切の裁判上又は裁判外の行為をする権限を有する。

2 理事長は，本社団の業務を執行し，

（例1） 3箇月に1回以上，自己の職務の執行の状況を理事会に報告しなければならない。

（例2） 毎事業年度に4箇月を超える間隔で2回以上，自己の職務の執行の状況を理事会に報告しなければならない。

3 理事長に事故があるときは，理事長があらかじめ定めた順位に従い，理事がその職務を行う。

4 監事は，次の職務を行う。

(1) 本社団の業務を監査すること。

(2) 本社団の財産の状況を監査すること。

(3) 本社団の業務又は財産の状況について，毎会計年度，監査報告書を作成し，当該会計年度終了後3月以内に社員総会又は理事会に提出すること。

(4) 第1号又は第2号による監査の結果，本社団の業務又は財産に関し不正の行為又は法令若しくはこの定款に違反する重大な事実があることを発見したときは，これを東京都知事，社員総会又は理事会に報告すること。

(5) 第4号の報告をするために必要があるときは，社員総会を招集すること。

(6) 理事が社員総会に提出しようとする議案，書類，その他の資料を調査し，法令若しくはこの定款に違反し，又は著しく不当な事項があると認めるときは，その調査の結果を社員総会に報告すること。

5 監事は，本社団の理事又は職員（本社団の開設する病院，診療所，介護老人保健施設又は介護医療院（指定管理者として管理する病院等を含む。）の管理者その他の職員を含む。）を兼ねてはならない。

第34条 役員の任期は2年とする。ただし，再任を妨げない。

2　補欠により就任した役員の任期は，前任者の残任期間とする。

3　役員は，第31条に定める員数が欠けた場合には，任期の満了又は辞任により退任した後も，新たに選任された者が就任するまで，なお役員としての権利義務を有する。

第35条　役員は，社員総会の決議によって解任することができる。ただし，監事の解任の決議は，出席した社員の議決権の３分の２以上の賛成がなければ，決議することができない。

第36条　役員の報酬等は，

（例１）社員総会の決議によって別に定めるところにより支給する。

（例２）理事及び監事について，それぞれの総額が○○円以下及び○○円以下で支給する。

（例３）理事長○円，理事○円，監事○円とする。

第37条　理事は，次に掲げる取引をしようとする場合には，理事会において，その取引について重要な事実を開示し，その承認を受けなければならない。

(1) 自己又は第三者のためにする本社団の事業の部類に属する取引

(2) 自己又は第三者のためにする本社団との取引

(3) 本社団がその理事の債務を保証することその他その理事以外の者との間における本社団とその理事との利益が相反する取引

2　前項の取引をした理事は，その取引後，遅滞なく，その取引についての重要な事実を理事会に報告しなければならない。

第38条　本社団は，役員が任務を怠ったことによる損害賠償責任を，法令に規定する額を限度として，理事会の決議により免除することができる。

2　本社団は，役員との間で，任務を怠ったことによる損害賠償責任について，当該役員が職務を行うにつき善意でかつ重大な過失がないときに，損害賠償責任の限定契約を締結することができる。ただし，その責任の限度額は，○円以上で本社団があらかじめ定めた額と法令で定める最低責任限度額とのいずれか高い額とする。

第8章 理事会

第39条 理事会は,すべての理事をもって構成する。

第40条 理事会は,この定款に別に定めるもののほか,次の職務を行う。

 (1) 本社団の業務執行の決定
 (2) 理事の職務の執行の監督
 (3) 理事長の選出及び解職
 (4) 重要な資産の処分及び譲受けの決定
 (5) 多額の借財の決定
 (6) 重要な役割を担う職員の選任及び解任の決定
 (7) 従たる事務所その他の重要な組織の設置,変更及び廃止の決定

第41条 理事会は,

 (例1) 各理事が招集する。
 (例2) 理事長(又は理事会で定める理事)が招集する。この場合,理事長(又は理事会で定める理事)が欠けたとき又は理事長(理事会で定める理事)に事故があるときは,各理事が理事会を招集する。

2 理事長(又は理事会で定める理事,又は各理事)は,必要があると認めるときは,いつでも理事会を招集することができる。

3 理事会の招集は,期日の1週間前までに,各理事及び各監事に対して理事会を招集する旨の通知を発しなければならない。

4 前項にかかわらず,理事会は,理事及び監事の全員の同意があるときは,招集の手続を経ることなく開催できる。

第42条 理事会の議長は,理事長とする。

第43条 理事会の決議は,法令又はこの定款に別段の定めがある場合を除き,議決事項について特別の利害関係を有する理事を除く理事の過半数が出席し,その過半数をもって行う。

2 前項の規定にかかわらず,理事が理事会の決議の目的である事項について提案した場合において,その提案について特別の利害関係を有

する理事を除く理事全員が書面又は電磁的記録により同意の意思表示をしたときは，理事会の決議があったものとみなす。ただし，監事がその提案について異議を述べたときはこの限りでない。

第44条 理事会の議事については，法令で定めるところにより，議事録を作成する。

2 理事会に出席した理事及び監事は，前項の議事録に署名し，又は記名押印する。

第45条 理事会の議事についての細則は，理事会で定める。

第9章 定款の変更

第46条 この定款は，社員総会の議決を経，かつ，東京都知事の認可を得なければ変更することができない。

第10章 解散・合併及び分割

第47条 本社団は，次の事由によって解散する。
(1) 目的たる業務の成功の不能
(2) 社員総会の決議
(3) 社員の欠亡
(4) 他の医療法人との合併
(5) 破産手続開始の決定
(6) 設立認可の取消し

2 本社団は，総社員の4分の3以上の賛成がなければ，前項第2号の社員総会の決議をすることができない。

3 第1項第1号又は第2号の事由により解散する場合は，東京都知事の認可を受けなければならない。

第48条 本社団が解散したときは，合併及び破産手続開始の決定による解散の場合を除き，理事がその清算人となる。ただし，社員総会の議決によって理事以外の者を選任することができる。

2 清算人は，社員の欠亡による事由によって本社団が解散した場合に

は，東京都知事にその旨を届け出なければならない。
3 清算人は，次の各号に掲げる職務を行い，又，当該職務を行うために必要な一切の行為をすることができる。
(1) 現務の結了
(2) 債権の取立て及び債務の弁済
(3) 残余財産の引渡し

第49条 本社団が解散した場合の残余財産は，合併及び破産手続開始の決定による解散の場合を除き，次の者から選定して帰属させるものとする。
(1) 国
(2) 地方公共団体
(3) 医療法第31条に定める公的医療機関の開設者
(4) 都道府県医師会又は郡市区医師会（一般社団法人又は一般財団法人に限る。）
(5) 財団たる医療法人又は社団たる医療法人であって持分の定めのないもの

第50条 本社団は，総社員の同意があるときは，東京都知事の認可を得て，他の社団たる医療法人又は財団たる医療法人と合併することができる。

第51条 本社団は，総社員の同意があるときは，東京都知事の認可を得て，分割することができる。

第11章 雑　　則

第52条 本社団の公告は，
（例1）官報に掲載する方法
（例2）○○新聞に掲載する方法
（例3）電子公告（ホームページ）
によって行う。
（例3の場合）

> 2 事故その他やむを得ない事由によって前項の電子公告をすることができない場合は，官報（又は○○新聞）に掲載する方法によって行う。
>
> **第53条** この定款の施行細則は，理事会及び社員総会の議決を経て定める。
>
>
> 附　　則
>
> **第1条** 本社団設立当初の役員は，次のとおりとする。
>
> 　　理　事　長　　○　○　○　○
> 　　理　　　事　　○　○　○　○
> 　　　同　　　　　○　○　○　○
> 　　　同　　　　　○　○　○　○
> 　　　同　　　　　○　○　○　○
> 　　監　　　事　　○　○　○　○
>
> **第2条** 本社団の最初の会計年度は，第16条の規定にかかわらず，設立の日から平成○年○月○日までとする。
>
> **第3条** 本社団の設立当初の役員の任期は，第34条第1項の規定にかかわらず，平成○年○月○日までとする。

第3節　代表権を有する者の変更の登記

第1　実体上の手続

1　代表権を有する者に関する登記事項

　組合等登記令の適用を受ける法人の役員に関する登記事項は，①「代表権を有する者の氏名，住所及び資格」，②「代表権の範囲又は制限に関する定めがあるときは，その定め」及び③「共同代表の定めがあるときは，その定め」であるが，①は登記手続について組合等登記令の適用を受けるすべての

法人（79種類の法人）に共通の登記事項であり，②は委託者保護基金，学校法人，私立学校法64条4項の法人，行政書士法人，司法書士法人，社会保険労務士法人，使用済燃料再処理機構，商品先物取引協会，投資者保護基金，保険契約者保護機構，特定非営利活動法人，土地家屋調査士法人に固有の登記事項であり，③は管理組合法人及び団地管理組合法人に固有の登記事項である（組合等令2条2項，別表中登記事項欄）。

2 代表権を有する者及びその資格

「代表権を有する者」は，当該法人の設立根拠法において当該法人を代表すると規定されている者であり，「資格」は，理事長，理事等設立根拠法で規定している代表権を有する者の資格である。例えば，医療法人，学校法人及び社会福祉法人については，それぞれの設立根拠法で次のように規定されている。

(1) 医療法人

> **医療法46条の5** 医療法人には，役員として，理事3人以上及び監事1人以上を置かなければならない。ただし，理事について，都道府県知事の認可を受けた場合は，1人又は2人の理事を置けば足りる。
> 2 社団たる医療法人の役員は，社員総会の決議によつて選任する。
> 3 財団たる医療法人の役員は，評議員会の決議によつて選任する。
> 4 医療法人と役員との関係は，委任に関する規定に従う。
> 5 第46条の4第2項の規定は，医療法人の役員について準用する。
> 6 医療法人は，その開設する全ての病院，診療所，介護老人保健施設又は介護医療院（指定管理者として管理する病院等を含む。）の管理者を理事に加えなければならない。ただし，医療法人が病院，診療所，介護老人保健施設を2以上開設する場合において，都道府県知事の認可を受けたときは，管理者（指定管理者として管理する病院等の管理者を除く。）の一部を理事に加えないことができる。
> 7 前項本文の理事は，管理者の職を退いたときは，理事の職を失うものとする。

> 8 監事は，当該医療法人の理事又は職員を兼ねてはならない。
> 9 役員の任期は，2年を超えることはできない。ただし，再任を妨げない。

> **医療法46条の6** 医療法人（次項に規定する医療法人を除く。）の理事のうち1人は，理事長とし，医師又は歯科医師である理事のうちから選出する。ただし，都道府県知事の認可を受けた場合は，医師又は歯科医師でない理事のうちから選出することができる。
> 2 第46条の5第1項ただし書の認可を受けて1人の理事を置く医療法人にあつては，この章（次条第3項を除く。）の規定の適用については，当該理事を理事長とみなす。

> **第46条の6の2** 理事長は，医療法人を代表し，医療法人の業務に関する一切の裁判上又は裁判外の行為をする権限を有する。
> 2 前項の権限に加えた制限は，善意の第三者に対抗することができない。
> 3 第46条の5の3第1項及び第2項の規定は，理事長が欠けた場合について準用する。

> **第46条の7** 理事会は，全ての理事で組織する。
> 2 理事会は，次に掲げる職務を行う。
> 一 医療法人の業務執行の決定
> 二 理事の職務の執行の監督
> 三 理事長の選出及び解職
> 3 理事会は，次に掲げる事項その他の重要な業務執行の決定を理事に委任することができない。

一 重要な資産の処分及び譲受け
二 多額の借財
三 重要な役割を担う職員の選任及び解任
四 従たる事務所その他の重要な組織の設置,変更及び廃止
五 社団たる医療法人にあつては,第47条の2第1項において準用する一般社団法人及び一般財団法人に関する法律第114条第1項の規定による定款の定めに基づく第47条第1項の責任の免除
六 財団たる医療法人にあつては,第47条の2第1項において準用する一般社団法人及び一般財団法人に関する法律第114条第1項の規定による寄附行為の定めに基づく第47条第4項において準用する同条第1項の責任の免除

(2) 学校法人

私立学校法35条 学校法人には,役員として,理事5人以上及び監事2人以上を置かなければならない。
2 理事のうち1人は,寄附行為の定めるところにより,理事長となる。

私立学校法37条 理事長は,学校法人を代表し,その業務を総理する。
2 理事(理事長を除く。)は,寄附行為の定めるところにより,学校法人を代表し,理事長を補佐して学校法人の業務を掌理し,理事長に事故があるときはその職務を代理し,理事長が欠けたときはその職務を行う。

私立学校法40条の4 理事が欠けた場合において,事務が遅滞することにより損害を生ずるおそれがあるときは,所轄庁は,利害関係人の

> 請求により又は職権で，仮理事を選任しなければならない。

 以上，私立学校法37条1項の規定に基づき学校法人においては，代表権を有する者は理事長ということになる。ただし，私立学校法37条2項の場合の代表権を有する者の資格は理事であり，40条の4の仮理事の場合の資格は仮理事である。

(3) **社会福祉法人**

> **(機関の設置)**
>
> **社会福祉法36条** 社会福祉法人は，評議員，評議員会，理事，理事会及び監事を置かなければならない。
> 2 社会福祉法人は，定款の定めによつて，会計監査人を置くことができる。
>
> **(会計監査人の設置義務)**
>
> **社会福祉法37条** 特定社会福祉法人（その事業の規模が政令で定める基準を超える社会福祉法人をいう。第46条の5第3項において同じ。）は，会計監査人を置かなければならない。

評議員は，定款の定める方法で選任する（社会福祉法39条）。

> **(役員等の選任)**
>
> **社会福祉法43条** 役員及び会計監査人は，評議員会の決議によつて選任する。
> 2 前項の決議をする場合には，厚生労働省令で定めるところにより，この法律又は定款で定めた役員の員数を欠くこととなるときに備えて補欠の役員を選任することができる。
> 3 一般社団法人及び一般財団法人に関する法律第72条，第73条第1項及び第74条の規定は，社会福祉法人について準用する。この場合において，同法第72条及び第73条第1項中「社員総会」とあるのは「評議

員会」と,同項中「監事が」とあるのは「監事の過半数をもって」と,同法第74条中「社員総会」とあるのは「評議員会」と読み替えるものとするほか,必要な技術的読替えは,政令で定める。

社会福祉法人の役員とは,理事及び監事をいう(社会福祉法31条1項6号)。

(役員の任期)

社会福祉法45条 役員の任期は,選任後2年以内に終了する会計年度のうち最終のものに関する定時評議員会の終結の時までとする。ただし,定款によつて,その任期を短縮することを妨げない。

(理事会の権限等)

社会福祉法45条の13 理事会は,全ての理事で組織する。
2 理事会は,次に掲げる職務を行う。
　一 社会福祉法人の業務執行の決定
　二 理事の職務の執行の監督
　三 理事長の選定及び解職
3 理事会は,理事の中から理事長1人を選定しなければならない。
4 理事会は,次に掲げる事項その他の重要な業務執行の決定を理事に委任することができない。
　一 重要な財産の処分及び譲受け
　二 多額の借財
　三 重要な役割を担う職員の選任及び解任
　四 従たる事務所その他の重要な組織の設置,変更及び廃止
　五 理事の職務の執行が法令及び定款に適合することを確保するための体制その他社会福祉法人の業務の適正を確保するために必要なものとして厚生労働省令で定める体制の整備
　六 第45条の20第4項において準用する一般社団法人及び一般財団法

人に関する法律第114条第1項の規定による定款の定めに基づく第45条の20第1項の責任の免除
5　その事業の規模が政令で定める基準を超える社会福祉法人においては，理事会は，前項第5号に掲げる事項を決定しなければならない。

(理事長の職務及び権限等)
社会福祉法45条の17　理事長は，社会福祉法人の業務に関する一切の裁判上又は裁判外の行為をする権限を有する。
2　前項の権限に加えた制限は，善意の第三者に対抗することができない。
3　第45条の6第1項及び第2項並びに一般社団法人及び一般財団法人に関する法律第78条及び第82条の規定は理事長について，同法第80条の規定は民事保全法（平成元年法律第91号）第56条に規定する仮処分命令により選任された理事又は理事長の職務を代行する者について，それぞれ準用する。この場合において，第45条の6第1項中「この法律又は定款で定めた役員の員数が欠けた場合」とあるのは，「理事長が欠けた場合」と読み替えるものとする。

社会福祉法人の代表権を有する者は，理事長である。

(4)　**特定非営利活動法人（NPO法人）**

(役員の定款)
特定非営利活動促進法15条　特定非営利活動法人には，役員として，理事3人以上及び監事1人以上を置かなければならない。

(理事の代表権)
特定非営利活動法人法16条　理事は，すべて特定非営利活動法人の業務

について，特定非営利活動法人を代表する。ただし，定款をもって，その代表権を制限することができる。

3 代表権を有する者の退任の事由

代表権を有する者の退任の事由には，①辞任，②死亡，③任期満了，④資格喪失，⑤解任，⑥破産手続開始の決定等があるが，本書では，特に登記実務上問題となる③及び④について説明する。

(1) 任期の満了
① 医療法人

医療法人については，平成19年4月1日から施行された医療法の改正により，理事の任期は「2年を超えることはできない。」と規定された（医療法46条の2第3項）ので，たとえ定款に「理事は，任期満了後といえども，後任者が就任するまでは，その職務を行うものとする。」と定めても，2年を超えて任期を伸張することはできない。理事長の任期は法律に規定されていないが，理事から選出される理事長は，理事の資格を前提とするので，理事の任期が満了すれば，理事長も退任することになる。医療法人の設立について認可権を有する都道府県知事（医療法44条1項）を指導する立場にある厚生労働省の定めるモデル定款で，次に述べるように，「役員の任期は2年とする。」と確定的に定めているので，ほとんどの医療法人が同様に定めているものと思われる。そこで，実務の取扱いとしては，理事就任の日に理事長に選任されるのが通常と思われるので，理事長は，原則として，登記された理事長の就任の日からカウントして2年後の日をもって任期満了退任することになろう。2年より前に退任する場合（任期に関し，経過措置の適用を受ける理事長を除き，これより後に退任することはない。）には，定款及び理事の選任を証する書面によって，任期を証明しなければならない。

なお，平成19年改正医療法施行前は，医療法に理事の任期を定める規定は設けられておらず，厚生労働省の定めるモデル定款に，次のように定められているにすぎなかった（平成19年法改正後のモデル定款は，下線の箇所を括弧内のように直し，更に平成27年改正に伴うモデル定款は，20条3項を括弧

内のように直している。）。

> **第20条** 役員の任期は２年とする。ただし，再任を妨げない。
> 2　補欠により就任した役員の任期は，前任者の残留（残任）期間とする。
> 3　役員は，任期満了後といえども，後任者の（が）就任するまでは，その職務を行うものとする。
> （3　役員は，第26条に定める員数が欠けた場合には，任期の満了又は辞任により退任した後も，新たに選任された者が就任するまで，なお役員としての権利義務を有する。）

　ところで，平成19年改正医療法施行時に在任している理事については，改正医療法附則11条に次のような経過措置が設けられ，平成27年改正法附則３条では「施行の際現に医療法人の役員である者の任期については，なお従前の例による。」とする経過措置が設けられた。
　「　この法律の施行の際現に医療法人の役員である者の任期は，新医療法第46条の２第３項の規定にかかわらず，この法律の施行の際におけるその者の役員としての残任期間と同一の期間とする。」
　したがって，平成19年４月１日に在任している理事は，改正前のモデル定款20条３項の「役員は，任期満了後といえども，後任者の就任するまでは，その職務を行うものとする。」という規定にしたがい，たとえ平成19年４月１日現在で就任後２年を経過していても，任期は後任者が選任されるまで伸長されると解される（平成19年３月30日民商811号通知）。
　そこで，平成19年改正法施行前に設立された医療法人については，定款又は寄附行為の変更について，平成19年改正法附則９条により１年以内の改正法に適応する定款の変更が義務づけられていたので，１年以内に定款の改正，任期伸長理事の後任者の選任等必要な措置をとらなかった場合の理事の任期が問題になったが，これについては，平成19年改正法附則11条の規定に従い後任者が就任するまで引き続き在任すると解するのが，法務当局の見解

である。この取扱いは，平成28年改正後も適用されることに留意する必要がある。

② 学校法人

学校法人の理事については，私立学校法に任期に関する規定はないが，「役員の定数，任期，選任及び解任の方法その他役員に関する規定」が寄附行為の絶対的記載事項とされている（私立学校法30条1項5号）ので，理事の資格を前提とする理事長の任期も寄附行為に定める理事の任期に従うことになる。ただし，当該学校法人が設置する私立学校の校長である理事及び当該学校法人の評議員のうちから寄附行為の定めるところにより選任された理事（私立学校法38条1項1号・2号）は，校長又は評議員の職を退いたときは，理事の職を失うとされている（私立学校法38条3項）ので，これに該当する場合は，理事長も退任することになる。

③ 社会福祉法人

厚生労働省の定める定款例は，次のとおりであるが，特に留意する必要があるのは，設立当初の役員の任期である。

(役員〈及び会計監査人〉の任期)

第19条　理事又は監事の任期は，選任後2年以内に終了する会計年度のうち最終のものに関する定時評議員会の終結の時までとし，再任を妨げない。

2　理事又は監事は，第15条に定める定数に足りなくなるときは，任期の満了又は辞任により退任した後も，新たに選任された者が就任するまで，なお理事又は監事としての権利義務を有する。

〈3　会計監査人の任期は，選任後1年以内に終了する会計年度のうち最終のものに関する定時評議員会の終結の時までとする。ただし，その定時評議員会において別段の決議がされなかったときは，再任されたものとみなす。〉

(備考一)

会計監査人を置いていない場合，〈　〉内は不要。

第3章　医療法人・特定非営利活動法人・社会福祉法人等組合等登記令
　　　の適用を受ける法人の登記
191

> （備考二）
> 　理事の任期は，定款によって短縮することもできる（法第45条）。
> 　法第45条に基づき，補欠理事又は監事の任期を退任した理事又は監事の任期満了時までとする場合には，第１項の次に次の一項を加えること。
> ２　補欠として選任された理事又は監事の任期は，前任者の任期の満了する時までとすることができる。

　設立当初の役員等について，社会福祉法人定款例の附則に次のような規定が設けられているので，設立当初の役員の任期が問題になるが，これについては，任期短縮の定めと考える（社会福祉法45条ただし書）。したがって，「定款のただし書は，設立当初の役員の任期は後任者が就任するまでであるとの定めと解し，当該役員の退任の事由は，任期満了とすべきである。」と解されている（登記研究273号74頁）（**注**）。

　「この法人の設立当初の役員，評議員〈，会計監査人〉は，次のとおりとする。ただし，この法人の成立後遅滞なく，この定款に基づき，役員の選任を行うものとする。

理事長	，理事	，理事	，理事	，理事
理事	，監事	，監事	，評議員	，評議員
評議員	，評議員	，評議員	，評議員	，評議員

〈，会計監査人〉」

（**注**）　登記研究273号74頁
　　　法人役員の退任の事由について
　問　定款の附則に「この法人の設立当初の役員は次のとおりとする。ただし，この法人の成立後，遅滞なくこの定款にもとづき役員の選任を行なうものとする。」と規定のある社会福祉法人が法人成立後３か月目に役員の改選をしたが，前役員の退任の事由は任期満了とすべきでしようか。なお，役員の任期は２年である旨の定款の定めがあります。
　答　意見のとおりと考えます。

④ NPO法人

NPO法人の理事の任期については，NPO法に次のように定められているので，留意する必要がある。

> **(役員の任期)**
> **第24条** 役員の任期は，2年以内において定款で定める期間とする。ただし，再任を妨げない。
> 2　前項の規定にかかわらず，定款で役員を社員総会で選任することとしている特定非営利活動法人にあっては，定款により，後任の役員が選任されていない場合に限り，同項の規定により定款で定められた任期の末日後最初の社員総会が終結するまでその任期を伸長することができる。

(2) 資格喪失

医療法人，社会福祉法人及び学校法人の理事長は，理事の中から選出されるので，理事を退任すると資格喪失により理事長も退任することになる。なお，NPO法人の役員についても，欠格事由が定められている（NPO法20条）。

4　代表権を有する者の就任

代表権を有する者は，次の方法で選出し，就任の承諾をすることによって理事長等代表権を有する者に就任する。

(1) 医療法人

医療法人の代表権を有する者は理事長であるが，理事長は，理事会の決議により，医師又は歯科医師である理事のうちから選出する（医療法46条の6第1項，46条の7第2項3号）。ただし，都道府県知事の認可を受けた場合は，医師又は歯科医師でない理事のうちから選出することができるとされている（医療法46条の6第1項ただし書）。なお，理事は社員総会の決議により選任する（医療法46条の5第2項）。

(2) 学校法人

　学校法人には，役員として理事5人以上及び監事2人以上を置き，理事のうち1人は，寄附行為の定めるところにより，理事長となるとされている（私立学校法35条）。そこで，まず，寄附行為の定めるところ（私立学校法30条1項5号は「役員の定数，任期，選任及び解任の方法」を定款の絶対的記載事項と規定している。）により，理事を選任することになるが，理事は，次に掲げる者とされている（私立学校法38条1項）。なお，設立当初の役員は，寄附行為をもって定めなければならないとされている（私立学校法30条2項）。

① 当該学校法人の設置する私立学校の校長（学長及び園長を含む。）
② 当該学校法人の評議員のうちから，寄附行為の定めるところにより選任された者
③ ①及び②に定める者のほか，寄附行為の定めるところにより選任された者

　次に，寄附行為の定める方法により理事長を選任することになる（私立学校法35条2項）が，理事長についても，理事についても，就任の承諾が必要である。

　ところで，理事長は，学校法人を代表し，その業務を総理する（私立学校法37条1項）が，「理事（理事長を除く。）は，寄附行為の定めるところにより，学校法人を代表し，理事長を補佐して学校法人の業務を掌理し，理事長に事故があるときはその職務を代理し，理事長が欠けたときはその職務を行う。」とされており（私立学校法37条2項），「代表権の範囲又は制限に関する定めがあるときは，その定め」が登記事項とされている（組合等令2条6号，別表一）ので，特に留意する必要がある（平成17年3月3日民商496号通知）。つまり，理事長以外の理事が代表権を有するときは，当該理事の氏名，住所及び資格（理事）を登記しなければならず（組合等令2条4号），理事長と同様に，法人のすべての業務を代表する旨の定めを設け，その登記をすることも可能とされている（前記平成17年民商496号通知の解説。民事月報60巻7号261頁）。

(3) 社会福祉法人

社会福祉法人の代表権を有する者は理事長である（社会福祉法45条の17第1項）が，理事長は，理事会の決議により選定する（社会福祉法45条の13第3項）。

なお，理事は，評議員会の決議によって選任し（社会福祉法43条1項），評議員は，定款の定めるところにより選任する（社会福祉法39条1項）。

(4) ＮＰＯ法人

ＮＰＯ法人の代表権を有する者は理事である（ＮＰＯ法16条1項）が，理事の選任の方法については，「設立当初の役員は，定款で定めなければならない。」と規定する（ＮＰＯ法11条2項）のみで，その後の理事の選任の方法についてはＮＰＯ法に規定されていない。そこで，ＮＰＯ法11条1項6号が「役員に関する事項」を定款の絶対的記載事項と定めているので，定款に定める理事の選任の方法にしたがって，選任することになる。これについて，法務省は，次のような定数の記載例を示している。なお，この場合の登記事項としての代表権を有する者の資格は「理事」である。

　　　　第4章　役員及び職員

（種別及び定数）

第12条　この法人に次の役員を置く。

　(1)　理事　　○○人
　(2)　監事　　○○人

2　理事のうち，1人を理事長，1人を副理事長とする。

（選任等）

第13条　理事及び監事は，総会において選任する。

2　理事長及び副理事長は，理事の互選とする。

3　役員のうちには，それぞれの役員について，その配偶者若しくは3親等以内の親族が1人を超えて含まれ，又は当該役員並びにその配偶者及び3親等以内の親族が役員の総数の3分の1を超えて含まれることになってはならない。

4 監事は，理事又はこの法人の職員を兼ねることができない。

第2 登記申請手続

1 登記期間

代表権を有する者の変更の登記の登記期間は，変更が生じた日から，主たる事務所の所在地においては2週間以内，従たる事務所の所在地においては3週間以内である（組合等令3条1項，13条）。

2 登記の事由

登記の事由は，どのような理由によって登記を申請するかを明らかにするために記載するものであるので，「理事長（又は理事）の変更」というように記載する。変更の年月日は，登記すべき事項の記載から判明する場合には，記載する必要はない。

3 登記すべき事項

主たる事務所の所在地における登記すべき事項は，次のとおりである。

(1) 代表権を有する者（医療法人の場合は理事長，学校法人の場合は理事長及び代表権の制限の定めがある場合の理事，社会福祉法人の場合は理事長。）の任期満了による変更の登記の場合

　　理事長（又は理事）の氏名，退任の旨及びその年月日

(2) 代表権を有する者（医療法人の場合は理事長，学校法人の場合は理事長及び代表権の制限の定めがある場合の理事，社会福祉法人の場合は理事長。）の資格喪失による変更の登記の場合

　　理事長（又は理事）の氏名，資格喪失による退任の旨及びその年月日

(3) 代表権を有する者（医療法人の場合は理事長，学校法人の場合は理事長及び代表権の制限の定めがある場合の理事，社会福祉法人の場合は理事長。）の就任による変更の登記の場合

　　理事長（又は理事）の氏名，住所，就任の旨及びその年月日

4 添付書面

主たる事務所の所在地における代表権を有する者の変更による変更登記申

請書の添付書面は，次のとおりである。
- (1) **代表権を有する者の退任による変更の登記の場合（組合等令17条1項本文）**
  - ① 任期満了による退任の場合は，任期の判明する定款及び社員総会等の議事録
  - ② 資格喪失（例えば，医療法人の理事長が医師の資格を喪失した場合，設置する私立学校の校長から選ばれた理事が理事長となっている学校法人において，理事長が校長の職を退いた場合，社会福祉法人の理事長たる理事が社会福祉法44条1項によって準用する同法40条1項に掲げる理事の欠格事由に該当することになった場合）による退任の場合は，これらの事由に該当することになったことを証する書面
  - ③ 辞任による退任の場合は，辞任届
- (2) **代表権を有する者の就任による変更の登記の場合（組合等令17条1項本文）**

登記事項の変更を証する書面として次の書面を添付する。その他商業登記法19条が準用されている（組合等令25条）ので，留意する必要がある。

  ア 医療法人の場合

医療法人の理事長は，「医療法人の理事のうち1人は，理事長とし，医師又は歯科医師である理事のうちから選出する。ただし，都道府県知事の認可を受けた場合は，医師又は歯科医師でない理事のうちから選出することができる。」と規定している（医療法46条の6第1項）ので，次の書面の添付が必要になる。

  - (ア) 理事長は，理事のうちから選出するので，まず理事であることを証する書面（①社団たる医療法人の理事は，社員総会で選任するので，社員総会議事録，財団たる医療法人の理事は，評議員で選任するので，評議員会議事録，②理事長たる理事の理事としての就任承諾書）
  - (イ) 医師又は歯科医師であることを証する書面

    これは，重任の場合も必要である。これには，医師免許証又は歯科医師免許証の写しが該当する。

㈦　医療法46条の5第1項ただし書の規定に基づく都道府県知事の認可を受けて1人又は2人の理事を置く医療法人にあっては，都道府県知事の認可書

㈢　医療法46条の6第1項ただし書の規定に基づく都道府県知事の認可を得て医師又は歯科医師でない理事から理事長を選出した医療法人にあっては，都道府県知事の認可書

㈣　新理事長が理事長に就任したことを証する書面（①理事長は理事会で選出される（医療法46条の7第2項3号）ので，理事長を選出した理事会議事録，②理事長としての就任承諾書）の添付を要するが，理事長に選任されたことを証する理事会の議事録に押印した理事の印鑑と変更前の理事長が登記所に提出している印鑑とが同一である場合を除き，当該議事録の印鑑について市町村長の作成した印鑑の証明書を添付しなければならない（各種法登規5条，商登規61条6項3号）。

イ　学校法人の場合

　学校法人の理事長は，寄附行為の定めるところにより，理事のうちから選任するが，①新理事長が理事に就任したことを証する書面（寄附行為，寄附行為所定の方法によって理事に選任されたことを証する書面及び理事としての就任承諾書）及び②新理事長が理事長に就任したことを証する書面（寄附行為，寄附行為所定の方法によって理事長に選任されたことを証する書面及び理事長としての就任承諾書）の添付を要する（平成17年3月3日民商496号通知）が，ここで留意を要するのは，①の書面の添付を要することと②の寄附行為所定の方法によって理事長に選任されたことを証する書面が，理事会の議事録等である場合には，当該議事録の印鑑と変更前の理事長が登記所に提出している印鑑とが同一である場合を除き，当該議事録の印鑑について市町村長の作成した印鑑の証明書を添付しなければならないことである（各種法登規5条，商登規61条4項，平成17年3月3日民商496号通知）。

ウ　社会福祉法人の場合

　社会福祉法人の代表権を有する者は理事長であり（社会福祉法45条の17第1項），理事長は理事会の決議により選定し（社会福祉法45条の13第3項），

理事会を構成する理事は，評議員で選任する（社会福祉法43条1項）。そこで，①理事長が理事に選任された評議員会議事録，②理事長たる理事が就任の承諾をした書面，③理事長を選任した理事会議事録，④理事長が就任の承諾をした書面及び⑤委任状を添付する。なお，理事長を選定した理事会議事録の印鑑と変更前の理事長が登記所に提出している印鑑とが同一である場合を除き，当該議事録の印鑑について市町村長の作成した印鑑の証明書を添付しなければならない（各種法登規5条，商登規61条6項3号）。

5　登録免許税

登録免許税は，非課税である。

第4節　その他の登記

1　その他の登記の種類

登記の手続について，医療法人等組合等登記令の適用を受ける法人の変更の登記には，代表権を有する者の変更の登記以外に，①目的及び業務の変更の登記，②名称の変更の登記，③事務所の所在地の変更・移転の登記，④存続期間又は解散の事由の変更の登記，⑤資産の総額の変更等組合等登記令別表の登記事項の欄に掲げる事項の変更の登記があり（組合等令3条参照），その他に⑥代表権を有する者の職務執行停止の仮処分等の登記，⑦代理人の登記，⑧解散の登記，⑨継続の登記，⑩合併の登記，⑪分割の登記，⑫移行等の登記及び⑬清算結了の登記があるが，ここで最も多いのは，医療法人の資産の総額の変更の登記（資産の総額は毎会計年度ごとに変わるのが通常である。）と思われるので，そのポイントを説明することにする。

2　医療法人の資産の総額の変更の登記

(1)　資産の総額

資産の総額とは，積極財産（資産の部）から消極財産（負債の部）を控除した純財産（純資産）をいう（昭和39年8月15日民事甲2860号回答）。医療法人は，毎会計年度（医療法人の会計年度は，医療法53条の規定により，原則として4月1日に始まり，翌年3月31日に終わるとされている。なお，医

療法人は，事業年度ではなく「会計年度」という用語を用いている。）終了後2か月以内に，事業報告書，財産目録，貸借対照表，損益計算書を作成し（医療法51条），これらを毎会計年度終了後3月以内に都道府県知事に提出しなければならないとされている（医療法52条，医療法人運営管理指導要綱Ⅲ3(5)「決算及び財務諸表」）。

(2) 資産の総額の変更の登記の登記期間

医療法人は，毎会計年度において，資産の総額に変更が生じるのが通常と思われる。そこで，資産の総額に変更が生じた場合には，毎会計年度末日現在により，当該末日から3月以内に資産の総額の変更の登記を申請しなければならない（組合等令3条3項）。

なお，債務超過になった場合は，「資産の総額金0円（債務超過額金何円）」として登記の申請をする（昭和54年2月10日民四838号回答）。

(3) 添付書面

主たる事務所の所在地における資産の総額の変更の登記の添付書面は，次のとおりである（組合等令17条1項，15条，商登法17条）。

① 資産の総額の変更を証する書面

原則として，社員総会又は評議員会の承認を得た財産目録又は貸借対照表を添付する（厚生労働省の社団医療法人定款例12条1号，財団医療法人寄附行為例12条1項参照）が，監事の作成した資産の総額の証明書でもよいとされている（登記研究529号163頁「質疑応答7263」）。なお，この場合，監事であることの証明書は添付しなくてもよい。

② 代理人によって申請する場合は，委任状

第4章　独立行政法人等登記令の適用を受ける法人の登記

第1節　総　論

1　独立行政法人等登記令の適用を受ける法人

　登記の手続について，独立行政法人等登記令の適用を受ける法人には，①独立行政法人（87法人），②国立大学法人（86法人）・大学共同利用機関法人（4法人）（以下国立大学法人及び大学共同利用機関法人を合わせて「国立大学法人等」という。）及び③独立行政法人等登記令別表の名称の欄に掲げられた法人（37法人）の三つのグループがあり（以下①，②及び③の法人を合わせて「独立行政法人等」という。），いずれの法人も，設立については登記が効力要件とされ（独立行政法人通則法17条，国立大学法人法35条。ただし，古い法人については，その旨の規定のない法人もある。），その他の登記については対抗要件とされている（独立行政法人通則法9条，国立大学法人法35条，日本銀行法12条）。

　なお，独立行政法人等においても，登記の懈怠が過料の対象となることに留意する必要がある（独立行政法人通則法71条4号，国立大学法人法40条7号，日本銀行法65条4号，各種法登規5条，商登規118条）。

(1)　独立行政法人

　政府の事業仕分けで問題になった法人であるので，記憶に新しいと思う。この法人は，独立行政法人通則法2条1項に，「この法律において独立行政法人とは，国民生活及び社会経済の安定等の公共上の見地から確実に実施されることが必要な事務及び事業であって，国が自ら主体となって直接に実施する必要のないもののうち，民間の主体に委ねた場合には必ずしも実施されないおそれがあるもの又は一の主体に独占して行わせることが必要であるものを効率的かつ効果的に行わせるため，中期目標管理法人，国立研究開発法人又は行政執行法人として，この法律及び個別法の定めるところにより設立

独立行政法人一覧　（平成30年４月１日現在）

| 内 閣 府 所 管 | 3 |

○国立公文書館
　北方領土問題対策協会
☆日本医療研究開発機構

| 消費者庁所管 | 1 |

　国民生活センター

| 総 務 省 所 管 | 3 |

☆情報通信研究機構
○統計センター
　郵便貯金・簡易生命保険管理機構

| 外 務 省 所 管 | 2 |

　国際協力機構
　国際交流基金

| 財 務 省 所 管 | 3 |

　酒類総合研究所
○造幣局
○国立印刷局

| 文部科学省所管 | 22 |

　国立特別支援教育総合研究所
　大学入試センター
　国立青少年教育振興機構
　国立女性教育会館
　国立科学博物館
★物質・材料研究機構
☆防災科学技術研究所
☆量子科学技術研究開発機構
　国立美術館
　国立文化財機構
　教職員支援機構

☆科学技術振興機構
　日本学術振興会
★理化学研究所
☆宇宙航空研究開発機構
　日本スポーツ振興センター
　日本芸術文化振興会
　日本学生支援機構
☆海洋研究開発機構
　国立高等専門学校機構
　大学改革支援・学位授与機構
☆日本原子力研究開発機構

| 厚生労働省所管 | 17 |

　勤労者退職金共済機構
　高齢・障害・求職者雇用支援機構
　福祉医療機構
　国立重度知的障害者総合施設のぞみの園
　労働政策研究・研修機構
　労働者健康安全機構
　国立病院機構
　医薬品医療機器総合機構
☆医薬基盤・健康・栄養研究所
　地域医療機能推進機構
　年金積立金管理運用独立行政法人
☆国立がん研究センター
☆国立循環器病研究センター
☆国立精神・神経医療研究センター
☆国立国際医療研究センター
☆国立成育医療研究センター
☆国立長寿医療研究センター

| 農林水産省所管 | 9 |

○農林水産消費安全技術センター
　家畜改良センター

☆農業・食品産業技術総合研究機構
☆国際農林水産業研究センター
☆森林研究・整備機構
☆水産研究・教育機構
　農畜産業振興機構
　農業者年金基金
　農林漁業信用基金

| 経済産業省所管 | 9 |

　経済産業研究所
　工業所有権情報・研修館
★産業技術総合研究所
○製品評価技術基盤機構
☆新エネルギー・産業技術総合開発
　機構
　日本貿易振興機構
　情報処理推進機構
　石油天然ガス・金属鉱物資源機構
　中小企業基盤整備機構

| 国土交通省所管 | 15 |

☆土木研究所

☆建築研究所
☆海上・港湾・航空技術研究所
　海技教育機構
　航空大学校
　自動車技術総合機構
　鉄道建設・運輸施設整備支援機構
　国際観光振興機構
　水資源機構
　自動車事故対策機構
　空港周辺整備機構
　都市再生機構
　奄美群島振興開発基金
　日本高速道路保有・債務返済機構
　住宅金融支援機構

| 環境省所管 | 2 |

☆国立環境研究所
　環境再生保全機構

| 防衛省所管 | 1 |

○駐留軍等労働者労務管理機構

(注1) ○印の法人は，行政執行法人（役職員が国家公務員の身分を有するもの（7法人））
(注2) ☆印，★印の法人は，国立研究開発法人（27法人）
　　　★印の法人は，特定国立研究開発法人による研究開発等の促進に関する特別措置法（平成28年法律第43号）に基づいて指定された法人（3法人）
(注3) 無印の法人は，中期目標管理法人（53法人）
(注4) 法人の名称の冒頭の「独立行政法人」及び「国立研究開発法人」は省略

| 合　計　87法人 |

される法人をいう。」と規定されている。

　独立行政法人は，平成30年4月1日現在87法人ある（「独立行政法人一覧」参照）が，独立行政法人の名称，目的，事務所，役員の任期等は，個別法（例えば，独立行政法人都市再生機構法，独立行政法人国立印刷局法，独立行政法人国立美術館法等独立行政法人の数だけ個別法が制定されている。）で定められている（独立行政法人通則法4条，5条，7条，21条）。

　なお，独立行政法人には，中期目標管理法人，国立研究開発法人，行政執行法人の3種類がある。

(2) 国立大学法人等

　国立大学法人とは，国立大学を設置することを目的として国立大学法人法の定めるところにより設立される法人をいい，国立大学とは，国立大学法人法別表第一の第二欄に掲げる大学をいい（国立大学法人法2条1項・2項），別表第一の第二欄には86の大学が掲げられている。

　大学共同利用機関法人とは，大学共同利用機関を設置することを目的として国立大学法人法の定めるところにより設立される法人をいい，国立大学法人法別表第二の第二欄に掲げる研究分野について，大学における学術研究の発展等に資するために設置される大学の共同利用の研究所をいい（国立大学法人法2条2項・3項），これには4つの研究機構がある。

(3) 独立行政法人等登記令別表の名称の欄に掲げる法人

　この法人は，かつて特殊法人といわれたもので（独立行政法人等登記令もかつては特殊法人登記令と称され，その別表に多くの法人が掲げられていたが，1990年代後半の行政改革により，その多くは独立行政法人へ移行したり，民営化されたりした。），現在，独立行政法人等登記令別表の名称の欄に掲げられている法人は，日本銀行，日本赤十字社，日本放送協会等37法人である。この中に，日本公認会計士協会と日本弁理士会が含まれていることには，いささか奇異な感じがする。

2　独立行政法人等の登記の種類

　独立行政法人等の登記には，①設立の登記，②変更の登記，③他の登記所の管轄区域内への主たる事務所の移転の登記，④職務執行停止の仮処分等の

登記，⑤代理人の登記，⑥解散の登記及び⑦清算結了の登記がある。

3 商業登記法の準用

商業登記法1条の3から5条まで，7条から15条まで，17条から23条の2まで，24条（14号から16号までを除く。），26条，27条，48条から53条まで，71条1項及び132条から148条までの規定は，独立行政法人等の登記について準用される。この場合において，同法48条2項中「会社法930条2項各号」とあるのは，「独立行政法人等登記令9条2項各号」と読み替えるものとされている（独法令18条）。

第2節 設立の登記

1 登記期間

主たる事務所の所在地における設立の登記については，登記期間の定めはない（独法令2条1項，独立行政法人通則法16条参照）が，設立に際して従たる事務所を設けた場合には，主たる事務所の所在地において設立の登記をした日から2週間以内に従たる事務所の所在地において従たる事務所の所在地における登記を申請しなければならない（独法令9条1項1号）。

なお，独立行政法人等が設立されるためには，そのための個別法（根拠法）の制定が必要である。ただし，国立大学法人等については，国立大学法人法別表第一又は別表第二の改正をすればよい。

2 主たる事務所の所在地における登記事項

独立行政法人等が，設立の登記において登記しなければならない事項は，次のとおりである（独法令2条2項）。

(1) 名　称

各独立行政法人及び特殊法人の名称は，個別法で定められ（独立行政法人通則法4条，独立行政法人都市再生機構法2条等），各国立大学法人の名称は国立大学法人法別表第一の第一欄に掲げられ（国立大学法人法4条），各大学共同利用機関法人の名称は国立大学法人法別表第二の第一欄に掲げられている（国立大学法人法5条）。なお，独立行政法人等の名称については，

すべて名称の使用制限の規定が設けられている（独立行政法人通則法10条，国立大学法人法 8 条等）。

(2) 事務所の所在場所

主たる事務所及び従たる事務所の所在場所を登記する。ただし，社会保険診療報酬支払基金については，出張所は従たる事務所とされ（独法令19条 1 項），日本銀行については，本店が主たる事務所，支店が従たる事務所とされる（独法令19条 3 項）。また，日本赤十字社については，主たる事務所のみが登記される（独法令19条 4 項）。

なお，主たる事務所の所在地は，独立行政法人及び特殊法人については，個別法で定められ（独立行政法人通則法 7 条 1 項，独立行政法人都市再生機構法 4 条，日本銀行法 7 条 1 項等），国立大学法人については，国立大学法人法別表第一の第三欄に掲げられ（国立大学法人法 4 条），大学共同利用機関法人については，国立大学法人法別表第二の第三欄に掲げられている（国立大学法人法 5 条）。ただし，法律に規定する「主たる事務所の所在地」は，都道府県までであり（日本銀行法 7 条 1 項，日本赤十字社法 6 条，独立行政法人都市再生機構法 4 条等），最小行政区画については定款に定めることとされている法人もある（日本銀行法11条 1 項 3 号，日本赤十字社法 7 条 1 項 3 号等）。

(3) 代表権を有する者の氏名，住所及び資格

代表権を有する者は，個別法で定められている。例えば，独立行政法人では，まず独立行政法人通則法18条から20条で次のように規定し，次いで，例えば独立行政法人都市再生機構であれば，個別法である独立行政法人都市再生機構法の 6 条及び 7 条で次のように規定している。したがって，独立行政法人都市再生機構の場合には，代表権を有する者は理事長ということになり，理事長の資格で理事長の氏名及び住所が登記される。

独立行政法人通則法

（役員）

第18条 各独立行政法人に，個別法で定めるところにより，役員とし

て，法人の長1人及び監事を置く。
2　各独立行政法人には，前項に規定する役員のほか，個別法で定めるところにより，他の役員を置くことができる。
3　各独立行政法人の法人の長の名称，前項に規定する役員の名称及び定数並びに監事の定数は，個別法で定める。

(役員の職務及び権限)
第19条　法人の長は，独立行政法人を代表し，その業務を総理する。
2　個別法で定める役員（法人の長を除く。）は，法人の長の定めるところにより，法人の長に事故があるときはその職務を代理し，法人の長が欠員のときはその職務を行う。
3　前条第2項の規定により置かれる役員の職務及び権限は，個別法で定める。
4　監事は，独立行政法人の業務を監査する。この場合において，監事は，主務省令で定めるところにより，監査報告を作成しなければならない。
5　監事は，いつでも，役員（監事を除く。）及び職員に対して事務及び事業の報告を求め，又は独立行政法人の業務及び財産の状況の調査をすることができる。
6　監事は，独立行政法人が次に掲げる書類を主務大臣に提出しようとするときは，当該書類を調査しなければならない。
　一　この法律の規定による認可，承認，認定及び届出に係る書類並びに報告書その他の総務省令で定める書類
　二　その他主務省令で定める書類
7　監事は，その職務を行うため必要があるときは，独立行政法人の子法人（独立行政法人がその経営を支配している法人として総務省令で定めるものをいう。以下同じ。）に対して事業の報告を求め，又はその子法人の業務及び財産の状況の調査をすることができる。
8　前項の子法人は，正当な理由があるときは，同項の報告又は調査を拒むことができる。

> 9 監事は，監査の結果に基づき，必要があると認めるときは，法人の長又は主務大臣に意見を提出することができる。
>
> **(役員の任命)**
> **第20条** 法人の長は，次に掲げる者のうちから，主務大臣が任命する。
> 　一　当該独立行政法人が行う事務及び事業に関して高度な知識及び経験を有する者
> 　二　前号に掲げる者のほか，当該独立行政法人が行う事務及び事業を適正かつ効率的に運営することができる者
> 2　監事は，主務大臣が任命する。
> 3　主務大臣は，前二項の規定により法人の長又は監事を任命しようとするときは，必要に応じ，公募（当該法人の長又は監事の職務の内容，勤務条件その他必要な事項を公示して行う候補者の募集をいう。以下この項において同じ。）の活用に努めなければならない。公募によらない場合であっても，透明性を確保しつつ，候補者の推薦の求めその他の適任と認める者を任命するために必要な措置を講ずるよう努めなければならない。
> 4　第18条第2項の規定により置かれる役員は，第1項各号に掲げる者のうちから，法人の長が任命する。
> 5　法人の長は，前項の規定により役員を任命したときは，遅滞なく，主務大臣に届け出るとともに，これを公表しなければならない。

次いで，個別法である，例えば独立行政法人都市再生機構法で，次のように定めている。

独立行政法人都市再生機構法

> **(役員)**
> **第6条** 機構に，役員として，その長である理事長及び監事3人を置く。
> 2 機構に，役員として，副理事長1人及び理事8人以内を置くことができる。
>
> **(副理事長及び理事の職務及び権限等)**
> **第7条** 副理事長は，理事長の定めるところにより，機構を代表し，理事長を補佐して機構の業務を掌理する。
> 2 理事は，理事長の定めるところにより，理事長（副理事長が置かれているときは，理事長及び副理事長）を補佐して機構の業務を掌理する。
> 3 通則法第19条第2項の個別法で定める役員は，副理事長とする。ただし，副理事長が置かれていない場合であって理事が置かれているときは理事，副理事長及び理事が置かれていないときは監事とする。
> 4 前項ただし書の場合において，通則法第19条第2項の規定により理事長の職務を代理し又はその職務を行う監事は，その間，監事の職務を行ってはならない。

(4) 独立行政法人及び国立大学法人等にあっては，資本金

　独立行政法人は，その業務を確実に実施するために必要な資本金その他の財産的基礎を有しなければならないとされ（独立行政法人通則法8条），国立大学法人等の資本金は，国立大学法人法附則9条2項の規定により政府から出資があったものとされた金額とされている（国立大学法人法7条）ので，資本金が登記事項とされている。ちなみに国立大学法人東京大学の資本金は，1兆452億4739万7769円である（平成28年3月31日現在）。

(5) 代表権の範囲又は制限に関する定めがある独立行政法人にあっては，その定め

　代表権の範囲又は制限に関する定めがある場合に限って登記をすることになるが，どのような場合がこれに該当するかが問題となる。そこで，同じく代表権の範囲又は制限に関する定めが登記事項とされている特殊法人の場合（特殊法人においては，独立行政法人等登記令別表において，代表権の範囲又は制限に関する定めが登記事項とされている法人は指定されている。）をみてみると，個別法に，おおむね次のように規定されている。そこで，この規定の仕方から判断すれば，前述の独立行政法人都市再生機構法7条1項が同趣旨の規定であり，副理事長について理事長が代表権の範囲又は制限に関する定めをしていれば，独立行政法人都市再生機構においては「代表権の範囲又は制限に関する定め」が登記すべき事項となろう。

日本私立学校振興・共済事業団法

(役員の職務及び権限)

第11条　理事長は，事業団を代表し，その業務を総理する。

2　理事は，理事長の定めるところにより，事業団を代表し，理事長を補佐して事業団の業務を掌理し，理事長に事故があるときはその職務を代理し，理事長が欠員のときはその職務を行う。

3　監事は，事業団の業務を監査する。この場合において，監事は，文部科学省令で定めるところにより，監査報告書を作成しなければならない。

4　監事は，いつでも，役員（監事を除く。）及び職員に対して事務及び事業の報告を求め，又は事業団の業務及び財産の状況の調査をすることができる。

5　監事は，事業団がこの法律の規定による認可，承認，認定及び届出に係る書類並びに報告書その他の文部科学省令で定める書類を文部科学大臣に提出しようとするときは，これらの書類を調査しなければならない。

6 監事は,その職務を行うため必要があるときは,事業団の子法人(事業団がその経営を支配している法人として文部科学省令で定めるものをいう。以下同じ。)に対して事業の報告を求め,又はその子法人の業務及び財産の状況の調査をすることができる。
7 前項の子法人は,正当な理由があるときは,同項の報告又は調査を拒むことができる。
8 監事は,監査の結果に基づき,必要があると認めるときは,理事長又は文部科学大臣に意見を提出することができる。

(6) **独立行政法人北方領土問題対策協会にあっては,基金**

基金が登記事項とされているのは,独立行政法人北方領土問題対策協会のみである。

(7) **別表の名称の欄に掲げる法人にあっては,同表登記事項の欄に掲げる事項**

登記事項の欄に掲げる事項としては,①資本金,②代表権の範囲又は制限に関する定めがあるときは,その定め,③出資1口の金額,④公告の方法,⑤資産の総額,⑥解散の事由がある。ちなみに,日本銀行は①,②,③及び④のすべてが登記事項とされ,①は沖縄振興開発金融公庫,外国人技能実習機構,原子力損害賠償・廃炉等支援機構,全国健康保険協会,地方公共団体金融機構,地方公務員共済組合連合会,日本下水道事業団,日本司法支援センター,日本私立学校振興・共済事業団,日本中央競馬会,日本年金機構,農水産業協同組合貯金保険機構,預金保険機構において登記事項とされ,②は外国人技能実習機構,銀行等保有株式取得機構,原子力損害賠償・廃炉等支援機構,広域的運営推進機関,社会保険診療報酬支払基金,消防団員等公務災害補償等共済基金,地方公共団体金融機構,地方公共団体情報システム機構,日本勤労者住宅協会,日本私立学校振興・共済事業団,日本中央競馬会において登記事項とされている。

なお,②は,現実に代表権の範囲又は制限に関する定めがある場合に限って登記を要することになるが,日本銀行の場合には,日本銀行法22条の2に

「総裁又は副総裁の代表権に加えた制限は，善意の第三者に対抗することができない。」という規定があるので，現実にその登記をすることができるかどうかは問題がある。

3　従たる事務所の所在地における登記事項

従たる事務所の所在地における登記事項は，次に掲げる事項である（独法令9条2項）。

(1)　名　　称
(2)　主たる事務所の所在場所
(3)　従たる事務所（その所在地を管轄する登記所の管轄区域内にあるものに限る。）の所在場所

4　添付書面

独立行政法人等の設立の登記の申請書には，次に掲げる書面を添付しなければならない（独法令13条，18条，商登法18条）。

(1)　独立行政法人等を代表すべき者の資格を証する書面
　　　主務大臣の任命書等である。
(2)　資本金，代表権の範囲又は制限に関する定め，独立行政法人等登記令別表の登記事項の欄に掲げる事項（①資本金，②代表権の範囲又は制限に関する定めがあるときは，その定め，③出資一口の金額，④公告の方法，⑤資産の総額，⑥解散の事由）を登記すべき独立行政法人等にあっては，その事項を証する書面
(3)　資本金その他これに準ずるものを登記すべき独立行政法人等にあっては，資本金その他これに準ずるものにつき必要な払込み又は給付があったことを証する書面
(4)　代理人によって申請する場合には，その権限を証する書面

第3節　変更の登記

1　変更の登記の種類

独立行政法人等の変更の登記には，①名称の変更の登記，②事務所の所在

場所の変更の登記，③代表権を有する者の変更の登記，③独立行政法人及び国立大学法人等にあっては，資本金の変更の登記，④代表権の範囲又は制限に関する定めがある独立行政法人にあっては，その定めの変更の登記，⑤特殊法人にあっては，独立行政法人等登記令別表の登記事項の欄に掲げる事項の変更の登記がある。

2　登記期間

変更の登記は，主たる事務所の所在地においては2週間以内，従たる事務所の所在地においては3週間以内に申請しなければならない（独法令3条1項，9条3項）。

ただし，資産総額の変更の登記は，主たる事務所の所在地において毎事業年度末日現在により，当該末日から4月以内（独立行政法人農林漁業信用基金又は国立研究開発法人森林研究・整備機構の資本金の変更については，4週間以内）に申請すればよい（独法令3条2項，19条2項）。

3　添付書面

変更の登記の申請書には，変更を証する書面及び代理人によって申請する場合は，その権限を証する書面を添付しなければならない（独法令14条，18条，商登法18条）。変更を証する書面は，例えば，独立行政法人の代表権を有する者の変更の場合は，独立行政法人の代表権を有する者は主務大臣が任命することとされ（独立行政法人通則法20条1項），その任期は個別法に規定されているので，変更を証する書面は，任命書及び就任承諾書ということになる。なお，登記事項の変更について官庁の認可を要するときは，その認可書の添付も必要である（独法令18条，商登法19条）。

第4節　代理人の登記

1　代理人

代理人は，主たる事務所又は従たる事務所の業務に関し一切の裁判上又は裁判外の行為をする権限を有する者である（独法令6条）が，代理権の範囲については，①業務のすべてに関し一切の裁判上又は裁判外の行為をする権

限を有する代理人（独法令6条1項）と②業務の一部に関し一切の裁判上又は裁判外の行為をする権限を有する代理人（独法令6条2項）がある。

①は，独立行政法人等登記令別表の名称の欄に掲げる法人のうち，同表の根拠法の欄に掲げる法律に規定されている法人（沖縄振興開発金融公庫，高圧ガス保安協会，消防団員等公務災害補償等共済基金，地方競馬全国協会，日本銀行，日本勤労者住宅協会，日本消防検定協会，日本電気計器検定所等）が選任する代理人である（沖縄振興開発金融公庫法15条，高圧ガス保安法59条の20，消防団員等公務災害補償等責任共済等に関する法律25条，競馬法23条の31，日本銀行法27条，日本勤労者住宅協会法21条，消防法21条の32，日本電気計器検定所法18条）。

②は，独立行政法人通則法25条（国立大学法人法35条において準用する場合を含む。）に定める代理人で，独立行政法人又は国立大学法人が選任する代理人である。

なお，①の法人のうち，根拠法の欄に掲げる法律の規定に「業務の一部に関し一切の裁判上又は裁判外の行為をする権限を有する代理人を選任することができる」旨の定めがある法人（自動車安全運転センター，全国健康保険協会，日本下水道事業団，日本年金機構等）が選任する代理人もこれに該当する（自動車安全運転センター法24条，健康保険法7条の17，日本下水道事業団法21条，日本年金機構法18条）。

2 選任の方法

代理人は，当該法人の理事又は職員（従業員）のうちから，理事長及び副理事長等によって選任される（日本勤労者住宅協会法19条，日本銀行法27条等参照）。

3 登記期間及び登記事項

特殊法人等が代理人を選任したときは，2週間以内に，その主たる事務所の所在地において，前記1の①の法人にあっては，代理人の氏名及び住所並びに代理人を置いた事務所を，②の法人にあっては，代理人の氏名及び住所，代理人を置いた事務所並びに代理権の範囲を登記しなければならない（独法令6条1項・2項）。

なお，これらの事項に変更を生じ，又は代理人の代理権が消滅したときは，2週間以内に，その登記をしなければならない（独法令6条3項）。

4　添付書面

(1)　前記1の①の登記の申請書には，代理人の選任を証する書面及び代理人によって申請する場合のその権限を証する書面を添付しなければならない（独法令15条1項）。

(2)　前記1の②の登記の申請書には，代理人の選任及び代理権の範囲を証する書面並びに代理人によって申請する場合のその権限を証する書面を添付しなければならない（独法令15条2項）。

(3)　前記1の①又は②の規定により登記した事項に変更が生じ，又はこれらの代理人の代理権が消滅した場合の登記の申請書には，登記事項の変更又は代理権の消滅を証する書面並びに代理人によって申請する場合のその権限を証する書面を添付しなければならない。ただし，代理人の氏，名又は住所の変更の場合については，代理人によって申請する場合のその権限を証する書面以外の書面を添付する必要はない（独法令15条3項）。

第5節　その他の登記

その他の登記の主なものは，次のとおりである。

1　他の登記所の管轄区域内への主たる事務所の移転の登記

独立行政法人等がその主たる事務所を他の登記所の管轄区域内へ移転したときは，2週間以内に，旧所在地においては移転の登記をし，新所在地においては独立行政法人等登記令2条2項に掲げる事項を登記しなければならないが，そのシステムは会社の場合と同じであり，添付書面は，主たる事務所の変更を証する書面及び代理人によって申請する場合のその権限を証する書面である（独法令4条，14条）。なお，主たる事務所の移転について官庁の認可を要するときは，その認可書の添付も必要である（独法令18条，商登法19条）。

また，従たる事務所の所在地においては，3週間以内に，主たる事務所の

移転の登記を申請しなければならない（独法令9条3項）。

2　解散の登記

独立行政法人等が解散したときは、2週間以内に、その主たる事務所の所在地において解散の登記を申請しなければならないが、この場合の添付書面は、解散の事由の発生を証する書面及び代理人によって申請する場合のその権限を証する書面である（独法令7条、16条）。なお、解散について官庁の認可を要するときは、その認可書の添付も必要である（独法令18条、商登法19条）。

3　清算結了の登記

独立行政法人等の清算が結了したときは、清算結了の日から2週間以内に、その主たる事務所の所在地において清算の結了の登記を申請しなければならないが、この場合の添付書面は、代理人によって申請する場合のその権限を証する書面である（独法令8条、18条、商登法18条）。なお、従たる事務所の所在地においても、3週間以内に、清算の結了の登記を申請しなければならない（独法令11条）。

第5章 商業登記倶楽部の「実務相談室」に見る主要相談事例

第1節 一般社団法人等の登記等に関する相談

1 一般社団法人の社員の除名と当該社員の議決権

(質問)

法人法29条2号の「総社員の同意」及び同条4号の「社員の除名」は、ともに社員の法定退社事由とされています。

ところで、総社員の同意による退社の場合は、退社する社員の意思による退社ですから、当該退社する社員は総社員に含まれず、退社する社員の同意は不要と考えますが、社員の除名の場合は、対象となっている社員の意思に反するものですから、理事会の決議のように利害関係を有する者を除外するような規定がない以上、除名の対象となる社員も、社員総会において議決権を有し、定足数に含まれると考えますがいかがでしょうか。

(回答)

一般社団法人の社員は、登記事項ではないので、本問が登記実務上問題になることはないと考えるが、司法書士法施行規則31条業務としては、ご意見のとおりと考える。ただし、総社員の同意については、総社員の中に退社する社員を含むとする反対説もあり、また当該社員から退社の意思表示があったことを明らかにしておくためにも、実務上は、すべての社員の同意を得ておくことをおすすめする。

(解説)

1. 一般社団法人の社員の退社事由

一般社団法人の社員の退社事由には、①任意退社と②法定退社があり、任

意退社（法人法28条）は，社員の意思による退社で，社員は，いつでも退社することができるが，定款でこれを制限することもできる（法人法28条1項）。ただし，社員は，正当な事由がある場合には，定款の定めにかかわらず退社することができるとされている（法人法28条2項）。

ところで，法定退社事由は，次のとおりである（法人法29条1項）。

(1) 定款で定めた事由の発生
(2) 総社員の同意
(3) 死亡又は解散
(4) 除名

2．法人法29条2号の退社事由と総社員の同意

法人法28条の任意退社も29条2号の総社員の同意による退社も，退社する社員の意思による退社であるが，法人法29条2号の総社員の同意による退社の方が，退社の要件が若干緩和されているといえる。

ところで，一般社団法人の社員は，登記事項ではないので，本問が登記実務上問題になることはないと考えるが，司法書士法施行規則31条業務として対処される場合は，総社員の同意については，総社員の中に退社する社員を含むとする反対説もあり，また当該社員から退社の意思表示があったことを明らかにしておくためにも，実務上は，すべての社員の同意を得ておくことをおすすめする。

3．持分会社の社員の法定退社事由としての総社員の同意との比較

持分会社の社員の退社事由にも，任意退社（会社法606条）と法定退社（会社法607条）があるが，法定退社事由に「総社員の同意」があり（会社法607条1項2号），この総社員の意義についても，①すべての社員と解する説と，②退社する社員を含まないと解する説があり，①が判例（最判昭40・11・11民集19巻8号1953頁），②が多数説とされている（小出篤「会社法コンメンタール」14巻229頁以下）。

4．法人法29条4号の退社事由と社員総会の特別決議

除名の場合は，社員の意思に反する退社のため，①正当な事由の存在，②社員総会の特別決議，③当該社員総会の1週間前までの通知及び，④社員総

会における弁明の機会の付与が要件とされている（法人法30条）が，この社員総会の特別決議については，理事会の決議のように利害関係を有するものを除外するような規定がない以上，除名の対象となる社員も，社員総会において議決権を有し，定足数に含まれるものと考える。

2　一般社団法人の清算結了登記申請書に添付する決算報告書について

（質問）
　一般社団法人の清算結了の登記手続きを現在進めておりますが，清算結了登記後に，法人住民税（均等割り分）を納付するため，現在，未払法人税分が2万円ほど現金で残っています。その場合，清算結了登記の添付書類となる決算報告書の記載事項についてお伺いいたします。

　残余財産の額については，法人法施行規則第74条1項3号のとおり，次のような記載で登記は受理されると考えますが，先生のご見解をお伺いいたします。

　1．残余財産の額は，金0円である。
　2．支払税額は，金2万円であり，支払税額を控除した後の財産の額は，金0円である。

（回答）
ご意見のとおりで差し支えないと考える。

（解説）
1．一般社団法人の解散と清算法人の機関
　清算一般社団法人の機関には，清算人，清算人会及び監事があるが，清算人は必置の機関で，清算人会及び監事は定款の定めによって設置する機関である（法人法208条1項・2項）。ただし，大規模一般社団法人（法人法2条2号）は，監事を置かなければならない（法人法208条3項）。

　ところで，一般社団法人が解散すると，次の者が，次に掲げる順序で清算人になり，清算事務を遂行する（法人法209条）。なお，清算人の員数は，1

人以上である（法人法208条1項）。
(1) 定款で定める者
(2) 社員総会の決議によって選任された者
(3) 理　事
(4) 裁判所で選任された者

2．一般社団法人の清算手続の流れ

一般社団法人の清算手続の大まかな流れは，次のとおりである。
(1) 現務の結了（法人法212条1号）
(2) 債権者に対する公告（法人法233条）
(3) 債権の取り立て（法人法212条2号）
(4) 債務の弁済（法人法212条2号，234条〜238条）
(5) 残余財産の引き渡し（法人法212条3号）
(6) 決算報告書の作成（法人法240条1項）
(7) 社員総会における決算報告書の承認（法人法240条2項・3項）
(8) 帳簿書類の保存（法人法241条）

3．決算報告書の作成

清算事務が終了したときは，遅滞なく，法人法施行規則74条の定めるところにより決算報告書を作成しなければならない（法人法240条1項）。

なお，法人法施行規則74条は，決算報告書の記載事項について，次のように規定している。

「法第240条第1項の規定により作成すべき決算報告は，次に掲げる事項を内容とするものでなければならない。この場合において，第一号及び第二号に掲げる事項については，適切な項目に細分することができる。
　一　債権の取立て，資産の処分その他の行為によって得た収入の額
　二　債務の弁済，清算に係る費用の支払その他の行為による費用の額
　三　残余財産の額（支払税額がある場合には，その税額及び当該税額を控除した後の財産の額）
2　前項第三号に掲げる事項については，残余財産の引渡しを完了した日を注記しなければならない。」

4．未払い税額がある場合の記載方法

法人法施行規則74条1項3号が「残余財産の額（支払税額がある場合には，その税額及び当該税額を控除した後の財産の額）」と規定しているので，これに従って記載すればよいと考える。

5．決算報告書の承認

決算報告書については，清算人会（清算人会を設置している場合）及び社員総会の承認を得なければならない（法人法240条2項・3項）。

ちなみに，法務省のHPに登録された社員総会議事録の様式例は，次のとおりである。

社員総会議事録

　平成○○年○○月○○日午前○時○分，当法人の主たる事務所において，決算報告の承認総会を開催した。

　議決権のある当法人社員総数　　○○名
　総社員の議決権の数　　○○個
　出席社員数（委任状による者を含む。）　　○○名
　この議決権の総数　　○○個

　　　　　　出席清算人　　○○　○○（議長兼議事録作成者）
　　　　　　同　　　　　　○○　○○
　　　　　　同　　　　　　○○　○○

　以上のとおり社員の出席があったので，代表清算人○○　○○は，議長席に着いて本社員総会は適法に成立したので開会する旨を宣言し，次いで，当法人の清算結了に至るまでの経過を詳細に報告し，別紙決算報告書を朗読するとともに提示し，その承認を求めたところ，満場異議なくこれを承認した。

　よって，議長は，会議の終了を告げ，午前○時○分閉会した。

　上記の決議を明確にするため，この議事録を作成し，議長及び出席清算人において，これに記名押印する。

平成〇〇年〇〇月〇〇日
　　　　一般社団法人〇〇社員総会
　　　　　　議長（兼議事録作成者）　代表清算人　〇〇　〇〇　㊞
　　　　　　　　　　　　　　　　　　　清算人　〇〇　〇〇　㊞
　　　　　　　　　　　　　　　　　　　清算人　〇〇　〇〇　㊞

（別紙）

　　　　　　　　　　　決　算　報　告　書

1．債務の弁済及び清算に係る費用の支払による費用の額は，金〇〇円である。
1．平成〇〇年〇〇月〇〇日から平成〇〇年〇〇月〇〇日までの期間内に取り立てた債権の総額は，金〇〇円である。
1．現在の残余財産の額は，金〇〇円である。
1．平成〇〇年〇〇月〇〇日，清算換価実収額金〇〇円を，定款第〇条で定めるところにより，国庫に帰属させた。
　上記のとおり，清算を結了したことを報告する。
　　平成〇〇年〇〇月〇〇日
　　　　　　　　　　一般社団法人〇〇
　　　　　　　　　　　代表清算人　〇〇　〇〇　㊞
　　　　　　　　　　　　　清算人　〇〇　〇〇　㊞
　　　　　　　　　　　　　清算人　〇〇　〇〇　㊞

　（注）決算報告書は，次に掲げる事項を内容とするものであることが必要である（法人法施行規則74条）。
1　債権の取立て，資産の処分その他の行為によって得た収入の額
2　債務の弁済，清算に係る費用の支払その他の行為による費用の額
3　残余財産の額（支払税額がある場合には，その税額及び当該税額を控除

した後の財産の額）

※ 3に掲げる事項については，残余財産の引渡しを完了した日を注記しなければならない。

第2節 社会福祉法人の理事長の変更の登記等に関する相談

1 社会福祉法人の理事長の登記に関する規律等

> （質問）
> 社会福祉法人の理事長の選定の方法，役員の任期等の規律についてご説明ください。

（説明）
1．社会福祉法人の代表権を有する者

ご承知のように，社会福祉法人の設立の根拠法は，社会福祉法であり，登記手続の根拠法令は，組合等登記令である。社会福祉法人においては，代表権を有する者は理事長であり（社会福祉法45条の17第1項），理事長のみが代表権を有する者として登記される（組合等令2条2項4号）。

ところで，理事長は，理事会で選定され（社会福祉法45条の13第3項），理事は，評議員会で選任され（社会福祉法43条1項），その評議員は，定款の定めるところにより選任される（社会福祉法39条）。

なお，社会福祉法人において，役員とは，理事及び監事をいい（社会福祉法31条1項6号），機関として登記されるのは，代表権を有する者のみである（組合等令2条2項4号）ので，理事長の氏名，住所及び資格のみが登記される。

2．社会福祉法人の役員の任期

社会福祉法人の役員（理事及び監事）の任期について，社会福祉法45条は「役員の任期は，選任後2年以内に終了する会計年度のうち最終のものに関する定時評議員会の終結の時までとする。ただし，定款によって，その任期

を短縮することを妨げない。」と規定し、同法45条の23第2項は「社会福祉法人の会計年度は、4月1日に始まり、翌年3月31日に終わるものとする。」と規定している。

なお、定時評議員会は、「毎会計年度の終了後一定の時期に招集しなければならない。」とされ（社会福祉法45条の9第1項）ているが、「社会福祉法人は、毎会計年度終了後3月以内に、厚生労働省令で定めるところにより、各会計年度に係る計算書類（貸借対照表及び収支計算書をいう。以下この款において同じ。）及び事業報告並びにこれらの附属明細書を作成しなければならない。」とされ（社会福祉法45条の27第2項）、これら計算書類等について、監事等の監査を受け、理事会の承認を得て（社会福祉法45条の28）、定時評議員会の承認を受けなければならないとされている（社会福祉法45条の29）ところから、厚生労働省の「社会福祉法人定款例」では、定時評議員会は、毎年6月30日までに開催することとされている（定款例11条）。

3．設立当初の役員の任期に関する定款の定め

社会福祉法人の設立当初の役員は、設立者が定款で定めることとされている（社会福祉法31条3項）が、社会福祉法人の設立当初の役員の任期については、法律に特段の規定は設けられていない。ただし、厚生労働省の「社会福祉法人定款例」の附則では、「この法人の設立当初の役員、評議員〈、会計監査人を置くときは、会計監査人〉は、次のとおりとする。ただし、この法人の成立後遅滞なく、この定款に基づき、役員の選任を行うものとする。」と定めているので、ほぼ100％の社会福祉法人が定款にこの定めを設けており、これは、改正社会福祉法施行前の「社会福祉法人定款準則」の時代も同じであった。

4．厚生労働省の定める「社会福祉法人定款例」の位置づけ

厚生労働省の「社会福祉法人定款例」は、その冒頭の〈説明〉において、「○　各法人の定款に記載されることが一般的に多いと思われる事項について、定款の定め方の一例を記載している。○　各法人の定款の記載内容については、当該定款例の文言に拘束されるものではないが、定款において定めることが必要な事項が入っているか、その内容が法令に沿ったものであるこ

とが必要である。」と述べているので，必ずしも当該定款例の文言に拘束されるものではないが，定款を認可する所轄庁の多くが市長であることを考えれば，当該定款例の文言と異なる文言を用いている場合には，認可に時間を要することが想定されるので，現実に作成される定款（設立の場合も，定款変更の場合も）のほとんどが，厚生労働省の「社会福祉法人定款例」のとおりと思われる。

　ところで，厚生労働省が，「社会福祉法人定款例」を市長等に示す根拠は，次のとおりである。

　地方公共団体の事務には，自治事務（地方自治法2条8項）と法定受託事務（地方自治法2条9項）があり，法定受託事務については，自治事務に比べ強力な国の関与が認められている（地方自治法245条の4，245条の9）。法定受託事務には，第1号法定受託事務と第2号法定受託事務があるが，社会福祉法に基づく事務は，第1号法定受託事務とされ，「各大臣は，その所管する法律又はこれに基づく政令に係る都道府県の法定受託事務の処理について，都道府県が当該法定受託事務を処理するに当たりよるべき基準を定めることができる。」とされ（地方自治法245条の9第1項），あるいは「各大臣は，特に必要があると認めるときは，その所管する法律又はこれに基づく政令に係る市町村の第1号法定受託事務の処理について，市町村が第1号法定受託事務を処理するに当たりよるべき基準を定めることができる。」とされている（地方自治法245条の9第3項）。この「社会福祉法人定款例」は，厚生労働大臣が，地方自治法245条の9第1項及び第3項の規定に基づき，都道府県又は市（特別区を含む。）が法定受託事務を処理するに当たりよるべき基準として発出したものである。

2　社会福祉法人の設立当初の役員の任期

（質問）

　社会福祉法人の設立当初の役員は定款で定めることとされ（社会福祉法31条3項），実務上は，厚生労働省の作成した「社会福祉法人定款

例」では，定款の附則に定められています。この方法は，平成29年改正前の社会福祉法のもとにおける「社会福祉法人定款準則」においても同様でした。

　ところで，社会福祉法45条が役員の任期について「役員の任期は，選任後2年以内に終了する会計年度のうち最終のものに関する定時評議員会の終結の時までとする。ただし，定款によって，その任期を短縮することを妨げない。」と規定し，厚生労働省の作成した「社会福祉法人定款例」19条1項でも「理事又は監事の任期は，選任後2年以内に終了する会計年度のうち最終のものに関する定時評議員会の終結の時までとし，再任を妨げない。」と規定しています。ところが，厚生労働省の「社会福祉法人定款例」附則但し書きで「ただし，この法人の成立後遅滞なく，この定款に基づき，役員の選任を行うものとする。」と定めていますが，これはどのような趣旨でしょうか。このことについては，平成29年2月23日付け民商29号商事課長通知にも記述がありませんので質問します。

　なお，雑誌「登記研究」273号の質疑応答4844号の取扱いは，現在も維持されているのでしょうか。併せて質問します。

（回答）

　私見では，厚生労働省の「社会福祉法人定款例」附則の但し書きは，社会福祉法45条の但し書き「定款によって，その任期を短縮することを妨げない。」を受けたもので，設立登記後に遅滞なく評議員会の決議によって役員の選任をすると，定款で定めた役員は任期満了により退任することになる（登記研究273号74頁「質疑応答4844」）。この取扱いは，現在も維持されており，実務において，この取り扱いは，既に確立されているものであるから，公知の事実として，29号商事課長通知では記述しなかったものと考える。

（解説）

1．社会福祉法人の役員の任期

　社会福祉法人の役員（理事及び監事）の任期について，社会福祉法45条

は,「役員の任期は,選任後2年以内に終了する会計年度のうち最終のものに関する定時評議員会の終結の時までとする。ただし,定款によって,その任期を短縮することを妨げない。」と規定し,設立当初の役員について,特段の規定は設けられていない。

2. 設立当初の役員の定め方

社会福祉法人の設立当初の役員は,設立者が定款で定めることとされ(社会福祉法31条3項),「社会福祉法人定款例」では,これを附則で定めている。

3. 厚生労働省の定める「社会福祉法人定款例」の位置づけ

地方公共団体の事務には,自治事務(地方自治法2条8項)と法定受託事務(地方自治法2条9項)があり,法定受託事務には,第1号法定受託事務と第2号法定受託事務があるが,社会福祉法に基づく事務は,第1号法定受託事務で,「各大臣は,その所管する法律又はこれに基づく政令に係る都道府県の法定受託事務の処理について,都道府県が当該法定受託事務を処理するに当たりよるべき基準を定めることができる。」とされ(地方自治法245条の9第1項),あるいは「各大臣は,特に必要があると認めるときは,その所管する法律又はこれに基づく政令に係る市町村の第1号法定受託事務の処理について,市町村が当該第1号法定受託事務を処理するに当たりよるべき基準を定めることができる。」とされている(地方自治法245条の9第3項)。この「社会福祉法人定款例」は,厚生労働大臣が,地方自治法245条の9第1項及び第3項の規定に基づき,都道府県又は市(特別区を含む。)が法定受託事務を処理するに当たりよるべき基準として発出したものである。

4. 設立当初の役員の任期

「社会福祉法人定款例」の附則では,「この法人の設立当初の役員,評議員〈,会計監査人〉は,次のとおりとする。ただし,この法人の成立後遅滞なく,この定款に基づき,役員の選任を行うものとする。」と定めているので,ほぼ100%の社会福祉法人が定款にこの定めを設けていると考える。

5.「社会福祉法人定款例」附則のただし書きの趣旨

厚生労働省の「社会福祉法人定款例」附則のただし書き「ただし,この法

人の成立後遅滞なく、この定款に基づき、役員の選任を行うものとする。」との趣旨は、社会福祉法45条ただし書きの「ただし、定款によって、その任期を短縮することを妨げない。」を受けたもので、このただし書きの趣旨は、設立当初の役員は、社会福祉法人の設立者が設立に際し適宜定款に定めたものであり、その主たる職務は、設立手続きをすすめることにあるので、設立登記が終わり次第、評議員が評議員会で、遅滞なく役員の改選をすべきであるということであろう。すなわち、定款の附則ただし書きの定めは、定款による「任期短縮」の定めというわけである。この取扱いは、登記実務でも、古くから肯定され、登記研究273号の「質疑応答4833」にも次のようなものがある。

　(問)　定款の附則に「この法人の設立当初の役員は、次のとおりとする。ただし、この法人の成立後遅滞なく、この定款に基づき役員の選任を行うものとする。」と規定のある社会福祉法人が法人成立後3か月目に役員の改選をしたが、前役員の退任の事由は任期満了とすべきでしょうか。なお、役員の任期は2年である旨の定款の定めがあります。

　(答)　ご意見のとおりと考えます。

　この質疑応答は、昭和45年のものであるが、この見解は、質疑応答の実質的な回答者が民事局第四課(現商事課)の職員であるから、当時の法務省の見解ということになろう。この取扱いは、平成29年2月23日民商29号商事課長通知では、何らの記述もなされていないが、これは、昭和45年の前記登記研究の質疑応答以後、登記官に周知のものとして実務において確立されているためと思われる。

3　社会福祉法人の設立直後における理事長選定の時期と登記の添付書類

(質問)
　社会福祉法人の設立登記直後における理事長の変更の登記について質問します。

1. 厚生労働省が作成し，社会福祉法人の所轄庁である市長を通じて公開している「社会福祉法人定款例」の附則では，「ただし，この法人の成立後遅滞なく，この定款に基づき，役員の選任を行うものとする」と定めています。
   そこで，次の2点について質問です。
   (1) 遅滞なくの期間は，どの程度か。
       私見は，遅滞なくの相当期間は，3～4ヵ月と理解していますが，いかがでしょうか。
   (2) 添付書類
       理事長Aの重任の登記を申請する場合の添付書類は，次の取り扱いで差支えないでしょうか。
       ① 定　款
       ② 評議員会議事録
       ③ 理事長たる理事の就任の承諾を証する書面
       ④ 理事会議事録
       ⑤ 理事長の就任の承諾を証する書面
2. 参　考
   (1) 平成30年4月1日社会福祉法人の設立登記完了。
   (2) 定款附則の定め
       「この法人の設立当初の役員，評議員は次のとおりとする。ただし，この法人の成立後遅滞なく，この定款に基づき役員の選任を行うものとする。
       理事長A，理事B，理事C，理事D，理事E。
       監事F，監事G。
       評議員H，評議員I，評議員J，評議員K，評議員L，評議員M。」
   (3) 定款に定める評議員選任の方法
       第〇条　評議員の選任は，評議員選任委員会を置き，評議員選任委員会において行う。

(回答)

ご質問の件，私見は，次のとおりである。

(1)について

当職が照会を受けた事例の中には，設立後1か月を経過した時点で，所轄庁から問い合わせがあったというものから，4か月を経過した時点で問い合わせがあったというものまであるが，当職は，正当な事由がない限り，1か月以内に理事長等の選定をした方が，無難と考える。

なお，前述のように，所轄庁（原則として，市長）によって，若干取扱いが異なるようなので，まず，所轄庁に確認されることをおすすめする。

(2)について

ご意見のとおりと考える（平成29年2月29日民商29号商事課長通知参照）。

(解説)

1．社会福祉法に規定する社会福祉法人の設立当初の役員の任期に関する規定

社会福祉法45条は，社会福祉法人の役員の任期について，「役員の任期は，選任後2年以内に終了する会計年度のうち最終のものに関する定時評議員会の終結の時までとする。ただし，定款によって，その任期を短縮することを妨げない。」と規定し，設立当初の役員について，特段の規定は設けていない。ところが，厚生労働省の定める「社会福祉法人定款例」では，その附則において，「この法人の設立当初の役員，評議員〈，会計監査人〉は，次のとおりとする。ただし，この法人の成立後遅滞なく，この定款に基づき，役員の選任を行うものとする。」と定めている。そこで，厚生労働省の定める「社会福祉法人定款例」の位置づけと附則の趣旨が問題になる。

2．厚生労働省の定める「社会福祉法人定款例」の位置づけ

「社会福祉法人定款例」は，厚生労働大臣が，地方自治法245条の9第1項及び第3項の規定に基づき，都道府県又は市（特別区を含む。）が法定受託事務を処理するに当たりよるべき基準として発出したものである。しかし，知事や市長は，必ずしも当該定款例の文言に拘束されるものではないが，定款を認可する所轄庁の多くが市長であることを考えれば，当該定款例の文言

と異なる文言を用いている場合には，認可に時間を要することが想定される。そこで，現実に作成される定款のほとんどが，厚生労働省の「社会福祉法人定款例」のとおりと思われる。

3．社会福祉法人の設立当初の役員の任期と定款の定め

社会福祉法人の設立当初の役員（理事及び監事）は，設立者が定款で定めることとされ（社会福祉法31条3項），社会福祉法人定款例では，これを附則で定めている。

ところで，社会福祉法人定款例の附則では，「この法人の設立当初の役員，評議員〈，会計監査人〉は，次のとおりとする。ただし，この法人の成立後遅滞なく，この定款に基づき，役員の選任を行うものとする。」と定めているので，ほぼ100％の社会福祉法人が定款にこの定めを設けている。

そこで，社会福祉法人定款例の附則のただし書の趣旨が問題になるが，その趣旨は，社会福祉法45条ただし書きの「ただし，定款によって，その任期を短縮することを妨げない。」を受けたもので，設立当初の役員は，社会福祉法人の設立者が設立に際し適宜定款に定めたものであり，その主たる職務は，設立手続きをすすめることにあるので，設立登記が終わり次第，評議員が評議員会で，遅滞なく役員の改選をすべきであるということであろう。すなわち，定款の附則ただし書きの定めは，定款による「任期短縮」の定めである。この取扱いは，登記実務でも，古くから肯定され，「登記研究273号の質疑応答4833」でもこれを肯定している。

4．附則ただし書の「遅滞なく」の意義

設立登記等が完了すると，市長に対し，「社会福祉法人設立登記及び財産移転完了報告書」を提出することになるが，報告書提出後，そのまま数か月放置しておくと，市役所によっては，担当者から，「役員の改選は，どうなっていますか？」という問い合わせがくるようである。そこで，「遅滞なく」の意義が問題になるが，これについては，「直ちに」，「速やかに」と比べ，時間的即時性は求められるものの，その度合いが弱く，正当な理由又は合理的な理由に基づく遅れは許されるということのようである。このことについては，会社法34条1項の規定が参考になる。同項は「発起人は，設立時

発行株式の引受け後遅滞なく，その引き受けた設立時発行株式につき，その出資に係る金銭の全額を払い込み，又はその出資に係る金銭以外の財産の全部を給付しなければならない。ただし，発起人全員の同意があるときは，登記，登録その他権利の設定又は移転を第三者に対抗するために必要な行為は，株式会社の成立後にすることを妨げない。」と規定しているので，この規定の解釈が参考になる。これについて，「会社法コンメンタール」第2巻38頁は「ここで「遅滞なく」払い込まなければならないとされているが，払い込む期日・期限については特段の定めはないので，発起人の過半数により合理的な日を決定すればよい。」と解説している。したがって，これらのこと等から判断して，事情の許す限り速やかに評議員会を開催して理事及び監事を選任し，理事会を開催して理事長を選定すべきものと考えるが，合理的な理由又は正当な理由があればある程度の遅滞は許されるものと考える。

5．理事長の変更の登記の添付書類

社会福祉法人の理事長の変更の登記の添付書類は，次のとおりである（組合等令17条1項，25条，商登法18条，各種法登規5条，商登規61条6項3号）。

なお，社会福祉法人の理事長の選任手続を時系列で述べれば，①評議員の選任（評議員は，定款の定めるところにより選任することとされているが，設立当初の評議員は，本件ご質問の事例のように，定款の附則に定めるのが，通例であり，評議員の任期については，補欠選任者の場合を除き，任期の短縮はできない。したがって，本件の場合は，定款に記載された評議員が，現に評議員ということになる。)，②評議員会による役員（理事及び監事）の選任，③理事会による理事長の選定ということになる。

(1) 定　款

設立当初の評議員は，定款に定められている。

(2) 評議員会議事録

理事を選任した評議員会議事録である。

(3) 理事長たる理事の就任の承諾を証する書面

なお，登記事項でない理事，しかも理事会に出席し自己を理事長に選定

していることが，添付書面上明らかな理事の就任の承諾を証する書面が何故必要か，筆者には説明できないが，平成29年2月23日民商29号商事課長通知第5の2イが必要としているので，掲記した。

(4) 理事会議事録

理事長を選定した理事会議事録である。この議事録には，商登規61条6項3号が準用されていることに留意する必要がある。

(5) 理事長が就任の承諾をしたことを証する書面

第3節　医療法人の理事長の重任の登記等に関する相談

1　医療法人の理事長の重任の登記の可否

> **（質問）**
>
> 理事長の重任登記ができるかどうかご教授下さい。
>
> 理事A・B・C　平成28年10月6日予選（全員再選），即時就任承諾。同日理事長予選，即時就任承諾（再選）により「理事長Aが平成28年10月12日重任」という登記がされている法人ですが，平成29年12月10日に理事Dを増員として選任（即時就任承諾）しました。
>
> 理事ABCは，平成30年10月11日の夜中12時に任期が満了しますので，平成30年10月6日に予選をする予定にしておりますが，理事Dは任期合わせをするため，当該社員総会終結をもって理事を辞任する旨の辞任届を提出し，ABCとともに同総会において理事に選任され，即時就任をした場合，12日開催の理事会においてABCDが理事長を選定（即時就任承諾）し，平成30年10月12日理事長A重任の登記ができますか。

（回答）

「重任」の取扱いが変更になった（登記研究838号「質疑応答7990」）ので，ご質問の場合，登記は受理されると考える。

(解説)

1．医療法人の理事長が重任の登記にこだわる背景

　平成29年3月31日現在，医療法人の数は全国で53,000法人，うち1人医師医療法人が44,020法人で，実に83％が1人医師医療法人である。そして，この1人医師医療法人においては，特段の事情がない限り，当該1人医師が法人設立以来理事長を続けていると思われる。そうすると，例えば，理事A（理事長）・B・Cの任期が10月11日に満了する場合に，10月6日にその後任としてA・B・Dを予選した場合には，理事長としてAを選任する理事会は10月12日しか開催できない。そこで，「理事長A10月11日退任，12日就任」と登記するのが従来の取扱いであったが，このように登記すると，理事長として現実には退任していないにもかかわらず「退任，就任」の登記がなされることになり，この取扱いに理事長として極めて強い違和感があり，登記の実務に対する不満になっていたところである。

2．「重任」の取扱いの拡大について

　(1) 登記研究「質疑応答」の位置づけ

　登記研究の「質疑応答」の回答は，商事課と調整がなされている（筆者が，商事課の前身の民事局第四課勤務当時もそうであったので，現在も同様と思われる。）ので，「質疑応答」の回答は，商事課の見解と解しても差し支えないと考える。

　(2) 登記研究「質疑応答」における「重任」の取扱いの変遷

　「質疑応答」における「重任」の取扱いは，まず，①登記研究416号（昭和57年8月号）の「質疑応答6119」では，「株式会社の取締役全員が任期満了前に再選され，重任した場合において，その翌日以降の取締役会において従前の代表取締役が再選され就任したときの登記の記載は，取締役全員の重任並びに代表取締役の退任及び就任である。」というものであったが，②登記研究453号（昭和60年10月号）の「質疑応答6617」では，「午前中の定時総会で再選され重任した取締役が，同日午後の取締役会で代表取締役として再選され就任した場合における代表取締役の変更登記の登記原因は，「退任・就任」でも「重任」でも差し支えない。」と変更になった。

(3) 登記研究832号「質疑応答」における「重任」の取扱いの拡大

登記研究832号（平成29年6月号）の「質疑応答7986」では，(2)②の取扱いを拡大し，「平成29年3月31日任期満了する取締役甲，乙，丙の後任として，①29年3月6日開催の株主総会において，甲，乙及び丁を予選し，②4月1日開催の取締役会において代表取締役に前代表取締役甲を選定した場合，代表取締役甲の変更登記の原因及び年月日を「4月1日重任」として差し支えない。」と拡大した。

(4) 登記研究838号「質疑応答」は，(3)の取扱いを医療法人等の登記へ拡大

登記研究838号の「質疑応答7990」は，「質疑応答7986」の取扱いを，医療法人，社会福祉法人その他の法人の理事長等の場合にも拡大した。

したがって，司法書士の役割は，法律的に許される範囲内において，依頼者のニーズに対応した登記を実現することであるから，本件のような事例の場合は，登記研究838号の「質疑応答」（注）の取り扱いにしたがって処理すべきと考える。

(注) 登記研究838号133頁「質疑応答7990」
　問　質疑応答【7986】（登記研究832号175頁）では，株式会社において，取締役の重任の日と同日に開催した取締役会で従前の代表取締役たる取締役が代表取締役として選定され就任したときは，代表取締役の変更登記の登記原因を「重任」としても差し支えないとされています。これを踏まえ，各種法人（医療法人，社会福祉法人，一般社団（財団）法人等）における取扱いについて，以下のとおりと考えますが，いかがでしょうか。
　(1)　各種法人において，理事の重任の日と同日に開催した理事会で従前の理事長たる理事が理事長として選定され就任したときは，株式会社における取扱いと同様に，理事長の変更登記の登記原因を「重任」として差し支えない。
　(2)　(1)の取扱いの前提として，理事長たる理事については重任している必要があることから，任期調整のため期限付辞任（他の理事の任期満了の日をもって辞任する等）の申出をしている理事長たる理事が理事として予選（再任）され，その就任の日と同日に開催された理事会において，従前の理事長たる理事が理事長に選定され就任した場合には，理事長の変更登記の登記原因は「退任」及び「就任」となる（株式会社についても同様である。）。

答 いずれも御意見のとおりと考えます。

2 平成19年改正医療法施行時から在任する医療法人の役員の任期等

(質問)

設立当初から理事長の変更が一切されていない医療法人において，平成28年9月1日改正医療法施行後，理事長の変更（現在理事である者を理事長にし，理事長は平理事になります。）及び理事のメンバーの一部と監事を変更することになりました。

当該医療法人の概要等は，以下のとおりです。

1．法人成立の年月日　平成10年7月13日
2．任期に関する定款の規定

(任期)

第○○条　役員の任期は，2年とする。ただし，再任を妨げない。

　2　補欠により就任した役員の任期は，前任者の任期の残任期間とする。

　3　役員は任期満了後といえども，後任者が就任するまでは，その職務を行うものする。

ところで，平成19年4月1日改正医療法施行時から在任する医療法人の役員の任期について，管轄法務局に相談をしたところ，登記官の見解は，これまでの2回の医療法改正でも従前の例によるということになっているので，任期伸長規定が生きており，役員は，退任していないということでした。

そこで，以下の事項について，質問です。

1　今回は，理事と監事の一部が変更することに伴い，理事と監事全員を改選するという形で選任決議をし（改選後理事会において理事長選定），登記手続きを行いたいと思っておりますが，旧理事と監事は，改めて改選が行われたときに（任期伸長規定により）任期が満了するという考え方でよろしいでしょうか。

> 2 また、今回のケースでは理事の一部の方が変わるだけですので、改めて全員改選をせず、一部の理事だけを選任する決議にした場合、設立当初から残っているメンバーについては、理事長の変更にかかわらず、任期伸長規定が働き、次回の改選まで任期が伸び続けるという考え方になるのでしょうか。

(回答)

私見では、1及び2とも、ご意見のとおりと考える。

(解説)

1．平成19年改正医療法施行前の医療法人の役員の任期等について

(1) 平成19年改正医療法施行前の医療法人の役員の任期

平成19年4月1日改正前の医療法には、役員(理事及び監事)の任期に関する規定はなかったが、医療法人の設立認可権を有する都道府県知事の定めた医療法人のモデル定款例(これは、厚生労働大臣が、地方自治法245条の4第1項の規定に基づく技術的助言として作成したもので、都道府県知事に対する厚生労働省医政局長通知では、医療法人の設立認可又は定款変更の認可に際しては、このモデル定款例に従うこととされている。)では、役員の任期は、次のように定められていた。

第○○条　役員の任期は、2年とする。ただし、再任を妨げない。
2　補欠により就任した役員の任期は、前任者の任期の残任期間とする。
3　役員は任期満了後といえども、後任者が就任するまでは、その職務を行うものとする。

ところで、定款例3項の「役員は任期満了後といえども、後任者が就任するまでは、その職務を行うものとする。」という定めの趣旨について、登記実務は、「任期伸長」の趣旨と解している(昭和33年3月11日民事甲478号回答参照)。

なお、「役員は任期満了後といえども、後任者が就任するまでは、なお役員としての権利義務を有する。」という場合は、任期伸長の趣旨とは解されていない。

(2) 医療法人と理事長の任期

　医療法人の理事長については，医療法に任期に関する規定はない。しかし，理事長は，理事の中から選出されるので，前提資格である理事を退任すれば，理事長も当然退任することになる。

　なお，医療法人においては，役員である理事及び監事は登記事項とされておらず，代表権を有する理事長のみが登記事項とされている（組合等令2条2項4号，医療法46条の6の2第1項）。

2．平成19年改正医療法と役員の任期等について

(1) 平成19年改正医療法と役員の任期

　平成19年4月1日施行の改正医療法では，役員の任期について，46条の2第3項は「役員の任期は，2年を超えることができない。ただし，再任を妨げない。」と規定していたが，モデル定款例は，改正前とほぼ同様の規定になっていた。

(2) 役員の任期に関する経過措置

　平成19年改正医療法施行時に在任する役員の任期が問題になるが，これについて，平成19年改正医療法附則11条は，次のように規定していた。

第11条　この法律の施行の際現に医療法人の役員である者の任期は，新医療法第46条の2第3項の規定にかかわらず，この法律の施行の際におけるその者の役員としての残任期間と同一の期間とする。

　ところで，この規定の趣旨であるが，改正法施行時に在任している役員の任期は，その者の役員としての残任期間，すなわち後任者が就任するまでということになり，後任者が就任するまでエンドレスということになる。

3．平成28年改正医療法と役員の任期等について

(1) 平成28年改正医療法と役員の任期

　平成28年9月1日施行の改正医療法では，役員の任期について，46条の5第9項は「役員の任期は，2年を超えることができない。ただし，再任を妨げない。」と改正前と同様に規定し，モデル定款例は，次のように定めた。

第29条　役員の任期は，2年とする。ただし，再任を妨げない。
　2　補欠により就任した役員の任期は，前任者の残任期間とする。

3　役員は，第26条に定める員数が欠けた場合には，任期の満了又は辞任により退任した後も，新たに選任された者が就任するまで，なお役員としての権利義務を有する。

(2) **役員の任期に関する経過措置**

平成28年改正医療法施行時に在任する役員の任期が問題になるが，これについて，平成28年改正医療法附則3条は，次のように規定している。

第3条　附則第1条第2号に掲げる規定の施行の際現に医療法人の役員である者の任期については，なお従前の例による。

したがって，平成19年改正医療法施行時前から在任する役員の任期については，後任者が選任されない限り，なおエンドレスであり，平成19年改正医療法施行後に就任した役員の任期については，就任後2年が経過した時に満了するということになる。

4．ご質問の場合の役員の任期について

ご質問の場合の役員の任期については，次のとおりである。

・ご質問1について

平成19年改正医療法附則11条及び平成28年改正医療法附則3条の規定により，現在の役員は，ご意見のとおり後任者就任の時に退任することになる。

・ご質問2について

ご質問2については，理事長が退任する以上，任期伸長の規定は適用されないとする見解も考えられるが，私見は，医療法に規定する医療法人の役員は，理事及び監事であり，医療法に規定する任期も，理事及び監事に関するものであるところから，平成19年改正医療法附則11条及び平成28年改正医療法附則3条の適用は，理事及び監事について判断すべきものと考え，質問者の見解で差し支えないと考える。

第4節 学校法人の理事長の登記

1 学校法人の理事長の任期等

(質問)

学校法人の理事長の任期及び重任の考え方について，アドバイスをお願いします。
1．寄附行為の主な規定は以下のとおりです。
   - 役員の任期は4年とする。
   - 役員はその任期満了の後でも，後任者が選任されるまでは，なおその職務を行う。
2．現在の理事及び理事長の任期は，平成30年6月30日までです。
3．今回，平成30年6月8日に予選による理事の選任決議を行い，就任承諾書も予めもらう予定です。
4．現理事長たる理事は重任で，任期は平成26年7月1日から平成30年6月30日までです。
5．平成30年7月5日に理事会で理事長が選任(重任)されて，同日就任承諾書をもらいますが，理事長が選任されるまでの7月1日から7月5日まで，間が空いてしまいます。

そこで，質問です。

「理事長」の任期も寄附行為の任期伸長規定の適用があり，7月5日重任との登記になるかと考えておりますが，間違いないでしょうか。そもそも，寄附行為の「役員」には「理事」「監事」だけではなく「理事長」も含まれるのかどうか疑義があります。もし，含まれないのであれば，6月30日任期満了による退任，7月5日就任になってしまうのではないかと思い，「理事長」にそもそも任期があるのかどうか疑問に感じております。

(回答)

　本件については、①学校長たる理事（私立学校法38条1項1号）を除いて、理事長たる理事を含む理事全員が6月30日に任期満了し、後任者は、7月1日就任又は重任する。②寄附行為に定める理事長の選任の方法（私立学校法35条2項）は、理事会の決議であり、7月5日に理事会を開催し、理事長を選任したという前提で、私見は、次のとおりである。なお、念のため、登記官の見解もご確認いただきたい。

　理事長は、平成30年6月30日退任、7月5日就任と考える。

　なお、学校法人の役員は、理事及び監事であり（私立学校法35条1項）、「役員の定数、任期、選任及び解任の方法その他役員に関する規定」は、寄附行為の絶対的記載事項とされ（私立学校法30条1項5号）、私立学校法には、理事長の任期に関する規定はない。これは、一般社団法人等の代表理事、医療法人の理事長及び株式会社の代表取締役と同様である。ただし、理事長は、理事であることを前提としている（私立学校法35条2項）ので、理事を退任すれば、理事長も退任することになり、理事長の任期は、理事の任期と連動することになるが、理事長の任期を、別途、寄附行為で定めることは可能と考える。

　また、本件の場合、「役員はその任期満了の後でも、後任者が選任されるまでは、なおその職務を行う。」とする寄附行為の規定があるが、本件の場合は、理事の後任者は既に選任され、就任の承諾をしているので、この規定が適用される余地はないと考える。

(解説)

1. 学校法人の役員

　学校法人の役員とは、理事及び監事をいい（私立学校法35条1項）、その定数、任期及び選任の方法等は、寄附行為の絶対的記載事項とされている（私立学校法30条1項5号）。したがって、法律上は、理事長は、役員ではないことになる。

2. 学校法人の役員の選任方法

　私立学校法38条は、役員の選任について、次のように規定している。

第38条 理事となる者は，次の各号に掲げる者とする。
　一　当該学校法人の設置する私立学校の校長（学長及び園長を含む。以下同じ。）
　二　当該学校法人の評議員のうちから，寄附行為の定めるところにより選任された者（寄附行為をもつて定められた者を含む。次号及び第44条第1項において同じ。）
　三　前2号に規定する者のほか，寄附行為の定めるところにより選任された者
2　学校法人が私立学校を2以上設置する場合には，前項第1号の規定にかかわらず，寄附行為の定めるところにより，校長のうち，1人又は数人を理事とすることができる。
3　第1項第1号及び第2号に規定する理事は，校長又は評議員の職を退いたときは，理事の職を失うものとする。
4　監事は，評議員会の同意を得て，理事長が選任する。
5　理事又は監事には，それぞれその選任の際現に当該学校法人の役員又は職員（当該学校法人の設置する私立学校の校長，教員その他の職員を含む。以下同じ。）でない者が含まれるようにしなければならない。
6　役員が再任される場合において，当該役員がその最初の選任の際現に当該学校法人の役員又は職員でなかつたときの前項の規定の適用については，その再任の際現に当該学校法人の役員又は職員でない者とみなす。
7　役員のうちには，各役員について，その配偶者又は3親等以内の親族が1人を超えて含まれることになつてはならない。
8　学校教育法第9条（校長及び教員の欠格事由）の規定は，役員に準用する。

3．学校法人の役員の任期

学校法人の役員の任期は，寄附行為の定めるところによる（私立学校法30条1項5号）ので，寄附行為で，別途，理事長の任期を設けることは可能と考える。現に学校法人早稲田大学が総長（理事長）の任期を設けている。

4. 学校法人の登記事項と代表権を有する者

(1) 登記事項

学校法人の登記事項は,次のとおりである(組合等令2条2項)。

① 目的及び業務
② 名　称
③ 事務所の所在場所
④ 代表権を有する者の氏名,住所及び資格
⑤ 存続期間又は解散の事由を定めたときは,その期間又は事由
⑥ 代表権の範囲又は制限に関する定めがあるときは,その定め
⑦ 資産の総額
⑧ 設置する私立学校,私立専修学校又は私立各種学校の名称

(2) 代表権を有する者

学校法人の代表権を有する者は,理事長である(私立学校法37条1項)。

なお,理事(理事長を除く。)は,寄附行為の定めるところにより,学校法人を代表し,理事長を補佐して学校法人の業務を掌理し,理事長に事故があるときはその職務を代理し,理事長が欠けたときはその職務を行うとされている(私立学校法37条2項)が,「代表権の範囲又は制限に関する定めがあるときは,その定め」が登記事項とされている。

5. 登記官の見解

本件の場合,登記官の見解も「理事長は,平成30年6月30日退任,7月5日就任」であった。

第5節　特定非営利活動法人に関する平成24年改正及び平成28年改正のポイント

特定非営利活動促進法(以下「NPO法」という。)が平成23年(施行日平成24年4月1日)及び平成28年(施行日平成29年4月1日及び平成30年10月1日)に改正されたが,登記に関係する主な個所は,以下のとおりである。

1 平成24年改正

(1) ＮＰＯ法２条の別表に記載されている17の活動分野に新たに３の分野（「観光の振興を図る活動」，「農山漁村又は中山間地域の振興を図る活動」ほか１分野）が追加された。

(2) 所轄庁が政令指定都市の市長まで拡大された（ＮＰＯ法９条）。

(3) 社員総会の決議省略の制度が新設された（ＮＰＯ法14条の９第１項）。

(4) 理事の代表権に関する制限の登記が設けられた。改正前は，理事は各自代表権を有するが，これを制限することができるとされていた。ただし，理事の代表権に加えた制限は，これを善意の第三者に対抗することができないとされていたため（改正前ＮＰＯ法16条２項），登記事項とされていなかったが，改正前ＮＰＯ法16条２項が削除され，組合等登記令別表が改正され，「代表権の範囲又は制限に関する定めがあるときは，その定め」が登記事項として追加された。これに伴い，次のような経過措置が設けられたので，要注意である。

（組合等登記令の一部改正に伴う経過措置）

第３条 この政令の施行の際現に代表権の範囲又は制限に関する定めがある特定非営利活動法人は，この政令の施行の日から６月以内に，当該定めに関する事項の登記をしなければならない。

２ 前項の特定非営利活動法人は，同項に定める事項の登記をするまでに他の登記をするときは，当該他の登記と同時に，同項に定める事項の登記をしなければならない。

３ 第１項に定める事項の登記をするまでに同項に定める事項に変更を生じたときは，遅滞なく，当該変更に係る登記と同時に，変更前の事項の登記をしなければならない。

---

(5) 定款変更の際の届け出のみで足りる事項の拡大（ＮＰＯ法25条６項）。

(6) 解散公告の簡素化

解散時における債権者への債権申出の公告が３回から１回に簡素化された

(NPO法31条の10第1項)。

(7) 認証後未登記団体の認証の取り消し

設立の認証を受けた者が設立の認証があった日から6月を経過しても設立の登記をしないときは，設立の認証を取り消すことができることになった（合併についても同様である。）（NPO法13条3項，39条2項）。

(8) 認定特定非営利活動法人制度の創設（NPO法44条1項）

2 平成28年改正

資産の総額が登記事項から削除され，貸借対照表の公告が必要となった（NPO法28条の2）。この改正は，平成30年10月1日から施行される。

第3編　法人登記に関する最近の主要先例

1　水産業協同組合法の一部を改正する法律等の施行に伴う登記事務の取扱いについて

(平成10年3月24日法務省民四第575号通知)

(通知) 水産業協同組合法の一部を改正する法律(平成9年法律第54号。以下「水協改正法」という。)及び水産業協同組合法施行令の一部を改正する政令(平成9年政令第339号)が平成10年4月1日から，農業協同組合法等の一部を改正する法律(平成8年法律第119号。以下「農協改正法」という。)の一部が平成13年4月1日から，それぞれ施行されることとなったが，これに伴う登記事務の取扱いについては，下記の点に留意し，事務処理に遺憾のないよう，貴管下登記官に周知方取り計らい願います。

　なお，本通知中，「水協法」とあるのは水産業協同組合法を，「農協法」とあるのは農業協同組合法を，「水協政令」とあるのは水産業協同組合施行令をいい，引用する条文は，すべて改正後のものである。

記

1　漁業協同組合等に関する改正
 (1)　出資の総額の最低限度
　　　水協法第11条第1項第2号の事業を行う漁業協同組合，漁業協同組合連合会，水産加工業協同組合及び水産加工業協同組合連合会(以下これらを「漁業協同組合等」という。)の出資(同法第19条の2第2項の回転資金を除く。)の総額につき最低限度を設けることとし，次のとおりとされた。

　　　水協改正法施行後は，出資の総額がこれらの額を下回っている漁業協同組合等の設立(合併による設立を含む。)の登記の申請及び出資の総額がこれらの額を下回ることとなる出資1口の金額の減少による変更の登記は，受理することができないが(水協法121条，商業登記法24条10

号），この点は，これらの登記の申請書には行政庁の認可書を添付しなければならない（水協法121条，商業登記法19条）ことにより担保される。

　ア　漁業協同組合　2000万円以上。ただし，事業年度の開始の時における組合員（水協法第21条第1項ただし書に規定する組合員を除く。）の数が100人未満であること（事業年度の開始の時における組合員の数が新たに100人以上となった場合においては，当該事業年度の終了の日までは，これに該当するものとみなされる。），及び地理的条件が悪く，漁業の生産条件が不利な離島，半島その他地域として主務大臣が指定するものをその地域の全部とすることの要件を満たすものについては，1000万円以上（水協法11条の2第1項，水協政令2条の2）。

　イ　漁業協同組合連合会　1億円以上。ただし，事業年度の開始の時における貯金及び定期積金の合計額が1000億円以上のもの（事業年度の開始の時における貯金及び定期積金の合計額が新たに1000億円以上となった場合においては，当該事業年度の終了の日までは，これに該当するものとみなされる。）については10億円以上（水協法92条1項，11条の2第1項，水協政令2条の3）。

　ウ　水産加工業協同組合　2000万円以上（水協法96条1項，11条の2第1項，水協政令2条の4）。

　エ　水産加工業協同組合連合会　1億円以上（水協法100条1項，11条の2第1項，水協政令2条の5）。

(2)　経過措置

　水協改正法施行の際現に存する漁業協同組合等であって，その出資の総額が水協法第11条の2第1項（水協法第92条第1項，第96条第1項及び第100条第1項において準用する場合を含む。以下同じ。）の規定に基づく政令で定める額を下回っているものについては，水協法第11条の2第1項の規定は，水協改正法施行後平成13年3月31日までは適用しないこととされた（水協改正法附則2条）ので，その間は，(1)に記載する額を下回る範囲内における出資の総額の変更の登記の申請であっても，受

理することができる。
2 農業協同組合等に関する改正
 (1) 出資の総額の最低限度
　　農協法第10条第1項第2号の事業を行う農業協同組合及び農業協同組合連合会の出資の総額につき最低限度を設けることとし，次のとおりとされた（農協法10条の2）。
　　農協改正法施行後は，出資の総額をこの額未満とする農業協同組合及び農業協同組合連合会の設立（合併による設立を含む。）の登記の申請及び出資の総額がこれらの額を下回ることとなる出資1口の金額の減少による変更の登記は，受理することができないが（農協法92条，商業登記法24条10号），この点は，これらの登記の申請書には行政庁の認可書を添付しなければならないこととされている（農協法92条，商業登記法19条）ことにより担保される。
　ア　農業協同組合　1億円以上。ただし，組合員（同法第16条第1項ただし書に規定する組合員を除く。）の数，地理的条件その他の事項が政令で定める要件に該当する農業協同組合にあっては1000万円以上。
　イ　農業協同組合連合会　10億以上。
 (2) 経過措置
　　農協改正法には，農業協同組合及び農業協同組合連合会に係る出資の総額の最低限度の規定の適用に関する経過措置は設けられていない。

2 中小企業団体の組織に関する法律の一部改正に伴う登記事務の取扱いについて

(平成12年3月1日法務省民四第544号通達)

（通達）中小企業の事業活動の活性化等のための中小企業関係法律の一部を改正する法律（平成11年法律第222号。以下「中小企業改正法」という。）中の中小企業団体の組織に関する法律（平成7年法律第47号。以下「中小企業団体法」という。）の改正に関する規定が本年3月2日から施行されることとなったが，これに伴う登記事務の取扱いについては，下記の点に留意し，

事務処理に遺憾のないよう，この旨貴管下登記官に周知方取り計らわれたい。

記

1 趣旨

　中小企業改正法により，中小企業団体法が改正され，事業協同組合，企業組合又は協業組合（以下「組合」という。）から株式会社又は有限会社（以下「会社」という。）への組織変更を可能とする規定が創設された。

　組合は，その組織を変更し，会社になることができることとされた（中小企業団体法100条の3）。

　組織変更は，組織変更によって設立された会社がその本店所在地において設立の登記をすることにより効力を生ずる（中小企業団体法100条の12）。

2 組織変更の手続

(1) 組織変更計画書の作成及び承認

　組合が会社に組織変更をするには，組織変更計画書を作成し，総会の議決を受けなければならない（中小企業団体法100条の4第1項）。この議決は，事業協同組合及び企業組合については中小企業等協同組合法第53条に規定する議決に，協業組合については中小企業団体法第5条の19第1項に規定する議決によらなければならず（中小企業団体法100条の4第3項），定款その他会社の組織に必要な事項を定めるとともに，組織変更後の会社の取締役及び監査役となるべき者を選任しなければならない（中小企業団体法100条の4第2項）。

　なお，総代会においては，協同組合法第55条第6項の規定にかかわらず，組織変更について議決できない（中小企業団体法100条の4第4項）。

(2) 組織変更の議決の公告

　組合が組織変更の議決を行ったときは，当該議決の日から2週間以内に，議決の内容及び貸借対照表を公告しなければならない（中小企業団体法100条の5第1項）。

　また，組合が組織変更の議決を行ったときは，当該議決の日から2週間以内に，組合の債権者に対し，組織変更に異議があれば1か月を下ら

ない一定の期間内に，これを述べるべき旨を官報をもって公告し，かつ，知れている債権者に対しては，各別にこの旨を催告しなければならない（中小企業団体法100条の5第2項，商法100条1項）。組合が組織変更について上記の公告及び催告をした後，債権者がその期間内に異議を述べなかった場合には，債権者は組織変更を承認したものとみなされるが（中小企業団体法100条の5第2項，商法100条2項），債権者が異議を述べた場合には，組合は，その者に対し弁済し，若しくは相当の担保を供し，又は信託会社に相当財産を信託しなければならない。ただし，組織変更をしても，異議を述べた債権者を害するおそれのないときは，その必要はない（中小企業団体法100条の5第2項，商法100条3項）。

(3) 組織変更後の会社の資本増加の限度額

　　組織変更後の会社の資本の額は，組織変更時に組織変更前の組合に現に存する純資産額を上回ることができない（中小企業団体法100条の8第1項）。

3　組織変更の登記

(1) 登記期間

　　組合が，組織変更に必要な行為を終わったときは，主たる事務所及び本店の所在地においては2週間以内に，従たる事務所及び支店の所在地においては3週間以内に，組織変更前の組合については中小企業等協同組合法第88条（中小企業団体法5条の23第5項において準用する場合を含む。）に規定する解散の登記を，組織変更後の会社については商法第188条第2項又は有限会社法第13条第2項に規定する設立の登記をしなければならない（中小企業団体法100条の11第1項）。

(2) 登記事項

　　組織変更による会社の設立の登記においては，株式会社にあっては商法第188条第2項に規定する事項，有限会社にあっては有限会社法第13条第2項に規定する事項のほか，会社成立の年月日，組合の名称及び組織を変更した旨及びその年月日をも登記しなければならない（中小企業

団体法100条の11第3項，商登法71条)。

(3) 添付書類

　組織変更による会社の設立の登記の申請書には，次の書面を添付しなければならない（中小企業団体法100条の11第2項）。なお，組織変更による組合の解散の登記の申請書には，添付書類を要しない（中小企業団体法100条の11第3項，商登法73条2項）。

ア　組織変更計画書（中小企業団体法100条の11第2項1号）

イ　定款（中小企業団体法100条の11第2項2号）

ウ　組合の総会の議事録（中小企業団体法100条の11第2項3号）

エ　組織変更の議決の公告をしたことを証する書面（中小企業団体法100条の11第2項4号）

オ　中小企業団体法第100条の5第2項において準用する商法第100条の規定による公告及び催告をしたこと並びに異議を述べた債権者があるときは，その者に対し弁済し，若しくは担保を提供し，又は信託したこと又は組織変更をしてもその者を害するおそれがないことを証する書面（中小企業団体法100条の11第2項5号）

カ　組織変更前の組合の現に存する純資産額を証する書面（中小企業団体法100条の11第2項6号）

キ　会社の取締役，代表取締役及び監査役の就任を承諾したことを証する書面（中小企業団体法100条の11第2項7号）

ク　名義書換代理人又は登録機関を置いたときは，これらの者との契約を証する書面（中小企業団体法100条の11第2項8号）

ケ　株式会社を設立するときは，代表取締役の選任に関する取締役会の議事録（商登法79条1項）

コ　有限会社を設立するときは，社員総会議事録又は取締役の一致があったことを証する書面（商登法94条）

サ　代理人により申請をするときは，その権限を証する書面（商登法18条）

(4) 登録免許税

組織変更による会社の設立の登記の登録免許税は，本店の所在地においてする登記については資本の金額の1000分の7（登録免許税法別表第1，19(1)ホ），支店の所在地においてする登記については1件につき9,000円である（登録免許税法別表第1，19(2)イ）。

なお，組織変更による組合の解散の登記には，登録免許税は課されない。

(5) その他

ア 組織変更前による組合の解散の登記の申請と組織変更による会社の設立の登記の申請とは，同時にしなければならず，登記官は，これらの登記の申請のいずれかにつき，却下事由があるときは，これらの登記の申請を共に却下しなければならない（中小企業団体法100条の11第3項，商登法73条）。

イ 資本の額を1000万円未満とする組織変更による株式会社の設立の登記の申請又は資本の総額を300万円未満とする組織変更による有限会社の設立の登記の申請は，受理することができない。

4 組織変更無効の訴え

組織変更の無効は，組織変更後の会社の本店の所在地において組織変更の日から6月内に限り訴えによってのみ主張することができるとされた（中小企業団体法100条の16第1項）。

この訴えは，組織変更後の会社の株主，取締役，監査役又は清算人に限り提起することができ（中小企業団体法100条の16第2項，商法415条2項），組織変更により設立した会社の本店の所在地の地方裁判所の管轄に専属する（中小企業団体法100条の16第2項，商法88条）。

組織変更を無効とする判決が確定したときは，受訴裁判所は，当該組織変更後の会社にあっては本店及び支店の所在地において解散の登記を，組織変更前の組合にあっては主たる事務所及び従たる事務所の所在地において回復の登記を，裁判の謄本を添付して嘱託しなければならない（中小企業団体法100条の16第2項，商法108条，非訟事件手続法135条ノ6，140条）。

3 独立行政法人通則法等の施行に伴う法人登記事務の取扱いについて

(平成12年11月6日法務省民四第2518号通達)

(通達) 独立行政法人通則法(平成11年法律第103号。以下「通則法」という。)が平成11年7月16日に,独立行政法人通則法等の施行に伴う関係政令の整備及び経過措置に関する政令(平成12年政令第326号。以下「整備政令」という。)が平成12年6月7日にそれぞれ公布され,いずれも平成13年1月6日から施行されることとなったが,これに伴う法人登記事務の取扱いについては,下記の点に留意し,事務処理に遺憾のないよう,貴管下登記官に周知方取り計らい願います。

記

1 独立行政法人の定義

　独立行政法人とは,国民生活及び社会経済の安定等の公共上の見地から確実に実施されることが必要な事務及び事業であって,国が自ら主体となって直接に実施する必要のないもののうち,民間の主体にゆだねた場合には必ずしも実施されないおそれがあるもの又は一の主体に独占して行わせることが必要であるものを効率的かつ効果的に行わせることを目的として,通則法及び個別法(各独立行政法人の名称,目的,業務の範囲等に関する事項を定める法律)の定めるところにより設立される法人をいう(通則法2条1項)。

2 名称使用制限

　独立行政法人でない者は,その名称中に,独立行政法人という文字を用いてはならない(通則法10条)。

3 独立行政法人の登記
 (1) 登記の効力

　　独立行政法人は,法人とされ(通則法6条),政令で定めるところにより登記をしなければならず(通則法9条1項),その登記しなければならない事項は,登記した後でなければ,これをもって第三者に対抗することができない(通則法9条2項)。

　　なお,設立については,登記によって効力が生じる(通則法17条)。

(2) 登記に関する法令の整備

　整備政令第22条により，特殊法人登記令（昭和39年政令第28号）の一部が改正され，政令の題名が独立行政法人等登記令（以下「独登令」という。）に改められるとともに，独立行政法人の登記の手続については，他の法令に別段の定めがある場合を除くほか，独登令によることとされた（独登令1条）。

(3) 登記事項

　独立行政法人は，独登令第2条第1号から第4号までに定める事項のほか，独立行政法人産業技術総合研究所及び独立行政法人農業技術研究機構にあっては，代表権の範囲又は制限に関する定めがあるときは，その定め（独登令2条5号）を登記しなければならない。

　なお，独立行政法人が，代表権を有しない役員又は職員のうちから，業務の一部に関し一切の裁判上又は裁判外の行為をする権限を有する代理人（通則法25条）を選任したときは，2週間以内に，これを置いた事務所の所在地において，代理人の氏名及び住所，代理人を置いた事務所並びに代理権の範囲を登記しなければならない（独登令10条2項）。

(4) 添付書面

　ア　設立当初，独立行政法人の長となるべき者は，その独立行政法人を所管する主務大臣が指名することとされている（通則法14条1項）ので，代表権を有する者の資格を証する書面（独登令12条1項）としては，主務大臣が，その長となるべき者を指名したことを証する書面及び就任の承諾を証する書面を添付することとなる。

　　なお，設立後の独立行政法人の長も主務大臣が任命することとされているので（通則法20条1項），代表権を有する者の変更の登記の申請書には，主務大臣が，独立行政法人の長を任命したことを証する書面及び就任の承諾を証する書面を添付することとなる。

　　また，設立の登記の申請書には，資本金につき必要な払込み又は給付があったことを証する書面も添付しなければならない（独登令12条2項，3項）。

イ　独立行政法人産業技術総合研究所及び独立行政法人農業技術研究機構は，副理事長を置くことができることとされ，副理事長は理事長が任命し，理事長の定めるところにより，法人を代表することができることとされた（独立行政法人産業技術総合研究所法7条2項，8条1項，独立行政法人農業技術研究機構法7条2項，8条1項）。したがって，当該法人が副理事長を置いた場合の設立の登記又は副理事長の就任による変更の登記の申請書には，理事長が当該副理事長を任命したことを証する書面及び就任の承諾を証する書面並びに当該副理事長について代表権の範囲又は制限につき定めたことを証する書面を添付しなければならない（独登令12条2項，13条，通則法20条3項，18条2項）。

4　独立行政法人通則法の一部を改正する法律の施行に伴う法人登記事務の取扱いについて

(平成22年11月24日法務省民商第2773号通知)

　(通知)　独立行政法人通則法の一部を改正する法律（平成22年法律第37号。以下「改正法」という。）が本年11月27日から施行されますが，これに伴う法人登記事務の取扱いについては，下記の点に留意し，事務処理に遺憾のないよう，貴管下登記官に周知方取り計らい願います。

　なお，本通知中，「通則法」とあるのは改正法による改正後の独立行政法人通則法（平成11年法律第103号）を，「独登令」とあるのは独立行政法人等登記令（昭和39年政令第28号）をいいます。

記

第1　改正法の趣旨
　改正法は，独立行政法人について，その財務基盤の適正化及び国の財政への寄与を図るため，業務の見直し等により不要となった財産の国庫納付を義務付ける等の必要があることにかんがみ，制定されたものである。

第2　不要財産に係る国庫納付等及び不要財産に係る民間等出資の払戻しに伴う資本金の減少

1　不要財産の処分

　独立行政法人は，業務の見直し，社会経済情勢の変化その他の事由により，その保有する重要な財産であって主務省令（当該独立行政法人を所管する内閣府又は各省の内閣府令又は省令をいう。以下同じ。）で定めるものが将来にわたり業務を確実に実施する上で必要がなくなったと認められる場合には，2又は3により，当該財産（以下「不要財産」という。）を処分しなければならないとされた（通則法第8条第3項）。

2　不要財産に係る国庫納付等
(1)　政府出資等に係る不要財産の国庫納付

　独立行政法人は，不要財産であって，政府からの出資又は支出（金銭の出資に該当するものを除く。）に係るもの（以下「政府出資等に係る不要財産」という。）については，遅滞なく，主務大臣の認可を受けて，これを国庫に納付するものとされた（通則法第46条の2第1項本文）。

　ただし，通則法第30条第1項に規定する中期計画（以下「中期計画」という。）において通則法第30条第2項第4号の2の計画を定めた場合であって，その計画に従って当該政府出資等に係る不要財産を国庫に納付するときは，主務大臣の認可を受けることを要しないとされた（通則法第46条の2第1項ただし書）。

(2)　政府出資等に係る不要財産の譲渡により生じた収入の額の範囲内で主務大臣が定める基準により算定した金額の国庫納付

　ア　独立行政法人は，(1)による政府出資等に係る不要財産（金銭を除く。）の国庫への納付に代えて，主務大臣の認可を受けて，政府出資等に係る不要財産を譲渡し，これにより生じた収入の額（当該財産の帳簿価額を超える額がある場合には，その額を除く。）の範囲内で主務大臣が定める基準により算定した金額を国庫に納付することができるとされた（通則法第46条の2第2項本文）。

　　ただし，中期計画において通則法第30条第2項第4号の2の計画を定めた場合であって，その計画に従って当該金額を国庫に納付す

るときは，主務大臣の認可を受けることを要しないとされた（通則法第46条の2第2項ただし書）。
　　イ　改正法の施行日（以下「施行日」という。）前に独立行政法人が行った財産の譲渡であって，施行日において政府出資等に係る不要財産（金銭を除く。）の譲渡に相当するものとして主務大臣が定めるものは，施行日においてされたアによる政府出資等に係る不要財産の譲渡とみなして，ア及び(3)を適用し，この場合において，ア中「納付することができる」とあるのは，「納付するものとする」とするとされた（改正法附則第3条）。
 (3)　資本金の減少
　　独立行政法人が(1)又は(2)による国庫への納付をした場合において，当該納付に係る政府出資等に係る不要財産が政府からの出資に係るものであるときは，当該独立行政法人の資本金のうち当該納付に係る政府出資等に係る不要財産に係る部分として主務大臣が定める金額については，当該独立行政法人に対する政府からの出資はなかったものとし，当該独立行政法人は，その額により資本金を減少するものとするとされた（通則法第46条の2第4項）。
3　不要財産に係る民間等出資の払戻し等
 (1)　不要財産に係る民間等出資の払戻し
　　独立行政法人は，不要財産であって，政府以外の者からの出資に係るもの（以下「民間等出資に係る不要財産」という。）については，主務大臣の認可を受けて，当該民間等出資に係る不要財産に係る出資者（以下3において単に「出資者」という。）に対し，主務省令で定めるところにより，当該民間等出資に係る不要財産に係る出資額として主務大臣が定める額の持分の全部又は一部の払戻しの請求をすることができる旨を催告しなければならず（通則法第46条の3第1項本文），出資者は，当該独立行政法人に対し，当該催告を受けた日から起算して1月を経過する日までの間に限り，当該払戻しの請求をすることができ（同条第2項），当該独立行政法人は，当該払戻しの請求

があったときは，遅滞なく，当該払戻しの請求に係る民間等出資に係る不要財産又は当該払戻しの請求に係る民間等出資に係る不要財産（金銭を除く。）の譲渡により生じた収入の額（当該財産の帳簿価額を超える額がある場合には，その額を除く。）の範囲内で主務大臣が定める基準により算定した金額により，当該払戻しを請求された持分（当該算定した金額が当該持分の額に満たない場合にあっては，当該持分のうち主務大臣が定める額の持分）を，当該払戻しの請求をした出資者に払い戻すものとするとされた（同条第3項）。

ただし，中期計画において通則法第30条第2項第4号の2の計画を定めた場合であって，その計画に従って払戻しの請求をすることができる旨を催告するときは，主務大臣の認可を受けることを要しないとされた（通則法第46条の3第1項ただし書）。

(2) 資本金の減少

独立行政法人が(1)による払戻しをしたときは，当該独立行政法人の資本金のうち当該払戻しをした持分の額については，当該独立行政法人に対する出資者からの出資はなかったものとし，当該独立行政法人は，その額により資本金を減少するものとするとされた（通則法第46条の3第4項）。

4 関係法律の整備

(1) 独立行政法人の設立根拠法の整備

改正法により，その設立根拠法に出資者に対する持分の払戻しを禁止する旨の規定がある次表に掲げる独立行政法人については，2による国庫納付又は3による払戻しを可能とするため，当該設立根拠法の一部が改正された（改正法附則第5条，第6条，第10条，第13条，第16条，第18条，第20条から第22条まで，第26条，第27条，第31条）。

独立行政法人の名称	設 立 根 拠 法
独立行政法人情報処理推進機構	情報処理の促進に関する法律（昭和45年法律第90号）

独立行政法人海上災害防止センター	海洋汚染等及び海上災害の防止に関する法律（昭和45年法律第136号）
独立行政法人情報通信研究機構	独立行政法人情報通信研究機構法（平成11年法律第162号）
独立行政法人農業・食品産業技術総合研究機構	独立行政法人農業・食品産業技術総合研究機構法（平成11年法律第192号）
独立行政法人農林漁業信用基金	独立行政法人農林漁業信用基金法（平成14年法律第128号）
独立行政法人新エネルギー・産業技術総合開発機構	独立行政法人新エネルギー・産業技術総合開発機構法（平成14年法律第145号）
独立行政法人科学技術振興機構	独立行政法人科学技術振興機構法（平成14年法律第158号）
独立行政法人理化学研究所	独立行政法人理化学研究所法（平成14年法律第160号）
独立行政法人宇宙航空研究開発機構	独立行政法人宇宙航空研究開発機構法（平成14年法律第161号）
独立行政法人自動車事故対策機構	独立行政法人自動車事故対策機構法（平成14年法律第183号）
独立行政法人海洋研究開発機構	独立行政法人海洋研究開発機構法（平成15年法律第95号）
独立行政法人日本原子力研究開発機構	独立行政法人日本原子力研究開発機構法（平成16年法律第155号）

(2) 独立行政法人以外の法人の設立根拠法の整備

　ア　日本私立学校振興・共済事業団

　　日本私立学校振興・共済事業団法（平成9年法律第48号）に基づき設立された日本私立学校振興・共済事業団については，通則法第8条第3項及び第46条の2の規定が読み替えて準用される（改正法附則第8条）とともに，その経過措置が定められ，2(3)と同様に，国庫納付に伴い，資本金を減少するものとされた（改正法附則第9条）。

　イ　日本司法支援センター

総合法律支援法（平成16年法律第74号）に基づき設立された日本司法支援センターについては、通則法第8条第3項、第46条の2及び第46条の3の規定が読み替えて準用される（改正法附則第29条）とともに、その経過措置が定められ、2(3)及び3(2)と同様に、国庫納付又は払戻しに伴い、資本金を減少するものとされた（改正法附則第30条）。

第3　独立行政法人等の資本金の減少による変更の登記の手続
 1　登記期間
　　独立行政法人、日本私立学校振興・共済事業団又は日本司法支援センターは、第2の2(3)若しくは3(2)又は4(2)により資本金を減少したことによって資本金の額の減少が生じたときは、2週間以内に、その主たる事務所の所在地において、変更の登記をしなければならない（独登令第2条第2項第4号、第7号、第3条第1項、別表の日本司法支援センターの項及び日本私立学校振興・共済事業団の項）。
 2　添付書面
　　1の資本金の減少による変更の登記の申請書には、その変更を証する書面を添付しなければならない（独登令第14条本文）。具体的には、次の書面がこれに当たる。
　(1)　第2の2(3)による資本金の減少の場合（第2の4(2)により、第2の2(3)と同様に、国庫納付に伴い、資本金を減少する場合を含む。）
　　　当該独立行政法人、日本私立学校振興・共済事業団又は日本司法支援センターの代表者が作成した通則法第46条の2第4項（日本私立学校振興・共済事業団法（改正法附則第8条による改正後のもの）第38条の2及び総合法律支援法（改正法附則第29条による改正後のもの。以下同じ。）第48条において読み替えて準用する場合を含む。）の規定による資本金の変更を証する書面
　(2)　第2の3(2)による資本金の減少の場合（第2の4(2)により、第2の3(2)と同様に、払戻しに伴い、資本金を減少する場合を含む。）
　　　当該独立行政法人又は日本司法支援センターの代表者が作成した通

則法第46条の3第4項（総合法律支援法第48条において読み替えて準用する場合を含む。）の規定による資本金の変更を証する書面

5 税理士法の一部を改正する法律等の施行に伴う法人登記事務の取扱いについて

（平成14年3月25日法務省民商第716号通知）

(通知) 税理士法の一部を改正する法律（平成13年法律第38号。以下「改正法」という。）が平成13年6月1日に，税理士法施行令の一部を改正する政令（平成13年政令第330号。以下「改正政令」という。）が同年10月17日に公布され，いずれも本年4月1日から施行されることとされたので，これに伴う法人登記事務の取扱いについては，下記の点に留意し，事務処理に遺憾のないよう，貴管下登記官に周知方取り計らい願います。

なお，本通知中，「法」とあるのは改正法による改正後の税理士法（昭和26年法律第237号）を，「組登令」とあるのは改正政令による改正後の組合等登記令（昭和39年政令第29号）を，「商登法」とあるのは商業登記法（昭和38年法律第125号）をいいます。

記

第1 税理士法人

1 税理士法人の定義

税理士法人とは，税理士業務（法第2条第1項に規定する業務をいう。同条第2項）を組織的に行うことを目的として，税理士が共同して設立した法人をいうものとされた（法第48条の2）。

2 税理士法人の定款

(1) 税理士法人を設立するには，その社員になろうとする税理士が共同して定款を定め，当該定款について公証人の認証を受けなければならないこととされた（法第48条の8第1項，第2項，商法（明治32年法律第48号）第167条）。

(2) 定款には，少なくとも次に掲げる事項を記載しなければならないこととされた（法第48条の8第3項）。

ア　目的
　　イ　名称
　　ウ　事務所の所在地
　　エ　社員の氏名及び住所
　　オ　社員の出資に関する事項
　　カ　業務の執行に関する事項
　(3)　税理士法人の定款を変更するには，総社員の同意を要することとされた（法第48条の21第3項，商法第72条）。
3　税理士法人の業務
　(1)　税理士法人は，税理士業務を行うほか，定款で定めるところにより，法第2条第2項の業務その他これに準ずるものとして財務省令で定める業務の全部又は一部を行うことができることとされた（法第48条の5）。
　(2)　税理士法人は，(1)の業務のほか，租税に関する事項について裁判所において補佐人として弁護士である訴訟代理人とともに出頭し，陳述する事務を当該税理士法人の社員又は使用人である税理士に行わせる事務の委託を受けることができることとされた（法第48条の6前段）。
4　名称使用制限
　税理士法人は，その名称中に税理士法人という文字を使用しなければならないこととされた（法第48条の3）。
　また，税理士法人でない者は，税理士法人又はこれに類似する名称を用いてはならないこととされた（法第53条第2項）。
5　税理士法人の外部の関係
　社員が各自税理士法人を代表すること，定款又は総社員の同意をもって社員中特に税理士法人を代表すべき者を定め，又は数人の社員が共同して税理士法人を代表すべき旨を定めることができること等，税理士法人の外部の関係については，合名会社の外部の関係に関する商法の規定が準用される（法第48条の21第4項，商法第76条から第83条まで）。

第2　税理士法人の登記

1　税理士法人の登記

　税理士法人は，政令で定めるところにより，登記をしなければならないこととされた（法第48条の7第1項）。税理士法人の登記については，他の法令に別段の定めがある場合を除くほか，組登令の定めるところによる（組登令第1条，別表1）。

　税理士法人が登記をしなければならない事項は，登記の後でなければ，第三者に対抗することができないこととされた（法第48条の7第2項）。

　税理士法人は，その主たる事務所の所在地において設立の登記をすることにより成立することとされた（法第48条の9）。

2　登記すべき事項

　税理士法人は，組登令第2条第1号から第5号までに掲げる事項のほか，次の事項を登記しなければならないこととされた（組登令第2条第6号，別表1）。

　(1)　社員（税理士法人を代表すべき社員を除く。）の氏名及び住所

　(2)　共同代表の定めがあるときは，その定め

3　添付書面

　税理士法人の登記の申請書に添付すべき書面に関して，特に留意すべき事項は，次のとおりである。

　(1)　税理士であることを証する書面

　　税理士法人の社員は，税理士でなければならないこととされた（法第48条の4第1項）。

　　このため，設立の登記の場合における代表権を有する者の資格を証する書面（組登令第16条第1項）の一部として，その者が税理士であることを証する書面を添付しなければならない。税理士法人を代表すべき社員以外の社員がある場合における当該社員に関する事項を証する書面（組登令第16条第2項，別表1）並びに代表権を有する者の就任及び税理士法人を代表すべき社員以外の社員の入社による変更の登

記の場合における当該変更を証する書面（組登令第17条第1項本文）に関しても，同様である。

　なお，日本税理士会連合会会長が発行する税理士法人の社員資格証明書（別紙参照）は，この書面に該当する。

(2) 社員の氏，名又は住所の変更の登記

　税理士法人を代表すべき社員以外の社員の氏，名又は住所の変更の登記の申請書には，代表権を有する者についてのこれらの変更の登記を申請する場合（組登令第17条第1項ただし書）と同様，当該変更を証する書面の添付を要しないこととされた（組登令第26条第5項）。

(3) 合併の登記

　税理士法人が合併する場合には，債権者に対して異議があれば1月を下らない一定の期間内にこれを述べるべき旨を官報をもって公告し，かつ，知れている債権者に対して各別に催告しなければならないこととされた（法第48条の21第6項，商法第100条第1項）。

　税理士法人の合併による変更又は設立の登記の申請書には，当該公告及び催告をしたこと並びに異議を述べた債権者があるときは，その者に対し弁済し，若しくは担保を供し，若しくは財産を信託したこと又は合併をしてもその者を害するおそれがないことを証する書面を添付しなければならない（組登令第19条第2項，第20条）。

4 設立又は合併を無効とする判決の登記

　税理士法人の設立又は合併の無効は，訴えをもってのみ主張することができることとされた（法第48条の21第7項，商法第136条第1項，法第48条の21第6項，商法第104条第1項）。

　税理士法人の設立又は合併を無効とする判決が確定したときは，主たる事務所及び従たる事務所の所在地において，その旨を登記しなければならないこととされた（組登令第13条本文，別表2）。

　なお，この登記は，裁判所の嘱託によってする（組登令第15条前段）。

別紙

税理士登録事務取扱規程第43号様式

平成　年　月　日

税理士法人の社員資格証明書

住　　所
氏　　名
税理士登録番号

　　　　　　　　　　　　　　　　　　　日本税理士会連合会
　　　　　　　　　　　　　　　　　　　　会長

貴殿について下記の事項を証明します。

記

1　日本税理士会連合会に登録された税理士であること。
2　税理士法第48条の4第2項各号のいずれにも該当しないこと。

6　司法書士法の一部改正に伴う法人登記事務の取扱いについて

(平成15年4月1日法務省民商第891号通知)

(通知) 司法書士法及び土地家屋調査士法の一部を改正する法律(平成14年法律第33号。以下「改正法」という。)第1条の規定により,司法書士法(昭和25年法律第197号)の一部が改正され,司法書士法及び土地家屋調査士法の一部を改正する法律の施行に伴う関係政令の整備に関する政令(平成15年政令第100号。以下「整備政令」という。)第1条の規定により,組合等登記令(昭和39年政令第29号)の一部が改正されるとともに,司法書士法施行規則の一部を改正する省令(平成15年法務省令第27号。以下「改正省令」という。)により,司法書士法施行規則(昭和53年法務省令第55号)の一部が改正され,改正法第1条及び整備政令第1条の規定並びに改正省令が本年4月1日から施行されることとなりましたので,これに伴う法人登記事務の取扱いについては,下記の点に留意し,事務処理に遺憾のないよう貴管下登記官に周知方取り計らい願います。

なお,本通知中,「法」とあるのは改正法による改正後の司法書士法を,「組登令」とあるのは整備政令による改正後の組合等登記令を,「規則」とあるのは改正省令による改正後の司法書士法施行規則をいいます。

記

第1　司法書士法人

1　司法書士法人の定義

司法書士法人とは,法第3条第1項第1号から第5号までに規定する業務を行うことを目的として,法第5章の定めるところにより,司法書士が共同して設立した法人をいうとされた(法第22条第2項第2号)。

2　司法書士法人の定款

(1) 司法書士法人を設立するには,その社員となろうとする司法書士が,共同して定款を定め,当該定款について公証人の認証を受けなければならないとされた(法第32条第1項,第2項,商法(明治32年法律第48号)第167条)。

(2) 定款には,少なくとも次に掲げる事項を記載しなければならないと

された(法第32条第3項)。
　　ア　目的
　　イ　名称
　　ウ　主たる事務所及び従たる事務所の所在地
　　エ　社員の氏名,住所及び法第3条第2項に規定する司法書士であるか否かの別
　　オ　社員の出資に関する事項
　(3)　司法書士法人の定款を変更するには,総社員の同意を要するとされた(法第46条第4項,商法第72条)。
3　司法書士法人の業務
　(1)　司法書士法人は,法第3条第1項第1号から第5号までに規定する業務を行うほか,定款で定めるところにより,次に掲げる業務を行うことができるとされた(法第29条第1項,規則第31条)。
　　ア　法令等に基づきすべての司法書士が行うことができる次に掲げる業務の全部又は一部
　　　(ｱ)　当事者その他関係人の依頼又は官公署の委嘱により,管財人,管理人その他これらに類する地位に就き,他人の事業の経営,他人の財産の管理若しくは処分を行う業務又はこれらの業務を行う者を代理し,若しくは補助する業務
　　　(ｲ)　当事者その他関係人の依頼又は官公署の委嘱により,後見人,保佐人,補助人,監督委員その他これらに類する地位に就き,他人の法律行為について,代理,同意若しくは取消しを行う業務又はこれらの業務を行う者を監督する業務
　　　(ｳ)　司法書士又は司法書士法人の業務に関連する講演会の開催,出版物の刊行その他の教育及び普及の業務
　　　(ｴ)　司法書士又は司法書士法人の業務に附帯し,又は密接に関連する業務
　　イ　簡裁訴訟代理関係業務(法第3条第1項第6号及び第7号に規定する業務をいう。以下同じ。)

(2) 簡裁訴訟代理関係業務は，社員のうちに法第3条第2項に規定する司法書士がある司法書士法人（司法書士会の会員であるものに限る。）に限り，行うことができるとされた（法第29条第2項）。

4 名称使用制限

司法書士法人は，その名称中に司法書士法人という文字を使用しなければならないとされた（法第27条）。

また，司法書士法人でない者は，司法書士法人又はこれに紛らわしい名称を用いてはならないとされた（法第73条第4項）。

5 業務の執行及び法人の代表

(1) 業務の執行

ア 司法書士法人の社員は，すべて業務を執行する権利を有し，義務を負うとされた（法第36条第1項）。

イ 簡裁訴訟代理関係業務を行うことを目的とする司法書士法人における簡裁訴訟代理関係業務については，アにかかわらず，法第3条第2項に規定する司法書士である社員（以下「特定社員」という。）のみが業務を執行する権利を有し，義務を負うとされた（法第36条第2項）。

(2) 法人の代表

ア 司法書士法人の社員は，各自司法書士法人を代表する。ただし，定款又は総社員の同意によって，社員のうち特に司法書士法人を代表すべきものを定め，又は数人の社員が共同して司法書士法人を代表すべき旨を定めることを妨げないとされた（法第37条第1項，法第46条第5項，商法第77条第1項）。

イ 簡裁訴訟代理関係業務を行うことを目的とする司法書士法人における簡裁訴訟代理関係業務については，ア本文にかかわらず，特定社員のみが，各自司法書士法人を代表する。ただし，当該特定社員の全員の同意によって，当該特定社員のうち特に簡裁訴訟代理関係業務について司法書士法人を代表すべきものを定め，又は数人の特定社員が共同して簡裁訴訟代理関係業務について司法書士法人を代

表すべき旨を定めることを妨げないとされた（法第37条第2項，第46条第5項，商法第77条第1項）。

第2 司法書士法人の登記
 1 司法書士法人の登記

司法書士法人は，政令で定めるところにより，登記をしなければならないとされた（法第31条第1項）。司法書士法人の登記については，他の法令に別段の定めがある場合を除くほか，組登令の定めるところによる（組登令第1条，別表1）。

司法書士法人が登記をしなければならない事項は，登記の後でなければ，これをもって第三者に対抗することができないとされた（法第31条第2項）。

司法書士法人は，その主たる事務所の所在地において設立の登記をすることによって成立するとされた（法第33条）。

 2 登記すべき事項
  (1) 司法書士法人は，組登令第2条第1号から第5号までに掲げる事項のほか，次の事項を登記しなければならないとされた（組登令第2条第6号，別表1）。
    ア 社員（司法書士法人を代表すべき社員を除く。）の氏名及び住所
    イ 社員が特定社員であるときは，その旨
    ウ 代表権の範囲又は制限に関する定めがあるときは，その定め
    エ 共同代表の定めがあるときは，その定め
  (2) 登記の記載
    ア 特定社員である旨の登記の記載は，別紙記載例1による。
    イ 代表権の範囲又は制限に関する定めの登記の記載は，別紙記載例2による。

 3 添付書面

司法書士法人の登記の申請書に添付すべき書面に関して，特に留意すべき事項は，次のとおりである。
  (1) 司法書士であることを証する書面

司法書士法人の社員は，司法書士でなければならないとされた（法第28条第1項）。

このため，申請書に，設立の登記の場合における代表権を有する者の資格を証する書面（組登令第16条第1項）の一部として，その者が司法書士であることを証する書面を添付しなければならない。司法書士法人を代表すべき社員以外の社員がある場合における当該社員に関する事項を証する書面（組登令第16条第2項，別表1）並びに代表権を有する者の就任及び司法書士法人を代表すべき社員以外の社員の入社による変更の登記の場合における当該変更を証する書面（組登令第17条第1項本文）についても，同様である。

なお，日本司法書士会連合会会長が発行する司法書士法人の社員となる資格証明書（別紙参照）は，この書面に該当する。

(2) 社員の氏，名又は住所の変更の登記

社員の氏，名又は住所の変更の登記の申請書には，当該変更を証する書面の添付を要しないとされた（組登令第26条第5項，第17条第1項ただし書）。

(3) 合併の登記

司法書士法人が合併する場合には，債権者に対し異議があれば1か月を下らない一定の期間内にこれを述べるべき旨を官報をもって公告し，かつ，知れている債権者に対して各別に催告しなければならないとされた（法第46条第7項，商法第100条第1項）。

司法書士法人の合併による変更又は設立の登記の申請書には，当該公告及び催告をしたこと並びに異議を述べた債権者があるときは，その者に対し弁済し，若しくは担保を供し，若しくは財産を信託したこと又は合併をしてもその者を害するおそれがないことを証する書面を添付しなければならないとされた（組登令第19条第2項，第20条）。

4 設立又は合併を無効とする判決の登記

司法書士法人の設立又は合併の無効は，訴えをもってのみ主張することができるとされた（法第46条第8項，商法第136条第1項，法第46条

第7項,商法第104条第1項)。

司法書士法人の設立又は合併を無効とする判決が確定したときは,主たる事務所及び従たる事務所の所在地において,その旨を登記しなければならないとされた(組登令第13条本文,別表2)。

なお,この登記は,裁判所の嘱託によってする(組登令第15条前段)。

5 代表者事項証明書等

司法書士法人に特定社員である旨の登記がある場合には,当該司法書士法人の代表者事項証明書には,簡裁訴訟代理関係業務の代表権を有する者及びそれ以外の業務の代表権を有する者を含め,すべての代表者の代表権に関する登記事項で現に効力を有するものを記載する。この場合には,司法書士法人の一部の代表者について代表者事項証明書の交付請求があったときであっても,すべての代表者の代表権に関する登記事項を記載した代表者事項証明書を作成し,これを交付するものとする。

なお,司法書士法人の代表者に係る登記事項に変更がないこと及びある事項の登記のないことの証明の申請があった場合において,当該代表者の代表権の範囲又は制限に関する定めがあるとき(別紙記載例2(1),(2)及び(3)イは,これに該当する。)及び共同代表の定めがあるときは,当該証明を行わない。

別紙記載例
1 特定社員である旨の登記
 (1) 社員が特定社員である場合

東京都大田区東蒲田二丁目5番1号 社　員　（特定社員） 　　　　　　甲　野　太　郎	平成　年　月　日 平成　年　月　日登記	平成　年　月　日 平成　年　月　日登記

 (2) 社員が新たに特定社員になった場合

~~東京都大田区東蒲田二丁目5番1号~~ ~~社　員~~ 　　　　　　~~甲　野　太　郎~~	平成　年　月　日 平成　年　月　日登記	平成　年　月　日 平成　年　月　日登記
東京都大田区東蒲田二丁目5番1号 社　員　（特定社員） 　　　　　　甲　野　太　郎	平成15年7月25日 法務大臣認定 平成15年8月1日登記㊞	平成　年　月　日 平成　年　月　日登記

2 代表権の範囲又は制限に関する定めの登記
 (1) 簡裁訴訟代理関係業務以外の業務について代表権の範囲又は制限に関する定めがある場合

東京都大田区東蒲田二丁目5番1号 代表社員　（特定社員） 　　　　　　甲　野　太　郎	平成　年　月　日 平成　年　月　日登記	平成　年　月　日 平成　年　月　日登記
東京都渋谷区代官山町2番地 社　員　（特定社員） 　　　　　　乙　野　次　郎	平成　年　月　日 平成　年　月　日登記	平成　年　月　日 平成　年　月　日登記

 (2) 簡裁訴訟代理関係業務について代表権の範囲又は制限に関する定めがある場合

東京都大田区東蒲田二丁目5番1号 社　員　（代表特定社員） 　　　　　　甲　野　太　郎	平成　年　月　日 平成　年　月　日登記	平成　年　月　日 平成　年　月　日登記
東京都渋谷区代官山町2番地 社　員　（特定社員） 　　　　　　乙　野　次　郎	平成　年　月　日 平成　年　月　日登記	平成　年　月　日 平成　年　月　日登記

 (3) 簡裁訴訟代理関係業務以外の業務及び簡裁訴訟代理関係業務について代表権の範囲又は制限に関する定めがある場合
　　ア

東京都大田区東蒲田二丁目5番1号 代表社員　（代表特定社員） 　　　　　　甲　野　太　郎	平成　年　月　日 平成　年　月　日登記	平成　年　月　日 平成　年　月　日登記

272　第3編　法人登記に関する最近の主要先例

東京都渋谷区代官山町2番地 　社　員　（特定社員） 　　　　　　　乙　野　次　郎	平成　年　月　日 平成　年　月　日登記	平成　年　月　日 平成　年　月　日登記

イ

東京都大田区東蒲田二丁目5番1号 　代表社員　（特定社員） 　　　　　　　甲　野　太　郎	平成　年　月　日 平成　年　月　日登記	平成　年　月　日 平成　年　月　日登記
東京都渋谷区代官山町2番地 　社　員　（代表特定社員） 　　　　　　　乙　野　次　郎	平成　年　月　日 平成　年　月　日登記	平成　年　月　日 平成　年　月　日登記

(4)　簡裁訴訟代理関係業務以外の業務について代表権の範囲又は制限に関する定めを新たに設けた場合

東京都大田区東蒲田二丁目5番1号 　社　員 　　　　　　　甲　野　太　郎	平成　年　月　日 平成　年　月　日登記	平成　年　月　日 平成　年　月　日登記
~~東京都渋谷区代官山町2番地~~ 　~~社　員~~ 　　　　　　　~~乙　野　次　郎~~	平成　年　月　日 平成　年　月　日登記	平成　年　月　日 平成　年　月　日登記
東京都渋谷区代官山町2番地 　代表社員 　　　　　　　乙　野　次　郎	平成15年　8月10日 　　　資格変更 平成15年　8月14日登記㊞	平成　年　月　日 平成　年　月　日登記

(5)　簡裁訴訟代理関係業務について代表権の範囲又は制限に関する定めを新たに設けた場合

東京都大田区東蒲田二丁目5番1号 　社　員　（特定社員） 　　　　　　　甲　野　太　郎	平成　年　月　日 平成　年　月　日登記	平成　年　月　日 平成　年　月　日登記
~~東京都渋谷区代官山町2番地~~ 　~~社　員　（特定社員）~~ 　　　　　　　~~乙　野　次　郎~~	平成　年　月　日 平成　年　月　日登記	平成　年　月　日 平成　年　月　日登記
東京都渋谷区代官山町2番地 　社　員　（代表特定社員） 　　　　　　　乙　野　次　郎	平成15年　8月10日 　　　資格変更 平成15年　8月14日登記㊞	平成　年　月　日 平成　年　月　日登記

別紙

付録登第45号様式

司法書士法人の社員となる資格証明書

(所属する司法書士会)　　○　○　司法書士会
(司法書士登録番号)　　　第　　　号
(事務所所在地)
(住　所)
(氏　名)
(司法書士法第３条第２項の認定の年月日及び認定番号)

　上記の者は，以下のすべての条件を満たす者であり，よって，司法書士法人の社員となる資格を有する者であることを証明する。

1　現在，司法書士法第47条の規定による業務停止の処分を受けていない。
2　過去３年以内に司法書士法第48条第１項の規定による解散の処分を受けた司法書士法人において処分の日以前30日以内にその社員であったことはない。
3　司法書士法第48条第１項の規定による業務の全部の停止の処分を受け，現在もその停止期間中である司法書士法人において処分の日以前30日以内にその社員であったことはない。
4　日本司法書士会連合会に備える司法書士名簿に○○司法書士会の会員として登録されている司法書士である。

　　年　月　日

　　　　　　　　　　　　　　日本司法書士会連合会

　　　　　　　　　　　　　　　　会長　　　　　　　　職印

7 国立大学法人法等の施行に伴う法人登記事務の取扱いについて

(平成16年2月27日法務省民商第563号通知)

(通知) 国立大学法人法(平成15年法律第112号)が平成15年10月1日に施行されるとともに,国立大学法人法等の施行に伴う関係政令の整備等に関する政令(平成15年政令第483号。以下「整備政令」という。)第30条の規定により,独立行政法人等登記令(昭和39年政令第28号)の一部が改正され,同条の規定が本年4月1日から施行されることとなりましたので,これに伴う法人登記事務の取扱いについては,下記の点に留意し,事務処理に遺憾のないよう貴管下登記官に周知方取り計らい願います。

なお,本通知中,「法」とあるのは国立大学法人法を,「通則法」とあるのは独立行政法人通則法(平成11年法律第103号)を,「独登令」とあるのは整備政令による改正後の独立行政法人等登記令をいいます。

記

第1 国立大学法人
 1 国立大学法人の定義
  国立大学法人とは,国立大学(法別表第1の第2欄に掲げる大学をいう。法第2条第2項)を設置することを目的として,法の定めるところにより設立される法人をいうとされ(法第2条第1項),国立大学法人は,法人とするとされた(法第6条)。
 2 国立大学法人の名称等
  各国立大学法人の名称及びその主たる事務所の所在地は,それぞれ法別表第1の第1欄及び第3欄に掲げるとおりとされ,同表の第1欄に掲げる国立大学法人は,それぞれ同表の第2欄に掲げる国立大学を設置するものとされた(法第4条)。
  国立大学法人でない者は,その名称中に,国立大学法人という文字を用いてはならないとされた(法第8条)。
 3 国立大学法人の資本金
  国立大学法人は,その業務を確実に実施するために必要な資本金その他の財産的基礎を有しなければならないとされ(法第35条,通則法第8

条第1項），各国立大学法人の資本金は，法附則第9条第2項の規定により政府から出資があったものとされた金額とするとされた（法第7条第1項）。

　政府は，必要があると認めるときは，国立大学法人に追加して出資することができるとされ（法第7条第2項，第3項），国立大学法人は，当該出資があったときは，その出資額により資本金を増加するものとされた（同条第5項）。

4　国立大学法人の代表

　各国立大学法人に，役員として，その長である学長を置くとされ（法第10条第1項），学長は，国立大学法人を代表し，その業務を総理するとされた（法第11条第1項）。

　学長の任命は，国立大学法人の申出に基づいて，文部科学大臣が行うとされ（法第12条第1項），その任期は，2年以上6年を超えない範囲内において，学長選考会議（法第12条第2項参照）の議を経て，各国立大学法人の規則で定めるとされた（法第15条第1項）。

　文部科学大臣は，学長が法第16条第1項に規定する欠格条項に該当するに至ったときは，学長を解任しなければならず，また，法第17条第2項及び第3項に規定する場合には，学長を解任することができるとされた（法第17条）。

5　国立大学法人の業務

　国立大学法人は，国立大学を設置し，これを運営すること等法第22条第1項各号に掲げる業務を行うとされた（法第22条第1項）。

第2　国立大学法人の登記

1　国立大学法人の登記

　国立大学法人は，政令で定めるところにより，登記しなければならないとされ，国立大学法人が登記をしなければならない事項は，登記の後でなければ，これをもって第三者に対抗することができないとされた（法第35条，通則法第9条）。国立大学法人の登記については，他の法令に別段の定めがある場合を除くほか，独登令の定めるところによる（独

登令第1条)。

　国立大学法人は,設立の登記をすることによって成立するとされた(法第35条,通則法第17条)が,法別表第1に規定する国立大学法人は,法第35条において準用する通則法第17条の規定にかかわらず,国立大学法人法等の施行に伴う関係法律の整備等に関する法律(平成15年法律第117号)第2条の規定の施行の時(平成16年4月1日)に成立するとされ,これにより成立した国立大学法人は,法第35条において準用する通則法第16条の規定にかかわらず,国立大学法人の成立後遅滞なく,独登令で定めるところにより,その設立の登記をしなければならないとされた(法附則第3条,独登令第1条)。

2　登記すべき事項

　国立大学法人は,次に掲げる事項を登記しなければならない(独登令第2条第1号から第4号まで)。

(1)　名称
(2)　事務所
(3)　代表権を有する者の氏名,住所及び資格
(4)　資本金

　また,国立大学法人は,法第35条において準用する通則法第25条の代理人を選任したときは,2週間以内に,これを置いた事務所の所在地において,代理人の氏名及び住所,代理人を置いた事務所並びに代理権の範囲を登記しなければならない(独登令第10条第2項)。

3　添付書面

　国立大学法人の登記の申請書に添付すべき書面に関して特に留意すべき事項は,次のとおりである。

(1)　代表権を有する者の資格を証する書面

　　国立大学法人の設立の登記の申請書には,代表権を有する者の資格を証する書面を添付しなければならず(独登令第12条第1項),また,代表権を有する者の変更の登記の申請書には,登記事項の変更を証する書面として,新たに代表権を有する者の資格を証する書面を添

付しなければならない（独登令第13条本文）。

　　国立大学法人の設立に当たっては，文部科学大臣は，国立大学法人の学長となるべき者を指名するとされ，当該指名された国立大学法人の学長となるべき者が，国立大学法人の成立の時において，法の規定により，国立大学法人の学長に任命されたものとされるため（法第35条，通則法第14条第1項，第2項），国立大学法人の設立の登記の申請書に添付すべき代表権を有する者の資格を証する書面としては，文部科学大臣が国立大学法人の学長となるべき者を指名したことを証する書面及び就任を承諾したことを証する書面がこれに該当する。

　　国立大学法人の学長の任命は，文部科学大臣が行うとされている（第1の4参照）ため，国立大学法人の代表権を有する者の変更の登記の申請書に添付すべき代表権を有する者の資格を証する書面としては，文部科学大臣が学長を任命したことを証する書面及び就任を承諾したことを証する書面がこれに該当する。

(2) 資本金につき必要な払込み又は給付があったことを証する書面

　　国立大学法人は，その資本金が登記事項とされている（第2の2参照）ため，その設立の登記の申請書には，資本金につき必要な払込み又は給付があったことを証する書面を添付しなければならず（独登令第12条第3項），また，資本金の増加による変更の登記の申請書には，登記事項の変更を証する書面として，増加した資本金につき必要な払込み又は給付があったことを証する書面を添付しなければならない（独登令第13条本文）。

　　各国立大学法人の資本金は，政府から出資された金額とされている（第1の3参照）ため，資本金につき必要な払込み又は給付があったことを証する書面としては，政府から国立大学法人への出資がされたことを証する書面がこれに該当する。

第3　大学共同利用機関法人

1　大学共同利用機関法人の定義

　大学共同利用機関法人とは，大学共同利用機関（法別表第2の第2欄

に掲げる研究分野について，大学における学術研究の発展等に資するために設置される大学の共同利用の研究所をいう。法第2条第4項）を設置することを目的として，法の定めるところにより設立される法人をいうとされ（法第2条第3項），大学共同利用機関法人は，法人とするとされた（法第6条）。

2　大学共同利用機関法人の名称等

各大学共同利用機関法人の名称及びその主たる事務所の所在地は，それぞれ法別表第2の第1欄及び第3欄に掲げるとおりとされ，同表の第1欄に掲げる大学共同利用機関法人は，それぞれ同表の第2欄に掲げる研究分野について，文部科学省令で定めるところにより，大学共同利用機関を設置するものとされた（法第5条）。

大学共同利用機関法人でない者は，その名称中に，大学共同利用機関法人という文字を用いてはならないとされた（法第8条）。

3　大学共同利用機関法人の資本金

大学共同利用機関法人の資本金については，国立大学法人の資本金と同様である（法第35条，通則法第8条第1項，法第7条。第1の3参照）。

4　大学共同利用機関法人の代表

各大学共同利用機関法人に，役員として，その長である機構長を置くとされ（法第24条第1項），機構長は，大学共同利用機関法人を代表し，その業務を総理するとされた（法第25条第1項）。

機構長の任命，解任については，国立大学法人の学長に関する規定が準用されている（法第26条，第12条，第15条，第17条。第1の4参照）。

5　大学共同利用機関法人の業務

大学共同利用機関法人は，大学共同利用機関を設置し，これを運営すること等法第29条第1項各号に掲げる業務を行うとされた（法第29条第1項）。

第4　大学共同利用機関法人の登記

大学共同利用機関法人の登記については，国立大学法人の登記と同様で

ある(法第35条,通則法第9条,第14条第1項,第2項,第17条,法附則第3条,独登令第1条,第2条,第10条第2項,第12条第1項,第3項,第13条本文。第2参照)。

8 公認会計士法の一部改正に伴う法人登記事務の取扱いについて

(平成16年3月17日法務省民商第752号通知)

(通知) 公認会計士法の一部を改正する法律(平成15年法律第67号。以下「改正法」という。)第1条の規定により,公認会計士法(昭和23年法律第103号)の一部が改正されるとともに,公認会計士法施行令の一部を改正する政令(平成15年政令第529号。以下「改正政令」という。)附則第4条の規定により,組合等登記令(昭和39年政令第29号)の一部が改正され,改正法第1条及び改正政令附則第4条の規定が本年4月1日から施行されることとなりましたので,これに伴う法人登記事務の取扱いについては,下記の点に留意し,事務処理に遺憾のないよう貴管下登記官に周知方取り計らい願います。

なお,本通知中,「法」とあるのは改正法による改正後の公認会計士法を,「組登令」とあるのは改正政令による改正後の組合等登記令をいいます。

記

第1 監査法人

1 認可主義の廃止

改正法による改正前の公認会計士法(以下「旧法」という。)においては,監査法人の設立については内閣総理大臣の認可を受けなければならないとされ(旧法第34条の7第1項),また,監査法人の定款の変更,総社員の同意による解散及び合併は,内閣総理大臣の認可を受けなければ,その効力を生じないとされていた(旧法第34条の10第1項,第34条の18第2項,第1項第2号,第34条の19第2項)が,改正後は,これらの認可を要しないこととなった。

2 監査法人の設立

監査法人(法第2条第1項の業務を組織的に行うことを目的として,

法の定めるところにより，公認会計士が共同して設立した法人をいう。法第1条の3第3項参照。）を設立するには，その社員となろうとする公認会計士が5人以上共同して定款を定めなければならず，当該定款は，公証人の認証を受けなければ，その効力を生じないとされた（法第34条の7第1項，第2項，商法（明治32年法律第48号）第167条）。

3 指定社員制度

　監査法人は，特定の証明について，1人又は数人の業務を担当する社員を指定することができ，当該指定がされた証明（以下「指定証明」という。）については，指定を受けた社員（以下「指定社員」という。）のみが業務を執行する権利を有し，業務を負うとされ，また，指定証明については，法第34条の10の3の規定にかかわらず，指定社員のみが監査法人を代表するとされた（法第34条の10の4第1項から第3項まで）。この場合においては，指定社員の指定による他の社員の代表権の制限をもって善意の第三者に対抗することはできないとされた（法第34条の22第4項，商法第78条第2項，民法（明治29年法律第89号）第54条）。

4 監査法人の解散

　設立の認可の取消し（旧法第34条の18第1項第5号）に代えて，解散を命じる裁判及び法第34条の21第2項の規定による解散の命令が監査法人の解散理由とされた（法第34条の18第1項第5号及び第6号）。

　監査法人は，法第34条の18第1項の規定による場合のほか，社員が4人以下になり，そのなった日から引き続き6月間その社員が5人以上にならなかった場合においても，その6月を経過したときに解散するとされた（法第34条の18第2項）。

第2 監査法人の登記

1 添付書面

　監査法人の登記の申請書に添付すべき書面に関して特に留意すべき事項は，次のとおりである。

(1) 認可を受けたことを証する書面

　　監査法人の設立，定款の変更，総社員の同意による解散及び合併に

ついては，内閣総理大臣の許可を要しないこととなった（第1の1参照）ため，改正後は，監査法人の設立の登記，定款の変更及び合併による変更の登記並びに総社員の同意による解散の登記の申請書には，内閣総理大臣による認可を受けたことを証する書面を添付すること（組登令第25条，商業登記法（昭和38年法律第125号）第19条）を要しない。

(2) 公認会計士であることを証する書面等

監査法人の社員は，公認会計士でなければならず，また，法第34条の4第2項各号に掲げる者は，社員となることができないとされている（法第34条の4）。

このため，監査法人の設立の登記の申請書には，代表権を有する者の資格を証する書面（組登令第16条第1項）及び監査法人を代表すべき社員以外の社員がある場合における当該社員に関する事項を証する書面（組登令第16条第2項，別表1）の一部として，その者が公認会計士であること及び法第34条の4第2項各号に掲げる者でないことを証する書面を添付しなければならない。また，代表権を有する者の就任及び監査法人を代表すべき社員以外の社員の入社による変更の登記の場合における登記事項の変更を証する書面（組登令第17条第1項本文）についても，同様である。

なお，日本公認会計士協会事務総長が発行する監査法人の社員資格証明書（別紙参照）は，この書面に該当する。

2 設立又は合併を無効とする判決の登記

監査法人の設立又は合併の無効は，訴えをもってのみ主張することができるとされた（法第34条の22第7項，商法第136条第1項，法第34条の22第6項，商法第104条第1項）。

監査法人の設立又は合併を無効とする判決が確定したときは，主たる事務所及び従たる事務所の所在地において，その旨を登記しなければならないとされた（組登令第13条本文，別表2）。

なお，この登記は，裁判所の嘱託によってする（組登令第15条前段）。

別　紙

登録証明事務取扱要領様式第1号の2

　　　　　　　　　監査法人の社員資格証明願

日本公認会計士協会　御中

　　　　　　　　　　　申請者（住所・氏名・登録番号）は別紙のとおり

私（達）は，
1　日本公認会計士協会に備える公認会計士名簿に登録された公認会計士であること，外国公認会計士　　　　　　　　　　外国公認会計士
2　公認会計士法第34条の4第2項各号のいずれにも該当しないこと，

につき証明願います。

　　　平成　　年　　月　　日

　　　申請者　氏名　　　　㊞　　氏名　　　　㊞
　　　　　　　氏名　　　　㊞　　氏名　　　　㊞
　　　　　　　氏名　　　　㊞　　氏名　　　　㊞
　　　　　　　氏名　　　　㊞　　氏名　　　　㊞
　　　　　　　氏名　　　　㊞　　氏名　　　　㊞

上記のとおり相違ないことを証明する。
　　　公証　第　　　　号
　　　平成　　年　　月　　日

　　　　　　　　　　　　　　　　日本公認会計士協会
　　　　　　　　　　　　　　　　事務総長　　協会印

　本紙と別紙との間に割り印を押捺すること。
　1の部分について不要なものは削除すること。

〈別紙〉
　　（住　所）
　　（氏　名）
　　（公認会計士登録番号）　　第　　　　号
　　（住　所）
　　（氏　名）
　　（公認会計士登録番号）　　第　　　　号
　　　　　　　　　（以下　略）

9 公認会計士法等の一部を改正する法律の施行に伴う法人登記事務の取扱いについて

(平成20年3月21日法務省民商第1008号通知)

(通知) 公認会計士法等の一部を改正する法律(平成19年法律第99号。以下「改正法」という。),公認会計士法等の一部を改正する法律の施行に伴う関係政令の整備に関する政令(平成19年政令第357号)及び公認会計士法施行規則(平成19年内閣府令第81号。以下「施行規則」という。)が本年4月1日から施行されますが,これに伴う法人登記事務の取扱いについては,下記の点に留意するよう,貴管下登記官に周知方お取り計らい願います。

なお,本通知中「法」とあるのは公認会計士法(昭和23年法律第103号)を,「組登令」とあるのは組合等登記令(昭和39年政令第29号)をいい,引用する条文は,いずれも改正後のものです。

記

第1 改正の概要

改正法により,有限責任形態の監査法人制度を創設するとともに,監査法人の社員資格を公認会計士以外の者へ拡大する等の改正が行われた。

これに伴い,監査法人のうち,その社員の全部を有限責任社員とする定款の定めのある監査法人を「有限責任監査法人」といい,その社員の全部を無限責任社員とする定款の定めのある監査法人を「無限責任監査法人」というとされた(法第1条の3第4項,第5項)。

また,監査法人の社員のうち,公認会計士及び外国公認会計士(法第16条の2第5項に規定する外国公認会計士をいう。)以外の者を「特定社員」というとされた(法第1条の3第6項)。

第2 設立

1 設立の手続

(1) 定款の作成

ア 監査法人を設立するには,その社員となろうとする者が,共同して定款を定め,当該定款について公証人の認証を受けなければならず,その社員となろうとする者のうちには,5人以上の公認会計士

(外国公認会計士を含む。以下同じ。)を含まなければならないとされた(法第34条の7第1項,第2項,会社法(平成17年法律第86号)第30条第1項)。

イ　定款には,少なくとも次に掲げる事項を記載しなければならないとされた(法第34条の7第3項)。

(ア)　目的

(イ)　名称

(ウ)　事務所の所在地

(エ)　社員の氏名及び住所

(オ)　社員の全部が無限責任社員又は有限責任社員のいずれであるかの別

(カ)　社員の出資の目的(有限責任社員にあっては,金銭その他の財産に限る。)及びその価額又は評価の標準

(キ)　業務の執行に関する事項

なお,改正前と同様に,監査法人がその定款を変更するには,当該定款に別段の定めがある場合を除き,総社員の同意を要する(法第34条の10第1項)。

(2)　名称使用制限

監査法人は,その名称中に監査法人という文字を使用しなければならず,また,有限責任監査法人は,その名称中に有限責任という文字を使用しなければならないとされた(法第34条の3,施行規則第18条)。

無限責任監査法人は,その名称中に有限責任監査法人又は有限責任監査法人と誤認させるような文字を使用してはならないとされた(法第48条の2第2項)。

なお,改正前と同様に,監査法人でない者は,その名称中に監査法人又は監査法人と誤認させるような文字を使用してはならない(法第48条の2第1項)。

(3)　監査法人の業務

改正前と同様に，監査法人は，法第2条第1項の財務書類の監査又は証明の業務（以下「監査証明業務」という。）を行うほか，定款で定めるところにより，次に掲げる業務の全部又は一部を行うことができる（法第34条の5）。

　ア　他人の求めに応じ報酬を得て，財務書類の調製をし，財務に関する調査若しくは立案をし，又は財務に関する相談に応ずること（他の法律においてその業務を行うことが制限されている事項を除く。）（法第2条第2項）

　イ　公認会計士試験に合格した者に対する実務補習

(4) 監査法人の社員

　監査法人の社員は，公認会計士又は法第34条の10の8の登録を受けた特定社員でなければならないとされた（法第34条の4第1項）。

　監査法人の社員のうち公認会計士である者の占める割合は，100分の75以上でなければならないとされた（法第34条の4第3項，施行規則第19条）。

(5) 業務の執行及び法人の代表

　ア　業務の執行

　　監査法人の行う監査証明業務については，公認会計士である社員（以下「公認会計士社員」という。）のみが当該業務を執行する権利を有し，義務を負うとされた（法第34条の10の2第1項）。

　　監査法人の行う(3)のア及びイの業務（以下「非監査証明業務」という。）については，監査法人のすべての社員が当該業務を執行する権利を有し，義務を負うとされた（法第34条の10の2第2項）。

　イ　法人の代表

　　(ｱ)　監査証明業務については，公認会計士社員のみが各自監査法人を代表するとされた。ただし，公認会計士社員の全員の同意によって，公認会計士社員のうち監査証明業務について特に監査法人を代表すべきものを定めることを妨げないとされた（法第34条の10の3第1項）。

(イ) 非監査証明業務については，監査法人のすべての社員が各自監査法人を代表するとされた。ただし，定款又は総社員の同意によって，社員のうち非監査証明業務について特に監査法人を代表すべきものを定めることを妨げないとされた（法第34条の10の3第2項）。

なお，監査法人を代表する社員は監査法人の業務（特定社員にあっては，監査証明業務を除く。）に関する一切の裁判上又は裁判外の行為をする権利を有するとされ，当該権限に加えた制限は善意の第三者に対抗することができないとされている（法第34条の10の3第3項，第4項）ことから，監査法人を代表する公認会計士社員については，監査証明業務及び非監査証明業務の双方について代表権を有するものとして登記されることになり，いずれか一方の業務についてのみ代表権を有するものとして登記することはできない。

2 設立の登記の手続
 (1) 申請人
　　監査法人の登記の申請は，当該監査法人を代表する社員（公認会計士社員又は特定社員）が行う（1の(5)のイ参照）。
 (2) 登記すべき事項
　　監査法人は，組登令第2条第1号から第5号までに掲げる事項のほか，次の事項を登記しなければならないとされた（法第34条の6第1項，組登令第2条第6号，別表1）。
　ア　社員（監査法人を代表すべき社員を除く。）の氏名及び住所（社員の全部を有限責任社員とする旨の定めがあるときは，氏名に限る。）
　イ　社員が特定社員であるときは，その旨
　ウ　社員の全部を有限責任社員とする旨の定めがあるときは，資本金の額
　エ　合併の公告の方法についての定めがあるときは，その定め

オ　電子公告を合併の公告の方法とする旨の定めがあるときは，電子公告により公告すべき内容である情報について不特定多数の者がその提供を受けるために必要な事項であって法務省令で定めるもの（事故その他やむを得ない事由によって電子公告による公告をすることができない場合の公告の方法についての定めがあるときは，その定めを含む。）

(3) 登記の記録

　ア　特定社員である旨の公示（別紙記録例第1の2の(2)及び(3)，第2の2の(2)及び(3)参照）

　　　社員が特定社員であるときは，「社員（特定社員）」として登記する。

　イ　代表権の有無の公示（別紙記録例第1の2の(4)及び(5)，第2の2の(4)及び(5)参照）

　　　代表権を有する者の資格（組登令第2条第4号）は，「社員」とする。ただし，社員中特に監査法人を代表すべき者を定めた場合には，代表権を有する者の資格を「代表社員」とし，代表権を有しない者については単に「社員」とする。

　ウ　社員の住所の公示（別紙記録例第1の2の(4)及び(5)，第2の2の(4)及び(5)参照）

　　　有限責任監査法人については，当該監査法人を代表すべき社員以外の社員の住所は登記する必要がないとされている（(2)のア参照）ところ，有限責任監査法人を代表すべき社員が代表権を有しないこととなった場合には，当該社員の登記事項中住所の記録を抹消し，有限責任監査法人を代表すべき社員以外の社員が代表権を有することとなった場合には，当該社員の登記事項に住所を記録する必要がある。

　　　なお，イ及びウの取扱いについては，社員が公認会計士社員であるか，特定社員であるかを問わない。

(4) 添付書面

監査法人の設立の登記の申請書には、定款、代表権を有する者の資格を証する書面及び(2)に掲げる事項を証する書面を添付しなければならない（組登令第16条）。

監査法人の社員は、公認会計士又は法第34条の10の8の特定社員名簿に登録を受けた者でなければならないため（法第34条の4第1項）、代表権を有する者の資格を証する書面の一部として、その者が公認会計士又は当該登録を受けた者であることを証する書面を添付しなければならない。監査法人を代表すべき社員以外の社員がある場合における当該社員に関する事項を証する書面についても、同様である。なお、日本公認会計士協会が発行する資格証明書（別紙参照）は、この書面に該当する。

有限責任監査法人にあっては、資本金の額を証する書面として、出資に係る払込み又は給付があったことを証する書面を添付しなければならない。

(5) 登録免許税

改正前と同様に、監査法人の登記については、登録免許税の納付は要しない。

第3 社員の加入及び脱退

1 社員の加入及び脱退の手続

(1) 社員の加入

ア 新たな出資による場合

新たな出資による社員の加入は、総社員の同意（定款に別段の定めがある場合を除く。）によって当該社員に係る定款の変更をした時に、その効力を生ずるとされた（法第34条の10、第34条の22第1項、会社法第604条第1項、第2項）。ただし、有限責任監査法人にあっては、新たに社員となろうとする者が定款の変更をした時に出資に係る払込み又は給付の全部又は一部を履行していないときは、その者は、当該払込み又は給付を完了した時に、社員となるとされた（法第34条の23第1項、会社法第604条第3項）。

社員が出資の履行をした場合における有限責任監査法人の資本金の額は，当該出資により払込み又は給付がされた財産の価額の範囲内で，有限責任監査法人が計上するものと定めた額が増加するとされた（施行規則第49条第1項第1号）。
　イ　持分の譲受けによる場合
　　改正前と同様に，定款に別段の定めがある場合を除き，社員の持分の譲渡については，他の社員の全員の承諾が必要である（法第34条の22第1項，会社法第585条第1項，第4項）。
　　したがって，持分の譲受けによる社員の加入は，定款に別段の定めがある場合を除き，総社員の同意によって当該社員に係る定款の変更をした時に，その効力を生ずる（法第34条の10，第34条の22第1項，会社法第604条第2項）。
(2)　社員の脱退
　　脱退事由については，改正前と同様である（なお，特定社員にあっては，特定社員名簿に係る登録の抹消も法定脱退事由とされた。法第34条の17，第34条の22第1項，会社法第606条，第609条第1項）。
　　なお，社員が脱退した場合には，脱退した社員はその持分の払戻しを受けることができるところ（法第34条の22第1項，会社法第611条第1項本文），有限責任監査法人にあっては，法第34条の23第1項で準用する会社法第627条の債権者保護手続（法第34条の23第1項で準用する会社法第635条第1項の場合にあっては，同条の手続を含む。）を行って資本金の額を減少することができ，その場合には，資本金の額は，当該脱退した社員の出資につき資本金の額に計上されていた額が減少するとされた（施行規則第49条第2項第1号）。
2　社員に関する登記の手続
(1)　社員の加入による変更の登記
　　登記の申請書には，変更を証する書面として，次の書面を添付しなければならない（組登令第17条）。
　ア　新たな出資による場合

㋐　定款の変更に係る総社員の同意があったことを証する書面
　　　㋑　有限責任監査法人にあっては，次に掲げる書面
　　　　a　出資に係る払込み又は給付があったことを証する書面
　　　　b　資本金の額が増加したときは，次に掲げる書面
　　　　　(a)　増加すべき資本金の額につき有限責任監査法人が決定したことを証する書面
　　　　　　　有限責任監査法人が資本金の額を増加する場合の決定方法については特段の規定がなく，各法人ごとに定款で定められることから，定款及び定款の定めに従って資本金の額を決定したことを証する書面（総社員の同意書等）を添付する。
　　　　　(b)　資本金の額が施行規則第49条第1項第1号の規定に従って計上されたことを証する書面
　　イ　持分の譲受けによる場合
　　　　当該事実を証する書面（持分の譲渡契約書及び定款の変更に係る総社員の同意があったことを証する書面等）
　(2)　社員の脱退による変更の登記
　　　登記の申請書には，変更を証する書面として，次の書面を添付しなければならない（組登令第17条）。
　　ア　脱退の事実を証する書面
　　イ　有限責任監査法人において資本金の額を減少した場合にあっては，次に掲げる書面
　　　㋐　減少すべき資本金の額につき有限責任監査法人が決定したことを証する書面
　　　　　(1)のアの㋑のbの(a)と同様である。
　　　㋑　債権者保護手続関係書面
　　　　　債権者保護手続のための公告及び催告をしたこと並びに異議を述べた債権者があるときは，当該債権者に対し弁済し若しくは相当の担保を提供し若しくは当該債権者に弁済を受けさせることを目的として相当の財産を信託したこと又は当該債権者を害するお

それがないことを証する書面を添付する。

なお、当該公告を、定款の定めに従い官報のほか時事に関する事項を掲載する日刊新聞紙又は電子公告によりするときは、知れている債権者に対する各別の催告は要しないため、当該催告をしたことを証する書面の添付は要しないが、当該定款の定めを確認するため、定款を添付する。

(ウ) 資本金の額が施行規則第49条第2項の規定に従って計上されたことを証する書面

第4 有限責任監査法人の資本金の額

1 資本金の額の増加

(1) 有限責任監査法人の資本金の額は、次の場合に増加するとされた。

ア 社員が出資の履行をした場合（施行規則第49条第1項第1号）

(ア) 新たな出資による社員の加入

この場合の手続及び増加すべき資本金の額は、第3の1の(1)のアのとおりである。

(イ) 社員の出資の価額の増加

有限責任監査法人は、総社員の同意（定款に別段の定めがある場合を除く。）によって、社員の出資の価額を増加する旨の定款の変更をすることができるとされた（法第34条の7第3項第6号、第34条の10第1項）。

社員の出資の価額を増加した場合には、(ア)の場合と同様に、監査法人の資本金の額は、当該出資により払込み又は給付がされた財産の価額の範囲内で、当該監査法人が計上するものと定めた額が増加するとされた（施行規則第49条第1項第1号）。

イ 監査法人が資本剰余金の額の全部又は一部を資本金の額とするものと定めた場合（施行規則第49条第1項第2号）

(2) 資本金の額の増加による変更の登記

ア (1)のアの(ア)の場合

社員の新たな出資による加入に伴う資本金の額の増加の登記の手

続は，第3の2の(1)のとおりである。
　イ　(1)のアの(イ)の場合
　　　この場合には，変更を証する書面として，次の書面を添付しなければならない（組登令第17条）。
　　(ア)　出資の価額を増加した定款の変更に係る総社員の同意書
　　(イ)　出資に係る払込み又は給付があったことを証する書面
　　(ウ)　増加すべき資本金の額につき有限責任監査法人が決定したことを証する書面
　　　　第3の2の(1)のアの(イ)のbの(a)と同様である。
　　(エ)　資本金の額が施行規則第49条第1項第1号の規定に従って計上されたことを証する書面
　ウ　(1)のイの場合
　　　この場合には，変更を証する書面として，次の書面を添付しなければならない（組登令第17条）。
　　(ア)　増加すべき資本金の額につき有限責任監査法人が決定したことを証する書面
　　　　第3の2の(1)のアの(イ)のbの(a)と同様である。
　　(イ)　資本金の額が施行規則第49条第1項第2号の規定に従って計上されたことを証する書面
2　資本金の額の減少
(1)　有限責任監査法人の資本金の額は，次の場合（法第34条の23第1項で準用する会社法第627条の債権者保護手続を行った場合に限る。）に減少するとされた。
　ア　脱退する社員に対して持分の払戻しをする場合（施行規則第49条第2項第1号）
　　　この場合の手続及び減少すべき資本金の額は，第3の1の(2)のとおりである。
　イ　社員に対して出資の払戻しをする場合（施行規則第49条第2項第2号）

　　　　有限責任監査法人は，出資の払戻しのために資本金の額を減少することができ，その場合には，減少する資本金の額は，出資払戻額（出資の払戻しにより社員に対して交付する金銭等の帳簿価額）から剰余金額を控除して得た額を超えてはならないとされた（法第34条の23第1項，会社法第626条，施行規則第54条）。
　　ウ　損失のてん補に充てる場合（施行規則第49条第2項第3号）
　　　　有限責任監査法人は，損失のてん補のために資本金の額を減少することができ，その場合には，減少する資本金の額は，損失の額として施行規則第52条の規定により算定される額を超えることができないとされた（法第34条の23第1項，会社法第620条）。
(2)　資本金の額の減少による変更の登記
　　ア　(1)のアの場合
　　　　社員の脱退に伴う資本金の額の減少の登記の手続は，第3の2の(2)のとおりである。
　　イ　(1)のイ又はウの場合
　　　　この場合には，変更を証する書面として，次の書面を添付しなければならない（組登令第17条）。
　　　(ｱ)　資本金の額の減少につき有限責任監査法人が決定したことを証する書面
　　　　　第3の2の(1)のアの(ｲ)のbの(a)と同様である。
　　　(ｲ)　債権者保護手続関係書面
　　　　　第3の2の(2)のイの(ｲ)と同様である。
　　　(ｳ)　資本金の額が施行規則第49条第2項第2号又は第3号の規定に従って計上されたことを証する書面
第5　解散及び清算
　1　解散の事由
　　　監査法人は，法第34条の18第1項各号に掲げる理由によって解散するほか，公認会計士社員が4人以下になった日から引き続き6か月間5人以上にならなかった場合においても，その6か月を経過した時に解散す

るとされた（法第34条の18第1項，第2項）。

2　有限責任監査法人の清算

有限責任監査法人の清算については，任意清算によることができないとされた（法第34条の22第2項，第3項参照）。

第6　合併

1　当事者

改正前と同様に，監査法人は，総社員の同意があるときは，他の監査法人と合併することができる（法第34条の19第1項）。合併後存続する監査法人又は合併により設立する監査法人の種類も限定されていない。

2　債権者保護手続

合併をする監査法人が行う債権者への催告手続について，合併後存続する監査法人又は合併により設立する監査法人が有限責任監査法人である場合において，合併により消滅する監査法人が無限責任監査法人であるときは，当該無限責任監査法人においては，法第34条の20第2項の公告を官報のほか定款の定めに従い時事に関する事項を掲載する日刊新聞紙又は電子公告によりした場合であっても，知れている債権者に対する各別の催告を省略することはできないとされた（法第34条の20第3項ただし書）。

第7　監査法人の種類の変更

1　種類の変更の手続

無限責任監査法人は，その社員の全部を有限責任社員とする定款の変更をすることにより，有限責任監査法人となることができ，有限責任監査法人は，その社員の全部を無限責任社員とする定款の変更をすることにより，無限責任監査法人となることができるとされた（法第34条の22第10項，第11項）。

ただし，無限責任監査法人が有限責任監査法人となる場合にあっては，当該定款の変更をする無限責任監査法人の社員が当該定款の変更後の有限責任監査法人に対する出資に係る払込み又は給付の全部又は一部を履行していないときは，当該定款の変更は，当該払込み及び給付を完

了した日に，その効力を生ずるとされた（法第34条の22第13項）。
2　種類の変更の登記の手続
　(1)　登記すべき事項等
　　　監査法人がその種類を変更する場合には，種類を異にする法人への移行と見るべきであることから，組登令第6条（変更の登記）ではなく，組登令第10条（移行等の登記）が適用される。
　　　したがって，監査法人が1の定款変更を行った場合には，当該変更の効力が生じた日から，主たる事務所の所在地においては2週間以内に，従たる事務所の所在地においては3週間以内に，次の事項を登記する必要がある（別紙記録例第3）。
　　ア　有限責任監査法人を無限責任監査法人に変更する場合
　　　　名称の変更のほか，新たに登記すべきこととなった事項（当該監査法人を代表すべき社員以外の社員の住所）を登記し，登記を要しないこととなった事項（資本金の額）を抹消する。
　　イ　無限責任監査法人を有限責任監査法人に変更する場合
　　　　名称の変更のほか，新たに登記すべきこととなった事項（資本金の額）を登記し，登記を要しないこととなった事項（当該監査法人を代表すべき社員以外の社員の住所）を抹消する。
　(2)　添付書面
　　　1の定款の変更に係る総社員の同意があったことを証する書面を添付する（組登令第21条）。
第8　代表者事項証明書
　　監査法人の代表者事項証明書については，監査法人を代表する社員（公認会計士社員又は特定社員）の一部についての代表者事項証明書の交付請求があった場合には，これを交付して差し支えない。
第9　経過措置
　　改正法の施行の際現に存する監査法人の定款には，その社員の全部を無限責任社員とする旨の定めがあるものとみなすとされた（改正法附則第8条）。

別紙記録例

第1 有限責任監査法人
1 設立に関する登記

名　　　　称	有限責任監査法人○○
主たる事務所	東京都千代田区霞ヶ関一丁目1番1号
法人成立の年月日	平成○○年○○月○○日
目　的　等	目的及び業務 1．○○○○ 2．○○○○ 3．○○○○
役員に関する事項	東京都文京区小日向一丁目1番3号 社員　　　　　　甲　野　太　郎
	東京都大田区東蒲田二丁目5番1号 社員　　　　　　乙　野　次　郎 （特定社員）
従たる事務所	1 ○○県○○市○○町○○番地
資　本　金	金○○万円
解散の事由	○　○
登記記録に関する事項	設立 　　　　　　　　　　平成○○年○○月○○日登記

2 社員に関する登記
(1) 公認会計士である社員が加入した場合

役員に関する事項	東京都文京区小日向一丁目1番3号 社員　　　　　　甲　野　太　郎	平成○○年○○月○○日加入 -------------------------------- 平成○○年○○月○○日登記

(2) 特定社員である社員が加入した場合

役員に関する事項	東京都文京区小日向一丁目1番3号 社員　　　　　　甲　野　太　郎 （特定社員）	平成○○年○○月○○日加入 -------------------------------- 平成○○年○○月○○日登記

(3) 特定社員が特定社員でない社員となった場合

役員に関する事項	東京都文京区小日向一丁目1番3号 社員　　　　　　甲　野　太　郎 （特定社員）	
	東京都文京区小日向一丁目1番3号 社員　　　　　　甲　野　太　郎	平成〇〇年〇〇月〇〇日資格変更
		平成〇〇年〇〇月〇〇日登記

(4) 法34条の10の3第1項ただし書及び同条第2項ただし書の定めを設けたとき

役員に関する事項	東京都文京区小日向一丁目1番3号 社員　　　　　　甲　野　太　郎	
	東京都大田区東蒲田二丁目5番1号 社員　　　　　　乙　野　次　郎	
	東京都文京区西が原二丁目3番6号 社員　　　　　　丙　野　三　郎 （特定社員）	
	社員　　　　　　甲　野　太　郎	平成〇〇年〇〇月〇〇日資格変更
		平成〇〇年〇〇月〇〇日登記
	東京都大田区東蒲田二丁目5番1号 代表社員　　　　乙　野　次　郎	平成〇〇年〇〇月〇〇日資格変更
		平成〇〇年〇〇月〇〇日登記
	東京都文京区西が原二丁目3番6号 代表社員　　　　丙　野　三　郎 （特定社員）	平成〇〇年〇〇月〇〇日資格変更
		平成〇〇年〇〇月〇〇日登記

（注）　公認会計士である社員について，法34条の10の3第1項ただし書の定め又は同条2項ただし書の定めのみを設けることはできない。

(5) 法34条の10の3第2項ただし書の定めを設けたとき

役員に関する事項	東京都大田区東蒲田二丁目5番1号 社員　　　　　　乙　野　次　郎	
	東京都文京区西が原二丁目3番6号 社員　　　　　　丙　野　三　郎 （特定社員）	
	社員　　　　　　丙　野　三　郎 （特定社員）	平成○○年○○月○○日資格変更
		平成○○年○○月○○日登記
	東京都大田区東蒲田二丁目5番1号 代表社員　　　　乙　野　次　郎	平成○○年○○月○○日資格変更
		平成○○年○○月○○日登記

第2　無限責任監査法人
1　設立に関する登記

名　　称	監査法人○○
主たる事務所	東京都千代田区霞ヶ関一丁目1番1号
法人成立の年月日	平成○○年○○月○○日
目　的　等	目的及び業務 1．○○○○ 2．○○○○ 3．○○○○
役員に関する事項	東京都文京区小日向一丁目1番3号 　社員　　　　　甲　野　太　郎
	東京都大田区東蒲田二丁目5番1号 　社員　　　　　乙　野　次　郎 （特定社員）
従たる事務所	1 　○○県○○市○○町○○番地
解散の事由	○　○
登記記録に関する事項	設立 　　　　　　　　　　平成○○年○○月○○日登記

2　社員に関する登記
(1)　公認会計士である社員が加入した場合

役員に関する事項	東京都大田区東蒲田二丁目5番1号 　社員　　　　　甲　野　太　郎	平成○○年○○月○○日加入
		平成○○年○○月○○日登記

(2)　特定社員である社員が加入した場合

役員に関する事項	東京都大田区東蒲田二丁目5番1号 　社員　　　　　甲　野　太　郎 （特定社員）	平成○○年○○月○○日加入
		平成○○年○○月○○日登記

(3) 特定社員が特定社員でない社員となった場合

役員に関する事項	東京都大田区東蒲田二丁目5番1号 社員　　　　　　　甲　野　太　郎 （特定社員）	
	東京都大田区東蒲田二丁目5番1号 社員　　　　　　　甲　野　太　郎	平成〇〇年〇〇月〇〇日資格変更
		平成〇〇年〇〇月〇〇日登記

(4) 法34条の10の3第1項ただし書及び同条第2項ただし書の定めを設けたとき

役員に関する事項	東京都大田区東蒲田二丁目5番1号 社員　　　　　　　甲　野　太　郎	
	東京都文京区小日向一丁目1番3号 社員　　　　　　　乙　野　次　郎	
	東京都大田区東蒲田二丁目5番1号 社員　　　　　　　丙　野　三　郎 （特定社員）	
	東京都文京区小日向一丁目1番3号 代表社員　　　　　　乙　野　次　郎	平成〇〇年〇〇月〇〇日資格変更
		平成〇〇年〇〇月〇〇日登記
	東京都大田区東蒲田二丁目5番1号 代表社員　　　　　　丙　野　三　郎 （特定社員）	平成〇〇年〇〇月〇〇日資格変更
		平成〇〇年〇〇月〇〇日登記

（注）　公認会計士である社員について，法34条の10の3第1項ただし書の定め又は同条2項ただし書の定めのみを設けることはできない。

(5) 法34条の10の3第2項ただし書の定めを設けたとき

役員に関する事項	東京都大田区東蒲田二丁目5番1号 社員　　　　　　甲　野　太　郎 （特定社員）	
	東京都文京区小日向一丁目1番3号 社員　　　　　　乙　野　次　郎 （特定社員）	
	東京都大田区東蒲田二丁目5番1号 社員　　　　　　丙　野　三　郎	
	東京都大田区東蒲田二丁目5番1号 代表社員　　　　乙　野　次　郎 （特定社員）	平成○○年○○月○○日資格変更
		平成○○年○○月○○日登記
	東京都大田区東蒲田二丁目5番1号 代表社員　　　　丙　野　三　郎	平成○○年○○月○○日資格変更
		平成○○年○○月○○日登記

第3 その他
1 有限責任監査法人を無限監査法人に変更する場合

名　　　称	<u>有限責任監査法人○○</u>		
	監査法人○○	平成○○年○○月○○日変更	
		平成○○年○○月○○日登記	
主たる事務所	東京都千代田区霞ヶ関一丁目1番1号		
法人成立の年月日	平成○○年○○月○○日		
目　的　等	目的及び業務 1．○○○○ 2．○○○○ 3．○○○○		
役員に関する事項	<u>社員　　　　　甲　野　太　郎</u>		
	東京都文京区小日向一丁目1番3号 社員　　　　　甲　野　太　郎	平成○○年○○月○○日変更	
		平成○○年○○月○○日登記	
	東京都大田区東蒲田二丁目5番1号 代表社員　　　　乙　野　次　郎		
従たる事務所	1 ○県○市○町○番地		
資　本　金	<u>金○○万円</u>		
	無限責任監査法人へ移行により抹消	平成○○年○○月○○日登記	
解散の事由	○　○		
登記記録に関する事項	設立	平成○○年○○月○○日登記	

2　無限責任監査法人を有限責任監査法人に変更する場合

名　　　称	監査法人〇〇		
	有限責任監査法人〇〇	平成〇〇年〇〇月〇〇日変更	
		平成〇〇年〇〇月〇〇日登記	
主たる事務所	東京都千代田区霞ヶ関一丁目1番1号		
法人成立の年月日	平成〇〇年〇〇月〇〇日		
目　的　等	目的及び業務 1．〇〇〇〇 2．〇〇〇〇 3．〇〇〇〇		
役員に関する事項	東京都文京区小日向一丁目1番3号 社員　　　　　　甲　野　太　郎		
	社員　　　　　　甲　野　太　郎	平成〇〇年〇〇月〇〇日変更	
		平成〇〇年〇〇月〇〇日登記	
	東京都大田区東蒲田二丁目5番1号 代表社員　　　　乙　野　次　郎		
従たる事務所	1 〇県〇市〇町〇番地		
資　本　金	金〇〇万円 　　　　　有限責任監査法人へ移行	平成〇〇年〇〇月〇〇日登記	
解散の事由	〇　〇		
登記記録に関する事項	設立		
		平成〇〇年〇〇月〇〇日登記	

別紙
登記証明事務取扱要領様式第2号

監査法人の社員資格証明願

日本公認会計士協会　御中

申請者（住所・氏名・登録番号）は別紙のとおり

私（達）は、
1　日本公認会計士協会に備える　公認会計士／外国公認会計士　名簿に登録された　公認会計士／外国公認会計士　特定社員　であること。
2　公認会計士法第34条の4第2項各号のいずれにも該当しないこと。
につき証明願います。

　　　　年　　月　　日
　申請者　氏名　　　　　㊞　　氏名　　　　　㊞
　　　　　氏名　　　　　㊞　　氏名　　　　　㊞
　　　　　氏名　　　　　㊞　　氏名　　　　　㊞
　　　　　氏名　　　　　㊞　　氏名　　　　　㊞
　　　　　氏名　　　　　㊞　　氏名　　　　　㊞

上記のとおり相違ないことを証明する。
公証　第　　　号
平成　年　月　日

　　　　　　　　　　　　　　日本公認会計士協会
　　　　　　　　　　　　　　　専務理事　　［協会印］

本誌と別紙との間に割り印を押捺すること
1の部分について不要なものは削除すること

＜別　紙＞
　（住　所）
　（氏　名）
　（登録番号）　第　　　号

　（住　所）
　（氏　名）
　（登録番号）

10 地方独立行政法人法等の施行に伴う法人登記事務の取扱いについて

(平成16年3月22日法務省民商第796号通知)

(通知) 地方独立行政法人法(平成15年法律第118号)が本年4月1日から施行されるとともに,地方独立行政法人法等の施行に伴う関係政令の整備に関する政令(平成15年政令第487号。以下「整備政令」という。)第13条の規定により,組合等登記令(昭和39年政令第29号)の一部が改正され,同条の規定が同日から施行されることとなりましたので,これに伴う法人登記事務の取扱いについては,下記の点に留意し,事務処理に遺憾のないよう貴管下登記官に周知方取り計らい願います。

なお,本通知中,「法」とあるのは地方独立行政法人法を,「組登令」とあるのは整備政令による改正後の組合等登記令をいいます。

記

第1 地方独立行政法人
  1 地方独立行政法人の定義
    地方独立行政法人とは,住民の生活,地域社会及び地域経済の安定等の公共上の見地からその地域において確実に実施されることが必要な事務及び事業であって,地方公共団体が自ら主体となって直接に実施する必要のないもののうち,民間の主体にゆだねた場合には必ずしも実施されないおそれがあるものと地方公共団体が認めるものを効率的かつ効果的に行わせることを目的として,法の定めるところにより地方公共団体が設立する法人をいうとされ(法第2条第1項),地方独立行政法人は,法人とするとされた(法第5条)。
  2 地方独立行政法人の名称
    地方独立行政法人は,その名称中に地方独立行政法人という文字を用いなければならず,地方独立行政法人でない者は,その名称中に,地方独立行政法人という文字を用いてはならないとされた(法第4条)。
  3 地方独立行政法人の資本金
    地方独立行政法人は,その業務を確実に実施するために必要な資本金その他の財産的基礎を有しなければならないとされ,また,地方公共団

体でなければ，地方独立行政法人に出資することができないとされた（法第6条第1項，第2項）。地方公共団体から出資された金額が地方独立行政法人の資本金となる。

4　地方独立行政法人の定款

(1)　地方公共団体は，地方独立行政法人を設立しようとするときは，その議会の議決を経て定款を定め，都道府県（都道府県の加入する一部事務組合又は広域連合を含む。以下(1)及び第2の4において同じ。）又は都道府県及び都道府県以外の地方公共団体が設立しようとする場合にあっては総務大臣，その他の場合にあっては都道府県知事の認可を受けなければならないとされた（法第7条）。

(2)　地方独立行政法人の定款に規定しなければならない事項のうち主なものは，次のとおりである（法第8条第1項）。

　ア　目的
　イ　名称
　ウ　設立団体（地方独立行政法人を設立する1又は2以上の地方公共団体をいう（法第6条第3項参照）。以下同じ。）
　エ　事務所の所在地
　オ　役員の定数，任期その他役員に関する事項
　カ　業務の範囲及びその執行に関する事項
　キ　資本金，出資及び資産に関する事項

(3)　定款の変更は，設立団体の議会の議決を経て(1)の例により総務大臣の認可又は都道府県知事の認可を受けなければ，その効力を生じないとされた（法第8条第2項本文）。ただし，その変更が次に掲げるものであるときは，この限りではないとされた（法第8条第2項ただし書，地方独立行政法人法施行令（平成15年政令第486号。以下「施行令」という。）第2条）。

　ア　従たる事務所の所在地の変更
　イ　設立団体である地方公共団体の名称の変更

5　地方独立行政法人の代表

(1) 地方独立行政法人に，役員として，理事長1人及び副理事長を置く（ただし，定款で副理事長を置かないことができる。）とされ（法第12条），理事長及び副理事長は，地方独立行政法人を代表するとされた（法第13条第1項，第2項）。

(2) 理事長は，法第14条第1項各号に掲げる者のうちから，設立団体の長が任命するとされ，副理事長は，同項各号に掲げる者のうちから，理事長が任命するとされた（法第14条第1項，第3項）。また，理事長及び副理事長の任期は，4年以内において定款で定める期間とするとされた（法第15条第1項本文）。

(3) 設立団体の長又は理事長は，それぞれ理事長又は副理事長が法第16条に規定する欠格条項に該当するに至ったときは，その理事長又は副理事長を解任しなければならず，また，法第17条第2項又は第3項に規定する事由に該当するときは，その理事長又は副理事長を解任することができるとされた（法第17条）。

6 地方独立行政法人の業務

地方独立行政法人は，次に掲げる業務のうち定款で定めるものを行うとされた（法第21条）。

(1) 試験研究を行うこと。

(2) 大学の設置及び管理を行うこと。

(3) 主として事業の経費を当該事業の経営に伴う収入をもって充てる事業で，水道事業，工業用水道事業等，法第21条第3号イからリまでに掲げるものを経営すること。

(4) 社会福祉事業を経営すること。

(5) 公共的な施設で政令で定めるものの設置及び管理を行うこと（(2)から(4)までに掲げるものを除く。）。

(6) (1)から(5)までに掲げる業務に附帯する業務を行うこと。

7 地方独立行政法人の解散

地方独立行政法人は，設立団体がその議会の議決を経て4の(1)の例により総務大臣の認可又は都道府県知事の認可を受けたときに，解散する

とされた(法第92条第1項)。

　地方独立行政法人の解散及び清算については,民法(明治29年法律第89号)及び非訟事件手続法(明治31年法律第14号)の規定が準用されている(法第94条第1項)。

第2　公立大学法人に関する特例

　1　名称の特例

　　一般地方独立行政法人(特定地方独立行政法人(法第2条第2項参照)以外の地方独立行政法人をいう(法第55条参照)。)で大学の設置及び管理を行う業務を行うもの(以下「公立大学法人」という。)は,第1の2にかかわらず,その名称中に,地方独立行政法人という文字に代えて,公立大学法人という文字を用いなければならず,公立大学法人でない者は,その名称中に,公立大学法人という文字を用いてはならないとされた(法第68条)。

　2　他業の禁止

　　公立大学法人は,大学の設置及び管理を行う業務並びにこれに附帯する業務以外の業務を行ってはならないとされた(法第70条)。

　3　理事長等の任期の特例

　　大学の学長となる公立大学法人の理事長(法第71条第1項参照)及び副理事長(法第71条第7項の規定により副理事長となるものに限る。)の任期は,第1の5の(2)にかかわらず,法第74条第1項又は第2項の規定により定められる学長の任期(2年以上6年を超えない範囲内において公立大学法人の規程で定められる任期又は6年を超えない範囲内において定款で定められる任期)によるものとされた(法第74条第3項)。

　　公立大学法人の副理事長(法第71条第7項の規定により副理事長となるものを除く。)の任期は,第1の5の(2)にかかわらず,6年を超えない範囲内において理事長が定めるとされた(法第74条第4項本文)。

　4　設立の認可等の特例

　　公立大学法人については,次の場合には,総務大臣の認可に代えて,総務大臣及び文部科学大臣の認可を要するものとされた(法第80条)。

(1)　都道府県又は都道府県及び都道府県以外の地方公共団体による公立大学法人の設立（法第7条）

　(2)　(1)の地方公共団体が設立した公立大学法人の定款の変更及び解散（法第8条第2項本文，第92条第1項）

第3　地方独立行政法人の登記

　1　地方独立行政法人の登記

　　地方独立行政法人は，政令で定めるところにより，登記しなければならないとされ，地方独立行政法人が登記をしなければならない事項は，登記の後でなければ，これをもって第三者に対抗することができないとされた（法第9条第1項，第2項）。地方独立行政法人の登記については，他の法令に別段の定めがある場合を除くほか，組登令の定めるところによる（組登令第1条，別表1）。

　　地方独立行政法人は，その主たる事務所の所在地において設立の登記をすることによって成立するとされた（法第9条第3項）。

　2　登記すべき事項

　　地方独立行政法人は，組登令第2条第1号から第5号に掲げる事項のほか，資本金を登記しなければならないとされた（組登令第2条，別表1）。

　　また，地方独立行政法人は，法第19条の規定により同条の代理人を選任したときは，2週間以内に，これを置いた事務所の所在地において，代理人の氏名及び住所，代理人を置いた事務所並びに代理権の範囲を登記しなければならない（組登令第12条第2項）。

　3　添付書面

　　地方独立行政法人の登記の申請書に添付すべき書面に関して特に留意すべき事項は，次のとおりである。

　(1)　代表権を有する者の資格を証する書面

　　　地方独立行政法人の設立の登記の申請書には，代表権を有する者の資格を証する書面を添付しなければならず（組登令第16条第1項），また，代表権を有する者の変更の登記の申請書には，登記事項の変更

を証する書面として，新たに代表権を有する者の資格を証する書面を添付しなければならない（組登令第17条第1項本文）。

地方独立行政法人の代表権を有する者は，理事長及び副理事長であり，その任命は，理事長にあっては設立団体の長，副理事長にあっては理事長が行うとされている（第1の5参照）ため，代表権を有する者の資格を証する書面としては，理事長にあっては設立団体の長，副理事長にあっては理事長から任命されたことを証する書面がこれに該当する。

(2) 払込み又は給付があったことを証する書面

地方独立行政法人については，その資本金が登記事項とされている（2参照）ため，その設立の登記の申請書には，資本金に関する事項を証する書面として，資本金につき必要な払込み又は給付があったことを証する書面を添付しなければならず（組登令第16条第2項），また，資本金の増加による変更の登記の申請書には，登記事項の変更を証する書面として，増加した資本金につき必要な払込み又は給付があったことを証する書面を添付しなければならない（組登令第17条第1項本文）。

地方独立行政法人への出資は，地方公共団体が行うものとされている（第1の3参照）ため，払込み又は給付があったことを証する書面としては，地方公共団体から地方独立行政法人への出資がされたことを証する書面がこれに該当する。

11　地方独立行政法人法の一部改正に伴う法人登記事務の取扱いについて

（平成26年3月31日法務省民商第33号通知）

（通知） 地域の自主性及び自立性を高めるための改革の推進を図るための関係法律の整備に関する法律（平成25年法律第44号。以下「改正法」という。）第14条の規定による改正後の地方独立行政法人法（平成15年法律第118号），地方独立行政法人法施行令の一部を改正する政令（平成25年政令第298号。

以下「改正政令」という。)による改正後の地方独立行政法人法施行令(平成15年政令第486号)及び地方独立行政法人法施行規則の一部を改正する省令(平成26年総務省令第30号。以下「改正省令」という。)による改正後の地方独立行政法人法施行規則(平成16年総務省令第51号)が,本年4月1日から施行されますので,これに伴う法人登記事務の取扱いについては,下記の点に留意し,事務処理に遺憾のないよう,貴管下登記官に周知方お取り計らい願います。

なお,本通知中,「法」とあるのは改正法による改正後の地方独立行政法人法を,「施行令」とあるのは改正政令による改正後の地方独立行政法人法施行令を,「規則」とあるのは改正省令による改正後の地方独立行政法人法施行規則を,「組登令」とあるのは組合等登記令(昭和39年政令第29号)をいいます。

記

1 出資等に係る不要財産の納付等に伴う資本金の減少
 (1) 出資等に係る不要財産の処分
　　地方独立行政法人は,業務の見直し,社会経済情勢の変化その他の事由により,その保有する重要な財産であって条例で定めるものが将来にわたり業務を確実に実施する上で必要がなくなったと認められる場合において,当該財産が地方公共団体からの出資又は設立団体(地方独立行政法人を設立する一又は二以上の地方公共団体をいう(法第6条第3項参照)。以下同じ。)からの支出(金銭の出資に該当するものを除く。)に係るものであるときは,(2)により,当該財産(以下「出資等に係る不要財産」という。)を処分しなければならないとされた(法第6条第4項)。
 (2) 出資等に係る不要財産の納付等
　ア 出資等に係る不要財産の納付
　　　地方独立行政法人は,出資等に係る不要財産については,遅滞なく,設立団体の長の認可を受けて,これを当該出資等に係る不要財産に係る地方公共団体(以下「出資等団体」という。)に納付するもの

とするとされた（法第42条の2第1項）。

　イ　出資等に係る不要財産の譲渡により生じた収入の額の範囲内で総務大臣が定める基準により算定した金額の納付

　　　地方独立行政法人は，アによる出資等に係る不要財産（金銭を除く。以下同じ。）の出資等団体への納付に代えて，設立団体の長の認可を受けて，出資等に係る不要財産を譲渡し，これにより生じた収入の額（当該財産の帳簿価額を超える額（以下「簿価超過額」という。）がある場合には，その額を除く。）の範囲内で総務大臣が定める基準により算定した金額を当該出資等団体に納付することができるとされた（法第42条の2第2項）。

　ウ　出資等に係る不要財産の譲渡により生じた収入の額に簿価超過額がある場合の納付

　　　地方独立行政法人は，イの場合において，出資等に係る不要財産の譲渡により生じた簿価超過額があるときは，遅滞なく，これを出資等団体に納付するものとするとされた（法第42条の2第3項）。ただし，その全部又は一部の金額について出資等団体に納付しないことについて設立団体の長の認可を受けた場合における当該認可を受けた金額については，この限りでない（同項ただし書）。

(3)　資本金の減少

　ア　出資等に係る不要財産の納付による資本金の減少

　　　地方独立行政法人が(2)ア又はイによる出資等団体への納付をした場合において，当該納付に係る出資等に係る不要財産が出資等団体からの出資に係るものであるときは，当該地方独立行政法人の資本金のうち当該納付に係る出資等に係る不要財産に係る部分として設立団体の長が定める金額については，当該地方独立行政法人に対する当該出資等団体からの出資はなかったものとし，当該地方独立行政法人は，その額により資本金を減少するものとするとされた（法第42条の2第4項）。

　イ　資本金の減少に関する手続

(ア) 設立団体の長による資本金の減少額の通知

設立団体の長は，アにより地方独立行政法人の資本金を減少するものとされる金額を定めたときは，その金額を当該地方独立行政法人に通知するものとするとされた（施行令第5条の6第1項）。

(イ) 資本金を減少するための定款の変更

資本金に関する事項は，定款に規定すべき事項とされている（法第8条第1項第9号）から，(ア)の通知が地方独立行政法人に到達しただけでは，資本金の減少が生ずることはなく，(ア)の通知を受けた地方独立行政法人が，定款に規定されている資本金に関する事項のうち，処分した不要財産に関する事項について，当該処分に伴う定款の変更をすることによってその効果が生ずることとなる。

この場合の定款の変更は，設立団体の議会の議決を経て法第7条の規定の例により総務大臣又は都道府県知事の認可を受けなければ，その効力を生じない（法第8条第2項）。

(ウ) 地方独立行政法人による資本金を減少した旨の通知

地方独立行政法人は，(イ)の手続を経て，アにより，資本金を減少したときは，遅滞なく，その旨を設立団体の長に報告するものとするとされた（施行令第5条の6第2項）。

(4) 資本金の減少による変更の登記の手続

ア 登記期間

地方独立行政法人は，(3)イ(イ)により資本金の減少が生じたときは，当該減少に係る定款の変更についての総務大臣又は都道府県知事の認可書が到達した日から2週間以内に，その主たる事務所の所在地において，変更の登記をしなければならない（組登令第3条第1項及び第24条）。

イ 添付書面

アの資本金の減少による変更の登記の申請書には，その変更を証する書面を添付しなければならない（組登令第17条第1項）。具体的には，資本金の減少に係る定款変更についての設立団体の議会の議決が

あったことを証する書面及び(3)イ(ア)の設立団体の長による通知書がこれに該当する。

また，資本金の減少に係る定款変更は，総務大臣又は都道府県知事の認可がなければ効力を生じないことから，当該変更の登記の申請書には，定款変更に係る総務大臣又は都道府県知事の認可書を添付しなければならない（組登令第25条により準用する商業登記法（昭和38年法律第125号）第19条）。

なお，(3)イ(ア)の設立団体の長による通知書は，資本金の変更額を確認するために添付するものであり，変更の効力が生じていることを確認するために添付するものではないから，他の添付書面から，変更後の資本金を確認することができる場合には，添付する必要はない。

2　合併
(1)　合併の手続
　ア　合併当事法人

設立団体は，その設立した地方独立行政法人と他の地方独立行政法人との吸収合併（地方独立行政法人が他の地方独立行政法人とする合併であって，合併により消滅する地方独立行政法人の権利及び義務の全部を合併後存続する地方独立行政法人に承継させるものをいう。以下同じ。）又は新設合併（2以上の地方独立行政法人がする合併であって，合併により消滅する地方独立行政法人の権利及び義務の全部を合併により設立する地方独立行政法人に承継させるものをいう。以下同じ。）をすることができるとされた（法第106条，第108条第1項，第112条第1項）。

地方独立行政法人の吸収合併又は新設合併は，特定地方独立行政法人（法第2条第2項に規定する特定地方独立行政法人をいう。以下同じ。）のみを当事者とする場合又は一般地方独立行政法人（特定地方独立行政法人以外の地方独立行政法人をいう（法第8条第3項参照）。以下同じ。）のみを当事者とする場合にのみ認められる。また，その場合の吸収合併により存続する地方独立行政法人（以下「吸収合併存

続法人」という。）又は新設合併により設立する地方独立行政法人（以下「新設合併設立法人」という。）は，合併をする地方独立行政法人が特定地方独立行政法人のみである場合には特定地方独立行政法人でなければならず，合併をする地方独立行政法人が一般地方独立行政法人のみである場合には一般地方独立行政法人でなければならないとされた（法第107条）。

イ　吸収合併の手続
　(ｱ)　吸収合併に係る協議及び認可
　　　設立団体がその設立した地方独立行政法人と他の地方独立行政法人との吸収合併をしようとする場合には，吸収合併に関係する地方独立行政法人の設立団体（以下イにおいて「関係設立団体」という。）は，協議により次のaからcまでに掲げる事項を定め，法第7条の規定の例により総務大臣又は都道府県知事の認可を受けなければならないとされた（法第108条第1項）。
　　a　吸収合併存続法人及び吸収合併により消滅する地方独立行政法人（以下「吸収合併消滅法人」という。）の名称及び主たる事務所の所在地
　　b　吸収合併がその効力を生ずる日（以下イにおいて「効力発生日」という。）
　　c　吸収合併存続法人の定款の変更
　　　なお，この場合においては，関係設立団体の長は，あらかじめ，地方独立行政法人評価委員会（法第11条第1項参照。以下「評価委員会」という。）の意見を聴かなければならないとされた（法第108条第2項）。
　(ｲ)　吸収合併に係る議会の議決
　　　(ｱ)の協議については，関係設立団体の議会の議決を経なければならないとされた（法第108条第3項）。
　　　なお，関係設立団体が一である場合は，当該関係設立団体が，その議会の議決を経て(ｱ)aからcまでに掲げる事項を定めるものとす

るとされた（法第108条第4項）。
(ウ) 合併に係る定款変更の手続
(ア)により関係設立団体が定めた吸収合併存続法人の定款の変更については，(イ)による関係設立団体の議会の議決があったことをもって法第8条第2項の規定による吸収合併存続法人の設立団体の議会の議決があったものとみなし，(ア)による総務大臣又は都道府県知事の認可を受けたことをもって同項の規定による総務大臣又は都道府県知事の認可を受けたものとみなすとされた（法第108条第5項）。
(エ) 債権者保護手続
a 吸収合併に関する書類の備置き
関係設立団体が，(ア)の協議により(ア)aからcまでに掲げる事項を定めたときは，吸収合併消滅法人又は吸収合併存続法人は，次の(a)から(c)までに掲げる事項を記載した書類（以下「吸収合併に関する書類」という。）を作成し，かつ，当該吸収合併消滅法人又は吸収合併存続法人の債権者の閲覧に供するため，効力発生日までの間，これをその事務所に備え置かなければならないとされた（法第110条第1項，第111条第1項）。
(a) 吸収合併をする旨
(b) 吸収合併消滅法人にあっては他の吸収合併消滅法人及び吸収合併存続法人の，吸収合併存続法人にあっては吸収合併消滅法人の名称及び主たる事務所の所在地
(c) 吸収合併消滅法人及び吸収合併存続法人の財務諸表に関する事項として総務省令（規則第6条，第8条）で定める事項
b 債権者に対する公告及び催告
吸収合併消滅法人又は吸収合併存続法人は，吸収合併に関する書類をその事務所に備え置くまでに，債権者に対し，異議があれば当該吸収合併に関する書類を備え置いた日から一定の期間（1か月を下ることができない。法第110条第4項，第111条第4項参照）内にこれを述べるべき旨を公告し，かつ，知れている債権者

には,各別に催告しなければならないとされた(法第110条第2項,第111条第2項)。

なお,上記の公告を日刊新聞紙に掲載してするときは,知れている債権者への各別の催告は要しないとされた(法第110条第3項,第111条第3項)。

c 債権者から異議があった場合の手続

bの場合において,債権者が一定の期間内に異議を述べたときは,合併をしても当該債権者を害するおそれがないときを除き,吸収合併消滅法人又は吸収合併存続法人は,当該債権者に対し,弁済し,若しくは相当の担保を供し,又は当該債権者に弁済を受けさせることを目的として信託会社等に相当の財産を信託しなければならないとされた(法第110条第6項,第111条第6項)。

なお,bの場合において,債権者が一定の期間内に異議を述べなかったときは,当該合併について承認したものとみなされる(法第110条第5項,第111条第5項)。

(オ) 合併の効力の発生

(ア)の認可があった場合には,吸収合併存続法人は,効力発生日に,吸収合併消滅法人の権利及び義務を継承するとされた(法第109条)。

ウ 新設合併の手続

(ア) 新設合併に係る協議及び認可

設立団体がその設立した地方独立行政法人と他の地方独立行政法人との新設合併をしようとする場合には,新設合併に関係する地方独立行政法人の設立団体(以下ウにおいて「関係設立団体」という。)は,協議により次に掲げる事項を定め,法第7条の規定の例により総務大臣又は都道府県知事の認可を受けなければならないとされた(法第112条第1項)。

a 新設合併により消滅する地方独立行政法人(以下「新設合併消滅法人」という。)の名称及び主たる事務所の所在地

b　新設合併設立法人の定款

　　　　なお，この場合においては，関係設立団体の長は，あらかじめ，評価委員会の意見を聴かなければならないとされた（法第112条第2項）。

　(イ)　新設合併に係る議会の議決

　　　(ア)の協議については，関係設立団体の議会の議決を経なければならないとされた（法第112条第3項）。

　　　なお，関係設立団体が一である場合は，当該関係設立団体が，その議会の議決を経て(ア)a及びbに掲げる事項を定めるものとするとされた（法第112条第4項）。

　(ウ)　合併に係る定款変更の手続

　　　(ア)により関係設立団体が定めた新設合併法人の定款については，(イ)による関係設立団体の議会の議決があったことをもって法第7条の規定による新設合併設立人の設立団体の議会の議決があったものとみなし，(ア)による総務大臣又は都道府県知事の認可を受けたことをもって同条の規定による総務大臣又は都道府県知事の認可を受けたものとみなすとされた（法第112条第5項）。

　(エ)　債権者保護手続

　　　a　新設合併に関する書類の備置き

　　　　関係設立団体が，(ア)の協議により(ア)a及びbに掲げる事項を定めたときは，新設合併消滅法人は，次の(a)から(c)までに掲げる事項を記載した書類（以下「新設合併に関する書類」という。）を作成し，かつ，当該新設合併消滅法人の債権者の閲覧に供するため，新設合併設立法人の設立の日までの間，これをその事務所に備え置かなければならないとされた（法第114条第1項）。

　　　(a)　新設合併をする旨

　　　(b)　他の新設合併消滅法人及び新設合併設立法人の名称及び主たる事務所の所在地

　　　(c)　新設合併消滅法人の財務諸表に関する事項として総務省令

(規則第10条）で定める事項
　　b　債権者に対する公告及び催告
　　　新設合併消滅法人は，新設合併に関する書類をその事務所に備え置くまでに，債権者に対し，異議があれば当該新設合併に関する書類を備え置いた日から一定の期間（1か月を下ることができない。法第114条第4項参照）内にこれを述べるべき旨を公告し，かつ，知れている債権者には，各別に催告しなければならないとされた（同条第2項）。
　　　なお，上記の公告を日刊新聞紙に掲載してするときは，知れている債権者への各別の催告は要しないとされた（法第114条第3項）。
　　c　債権者から異議があった場合の手続
　　　bの場合において，債権者が一定の期間内に異議を述べたときは，合併をしても当該債権者を害するおそれがないときを除き，新設合併消滅法人は，当該債権者に対し，弁済し，若しくは相当の担保を供し，又は当該債権者に弁済を受けさせることを目的として信託会社等に相当の財産を信託しなければならないとされた（法第114条第6項）。
　　　なお，bの場合において，債権者が一定の期間内に異議を述べなかったときは，当該合併について承認したものとみなされる（法第114条第5項）。
　(ｵ)　合併の効力の発生
　　　(ｱ)の認可があった場合には，新設合併設立法人は，その成立の日（新設合併法人の合併による設立の登記をした日（法第9条第3項参照））に，新設合併消滅法人の権利及び義務を承継するとされた（法第113条）。
(2)　合併の登記
　ア　吸収合併の登記
　　(ｱ)　吸収合併存続法人についてする変更の登記

主たる事務所の所在地における吸収合併存続法人の変更の登記の申請書には，次の書面を添付しなければならない（組登令第17条，第20条）。

a 登記事項に変更があったことを証する書面（組登令第17条第1項）

(a) 関係団体の協議及び議決があったことを証する書面

　　吸収合併によって登記事項に変更が生じた場合には，その変更を証する書面として，2(1)イ(ア)の関係設立団体の協議があったことを証する書面及び2(1)イ(イ)の関係設立団体の議会の議決があったことを証する書面を添付しなければならない。

　　なお，関係設立団体が一である場合には，2(1)イ(イ)の関係設立団体の議会の議決があったことを証する書面のみを添付することとなる（2(1)イ(イ)なお書き参照）。

(b) 資本金の変更を証する書面

　　吸収合併によって資本金に変更が生じた場合には，その変更を証する書面を添付しなければならない。具体的には，吸収合併存続法人の理事長による資本金の計上に関する証明書等がこれに該当する。

　　なお，吸収合併存続法人の吸収合併後の資本金は，吸収合併消滅法人の権利義務の承継により，通常は，吸収合併消滅法人の資本金と吸収合併存続法人の吸収合併前の資本金の合計となる。

b 債権者保護手続に係る書面

　　2(1)イ(エ)bの債権者に対する公告及び催告をしたことを証する書面並びに異議を述べた債権者があるときは，当該債権者に対し弁済し，若しくは相当の担保を提供し，若しくは当該債権者に弁済を受けさせることを目的として相当の財産を信託したこと又は当該合併をしても当該債権者を害するおそれがないことを証する書面を添付しなければならない（組登令第20条第2項）。

c 総務大臣又は都道府県知事の認可書又はその認証がある謄本（組登令第25条により準用する商業登記法第19条）

d 吸収合併消滅法人の登記事項証明書（組登令第20条第1項）

　当該登記事項証明書は，その作成後3月以内であることを要する（各種法人等登記規則（昭和39年法務省令第46号）第5条により準用する商業登記規則（昭和39年法務省令第23号）第36条の2）。

　なお，吸収合併存続法人の主たる事務所を管轄する登記所の管轄区域内に吸収合併消滅法人の主たる事務所がある場合には，当該登記事項証明書の添付を要しない（組登令第20条第1項括弧書き参照）。

(イ) 吸収合併消滅法人についてする解散の登記

　吸収合併においては，吸収合併存続法人の吸収合併による変更の登記と吸収合併消滅法人の解散の登記とを同時に申請する必要がある（組登令第25条により準用する商業登記法第82条第3項）。

　吸収合併消滅法人の解散の登記の申請書については，添付書面を要しない（組登令第25条により準用する商業登記法第82条第4項）。

イ　新設合併の登記

(ア) 新設合併設立法人についてする設立の登記

　主たる事務所の所在地における新設合併設立法人の設立の登記の申請書には，次の書面を添付しなければならない（組登令第21条）。

a 定款（組登令第21条，第16条第2項）

b 代表権を有する者の資格を証する書面（組登令第21条，第16条第2項）

　地方独立行政法人の代表権を有する者は，理事長及び副理事長であり（法第13条第1項及び第2項参照），その任命は，理事長にあっては設立団体の長が行い（法第14条第1項参照），副理事長にあっては理事長が行うとされている（同条第3項）。

　したがって，代表権を有する者の資格を証する書面としては，

理事長にあっては設立団体の長から任命されたことを証する書面がこれに該当し，副理事長にあっては理事長から任命されたことを証する書面がこれに該当する。

　c　資本金に関する事項を証する書面（組登令第21条，第16条第3項）

　　新設合併設立法人の理事長による資本金の計上に関する証明書等がこれに該当する。

　　なお，新設合併設立法人の資本金は，新設合併消滅法人の権利義務の承継により，通常は，新設合併消滅法人の資本金の合計となる。

　d　債権者保護手続に係る書面

　　2⑴ウ㈐bの債権者に対する公告及び催告をしたことを証する書面並びに異議を述べた債権者があるときは，当該債権者に対し弁済し，若しくは相当の担保を提供し，若しくは当該債権者に弁済を受けさせることを目的として相当の財産を信託したこと又は当該合併をしても当該債権者を害するおそれがないことを証する書面を添付しなければならない（組登令第21条，第20条第2項）。

　e　総務大臣又は都道府県知事の認可書又はその認証がある謄本（組登令第25条により準用する商業登記法第19条）

　f　新設合併消滅法人の登記事項証明書（組登令第21条，第20条第1項）

　　当該登記事項証明書は，その作成後3月以内であることを要する（各種法人等登記規則第5条により準用する商業登記規則第36条の2）。

　　なお，新設合併設立法人の主たる事務所を管轄する登記所の管轄区域内に新設合併消滅法人の主たる事務所がある場合には，当該登記事項証明書の添付を要しない（組登令第20条第1項括弧書き参照）。

㈑　新設合併消滅法人についてする解散の登記

新設合併においては，新設合併存続法人の新設合併による設立の登記と新設合併消滅法人の解散の登記とを同時に申請する必要がある（組登令第25条により準用する商業登記法第82条第3項）。

新設合併消滅法人の解散の登記の申請書については，添付書面を要しない（組登令第25条により準用する商業登記法第82条第4項）。

12 私立学校法の一部を改正する法律の施行に伴う法人登記事務の取扱いについて

（平成17年3月3日法務省民商第496号通知）

（通知） 私立学校法の一部を改正する法律（平成16年法律第42号。以下「改正法」という。）及び私立学校法施行令等の一部を改正する政令（平成16年政令第226号。以下「改正政令」という。）が，平成17年4月1日（以下「施行日」という。）から施行されますが，これに伴う法人登記事務の取扱いについては，下記の点に留意するよう，貴管下登記官に周知方取り計らい願います。

なお，本通知中，「法」とあるのは改正法による改正後の私立学校法（昭和24年法律第270号）を，「組登令」とあるのは改正政令による改正後の組合等登記令（昭和39年政令第29号）を，「法登規」とあるのは法人登記規則（昭和39年法務省令第46号）をいい，引用する条文は，特に「旧」の文字を冠したものを除き，いずれも改正後のものです。

記

1 学校法人

(1) 寄附行為

学校法人（私立学校の設置を目的として，法の定めるところにより設立される法人をいう。以下同じ。）を設立しようとする者は，寄附行為をもって，役員の定数，任期，選任及び解任の方法その他役員に関する規定を定めなければならないとされ（法第30条第1項第5号），役員について定めなければならない事項が明確化された。また，理事会制度が創設されたため（(2)参照），寄附行為をもって，理事会に関する規定を

定めなければならないとされた（法第30条第1項第6号）。
(2) 理事会

改正法による改正前は，理事会については，法令上特段の定めがなかったが，次のような規定が設けられた。

ア　理事会の設置及び任務

学校法人には，理事をもって組織する理事会を置くとされ（法第36条第1項），理事会は，学校法人の業務を決し，理事の職務の執行を監督するとされた（同条第2項）。

イ　招集手続

理事会は理事長が招集し，理事（理事長を除く。）が寄附行為の定めるところにより理事会の招集を請求したときは，理事長は理事会を招集しなければならないとされた（法第36条第3項）。

ウ　議長及び定足数

理事会には議長を置き，理事長をもって充てることとし（法第36条第4項），理事の過半数の出席がなければ，その議事を開き，議決することができないとされた（同条第5項）。

エ　議決方法

理事会の議事は，寄附行為に別段の定めがある場合を除いて，出席した理事の過半数で決し，可否同数のときは，議長の決するところによるとされた（法第36条第6項）。

(3) 理事の職務

改正法による改正前は，理事はすべて学校法人の業務について学校法人を代表するとされ（旧法第37条第1項），寄附行為をもって理事の代表権を制限することができるが，当該制限は登記事項ではなく，善意の第三者に対抗することができないとされていた（旧法第49条，民法（明治29年法律第89号）第54条）。

改正法により，理事長が，学校法人を代表し，その業務を総理するとされる（法第37条第1項）とともに，理事（理事長を除く。）は，寄附行為の定めるところにより学校法人を代表し，理事長を補佐して学校法

人の業務を掌理し，理事長に事故があるときはその職務を代理し，理事長が欠けたときはその職務を行うとされ（同条第2項），代表権の範囲又は制限に関する定めが登記事項とされることにより，この定めを第三者に対抗することができるようになった（法第28条第2項）。

2 学校法人の登記
(1) 理事長の登記
　ア 登記義務

改正法による改正前は，理事全員が代表権を有し，理事長（法第35条第2項）を含む理事全員が「理事」の資格で登記されていた（旧法第37条第1項本文，組登令第2条第4号）。

改正法により，理事長が，学校法人を代表し，その業務を総理するとされ（法第37条第1項），(2)の場合を除き，理事長のみが代表権を有するとされたため，組登令第2条第4号の登記をしなければならない事項としての代表権を有する者は，理事長のみとなり，「理事長」の資格で登記することになった。

　イ 添付書面

設立の登記の申請書に添付すべき「代表権を有する者の資格を証する書面」（組登令第16条第1項）には，寄附行為（法第30条第2項により設立当初の理事の定めがある。），寄附行為所定の方法によって理事長が選任されたことを証する書面並びに理事長についての理事及び理事長としての就任承諾書が該当する。

また，理事長の変更の登記の申請書に添付すべき「登記事項の変更を証する書面」（組登令第17条第1項，第2条第4号）には，次の書面が該当する。

　　(ア) 前理事長の退任を証する書面（辞任届，任期満了を証する書面等）
　　(イ) 新理事長が理事に就任したことを証する書面
　　　a 寄附行為
　　　b 寄附行為所定の方法によって理事に選任されたことを証する書

面
　　　c　理事としての就任承諾書
　(ｳ)　新理事長が理事長に就任したことを証する書面
　　　a　寄附行為
　　　b　寄附行為所定の方法によって理事長に選任されたことを証する書面
　　　c　理事長としての就任承諾書
　　　なお，ｂの書面が理事会等の議事録である場合には，当該議事録の印鑑と変更前の理事長が登記所に提出している印鑑とが同一である場合を除き，当該議事録の印鑑につき市区町村長の作成した証明書を添付しなければならない（法登規第7条，商業登記規則（昭和39年法務省令第23号）第80条第3項）。
　ウ　記載例
　　学校法人の理事長の登記に関する登記事項証明書の記載例は，別紙記載例1のとおりである。
(2)　代表権の範囲又は制限に関する定めの登記
　ア　登記義務
　　学校法人について代表権の範囲又は制限に関する定めを設けたときは，その定めを登記しなければならないとされた（組登令第2条第6号，別表1）。
　　なお，当該定めのある学校法人において，理事長以外の理事が代表権を有するときは，当該理事の氏名，住所及び資格を登記しなければならない（組登令第2条第4号）。
　イ　添付書面
　　設立の登記の申請書に添付すべき「組登令第2条第6号に掲げる事項を証する書面」（組登令第16条第2項）には，寄附行為が該当する。
　　また，寄附行為を変更して新たに代表権の範囲又は制限に関する定めを設定した場合において，変更の登記の申請書に添付すべき「登記事項の変更を証する書面」（組登令第17条第1項，第2条第4号）に

は，寄附行為及び寄附行為所定の方法によって寄附行為を変更したことを証する書面（理事会議事録等）が該当する。

　　なお，代表権の範囲又は制限に関する定めのある学校法人において，理事長以外の理事につき代表権を有する者の登記をする場合の添付書面は，(1)のイに準ずるものとする。

　　ウ　記載例

　　　代表権の範囲又は制限に関する定めの登記に関する登記事項証明書の記載例は，別記記載例2のとおりである。

(3) 清算人の登記

　改正法において，清算人に関する規定は改正されていないため，法定清算の場合は解散時の理事が清算人となり，各自学校法人を代表することになる（法第58条，民法第74条）。そのため，登記簿上解散時の理事であったことが明らかな清算人については，清算人の就任を証する書面を添付する必要はないが，それ以外の清算人については，その者が解散時の理事であったことを証する書面を添付する必要がある（組登令第17条第1項，第2条第4号）。

3　改正法施行の際現に存する学校法人についての経過措置

(1) 登記義務

　改正法施行の際現に存する学校法人の理事の登記については，2のとおり，代表権を有する者の氏名，住所及び資格等に変更が生ずることになるので，主たる事務所の所在地においては2週間以内に，従たる事務所の所在地においては3週間以内に，変更の登記をしなければならない（組登令第6条第1項，第2条第4号）。

　　変更の登記の内容は，次に定める区分に応じ，それぞれに定めるとおりである。

　　ア　理事長　「理事」から「理事長」への資格の変更の登記

　　イ　理事長以外の理事であって，寄附行為において代表権を有しない旨の内部的な定めがあったもの　代表権喪失による変更の登記

　　ウ　理事長以外の理事であって，寄附行為において特定の事項につき代

表権を有する旨の内部的な定めがあったもの　代表権の範囲又は制限に関する定めの登記

なお,施行日当日に新たに理事長を選任したときは,アの登記に代えて,代表権を有する者の就任による変更の登記をすることになる。

(2) 添付書面

(1)のアからウまでに掲げる登記の申請書には,登記事項の変更を証する書面を添付しなければならない（組登令第17条第1項,第2条第4号,第6号,別表1）。

当該書面には,寄附行為及び改正法の施行日における代表権を有する者を理事会で確認したことを証する書面（理事会議事録）が該当する。

なお,改正法の施行日における代表権を有する者を理事会で確認したことを証する書面については,法登規第7条において準用する商業登記規則第80条第3項の規定の適用はないため,理事会議事録の印鑑につき市区町村長の作成した証明書を添付する必要はない。

(3) 記載例

改正法施行の際現に存する学校法人の理事の登記に関する登記事項証明書の記載例は,別紙記載例3の(1)及び(2)のとおりである。

原因年月日は,改正法の施行日である「平成17年4月1日」と記録する。

また,登記原因は,代表権を有する者の資格の変更の登記にあっては「資格変更」と,理事長以外の理事の代表権喪失による変更の登記にあっては,「代表権喪失」と,理事長以外の理事の代表権の範囲又は制限に関する定めの登記にあっては「設定」と記録する。

4　その他

改正法は,平成17年4月1日から施行するとされた（法附則第1条）。ただし,施行日前に設立された学校法人で,当該学校法人の寄附行為に,1の(1)について定めのないものは,平成18年3月31日までに,これらの事項について寄附行為をもって定めなければならないとされた（法附則第3条）。

別紙記載例
1 学校法人の理事長の登記
　　役員区

役員に関する事項	東京都大田区東蒲田二丁目5番1号 理事長　　　　甲　野　太　郎

2 代表権の範囲又は制限に関する定めの登記
　　役員区

役員に関する事項	東京都渋谷区代官山町2番地 理事　　　　　乙　野　次　郎
	代表権の範囲 理事乙野次郎は何県何市何町何番地の従たる事務所の業務についてのみこの法人を代表する

3 改正法施行の際限に存する学校法人の理事の登記
　(1) 理事長のみが代表権を有する場合
　　　役員区

役員に関する事項	東京都大田区東蒲田二丁目5番1号 理事　　　　　甲　野　太　郎	
	東京都渋谷区代官山町2番地 理事　　　　　乙　野　次　郎	平成17年　4月　1日代表権喪失
		平成17年　4月　5日登記
	東京都北区滝野川一丁目3番1号 理事　　　　　丙　川　春　子	平成17年　4月　1日代表権喪失
		平成17年　4月　5日登記
	千葉県松戸市岩瀬1番地 理事　　　　　丁　山　夏　子	平成17年　4月　1日代表権喪失
		平成17年　4月　5日登記
	東京都目黒区目黒三丁目1番6号 理事　　　　　戊　野　三　郎	平成17年　4月　1日代表権喪失
		平成17年　4月　5日登記
	東京都大田区東蒲田二丁目5番1号 理事長　　　　甲　野　太　郎	平成17年　4月　1日資格変更
		平成17年　4月　5日登記

(2) 代表権の範囲又は制限に関する寄附行為の定めにより、理事長以外の理事も代表権を有する場合
　　役員区

役員に関する事項	東京都大田区東蒲田二丁目5番1号 理事　　　　　甲　野　太　郎	
	東京都渋谷区代官山町2番地 理事　　　　　乙　野　次　郎	
	東京都北区滝野川一丁目3番1号 理事　　　　　丙　川　春　子	平成17年　4月　1日代表権喪失
		平成17年　4月　5日登記
	千葉県松戸市岩瀬1番地 理事　　　　　丁　山　夏　子	平成17年　4月　1日代表権喪失
		平成17年　4月　5日登記
	東京都目黒区目黒三丁目1番6号 理事　　　　　戊　野　三　郎	平成17年　4月　1日代表権喪失
		平成17年　4月　5日登記
	東京都大田区東蒲田二丁目5番1号 理事長　　　　甲　野　太　郎	平成17年　4月　1日資格変更
		平成17年　4月　5日登記
	代表権の範囲 理事乙野次郎は何県何市何町何番地の従たる事務所の業務についてのみこの法人を代表する。	平成17年　4月　1日設定
		平成17年　4月　5日登記

13 「私立学校法の一部を改正する法律の施行に伴う法人登記事務の取扱いについて」の一部改正について

(平成18年4月3日法務省民商第802号通知)

(通知) 平成17年3月3日付け法務省民商第496号当職通知「私立学校法の一部を改正する法律の施行に伴う法人登記事務の取扱いについて」の一部を下記のとおり改正し，本日から実施することとしましたので，この旨貴管下登記官に周知方取り計らい願います。

記

別紙記載例2の次に次のように加える。

2の2　代表権の範囲又は制限に関する定めに関する変更の登記
　(1)　新たな理事が就任すると同時に代表権を有することとなった場合
　　　役員区

役員に関する事項	東京都渋谷区代官山町2番地 理事　乙　野　次　郎	平成18年　4月　1日就任
		平成18年　4月　5日登記
	代表権の範囲 理事乙野次郎は何県何市何町何番地の従たる事務所の業務についてのみこの法人を代表する。	平成18年　4月　1日設定
		平成18年　4月　5日登記

　(2)　代表権を有しない既存の理事が在任中に代表権を有することとなった場合
　　　役員区

役員に関する事項	東京都渋谷区代官山町2番地 理事　乙　野　次　郎	平成18年　4月　1日代表権付与
		平成18年　4月　5日登記
	代表権の範囲 理事乙野次郎は何県何市何町何番地の従たる事務所の業務についてのみこの法人を代表する。	平成18年　4月　1日設定
		平成18年　4月　5日登記

　(3)　代表権を有する既存の理事が退任した場合
　　　役員区

役員に関する事項	<u>東京都渋谷区代官山町2番地</u> <u>理事　乙　野　次　郎</u>		
		平成18年　4月　1日退任	
		平成18年　4月　5日登記	
	<u>代表権の範囲</u> <u>理事乙野次郎は何県何市何町何番地の</u><u>従たる事務所の業務についてのみこの</u><u>法人を代表する。</u>	平成17年　4月　1日設定	
		平成17年　4月　5日登記	
		平成18年　4月　1日消滅	
		平成18年　4月　5日登記	

(4) 代表権を有する既存の理事が在任中に代表権を有しないこととなった場合
　　役員区

役員に関する事項	東京都渋谷区代官山町2番地 理事　乙　野　次　郎			
		平成18年　4月　1日代表権喪失		
		平成18年　4月　5日登記		
	代表権の範囲 理事乙野次郎は何県何市何町何番地の従たる事務所の業務についてのみこの法人を代表する。	平成17年　4月　1日設定		
		平成17年　4月　5日登記		
		平成18年　4月　1日消滅		
		平成18年　4月　5日登記		

(5) 代表権を有する既存の理事が重任した場合
　　役員区

役員に関する事項	東京都渋谷区代官山町2番地 理事　乙　野　次　郎		
	東京都渋谷区代官山町2番地 理事　乙　野　次　郎	平成18年　4月　1日重任	
		平成18年　4月　5日登記	
	代表権の範囲 理事乙野次郎は何県何市何町何番地の従たる事務所の業務についてのみこの法人を代表する。	平成17年　4月　1日設定	
		平成17年　4月　5日登記	
		平成18年　4月　1日消滅	
		平成18年　4月　5日登記	
	代表権の範囲 理事乙野次郎は何県何市何町何番地の従たる事務所の業務についてのみこの法人を代表する。	平成18年　4月　1日設定	
		平成18年　4月　5日登記	

(6) 代表権を有する既存の理事が在任中に理事長に就任した場合
　　役員区

役員に関する事項	東京都渋谷区代官山町2番地 理事　乙　野　次　郎		
	東京都渋谷区代官山町2番地 理事　乙　野　次　郎	平成18年　4月　1日資格変更	
		平成18年　4月　5日登記	
	代表権の範囲 理事乙野次郎は何県何市何町何番地の従たる事務所の業務についてのみこの法人を代表する。	平成17年　4月　1日設定	
		平成17年　4月　5日登記	
		平成18年　4月　1日消滅	
		平成18年　4月　5日登記	

14 商品取引所法の一部を改正する法律の施行に伴う商業・法人登記事務の取扱いについて

(平成17年4月4日法務省民商第945号通知)

(通知) 商品取引所法の一部を改正する法律(平成16年法律第43号。以下「改正法」という。)及び商品取引所法施行令の一部を改正する政令(平成16年政令第259号。以下「改正政令」という。)が本年5月1日(以下「施行日」という。)から施行されますが,これに伴う商業・法人登記事務の取扱いについては,下記の点に留意するよう,貴管下登記官に周知方取り計らい願います。

なお,本通知中,「法」とあるのは商品取引所法(昭和25年法律第239号)を,「商登法」とあるのは商業登記法(昭和38年法律第125号)を,「組登令」とあるのは組合等登記令(昭和39年政令第29号)をいい,引用する条文は,特に「旧」の文字を冠したものを除き,いずれも改正後のものです。

記

第1 改正法の趣旨

　改正法は,信頼性及び利便性の高い商品市場を実現する観点から,従来の会員組織の商品取引所のほかに,株式会社形態の商品取引所を可能とする制度を導入し(第2参照),商品取引所外においてより効率的な清算を可能とする清算機関制度の整備及び商品取引員等に対する規制の適正化を図り(第3参照),さらに,商品市場における取引の委託者の資産保全の充実を図る観点から,委託者保護基金制度を創設すること(第4参照)等を目的として,制定された。

第2 商品取引所

　1 商品取引所の定義等

　　(1) 定義

　　　商品取引所とは,会員商品取引所及び株式会社商品取引所をいうとされた(法第2条第1項)。

　　　会員商品取引所とは,商品又は商品指数について先物取引をするために必要な市場を開設することを主たる目的として法に基づいて設立

された会員組織の社団をいい（法第2条第2項），株式会社商品取引所とは，3の(1)の主務大臣の許可を受けて，商品又は商品指数について先物取引をするために必要な市場を開設する株式会社をいうとされた（同条第3項）。

(2) 業務の制限等

商品取引所は，商品又は商品指数について先物取引をするために必要な市場の開設の業務及び上場商品の品質の鑑定，刊行物の発行その他これに附帯する業務以外の業務を行ってはならず（法第3条），その名称又は商号中に「取引所」という文字を用いなければならないとされ（法第4条第1項），商品取引所でない者は，その名称又は商号中に商品取引所であると誤認されるおそれのある文字を用いてはならないとされた（同条第2項）。

2 会員商品取引所

(1) 会員商品取引所の設立

ア 法人格及び設立の要件等

会員商品取引所は，法人とするとされ（法第7条第1項），営利の目的をもって業務を行ってはならないとされた（同条第2項）。

また，会員商品取引所を設立しようとする者は，主務大臣の許可を受けなければならないとされ（法第9条），会員商品取引所を設立するには，開設する商品市場ごとに会員になろうとする20人以上の者が発起人とならなければならないとされた（法第10条第1項）。

イ 定款記載事項

発起人は，会員商品取引所の定款を作成し，定款が書面をもって作成されているときは，これに署名しなければならないとされた（法第11条第1項）。定款には，法第11条第2項各号に掲げる事項を記載し，又は記録しなければならないとされ（同条第2項），会員商品取引所の存立期間又は商品市場の開設期限を定めたときは，その存立期間又は開設期限を記載し，又は記録するとされた（同条第4項）。

ウ　創立総会

発起人は，定款作成後，会員になろうとする者を募り，出資の払込みの期限となっている日後10日を経過した日から5日以内に，創立総会を開かなければならないとされるとともに（法第13条第1項），会日から10日前までに，書面をもって招集の通知を発しなければならないとされ（同条第6項，第59条第8項本文），創立総会までに出資の全額の払込みを終了しなければならないとされた（法第13条第2項）。

定款の承認その他設立に必要な事項の決定は，創立総会の決議によらなければならないとされ（法第13条第3項），創立総会における議事は，会員になろうとする者（その出資の全額の払込みが終了した者に限る。）の半数以上が出席し，その議決権の3分の2以上で決するとされた（同条第5項）。

エ　成立の時期

会員商品取引所は，その設立の登記をすることにより成立するとされた（法第16条第1項）。

オ　設立無効の訴え

会員商品取引所の設立無効の訴えについては，株式会社の設立無効の訴えと同様とされた（法第18条，商法（明治32年法律第48号）第428条）。

(2)　会員商品取引所の会員

会員商品取引所の会員たる資格を有する者は，法第30条第1項各号に掲げる者に限るとされた（法第30条）。

会員は，出資1口以上を持たなければならないが（法第32条第1項），出資口数にかかわらず，各々1個の議決権及び役員の選挙権を有するとされた（法第33条第1項）。

(3)　会員商品取引所の機関

ア　役員

会員商品取引所に，役員として，理事長1人，理事2人以上及び

監事2人以上を置くとされた（法第46条）。

イ　理事長及び理事の権限

　　理事長は，会員商品取引所を代表し，その事務を総理するとされ（法第47条第1項），理事は，定款で定めるところにより，会員商品取引所を代表し，理事長を補佐して会員商品取引所の事務を掌理し，理事長に事故があるときにはその職務を代理し，理事長が欠員のときにはその職務を行うとされた（同条第2項）。また，会員商品取引所の事務の執行は，定款に別段の定めがないときは，理事長及び理事の過半数で決するとされた（同条第3項）。

ウ　役員の選任

　　会員商品取引所の役員は，定款で定めるところにより，会員総会において，会員が選挙するが（法第50条第1項本文），定款に特別の定めがある場合には，理事長は，理事の過半数の同意を得て，定款で定める数の理事を選任するとされた（同条第2項）。

　　ただし，設立当時の役員は，創立総会において，会員になろうとする者が選挙するとされた（法第50条第1項ただし書）。

エ　役員の任期

　　役員の任期は，3年以内において定款で定める期間とされた（法第51条第1項）。ただし，設立当時の役員の任期は，創立総会において定める期間とされ，その期間は，1年を超えることができないとされた（法第51条第2項）。

オ　仮理事及び仮監事

　　主務大臣は，理事又は監事の職を行う者がない場合において，必要があると認めるときは，仮理事又は仮監事を選任することができるとされた（法第52条）。

カ　会員総会の招集

　　理事長は，定款で定めるところにより，毎事業年度1回通常会員総会を招集しなければならず（法第59条第1項），必要があると認めるときは，定款で定めるところにより，いつでも臨時会員総会を

招集することができるとされた（同条第2項）。

　また，会員が総会員の5分の1以上の者の同意をもって，会議の目的たる事項及び招集の理由を記載した書面を理事長に提出して，会員総会の招集を請求したときは，理事長は，その請求があった日から20日以内に，臨時会員総会を招集しなければならないとされた（法第59条第3項）。

キ　会員総会の決議事項及び特別決議事項

　法に特別の定めがあるもののほか，次に掲げる事項は，会員総会の決議を経なければならないとされるとともに（法第60条），㈦及び㈣から㈹までに掲げる事項は，総会員の半数以上が出席し，その議決権の3分の2以上の多数による決議を経なければならないとされた（法第61条）。

㈦　定款の変更

㈠　貸借対照表，損益計算書，業務報告書，剰余金処分案及び損失処理案の承認

㈡　経費の賦課及び徴収の方法

㈣　解散

㈤　合併

㈹　会員の除名

㈺　その他定款で定める事項

　なお，㈦及び㈤は，主務大臣の認可を受けなければ，その効力を生じないとされた（法第155条第1項，第76条第1項，第145条第1項）。

ク　会員総会の議事

　会員総会の議事は，法又は定款に特別の定めがある場合を除いて，出席した会員の議決権の過半数で決し，可否同数のときは，議長の決するところによるとされた（法第62条第1項）。

　議長は，会員総会において選任するが（法第62条第2項），会員として会員総会の決議に加わる権利を有しないとされ（同条第3

項），会員総会においては，定款で別段の定めをしたときを除き，法第59条第8項の規定により招集通知においてあらかじめ通知した事項についてのみ決議することができるとされた（法第62条第4項）。

　また，会員総会の議事録には，出席した監事も署名しなければならないとされた（法第62条第5項）。
(4) 会員商品取引所の解散及び清算
　ア　解散
　　会員商品取引所は，次に掲げる事由によって解散するとされた（法第69条）。
　　(ア)　定款で定めた存立期間の満了又は解散事由の発生
　　(イ)　会員総会の決議
　　(ウ)　合併（合併により当該会員商品取引所が消滅する場合の当該合併に限る。イにおいて同じ。）
　　(エ)　破産
　　(オ)　設立の許可の取消し
　　(カ)　会員の数がすべての商品市場について10人以下となったこと。
　イ　清算
　　(ア)　清算人の選任
　　　会員商品取引所が解散したときは，合併及び破産による解散の場合を除いて，理事長及び理事がその清算人となるが，会員総会において他人を清算人に選任することもできるとされ（法第71条），清算人となる者がいないときは，裁判所が利害関係人の請求によって清算人を選任するとされた（法第77条第1項，商法第417条第2項）。

　　　清算人は，各自会員商品取引所を代表するが，理事長及び理事が清算人となった場合においては，従前の定めに従って会員商品取引所を代表するとされ（法第77条第1項，商法第129条第2項），定款又は会員総会の決議をもって清算人中特に会員商品取

引所を代表すべき者を定めることもできるとされた（法第77条第2項，商法第76条）。

　　なお，清算人が数人あるときは，清算に関する行為はその過半数をもって決するとされた（法第77条第1項，商法第128条）。

　　また，会員商品取引所は，定款又は会員総会の決議をもって，数人の清算人が共同して会員商品取引所を代表すべき旨を定めることができるとされ（法第77条第2項，商法第77条第1項），裁判所が数人の清算人を選任する場合においては，会員商品取引所を代表すべき者を定め，又は数人が共同して会員商品取引所を代表すべき旨を定めることができるとされた（法第77条第1項，商法第129条第3項）。

　(イ)　清算人の解任

　　清算人は，裁判所の選任した者を除くほか，いつでも会員総会の決議をもって解任することができるとされた（法第77条第1項，商法第426条第1項）。

(5)　会員商品取引所の登記

　ア　管轄登記所

　　会員商品取引所の登記に関する事務は，その事務所の所在地を管轄する法務局若しくは地方法務局若しくはこれらの支局又はこれらの出張所が管轄登記所としてつかさどり（法第25条第1項），各登記所に，会員商品取引所登記簿を備えるとされた（同条第2項）。

　イ　設立の登記

　　(ア)　登記事項等

　　　会員商品取引所の設立の登記は，(1)のアの主務大臣の許可があった日から2週間以内に，主たる事務所の所在地においてしなければならないとされた（法第20条第1項）。

　　　会員商品取引所の設立の登記には，次に掲げる事項を登記しなければならないとされた（法第20条第2項）。

　　　　a　目的

　　　　b　名称
　　　　c　事務所
　　　　d　存立の期間又は解散の事由を定めたときは，その期間又は事由
　　　　e　出資の総額
　　　　f　出資1口の金額及びその払込みの方法
　　　　g　代表権を有する者の氏名，住所及び資格
　　　　h　代表権の範囲又は制限に関する定めがあるときは，その定め
　　　　i　公告の方法
　　　　また，会員商品取引所は，設立の登記をした後2週間以内に，従たる事務所の所在地において，上記の事項を登記しなければならないとされた（法第20条第3項）。
　　(イ)　添付書面
　　　　会員商品取引所の設立の登記の申請書には，次に掲げる書面を添付しなければならないとされた（法第26条）。
　　　　a　定款
　　　　b　出資の払込みがあったことを証する書面
　　　　c　代表権を有する者の資格を証する書面
　　　　なお，従たる事務所の所在地においてする登記の申請書には，主たる事務所の所在地においてした登記を証する書面を添付しなければならないとされた（法第29条，商登法第56条第1項）。
　ウ　従たる事務所の新設の登記
　　(ア)　登記事項等
　　　　会員商品取引所は，成立後従たる事務所を設けたときは，主たる事務所の所在地においては2週間以内に従たる事務所を設けたことを登記し，その従たる事務所の所在地においては3週間以内にイの(ア)に掲げる事項を登記し，他の従たる事務所の所在地においては同期間内にその従たる事務所を設けたことを登記しなければならないとされた（法第21条第1項）。ただし，主たる事務所

又は従たる事務所の所在地を管轄する登記所の管轄区域内において新たに従たる事務所を設けたときは，その従たる事務所を設けたことを登記することをもって足りるとされた（同条第2項）。

なお，従たる事務所の所在地においてイの(ｱ)に掲げる事項を登記する場合には，会員商品取引所の成立年月日等をも登記しなければならないとされた（法第29条，商登法第56条第2項）。

　(ｲ)　添付書面

従たる事務所の新設の登記の申請書には，従たる事務所の新設を証する書面を添付しなければならないとされた（法第27条）。

エ　事務所の移転の登記

　(ｱ)　登記事項等

会員商品取引所が主たる事務所を移転したときは，2週間以内に，旧所在地においては移転の登記をし，新所在地においてはイの(ｱ)に掲げる事項を登記し，従たる事務所を移転したときは，旧所在地においては3週間以内に移転の登記をし，新所在地においては4週間以内にイの(ｱ)に掲げる事項を登記しなければならないとされた（法第22条第1項）。ただし，同一の登記所の管轄区域内において主たる事務所又は従たる事務所を移転したときは，その移転の登記をすることをもって足りるとされた（法第22条第2項）。

なお，事務所の移転の登記については，商登法における会社の本店又は支店の移転の登記と同様の取扱いをするとされた（法第29条，商登法第56条第2項，第57条から第59条まで）。

　(ｲ)　添付書面

会員商品取引所の主たる事務所又は従たる事務所の移転の登記の申請書には，登記事項の変更を証する書面を添付しなければならないとされた（法第27条）。

オ　変更の登記

　(ｱ)　登記事項等

イの(ア)に掲げる事項に変更を生じたときは，主たる事務所の所在地においては2週間以内に，従たる事務所の所在地においては3週間以内に，変更の登記をしなければならないが（法第23条第1項），出資の総額の変更の登記は，毎事業年度末の現在により事業年度終了後，主たる事務所の所在地においては4週間以内に，従たる事務所の所在地においては5週間以内に，これをすることができるとされた（同条第2項）。

(イ) 添付書面

イの(ア)に掲げる事項の変更の登記の申請書には，登記事項の変更を証する書面を添付しなければならないとされた（法第27条）。

カ　理事長の職務執行停止等の登記

理事長若しくは会員商品取引所を代表すべき理事の職務の執行を停止し，若しくはその職務を代行する者を選任する仮処分又はその仮処分の変更若しくは取消しがあったときは，主たる事務所及び従たる事務所の所在地において，その登記をしなければならないとされた（法第24条）。

この場合には，裁判所書記官がその登記の嘱託をし（民事保全法（平成元年法律第91号）第56条），嘱託書には裁判の謄本が添付されることとなる（民事保全規則（平成2年最高裁判所規則第3号）第43条）。

キ　設立無効の登記

設立を無効とする判決が確定したときは，主たる事務所及び従たる事務所の所在地において，その登記をしなければならないとされた（法第18条，商法第428条第3項，第137条）。

この場合には，受訴裁判所がその登記の嘱託をするとされ（法第28条，非訟事件手続法（明治31年法律第14号）第135条ノ6），嘱託書には裁判の謄本が添付されることとなる（法第28条，非訟事件手続法第140条）。

ク　決議取消し等の登記

会員総会（創立総会を含む。）が決議した事項の登記がある場合において，その決議を取り消し，又はその不存在若しくは無効を確認する判決が確定したときは，主たる事務所及び従たる事務所の所在地において，その登記をしなければならないとされた（法第13条第6項，第63条，商法第250条，第252条）。

　この場合には，受訴裁判所がその登記の嘱託をするとされ（法第63条，非訟事件手続法第139条第6号），嘱託書には裁判の謄本が添付されることとなる（法第63条，非訟事件手続法第140条）。

ケ　解散の登記
　(ｱ)　登記事項等
　　　会員商品取引所が解散したときは，合併及び破産による解散の場合を除くほか，主たる事務所の所在地においては2週間以内に，従たる事務所の所在地においては3週間以内に，解散の登記をしなければならないとされた（法第72条）。また，会員商品取引所が主務大臣の設立の許可の取消しの処分により解散する場合における解散の登記は，主務大臣の嘱託によってするとされた（法第74条第2項）。

　　　解散の登記において登記すべき事項は，解散の旨，その事由及び年月日である（法第77条第3項，商登法第61条第1項）。
　(ｲ)　添付書面
　　　会員商品取引所の解散の登記の申請書には，解散の事由を証する書面及び理事長又は会員商品取引所を代表すべき理事が清算人でない場合においては，会員商品取引所を代表すべき清算人であることを証する書面を添付しなければならないとされた（法第74条第1項）。

コ　清算結了の登記
　(ｱ)　登記事項等
　　　会員商品取引所の清算が結了したときは，法第77条第1項において準用する商法第427条第1項の決算報告の承認があった後，

主たる事務所の所在地においては2週間以内に，従たる事務所の所在地においては3週間以内に，清算結了の登記をしなければならないとされた（法第73条）。

　　(イ)　添付書面

　　　　清算結了の登記の申請書には，清算人が(ア)の決算報告の承認を得たことを証する書面を添付しなければならないとされた（法第75条）。

(6)　既存の商品取引所に関する経過措置

改正法の施行の際現に旧法第8条の2の主務大臣の許可を受けている商品取引所は，法第9条の主務大臣の許可を受けて設立された会員商品取引所とみなすとされた（改正法附則第2条）。

また，施行日前に商品取引所について旧法の商品取引所登記簿に登記された事項は，施行日において会員商品取引所登記簿に登記されたものとみなすとされた（改正法附則第3条）。

3　株式会社商品取引所

(1)　株式会社商品取引所の許可

株式会社商品取引所になろうとする者は，主務大臣の許可を受けなければならないとされた（法第78条）。

(2)　定款

株式会社商品取引所の定款には，商法第166条第1項各号に掲げる事項のほか，法第81条第1項各号に掲げる事項を記載し，又は記録しなければならないとされた（法第81条第1項）。また，株式会社商品取引所としての存立期間又は商品市場の開設期限を定めたときは，その存立期間又は開設期限を記載し，又は記録するものとされた（同条第2項）。

(3)　議決権の保有制限

何人も，株式会社商品取引所の総株主の議決権（商法第211条ノ2第4項に規定する種類の株式に係る議決権を除き，同条第5項の規定により議決権を有するものとみなされる株式に係る議決権を含む。以

下同じ。）の100分の5を超える議決権（取得又は保有の態様その他の事情を勘案して主務省令で定めるものを除く。以下「対象議決権」という。）を取得し、又は保有してはならないとされた（法第86条第1項）。

ただし、保有する対象議決権の数に増加がない場合その他の主務省令で定める場合において、株式会社商品取引所の総株主の議決権の100分の5を超える対象議決権を取得し、又は保有することとなるときは、上記の議決権の取得・保有制限は妥当しないが、当該株式会社商品取引所の総株主の議決権の100分の5を超える部分の対象議決権については、その超えることとなった日から1年を超えて、これを保有してはならないとされた（法第86条第2項）。

(4) 仮取締役、仮監査役等

　ア　手続等

　　主務大臣は、株式会社商品取引所の取締役、代表取締役、執行役、代表執行役又は監査役の職務を行う者がない場合において、必要があると認めるときは、仮取締役、仮代表取締役、仮執行役、仮代表執行役又は仮監査役を選任することができるとされた（法第89条第1項）。

　　なお、裁判所が仮取締役等を選任する旨の商法第258条第2項等の規定は、株式会社商品取引所には適用しないとされた（法第89条第2項）。

　イ　登記事項等

　　主務大臣は、仮取締役、仮代表取締役、仮執行役、仮代表執行役又は仮監査役を選任したときは、当該株式会社商品取引所の本店及び支店の所在地の登記所にその旨の登記を嘱託しなければならないとされた（法第90条第1項）。この場合には、嘱託書に、当該登記の原因となる事由に係る処分を行ったことを証する書面が添付されることとなる（同条第2項）。

(5) 株式会社商品取引所の解散等の認可

株式会社商品取引所の解散についての株主総会の決議，合併及び定款の変更は，主務大臣の認可を受けなければ，その効力を生じないとされた（法第96条第1項，第145条第1項，第155条第1項）。

4 会員商品取引所から株式会社商品取引所への組織変更
 (1) 組織変更の手続等
  ア 商品取引所の組織変更
   会員商品取引所は，その組織を変更して株式会社商品取引所になることができるとされた（法第121条）。
  イ 組織変更計画書の承認
   会員商品取引所は，組織変更をするには，組織変更計画書を作成して，会員総会の決議により，その承認を受けなければならないとされ（法第122条第1項），当該会員総会においては，その決議により，定款その他株式会社への組織変更に必要な事項を定めるとともに，組織変更後の株式会社の役員となるべき者を選任しなければならないとされた（同条第2項）。これらの決議事項は，総会員の半数以上が出席し，その議決権の3分の2以上の多数による決議を経なければならないとされた（同条第3項）。
   会員総会の招集は，組織変更計画書の要領，組織変更後の株式会社の定款及びその役員となるべき者の選任に関する議案の要領を示してしなければならないとされ（法第122条第4項），組織変更計画書には，組織変更をする時期，会員に対する株式の割当てに関する事項その他主務省令で定める事項を記載しなければならないとされた（同条第5項）。
  ウ 債権者保護手続
   会員商品取引所は組織変更の決議の日から2週間以内に，債権者に対し組織変更に異議があれば一定の期間内（30日を下ることができない。）にこれを述べるべき旨を公告し，かつ，知れている債権者には各別に催告しなければならないとされた（法第124条，商法第100条第1項）。

債権者がこの一定の期間内に異議を述べなかったときは，組織変更を承認したものとみなされ，債権者が異議を述べた場合には，組織変更をしてもその債権者を害するおそれがないときを除き，会員商品取引所は，当該債務につき，弁済し，若しくは相当の担保を提供し，又はその債権者に弁済を受けさせることを目的として信託会社若しくは信託業務を営む金融機関に相当の財産を信託しなければならないとされた（法第124条，商法第100条第2項，第3項）。

エ 会員への株式の割当て

会員商品取引所の会員は，組織変更計画書で定めるところにより，組織変更後の株式会社商品取引所の株式の割当てを受け，当該株式を割り当てられた者は，組織変更により組織変更後の株式会社商品取引所の株主となるとされた（法第126条第1項，第3項）。

オ 新会社の資本及び理事長等のてん補責任

エにより会員に割り当てた株式の発行価額の総額は，組織変更時における組織変更前の会員商品取引所に現に存する純資産額を上回ることができないとされた（法第127条第1項）。

この場合において，組織変更時における組織変更後の株式会社商品取引所に現に存する純資産額がエにより会員に割り当てた株式の発行価額の総額に不足するときは，組織変更の決議の当時の会員商品取引所の理事長及び理事は，組織変更後の株式会社商品取引所に対し連帯してその不足額を支払う義務を負うとされた（法第127条第2項）。

カ 組織変更に際してする株式の発行

会員商品取引所は，エによる株式の割当てを行うほか，組織変更に際して，組織変更後の株式会社商品取引所の株式を発行することができるとされ，この場合においては，組織変更計画書において，次に掲げる事項を記載しなければならないとされた（法第129条第1項）。

(ア) 発行する株式の種類及び数

(イ)　株式の発行価額

　　(ウ)　株式の発行価額中資本に組み入れない額

　　(エ)　現物出資をする者の氏名，出資の目的たる財産及びその価格並びにこれに対して与える株式の種類及び数

　　　　組織変更計画書に(エ)に掲げる事項を記載した場合については，会員商品取引所の理事長又は理事は，当該事項を調査させるため検査役の選任を裁判所に請求しなければならないとされたほか，株式会社の設立時の現物出資の場合と同様な検査役の調査を要しない例外規定が設けられた（法第129条第3項，商法第173条）。

　キ　会社の設立に際して発行する株式とみなされる株式等

　　　次に掲げる株式は，商法第166条第1項第6号及び第4項に規定する会社の設立に際して発行する株式とみなすとされた（法第136条第1項）。

　　(ア)　エにより会員に割り当てる株式

　　(イ)　カにより組織変更に際して発行する株式

　ク　組織変更の認可及び効力

　　　組織変更は，主務大臣の認可を受けなければ，その効力を生じないとされ（法第132条第1項），本店の所在地において(2)のアの登記をすることによってその効力を生ずるとされた（法第135条）。

(2)　組織変更の登記

　ア　登記義務等

　　　会員商品取引所の組織変更の登記については，(1)のクの主務大臣の認可があった日から，主たる事務所及び本店の所在地においては2週間以内に，従たる事務所及び支店の所在地においては3週間以内に，組織変更前の会員商品取引所については解散の登記を，組織変更後の株式会社商品取引所については設立の登記をしなければならないとされた（法第134条第1項）。

　　　この場合については，組織変更前の会員商品取引所についての登記の申請と組織変更後の株式会社商品取引所についての登記の申請

とを同時にしなければならない等，合名会社の合資会社への組織変更の登記に関する取扱い（商登法第71条及び第73条参照）と同様の取扱いをするとされた（法第134条第3項）。

イ　添付書面

　アの設立の登記の申請書には，商登法第18条，第19条及び第79条に定める書類のほか，次に掲げる書類を添付しなければならないとされた（法第134条第2項）。

(ア)　組織変更計画書

(イ)　定款

(ウ)　組織変更前の会員商品取引所の組織変更会員総会の議事録

(エ)　(1)のウによる公告及び催告をしたこと並びに異議を述べた債権者があるときは，その者に対し弁済し，若しくは担保を提供し，若しくは信託したこと又は組織変更をしてもその者を害するおそれがないことを証する書面

(オ)　組織変更時における組織変更前の会員商品取引所に現に存する純資産額を証する書面

(カ)　組織変更後の株式会社商品取引所の取締役，代表取締役及び監査役（委員会等設置会社にあっては，取締役，委員会を組織する取締役，執行役及び代表執行役）が就任を承諾したことを証する書面

(キ)　名義書換代理人又は登録機関を置いたときは，これらの者との契約を証する書面

(ク)　(1)のカにより組織変更に際して株式を発行したときは，次に掲げる書面

　　a　株式の申込み及び引受けを証する書面

　　b　取締役及び監査役又は検査役の調査報告書並びに法第129条第3項において準用する商法第173条第2項第3号の証明及び鑑定評価を記載した書面並びにこれらの附属書類並びに有価証券の証券取引所の相場を証する書面

　　　　　c　検査役の報告に関する裁判があったときは，その謄本

　　　　　d　払込みを取り扱った銀行又は信託会社の払込金の保管に関する証明書

　　　ウ　登録免許税

　　　　組織変更による株式会社の設立の登記に係る登録免許税の額は，本店の所在地においては税率を1,000分の7として計算した金額（当該金額が15万円に満たないときは，15万円），支店の所在地においては申請1件につき9,000円である（登録免許税法（昭和42年法律第35号）第9条，第17条の2，別表第1第19号(1)ホ，(2)イ，登録免許税法施行令（昭和42年政令第146号）第5条の4第5号）。

　　　　なお，組織変更による会員商品取引所の解散の登記には，登録免許税は課されない。

(3)　組織変更の無効の訴え

　　　組織変更の無効は，本店の所在地において組織変更の日から6か月以内に，訴えをもってのみ主張することができるとされた（法第137条第1項）。

　　　組織変更を無効とする判決が確定したときは，主たる事務所及び従たる事務所の所在地において，組織変更によって設立した株式会社商品取引所については解散の登記を，組織変更によって解散した会員商品取引所については回復の登記をしなければならないとされた（法第137条第2項，商法第108条）。

　　　この場合には，受訴裁判所がその登記の嘱託をするとされ（法第137条第2項，非訟事件手続法第135条ノ6），嘱託書には裁判の謄本が添付されることとなる（法第137条第2項，非訟事件手続法第140条）。

5　商品取引所の合併

(1)　合併の手続等

　　ア　商品取引所の合併

　　　会員商品取引所は，他の会員商品取引所又は株式会社商品取引所

と合併することができるとされ（法第139条第1項），この場合には，合併後存続する者又は合併により設立される者は，次に掲げる場合の区分に応じ，それぞれに定める者でなければならないとされた（同条第2項）。

(ｱ) 会員商品取引所と会員商品取引所とが合併する場合　会員商品取引所

(ｲ) 会員商品取引所と株式会社商品取引所とが合併する場合　株式会社商品取引所

また，株式会社商品取引所が合併する場合には，法及び商法の合併に関する規定に従うものとされた（法第139条第3項）。

イ　合併契約書の承認

会員商品取引所が合併を行うには，合併契約書を作成して，会員総会の決議により，その承認を受けなければならないとされ（法第140条第1項），会員総会の招集の通知は，合併契約書の要領を示してしなければならないとされた（同条第2項）。

また，会員商品取引所が合併を行う場合の合併契約書には，合併を行う時期その他主務省令で定める事項を記載しなければならないとされ（法第141条第1項），合併の一方の当事者が株式会社商品取引所であるときは，当該株式会社商品取引所については，合併契約書の記載事項に関する商法第409条及び第410条の規定は，適用しないとされた（法第141条第2項）。

ウ　会員への株式の割当て

会員商品取引所と株式会社商品取引所とが合併する場合において，当該会員商品取引所の会員は，合併契約書で定めるところにより，合併後の株式会社商品取引所の株式の割当てを受けるものとされ（法第144条第1項），これにより会員商品取引所の会員で株式を割り当てられた者は，合併により合併後の株式会社商品取引所の株主となるとされた（同条第3項）。

エ　債権者保護手続

会員商品取引所は，合併の決議の日から2週間以内に，その債権者に対し合併に異議があれば一定の期間内（30日を下ることができない。）にこれを述べるべき旨を公告し，かつ，知れている債権者には各別に催告しなければならないとされた（法第150条，商法第412条第1項本文，第2項，第100条第1項）。

債権者がこの一定の期間内に異議を述べなかったときは，合併を承認したものとみなされ，債権者が異議を述べた場合には，合併をしてもその債権者を害するおそれがないときを除き，会員商品取引所は，当該債務につき，弁済し，若しくは相当の担保を提供し，又はその債権者に弁済を受けさせることを目的として信託会社若しくは信託業務を営む金融機関に相当の財産を信託しなければならないとされた（法第150条，商法第412条第2項，第100条第2項，第3項）。

オ　合併の認可及び効力

商品取引所を全部又は一部の当事者とする合併は，主務大臣の認可を受けなければ，その効力を生じないとされた（法第76条第1項，第96条第1項第2号，第145条第1項）。

商品取引所の合併は，合併後存続し，又は合併により設立される者の本店又は主たる事務所の所在地において，合併による変更又は設立の登記をすることによってその効力を生ずるとされた（法第148条，第139条第3項，商法第416条，第102条）。

カ　合併の効果等

主務大臣の認可を受けて設立された商品取引所は，当該設立の時に，2の(1)のア又は3の(1)の主務大臣の許可を受けたものとみなすとされた（法第149条第1項）。

また，合併後の商品取引所は，合併により消滅した商品取引所の権利及び義務（当該商品取引所がその行う業務に関し，行政官庁の許可，認可その他の処分に基づいて有する権利及び義務を含む。）を承継するとされた（法第149条第2項）。

(2) 会員商品取引所の合併の登記
　ア　登記義務等
　　　会員商品取引所の合併の登記については，(1)のオの主務大臣の認可があった日から，主たる事務所の所在地においては2週間以内に，従たる事務所の所在地においては3週間以内に，合併後存続する会員商品取引所については変更の登記を，合併により消滅する会員商品取引所については解散の登記を，合併により設立された会員商品取引所については2の(5)のイの(ｱ)に掲げる事項の登記をしなければならないとされた（法第147条）。
　　　また，合名会社の合併の登記に関する取扱い（商登法第66条，第68条第2項，第69条，第70条参照）と同様の取扱いをするとされた（法第151条）。
　イ　合併による変更の登記の添付書面
　　　合併による会員商品取引所の変更の登記の申請書には，法第29条において準用する商登法第18条，第19条及び第79条に定める書類のほか，次の書類を添付しなければならないとされた（法第151条，商登法第90条第1項）。
　　(ｱ)　合併契約書
　　(ｲ)　合併により消滅する会員商品取引所の合併会員総会の議事録
　　(ｳ)　(1)のエによる公告及び催告をしたこと並びに異議を述べた債権者があるときは，その者に対し弁済し，若しくは担保を供し，若しくは信託したこと又は合併をしてもその者を害するおそれがないことを証する書面
　　(ｴ)　合併により消滅する会員商品取引所（当該登記所の管轄区域内に事務所があるものを除く。）の登記事項証明書
　　(ｵ)　合併に際して出資の総額に規定する事項に変更あるときは，その変更を証する書面
　ウ　合併による設立の登記の添付書面
　　　合併による会員商品取引所の設立の登記の申請書には，法第29条

において準用する商登法第18条，第19条及び第79条に定める書類のほか，次の書類を添付しなければならないとされた（法第151条，商登法第91条第1項）。

- (ｱ) イの(ｱ)から(ｴ)までに掲げる書面
- (ｲ) 定款
- (ｳ) 代表権を有する者が就任を承諾したことを証する書面
- (ｴ) 出資の総額を証する書面

(3) 株式会社商品取引所の合併に関する特例

ア 合併による変更の登記の添付書面

会員商品取引所と株式会社商品取引所が合併する場合における合併による株式会社商品取引所の変更の登記の申請書には，商登法第18条，第19条及び第79条に定める書類のほか，次の書類を添付しなければならないとされた（法第153条第1項，商登法第90条第1項）。

- (ｱ) 合併契約書
- (ｲ) 合併により消滅する会員商品取引所の合併会員総会の議事録
- (ｳ) 会員商品取引所において(1)のエによる公告及び催告をしたこと，株式会社商品取引所において商法第412条第1項本文の規定による公告及び催告（同項ただし書の規定により公告を官報のほか時事に関する事項を掲載する日刊新聞紙又は電子公告によってした会社にあっては，これらの公告）をしたこと並びに異議を述べた債権者があるときは，その者に対し弁済し，若しくは担保を供し，若しくは信託したこと又は合併をしてもその者を害するおそれがないことを証する書面
- (ｴ) 合併により消滅する会員商品取引所（当該登記所の管轄区域内に事務所があるものを除く。）の登記事項証明書
- (ｵ) 商法第408条第5項又は第6項の場合には，商登法第86条の2各号に掲げる書面
- (ｶ) 合併により資本を増加するときは，商法第413条ノ2第1項に規定する限度額を証する書面

　　　　(キ) 合併に際して就任する取締役又は監査役があるときは，就任を承諾したことを証する書面
　　　　(ク) 商法第413条ノ3第5項の規定による反対の意思の通知をした株主があるときは，その株主が有する議決権の総数及び総株主の議決権の数を証する書面
　　イ　合併による設立の登記の添付書面
　　　　会員商品取引所と株式会社商品取引所が合併する場合における合併による株式会社商品取引所の設立の登記の申請書には，商登法第18条，第19条及び第79条に定める書類のほか，次の書類を添付しなければならないとされた（法第153条第2項，商登法第91条第1項）。
　　　　(ア) アの(ア)から(オ)までに掲げる書面
　　　　(イ) 商登法第80条第1号，第8号及び第9号に掲げる書面
　　　　(ウ) 法第152条により読み替えて適用される商法第413条ノ2第2項に規定する額を証する書面
　(4)　会員商品取引所の合併の無効の訴え等
　　　会員商品取引所の合併の無効は主たる事務所の所在地において合併の日から6か月以内に，訴えをもってのみ主張することができるとされた（法第150条，商法第415条第1項，第3項，第88条，第105条第1項）。
　　　合併を無効とする判決が確定したときは，主たる事務所及び従たる事務所の所在地において，合併後存続する会員商品取引所については変更の登記を，合併によって設立した会員商品取引所については解散の登記を，合併によって消滅した会員商品取引所については回復の登記をしなければならないとされた（法第150条，商法第415条第3項，第108条）。
　　　この場合においては，受訴裁判所がその登記の嘱託をすることとされ（法第151条，非訟事件手続法第135条ノ7），嘱託書には裁判の謄本が添付されることとなる（法第151条，非訟事件手続法第140条）。
第3　商品取引清算機関，商品取引員及び商品先物取引協会

1 商品取引清算機関
(1) 定義

　　商品取引清算機関とは，商品取引債務引受業を営むことについて法第167条の許可を受けた株式会社又は法第173条第1項の承認を受けた商品取引所をいうとされた（法第2条第13項）。

(2) 株式会社による商品取引債務引受業

　　商品取引債務引受業は，主務大臣の許可を受けた株式会社でなければ，営んではならないとされ（法第167条），商品取引清算機関（商品取引所を除く。）は，商品取引債務引受業及びこれに附帯する業務のほか，他の業務を営むことができないが，商品取引債務引受業に関連する業務で，当該商品取引清算機関が商品取引債務引受業を適正かつ確実に営むにつき支障を生ずるおそれがないと認められるものについて，主務省令で定めるところにより，主務大臣の承認を受けたときは，この限りでないとされた（法第170条）。

(3) 商品取引所による商品取引債務引受業

　　商品取引所は，(2)にかかわらず，主務省令で定めるところにより，主務大臣の承認を受けて商品取引債務引受業及びこれに附帯する業務を営むことができるとされた（法第173条第1項）。

(4) 定款又は業務方法書の変更の認可

　　商品取引清算機関の定款又は業務方法書の変更は，主務省令で定めるところにより，主務大臣の認可を受けなければ，その効力を生じないとされた（法第182条）。

(5) 解散等の認可

　　商品取引清算機関の商品取引債務引受業の廃止又は解散の決議は，主務大臣の認可を受けなければ，その効力を生じないとされた（法第183条）。

2 商品取引員
(1) 定義

　　商品取引員とは，商品取引受託業務（法第2条第17項参照）を営む

ことについて法第190条第1項の規定により主務大臣の許可を受けた株式会社（外国の法令に準拠して設立された法人については，株式会社と同種類の法人で国内に営業所を有するもの）をいうとされた（法第2条第18項，第193条第1項第1号）。

(2) 合併の認可

商品取引員を全部又は一部の当事者とする合併（合併後存続する株式会社又は合併により設立される株式会社が商品取引受託業務を営む場合に限る。）は，主務大臣の認可を受けなければ，その効力を生じないとされた（法第225条第1項）。

(3) 新設分割又は吸収分割の認可

商品取引員が新たに設立する株式会社又は他の株式会社に商品取引受託業務の全部又は一部を承継させるために行う新設分割又は吸収分割は，主務大臣の認可を受けなければ，その効力を生じないとされた（法第226条第1項，第227条第1項）。

3 商品先物取引協会

商品先物取引協会の定款の変更は，主務大臣の認可を受けなければ，その効力を生じないとされた（法第250条第1項）。

第4 委託者保護会員制法人

1 定義

委託者保護会員制法人とは，委託者保護業務を行うことを目的として法第6章第2節第2款の規定に基づいて設立された会員組織の社団をいうとされた（法第269条第4項）。

2 委託者保護会員制法人

(1) 法人格等

委託者保護会員制法人は，法人とするとされた（法第270条）。

また，委託者保護会員制法人は，その名称中に「委託者保護会員制法人」という文字を用いなければならないとされ（法第271条第1項），委託者保護会員制法人でない者は，その名称中に「委託者保護会員制法人」という文字を用いてはならないとされた（同条第2項）。

(2) 設立
　ア　設立の手続

　　　委託者保護会員制法人を設立するには，その会員になろうとする20以上の商品取引員が発起人とならなければならないとされ（法第273条第1項），発起人は，定款を作成した後，会員になろうとする者を募り，これを会議の日時及び場所とともにその会議開催日の2週間前までに公告して，創立総会を開かなければならないとされた（同条第2項）。

　　　定款の承認その他設立に必要な事項の決定は，創立総会の決議によらなければならないとされ（法第273条第3項），この場合の議事は，その開会までに発起人に対して会員となる旨を申し出た商品取引員及び発起人の半数以上が出席し，その出席者の議決権の3分の2以上で決するとされた（同条第5項）。

　　　また，委託者保護会員制法人の成立の日を含む事業年度の業務の運営に必要な事項（予算及び資金計画を含む。）の決定は，(4)のオにかかわらず，創立総会の決議によることができるとされ（法第273条第6項），この場合の議事は，その開会までに発起人に対して会員となる旨を申し出た商品取引員及び発起人の半数以上が出席し，その議決権の過半数で決し，可否同数のときは，議長の決するところによるとされた（同条第7項，法第286条本文）。

　イ　定款記載事項

　　　委託者保護会員制法人の定款には，次に掲げる事項を記載しなければならないとされた（法第274条）。

　　(ｱ)　目的
　　(ｲ)　名称
　　(ｳ)　事務所の所在地
　　(ｴ)　会員に関する次に掲げる事項
　　　　a　会員たる資格
　　　　b　会員の加入及び脱退

　　　　　c　会員に対する監査及び制裁
　　(オ)　総会に関する事項
　　(カ)　役員に関する事項
　　(キ)　運営審議会に関する事項
　　(ク)　財務及び会計に関する事項
　　(ケ)　定款の変更に関する事項
　　(コ)　解散に関する事項
　　(サ)　公告の方法
(3)　会員
　　委託者保護会員制法人の会員たる資格を有する者は，商品取引員に限るとされた（法第277条）。
(4)　機関
　ア　役員
　　委託者保護会員制法人に，役員として，理事長1人，理事2人以上及び監事1人以上を置くとされた（法第279条）。
　イ　役員の権限
　　理事長は，委託者保護会員制法人を代表し，その業務を総理するとされるとともに（法第280条第1項），理事は，定款で定めるところにより，委託者保護会員制法人を代表し，理事長を補佐して委託者保護会員制法人の業務を掌理し，理事長に事故があるときはその職務を代理し，理事長が欠員のときにはその職務を行うとされた（同条第2項）。また，委託者保護会員制法人の業務の執行は，法又は定款に別段の定めがないときは，理事長及び理事の過半数で決するとされた（同条第3項）。
　ウ　役員の選任，任期及び解任
　　役員は，定款で定めるところにより総会において選任し，又は解任されるが，設立当時の役員は，創立総会において選任するとされ（法第281条第1項），役員の任期は，2年以内において定款で定める期間とするとされた（同条第2項）。また，役員は，再任される

ことができるとされた（同条第3項）。

エ　総会

理事長は，定款で定めるところにより，毎事業年度1回通常総会を招集しなければならないとされ（法第284条第1項），必要があると認めるときは，臨時総会を招集することができるとされた（同条第2項）。

オ　総会の決議事項

法に特別の定めがあるもののほか，次に掲げる事項は，総会の決議を経なければならないとされた（法第285条第1項）。

(ｱ)　定款の変更
(ｲ)　予算及び資金計画の決定又は変更
(ｳ)　決算
(ｴ)　解散
(ｵ)　(ｱ)から(ｴ)までに掲げるもののほか，定款で定める事項

カ　総会の議事

総会の議事は，総会員の半数以上が出席し，その議決権の過半数で決し，可否同数のときは，議長の決するところによる（ただし，オの(ｱ)及び(ｴ)の議事は，出席した会員の議決権の3分の2以上の多数で決する。）とされた（法第286条）。また，総会の招集，決議等については，民法（明治29年法律第89号）上の社団法人の取扱い（民法第61条第2項，第62条，第64条から第66条まで）と同様の取扱いをするとされた（法第287条）。

(5) 委託者保護会員制法人の解散及び清算

ア　解散

委託者保護会員制法人は，次に掲げる事由により解散するとされた（法第290条）。

(ｱ)　総会の決議
(ｲ)　成立の日から2週間以内に法第294条第1項の規定による登録の申請を行わなかったこと。

㋒　主務大臣が法第293条の登録をしないこととしたこと。
　　　㋓　法第324条第1項の規定による法第293条の登録の取消し
　　イ　清算
　　　委託者保護会員制法人が解散したときは，理事長及び理事がその清算人となる（ただし，定款に別段の定めがあるとき又は総会において他人を選任したときは，この限りではない。）とされた（法第291条，商法第417条第1項）。
(6)　委託者保護会員制法人の登記
　ア　登記義務等
　　委託者保護会員制法人は，組登令で定めるところにより，登記しなければならないとされた（法第276条第1項，組登令第1条，別表1）。
　　委託者保護会員制法人は，その主たる事務所の所在地において設立の登記をすることによって成立するとされ（法第276条第2項），登記しなければならない事項は，登記の後でなければ，これをもって第三者に対抗することができないとされた（同条第3項）。
　イ　登記事項等
　　委託者保護会員制法人は，組登令第2条第1号から第5号までに掲げる事項のほか，次の事項を登記しなければならないとされた（組登令第2条第6号，別表1）。
　　㋐　代表権の範囲又は制限に関する定めがあるときは，その定め
　　㋑　資産の総額
　ウ　添付書面
　　委託者保護会員制法人の設立の登記の申請書には，定款，代表権を有する者の資格を証する書面及び組登令第2条第6号に掲げる事項を証する書面を添付しなければならないとされた（組登令第16条）。「組登令第2条第6号に掲げる事項を証する書面」には，イの㋐を証する書面として定款が，イの㋑を証する書面として財産目録等が該当する。

なお，定款を変更して新たに代表権の範囲又は制限に関する定めを設定した場合において，変更の登記の申請書に添付すべき「登記事項の変更を証する書面」(組登令第17条第1項，第2条第4号)には，定款及び定款所定の方法によって定款を変更したことを証する書面が該当する。
(7) 経過措置
　ア　名称の使用の制限に関する経過措置
　　改正法の施行の際現にその名称のうちに「委託者保護会員制法人」という文字を用いている者については，(1)の名称使用制限は，施行日から起算して6か月を経過する日までの間は，適用しないとされた(改正法附則第20条)。
　イ　委託者保護会員制法人の設立等に関する経過措置
　　委託者保護会員制法人の発起人又は会員になろうとする者(改正法附則第14条第2項の規定により商品取引員の許可を受けた者に限る。)は，施行日前においても，法第6章第2節の規定の例により，定款の作成，創立総会の開催その他委託者保護会員制法人の設立に必要な行為及び委託者保護会員制法人への加入に必要な行為をすることができるとされた(改正法附則第18条第1項)。また，これにより施行日前において設立された委託者保護会員制法人は，施行日前においても，法第6章第3節の規定の例により，法第293条の登録の申請及び法第302条第1項の業務規程の認可の申請並びにこれらに必要な準備行為をすることができるとされた(改正法附則第18条第2項)。
　　そのため，施行日前においても，委託者保護会員制法人の設立の登記の申請をすることができる。
　ウ　委託者保護会員制法人の登記等に係る経過措置
　　イにより施行日前において委託者保護会員制法人を設立しようとする場合の設立の登記は，改正政令附則第7条の規定による改正後の組登令の規定の例により，当該委託者保護会員制法人の理事長と

なるべき者がするものとするとされ(改正政令附則第3条第1項),イにより設立された委託者保護会員制法人の施行日前における運営並びに解散及び清算については,法第6章第2節の規定の例によるものとするとされた（改正政令附則第3条第2項）。

エ　社団法人商品取引受託債務補償基金協会の解散の登記の嘱託等

昭和50年10月31日に設立された社団法人商品取引受託債務補償基金協会は,主務大臣の認可があるときは,その行う一切の業務並びにその有する一切の資産及び負債を委託者保護会員制法人に承継させることができ,その場合には,社団法人商品取引受託債務補償基金協会は,認可の日に解散するとされた（改正法附則第19条）。

社団法人商品取引受託債務補償基金協会が解散したときは,主務大臣は,遅滞なく,その解散の登記を登記所に嘱託しなければならないとされ（改正政令第5条第1項），登記官は,この嘱託に係る解散の登記をしたときは,その登記記録を閉鎖しなければならないとされた（同条第2項）。

3　委託者保護基金

(1)　登録等

委託者保護会員制法人は,委託者保護業務を行おうとするときは,主務大臣の登録を受けなければならないとされ（法第293条），この登録を受けた委託者保護会員制法人を委託者保護基金というとされた（法第296条）。

委託者保護基金は,その名称中に「委託者保護基金」という文字を用いなければならないとされた（法第297条第1項）。したがって,委託者保護基金の名称中には「委託者保護基金」及び「委託者保護会員制法人」という文字がいずれも用いられることとなる。

なお,委託者保護基金でない者は,その名称中に「委託者保護基金」という文字を用いてはならないとされた（同条第2項）。

(2)　業務の制限及び廃止

委託者保護基金は,委託者保護業務（法第269条第3項参照）のほ

か，他の業務を営むことができないとされ（法第301条），委託者保護基金は，主務大臣の許可を受けなければ，委託者保護業務を廃止してはならないとされた（法第312条）。

(3) 仮理事又は仮監事

主務大臣は，委託者保護基金の理事又は監事の職を行う者がない場合において，必要があると認めるときは，仮理事又は仮監事を選任することができるとされた（法第326条）。

15 商品取引所法及び商品投資に係る事業の規制に関する法律の一部を改正する法律の施行に伴う法人登記事務の取扱いについて

(平成22年12月10日法務省民商第3097号通知)

(通知) 商品取引所法及び商品投資に係る事業の規制に関する法律の一部を改正する法律（平成21年法律第74号。以下「改正法」という。）及び商品取引所法及び商品投資に係る事業の規制に関する法律の一部を改正する法律の施行に伴う関係政令の整備等及び経過措置に関する政令（平成22年政令第196号。以下「整備令」という。）が平成23年1月1日から施行されますが，これに伴う法人登記事務の取扱いについては，下記の点に留意し，事務処理に遺憾のないよう貴管下登記官に周知方取り計らい願います。

なお，本通知中，「商先法」とあるのは改正法による改正後の商品取引所法（昭和25年法律第239号。改正法により商品先物取引法と改題）を，「商登法」とあるのは商業登記法（昭和38年法律第125号）を，「組登令」とあるのは整備令による改正後の組合等登記令（昭和39年政令第29号）を，「商登規」とあるのは商業登記規則（昭和39年法務省令第23号）を，「各登規」とあるのは各種法人等登記規則（昭和39年法務省令第46号）をいいます。

記

第1 商品取引所法の題名の改正

改正法により，商品取引所法の題名が「商品先物取引法」と改められた。これに伴い，整備令により組合等登記令が改正され，同令別表委託者保護会員制法人の項及び商品先物取引協会の項中の根拠法の欄が「商品先

物取引法」と改められた（整備令第5条）。

なお，商品先物取引協会の登記すべき事項及び登記手続については，変更はない（平成17年4月4日付け法務省民商第945号当職通知参照）。

第2 委託者保護基金

1 委託者保護会員制法人及び委託者保護基金に関する改正

改正法による改正前の商品取引所法（以下「旧商取法」という。）においては，委託者保護会員制法人は，法人とされ（第270条），その名称中に「委託者保護会員制法人」という文字を用いなければならず（第271条第1項），その設立及び定款変更については，主務大臣の認可を要せず，組登令で定めるところにより主たる事務所の所在地において設立の登記をすることによって成立するとされていた（第276条第1項，第2項）。また，旧商取法においては，委託者保護会員制法人は，第269条第3項に規定する委託者保護業務を行おうとするときは，主務大臣の登録を受けなければならず（第293条），この登録を受けた委託者保護会員制法人は，委託者保護基金（以下「旧委託者保護基金」という。）と称し（第296条），その名称中に「委託者保護基金」という文字を用いなければならないとされていた（第297条第1項）。

商先法においては，上記の委託者保護会員制法人の制度が廃止され（経過措置については，第3の2参照），新たに委託者保護基金の制度が設けられた。この新たな委託者保護基金（以下単に「委託者保護基金」という。）は，法人とされ（商先法第271条第1項），商先法第270条に規定する目的を達成するため，旧商取法第269条第3項に規定する委託者保護業務に相当する業務を行うこととされた（商先法第300条）。

なお，委託者保護基金については，設立の登記が法人成立の効力要件であることのほか，その設立要件，定款の記載事項，機関構成，役員の任期及び権限並びに主務大臣（農林水産大臣及び経済産業大臣（商先法第354条第1項第3号））等については，旧委託者保護基金におけるものと同様とされたが，次の事項については，旧委託者保護基金と異なる規律が定められた。

(1) 名称

　委託者保護基金は，その名称中に「委託者保護基金」という文字を用いなければならないとされ，委託者保護基金でない者は，その名称中に「委託者保護基金」という文字を用いてはならないとされた（商先法第272条）。

(2) 設立の認可

　委託者保護基金を設立するには，発起人は，認可申請書を主務大臣に提出して，設立の認可を受けなければならないとされた（商先法第279条，第280条）。

　また，主務大臣は，委託者保護基金が法令，法令に基づく行政官庁の処分若しくは当該委託者保護基金の定款若しくは業務規程に違反した場合又は業務若しくは財産の状況によりその業務の継続が困難であると認める場合において，公益又は委託者の保護のため必要かつ適当であると認めるときは，その設立の認可を取り消すことができるとされた（商先法第324条第1項）。

(3) 定款変更の認可

　委託者保護基金の定款の変更は，主務大臣の認可を受けなければ，その効力を生じないとされた（商先法第283条第2項）。

(4) 役員の選解任の認可等

　委託者保護基金の役員の選任（設立当時の役員の選任を除く。）及び解任は，主務大臣の認可を受けなければ，その効力を生じないとされた（商先法第286条第2項）。

　また，主務大臣は，不正の手段により役員となった者のあることが判明したとき，又は役員が法令，法令に基づく行政官庁の処分若しくは定款に違反したときは，委託者保護基金に対し，当該役員の解任を命ずることができるとされた（商先法第286条第5項）。

(5) 解散の事由及び解散の認可

　委託者保護基金は，総会の議決又は設立の認可の取消しによって解散するとされ，総会の議決による解散は，主務大臣の認可を受けなけ

れば，その効力を生じないとされた（商先法第325条）。
2　委託者保護基金の登記
 (1)　登記に関する根拠法令

　　委託者保護基金は，政令で定めるところにより，登記しなければならないとされ（商先法第273条第1項），これに伴い，整備令により組合等登記令が改正され，同令別表委託者保護会員制法人の項中の名称の欄が「委託者保護基金」と改められる（整備令第5条）とともに，第1のとおり，その根拠法の欄が「商品先物取引法」と改められた。

 (2)　設立の登記
　ア　登記期間

　　　委託者保護基金の設立の登記は，その主たる事務所の所在地において，設立に必要な手続が終了した日から2週間以内にしなければならないとされた（組登令第2条第1項）。

　イ　登記すべき事項

　　　委託者保護基金の設立の登記においては，組登令第2条第2項第1号から第5号までに掲げる事項のほか，次の事項を登記しなければならないとされた（組登令第2条第2項第6号，別表委託者保護基金の項中の登記事項の欄）。

　　(ｱ)　代表権の範囲又は制限に関する定めがあるときは，その定め
　　(ｲ)　資産の総額

　ウ　添付書面

　　　委託者保護基金の設立の登記の申請書には，次の書面を添付しなければならないとされた（組登令第16条第2項，第3項，第25条において準用する商登法第18条及び第19条）。

　　(ｱ)　定款
　　(ｲ)　代表権を有する者の資格を証する書面
　　(ｳ)　代表権の範囲又は制限に関する定めがあるときは，当該定めを証する書面
　　(ｴ)　資産の総額を証する書面

　　　　(オ)　設立の認可書（1(2)参照）又はその認証がある謄本
　　　　(カ)　代理人によって当該登記の申請をする場合にあっては，当該代理人の権限を証する書面
　　(3)　その他の登記の申請書の添付書面
　　　　委託者保護基金の定款の変更，役員の選解任及び総会の決議による解散は，主務大臣の認可を受けなければ，その効力を生じないとされたこと（1(3)から(5)まで参照）から，定款の変更を要する登記すべき事項の変更の登記，役員の選任若しくは解任の登記又は総会の決議による解散の登記の申請書には，主務大臣の認可書（又はその認証がある謄本）を添付しなければならない（組登令第25条において準用する商登法第19条）。
第3　経過措置
　1　改正法の施行日前の委託者保護基金の設立に関する行為等
　　　委託者保護基金の発起人又は会員になろうとする者（改正法附則第7条第2項の規定により商先法第190条第1項の許可を受けたものとみなされた者であって，国内の営業所又は事務所において商先法第2条第22項第1号又は第2号に掲げる行為を業として行おうとするものに限る。）は，改正法の施行日（平成23年1月1日。以下同じ。）前においても，商先法第6章（商先法第279条及び第280条を除く。）の規定の例により，定款の作成，創立総会の開催その他委託者保護基金の設立に必要な行為，委託者保護基金への加入に必要な行為及び委託者保護基金の成立の日を含む事業年度の業務の運営に必要な行為をすることができ，委託者保護基金の発起人は，改正法の施行日前においても，商先法第279条及び第280条の規定の例により，委託者保護基金の設立の認可の申請をし，主務大臣の認可を受けることができる（当該認可の効力は，改正法の施行日から生ずる。）とされた（改正法附則第18条）。
　2　旧委託者保護基金の委託者保護基金への組織変更
　　(1)　組織変更の手続
　　　　旧委託者保護基金は，改正法附則第1条第3号に掲げる規定の施行

の日（平成22年7月1日（商品取引所法及び商品投資に係る事業の規制に関する法律の一部を改正する法律の一部の施行期日を定める政令（平成21年政令第300号）））から改正法の施行日の前日までの間に，定款の変更その他委託者保護基金になるために必要な行為をし，商先法第279条及び第280条の規定の例により主務大臣の認可を受けて，委託者保護基金になることができるとされた（改正法附則第19条第1項）。

　この認可の効力は，改正法の施行日から生ずるものとするとされ（改正法附則第19条第2項），当該認可を受けた旧委託者保護基金に係る商先法の適用については，当該認可は，委託者保護基金の設立の認可とみなすとされた（同条第3項）。

(2)　組織変更の登記の手続

　ア　登記期間

　　(1)により旧委託者保護基金が委託者保護基金となったときは，委託者保護基金となった日から主たる事務所の所在地においては2週間以内に，従たる事務所の所在地においては3週間以内に，旧委託者保護基金については解散の登記を，委託者保護基金については設立の登記をしなければならないとされた（整備令第22条第1項）。

　イ　登記の方法及び添付書面

　　(ｱ)　同時申請

　　　(1)の組織変更をした場合の委託者保護基金についての設立の登記の申請と旧委託者保護基金についての解散の登記の申請とは，同時にしなければならず，これらの登記の申請のいずれかにつき却下事由があるときは，これらの申請を共に却下しなければならないとされた（整備令第22条第2項において準用する商登法第78条第1項及び第3項）。

　　(ｲ)　組織変更による委託者保護基金の設立の登記

　　　a　登記申請人

　　　　組織変更による委託者保護基金の設立の登記は，当該委託者保護基金を代表すべき者の申請によってするとされた（組登令

第16条第1項)。

 b 登記すべき事項

  組織変更による委託者保護基金の設立の登記においては，組登令第2条第2項各号に掲げる事項（第2の2(2)イ参照）を登記するほか，法人成立の年月日，旧委託者保護基金の名称並びに組織変更をした旨及びその年月日をも登記しなければならないとされた（整備令第22条第2項において準用する商登法第76条）。

  なお，旧委託者保護基金の名称並びに組織変更をした旨及びその年月日は，登記記録中登記記録区に記録しなければならない（各登規第5条において準用する商登規第76条第1項）。

 c 添付書面

  組織変更による委託者保護基金の設立の登記の申請書には，次の書面を添付しなければならないとされた（組登令第16条第2項，第3項，第17条第1項本文，第25条において準用する商登法第18条及び第19条）。

  (a) 定款
  (b) 定款の変更に係る総会の議事録
  (c) 代表権を有する者の資格を証する書面
  (d) 代表権の範囲又は制限に関する定めがあるときは，当該定めを証する書面
  (e) 資産の総額を証する書面
  (f) 委託者保護基金への組織変更に係る主務大臣の認可書又はその認証がある謄本
  (g) 代理人によって登記の申請をする場合にあっては，当該代理人の権限を証する書面

(ｳ) 組織変更による旧委託者保護基金の解散の登記

 a 登記申請人

  組織変更による旧委託者保護基金の解散の登記の申請は，委

託者保護基金を代表すべき者の申請によってする（(ア)及び(イ) a 参照）。

  b　登記すべき事項

   組織変更による旧委託者保護基金の解散の登記においては，解散の旨並びにその事由及び年月日を登記しなければならないとされた（組登令第25条において準用する商登法第71条第1項）。

   なお，これらの事項は，登記記録中登記記録区に記録しなければならず（各登規第5条において準用する商登規第80条第1項第3号），解散の登記をしたときは，旧委託者保護基金の登記記録を閉鎖しなければならない（各登規第5条において準用する商登規第80条第2項）。

  c　添付書面

   組織変更による旧委託者保護基金の解散の登記の申請書には，添付書面を要しないとされた（整備令第22条第2項において準用する商登法第78条第2項）。

 ウ　登記記録例

  組織変更による委託者保護基金の設立の登記及び旧委託者保護基金の解散の登記の記録例は，別紙によるものとする。

旧委託者保護基金から委託者保護基金への組織変更に関する登記

1 委託者保護基金についてする組織変更による設立の登記

名　称	○○○○委託者保護基金
主たる事務所	東京都千代田区霞が関○丁目○番○号
法人成立の年月日	平成○○年○○月○○日
目的等	○○○○・・・
役員に関する事項	東京都千代田区九段南○丁目○番○号 理事長　　　　　甲　野　太　郎
資産の総額	金○○億○○○○万○○○○円
登記記録に関する事項	平成○○年○○月○○日委託者保護会員制法人○○○○委託者保護基金を組織変更し設立 　　　　　　　　　　　　　　平成○○年○○月○○日登記

2 旧委託者保護基金についてする組織変更による解散の登記

登記記録に関する事項	平成○○年○○月○○日東京都千代田区霞が関○丁目○番○号○○○○委託者保護基金に組織変更し解散 　　　　　　　　　　　　　　平成○○年○○月○○日登記 　　　　　　　　　　　　　　平成○○年○○月○○日閉鎖

16 社会保険労務士法の一部を改正する法律等の施行に伴う法人登記事務の取扱いについて

(平成19年3月5日法務省民商第516号通知)

(通知) 社会保険労務士法の一部を改正する法律（平成17年法律第62号。以下「改正法」という。）中の裁判外紛争解決手続の代理業務の範囲の拡大に関する改正部分及び社会保険労務士法施行令及び組合等登記令の一部を改正する政令（平成18年政令第27号）中の組合等登記令（昭和39年政令第29号）の改正部分が本年4月1日から施行されますが，これに伴う法人登記事務の取扱いについては，下記の点に留意するよう，貴管下登記官に周知方お取り計らい願います。

　なお，本通知中「法」とあるのは社会保険労務士法（昭和43年法律第89号）を，「組登令」とあるのは組合等登記令をいい，引用する条文は，特に「旧」の文字を冠する場合を除き，いずれも改正後のものです。

記

第1 社会保険労務士法人
 1 社会保険労務士法人の業務
 (1) 裁判外紛争解決手続の利用の促進に資するため，社会保険労務士は，業として，次に掲げる事務をも行うことができるとされた（法第2条第1号の4から第1号の6まで）。
　　ア 雇用の分野における男女の均等な機会及び待遇の確保等に関する法律（昭和47年法律第113号）第14条第1項の調停の手続について，紛争の当事者を代理すること。
　　イ 地方自治法（昭和22年法律第67号）第180条の2の規定に基づく都道府県知事の委任を受けて都道府県労働委員会が行う個別労働関係紛争（労働関係調整法（昭和21年法律第25号）第6条に規定する労働争議に当たる紛争及び特定独立行政法人等の労働関係に関する法律（昭和23年法律第257号）第26条第1項に規定する紛争並びに労働者の募集及び採用に関する事項についての紛争を除く。）をいう。以下単に「個別労働関係紛争」という。）に関するあっせんの

手続について，紛争の当事者を代理すること。
　ウ　個別労働関係紛争（紛争の目的の価額が民事訴訟法（平成8年法律第109号）第368条第1項に定める額を超える場合には，弁護士が同一の依頼者から受任しているものに限る。）に関する民間紛争解決手続（裁判外紛争解決手続の利用の促進に関する法律（平成16年法律第151号）第2条第1号に規定する民間紛争解決手続をいう。以下同じ。）であって，個別労働関係紛争の民間紛争解決手続の業務を公正かつ適確に行うことができると認められる団体として厚生労働大臣が指定するものが行うものについて，紛争の当事者を代理すること。
　上記アからウまでの事務及び改正前から認められていた紛争調整委員会におけるあっせんの手続について紛争の当事者を代理する事務（以下「紛争解決手続代理業務」という。）については，紛争解決手続代理業務試験に合格し，かつ，法第14条の11の3第1項の規定による付記を受けた社会保険労務士（以下「特定社会保険労務士」という。）に限り，行うことができるとされた（法第2条第2項）。

(2)　上記(1)の社会保険労務士の業務範囲の見直しに伴い，社会保険労務士法人は，定款で定めるところにより，紛争解決手続代理業務を行うことができるとされ，改正前から認められていた事務のうち，紛争調整委員会におけるあっせんの手続について紛争の当事者を代理する事務を行うには，定款に明示的な定めを設けることが必要とされた（法第25条の9第1項第2号）。
　紛争解決手続代理業務は，社員のうちに特定社会保険労務士がある社会保険労務士法人に限り，行うことができるとされた（法第25条の9第2項）。

(3)　経過措置
　改正法中の裁判外紛争解決手続の代理業務の範囲の拡大に関する改正部分の施行日（本年4月1日。以下「一部施行日」という。）前に開業社会保険労務士又は社会保険労務士法人が受任した紛争調整委員

会におけるあっせんの手続について紛争の当事者を代理する事務であって，同日前に申請されたあっせんに係るものについては，なお従前の例によるとされた（改正法附則第2条第1項）。
2 業務の執行及び法人の代表
(1) 業務の執行

紛争解決手続代理業務を行うことを目的とする社会保険労務士法人における紛争解決手続代理業務については，特定社会保険労務士である社員（以下「特定社員」という。）のみが業務を執行する権利を有し，義務を負うとされた（法第25条の15第2項）。

(2) 法人の代表

ア　社会保険労務士法人の社員は，各自社会保険労務士法人を代表するが，定款又は総社員の同意によって，社員のうちに特に社会保険労務士法人を代表すべきものを定めることもできるとされた（法第25条の15の2第1項）。

イ　紛争解決手続代理業務を行うことを目的とする社会保険労務士法人における紛争解決手続代理業務については，アの社員の各自代表の原則にかかわらず，特定社員のみが各自社会保険労務士法人を代表するが，当該特定社員の全員の同意によって，当該特定社員のうち特に紛争解決手続代理業務について社会保険労務士法人を代表すべきものを定めることもできるとされた（法第25条の15の2第2項）。

第2　社会保険労務士法人の登記

1 登記すべき事項

社会保険労務士法人は，次の事項をも登記しなければならないとされた（組登令第2条第6号，別表1）。
(1) 社員が特定社員であるときは，その旨
(2) 代表権の範囲又は制限に関する定めがあるときは，その定め

2 添付書面

社会保険労務士法人の設立の登記及び社員の変更の登記の申請につい

ては，社員が特定社員であるときは，当該事項を証する書面をも添付しなければならない（組登令第16条第2項，第17条第1項本文，別表1）。

　社会保険労務士法人の設立の登記等について，代表権を有する者の資格を証する書面（組登令第16条第1項）等の一部として，その者が社会保険労務士であることを証する書面を添付しなければならないことは，平成15年2月20日付け法務省民商第513号当職通知のとおりであるが，この書面に法第14条の11の2の規定による付記を受けた社会保険労務士である旨が記載されている場合には，当該書面は，特定社員であることを証する書面を兼ねるものとする（別紙1参照）。

3　登記記録例

　1の事項に関する登記の登記記録例は，別紙2の登記記録例による。

4　代表者事項証明書等

　社会保険労務士法人に特定社員である旨の登記がある場合には，当該社会保険労務士法人の代表者事項証明書には，紛争解決手続代理業務の代表権を有する者及びそれ以外の業務の代表権を有する者を含め，すべての代表者の代表権に関する登記事項で現に効力を有するものを記載する。この場合には，社会保険労務士法人の一部の代表者について代表者事項証明書の交付請求があったときであっても，すべての代表者の代表権に関する登記事項を記載した代表者事項証明書を作成し，これを交付するものとする。

　また，この場合の電子証明書については，すべての業務に係る代表権を有する者以外の者に対しては，発行しないものとする。

　なお，社会保険労務士法人の代表者に係る登記事項に変更がないこと及びある事項の登記のないことの証明の申請があった場合において，当該代表者の代表権の範囲又は制限に関する定めがあるとき（別紙2の登記記録例の中では，3の(1)，(2)及び(3)のイがこれに該当する。）は，当該証明は行わないものとする。

別紙1

様式第30号-2

平成　年　月　日

社会保険労務士法人の特定社員資格証明書

住　　所
氏　　名
社会保険労務士登録番号

全国社会保険労務士会連合会
会　長

　貴殿について，下記の事項を証明します。

記

1．全国社会保険労務士会連合会の社会保険労務士名簿に登録された社会保険労務士であること。
2．社会保険労務士法第25条の8第2項各号に該当しないこと。
3．社会保険労務士法第14条の11の2の規定による付記を受けた社会保険労務士であること。

別紙2

1 特定社員である旨の登記

役員に関する事項	東京都文京区目白台一丁目21番5号 社員　甲　野　太　郎 （特定社員）

2 特定社員について変更を生じた場合の登記
  (1) 社員が新たに特定社員になった場合

役員に関する事項	<u>東京都文京区目白台一丁目21番5号</u> <u>社員　甲　野　太　郎</u>	
	東京都文京区目白台一丁目21番5号 社員　甲　野　太　郎 （特定社員）	平成19年12月　3日紛争解決手続代理業務の付記
		平成19年12月10日登記

  (2) 特定社員が紛争解決手続代理業務の付記を抹消（社会保険労務士法第14条の11の4）され，社員となった場合

役員に関する事項	<u>東京都文京区目白台一丁目21番5号</u> <u>社員　甲　野　太　郎</u> <u>（特定社員）</u>	
	東京都文京区目白台一丁目21番5号 社員　甲　野　太　郎 （特定社員）	平成20年　8月　5日紛争解決手続代理業務の付記の抹消
		平成20年　8月12日登記

3 代表権の範囲又は制限に関する定めの登記
  (1) 紛争解決手続代理業務以外の業務について代表権の範囲又は制限に関する定めがある場合

役員に関する事項	東京都文京区目白台一丁目21番5号 代表社員　甲　野　太　郎 （特定社員）
	東京都大田区蒲田三丁目2番1号 社員　乙　野　次　郎 （特定社員）

(2) 紛争解決手続代理業務について代表権の範囲又は制限に関する定めがある場合

役員に関する事項	東京都文京区目白台一丁目21番5号 社員　甲　野　太　郎 （代表特定社員）
	東京都大田区蒲田三丁目2番1号 社員　乙　野　次　郎 （特定社員）

(3) 紛争解決手続代理業務以外の業務及び紛争解決手続代理業務について代表権の範囲又は制限に関する定めがある場合
　ア　代表社員及び代表特定社員を同一の社員が兼ねる場合

役員に関する事項	東京都文京区目白台一丁目21番5号 社員　甲　野　太　郎 （代表特定社員）
	東京都大田区蒲田三丁目2番1号 社員　乙　野　次　郎 （特定社員）

　イ　代表社員と代表特定社員とを別個の社員とする場合

役員に関する事項	東京都文京区目白台一丁目21番5号 代表社員　甲　野　太　郎 （特定社員）
	東京都大田区蒲田三丁目2番1号 社員　乙　野　次　郎 （代表特定社員）

(4) 紛争解決手続代理業務以外の業務について代表権の範囲又は制限に関する定めを新たに設けた場合

役員に関する事項	東京都文京区目白台一丁目21番5号 社員　甲　野　太　郎	
	<u>東京都大田区蒲田三丁目2番1号</u> <u>社員　乙　野　次　郎</u>	
	東京都大田区蒲田三丁目2番1号 代表社員　乙　野　次　郎	平成20年　8月　5日資格変更
		平成20年　8月12日登記

(5) 紛争解決手続代理業務について代表権の範囲又は制限に関する定めを新たに設けた場合

役員に関する事項	東京都文京区目白台一丁目21番5号 社員　甲　野　太　郎 （特定社員）	
	<u>東京都大田区蒲田三丁目2番1号</u> <u>社員　乙　野　次　郎</u> （特定社員）	
	東京都大田区蒲田三丁目2番1号 社員　乙　野　次　郎 （代表特定社員）	平成20年　8月　5日資格変更
		平成20年　8月12日登記

17 中小企業等協同組合法等の一部を改正する法律の施行に伴う法人登記事務の取扱いについて

(平成19年3月28日法務省民商第782号通知)

(通知) 中小企業等協同組合法等の一部を改正する法律(平成18年法律第75号。以下「改正法」という。),中小企業等協同組合法施行令等の一部を改正する政令(平成19年政令第8号)及び中小企業等協同組合法施行規則の全部を改正する命令(平成19年内閣府・財務省・厚生労働省・農林水産省・経済産業省・国土交通省令第1号)が本年4月1日から施行されますが,これに伴う法人登記事務の取扱いについては,下記の点に留意するよう,貴管下登記官に周知方お取り計らい願います。

なお,本通知中「法」とあるのは改正後の中小企業等協同組合法(昭和24年法律第181号)を,「施行令」とあるのは改正後の中小企業等協同組合法施行令(昭和33年政令第43号)を,「規則」とあるのは改正後の中小企業等協同組合法施行規則をいうものとします。

記

第1 中小企業等協同組合法に規定する法人
1 中小企業等協同組合
(1) 事業協同組合及び事業協同小組合
ア 事業の範囲の拡大
(ｱ) 保険会社等の業務の代理又は事務の代行

事業協同組合及び事業協同小組合は,組合員のために,保険会社(保険業法(平成7年法律第105号)第2条第2項に規定する保険会社をいう。以下同じ。)及び外国保険会社等(同条第7項に規定する外国保険会社等をいう。以下同じ。)の業務の代理又は事務の代行(保険募集(同条第26項に規定する保険募集をいう。以下同じ。)及び保険募集の業務に関連する電子計算機に関する事務(電子計算機を使用することにより機能するシステムの設計若しくは保守又はプログラムの設計,作成若しくは保守を行う業務を含む。)であって,事業協同組合又は事業協同小組合が

保険会社又は外国保険会社等の委託を受けて行うものに限る。以下同じ。）を行うことができるとされた（法第9条の2第6項，規則第3条，第4条）。

(イ) 特定共済組合の業務の範囲の制限

共済事業（組合員その他の共済契約者から共済掛金の支払を受け，共済事故の発生に関し，共済金を交付する事業であって，共済金額その他の事項に照らして組合員その他の共済契約者の保護を確保することが必要なものとして主務省令で定めるものをいう。以下同じ。）を行う事業協同組合若しくは事業協同小組合であってその組合員の総数が政令で定める基準を超えるもの又は組合員たる組合が共済事業を行うことによって負う共済責任の再共済若しくは再共済責任の再再共済の事業を行う事業協同組合（以下「特定共済組合」という。）は，主務省令で定めるところにより行政庁の承認を受けた場合を除き，共済事業及びこれに附帯する事業並びに(ア)の事業のほか，他の事業を行うことができないとされた（法第9条の2第7項，施行令第6条，規則第5条，第6条）。

イ 特定共済組合の最低出資総額の引上げ

(ア) 最低出資総額

特定共済組合（再共済又は再再共済の事業を行うものを除く。）の出資の総額は，1,000万円以上でなければならず，再共済又は再再共済の事業を行う特定共済組合の出資の総額は，3,000万円以上でなければならないとされた（法第25条第1項，第2項）。

なお，事業協同組合又は事業協同小組合の設立の登記及び払込済出資総額の変更の登記の申請があった場合において，当該事業協同組合又は事業協同小組合が特定共済組合に該当するか否か及び前記の最低出資総額を満たしているか否かについては，当該事業協同組合又は事業協同小組合が特定共済組合に該当することが添付書面等から明らかな場合を除き，審査を要しない。

(イ) 経過措置

　改正法の施行の際現に特定共済組合に該当する事業協同組合又は事業協同小組合であってその出資の総額が(ア)の最低出資総額に満たないものについては，法第25条第1項及び第2項の規定は，施行日から起算して5年を経過する日までの間は，適用しないとされた（改正法附則第7条第1項第1号，第2項）。

ウ　役員の欠格事由の新設

　次の者は，役員となることができないとされた（法第35条の4第1項）。

(ア)　法人

(イ)　成年被後見人若しくは被保佐人又は外国の法令上これらと同様に取り扱われている者

(ウ)　法，会社法（平成17年法律第86号）若しくは中間法人法（平成13年法律第49号）の規定に違反し，又は民事再生法（平成11年法律第225号）第255条，第256条，第258条から第260条まで若しくは第262条の罪若しくは破産法（平成16年法律第75号）第265条，第266条，第268条から第272条まで若しくは第274条の罪を犯し，刑に処せられ，その執行を終わり，又はその執行を受けることができなくなった日から2年を経過しない者

(エ)　(ウ)の法律の規定以外の法令の規定に違反し，禁錮以上の刑に処せられ，その執行を終わるまで又はその執行を受けることがなくなるまでの者（刑の執行猶予中の者を除く。）

　なお，(ア)から(エ)までの者のほか，破産手続開始の決定を受けて復権を得ない者は，共済事業を行う組合の役員となることができないとされた（法第35条の4第2項）。

エ　理事の任期の上限の引下げ

(ア)　理事の任期の上限

　改正前の理事の任期は，3年以内において定款で定める期間とされていたが，改正後の理事の任期は，2年以内において定款で

定める期間とされた（法第36条第1項）。
　(イ)　経過措置
　　　改正法の施行の際現に存する事業協同組合又は事業協同小組合（以下「既存事業協同組合等」という。）の役員であって施行日以後最初に終了する事業年度に係る決算に関する通常総会の終了前に在任するものの任期に関しては，改正法の施行後も，なお従前の例によるとされた（改正法附則第10条）。
　　　したがって，既存事業協同組合等の理事の任期は，次のとおりである。
　　a　本年4月1日に在任していた者にあっては，従来の任期が満了するまで
　　b　同日以後に選任された者であっても，①同日前に終了した事業年度に係る決算に関する通常総会で選任されたもの又は②同日以後最初に終了した事業年度に係る決算に関する通常総会前に開催された臨時総会で選任されたものにあっては，就任後3年以内において定款で定める期間が満了するまで
　　c　同日以後最初に終了した事業年度に係る決算に関する通常総会以後に選任された者にあっては，就任後2年以内において定款で定める期間が満了するまで
オ　理事会の議事録への監事の署名又は記名押印の義務化
　(ア)　理事会の議事録への監事の署名又は記名押印
　　　理事会の議事録が書面をもって作成されているときは，出席した理事のほか，出席した監事も，これに署名し，又は記名押印しなければならないとされた（法第36条の7第1項）。
　(イ)　経過措置
　　　既存事業協同組合等については，法第36条の7第1項の規定は，施行日以後最初に終了する事業年度に係る決算に関する通常総会の終了の時から適用し，当該通常総会の終了前は，なお従前の例によるとされた（改正法附則第12条）。

(2) 火災共済協同組合
　ア　事業の範囲の拡大
　　　火災共済協同組合は，保険会社及び外国保険会社等の業務の代理又は事務の代行の事業を行うことができるとされた（法第9条の7の2第2項）。
　イ　最低出資総額の引上げ
　　(ｱ)　最低出資総額
　　　　火災共済協同組合の出資の総額につき，その最低額が200万円から1,000万円に引き上げられた（法第25条第1項）。
　　(ｲ)　経過措置
　　　　改正法の施行の際現に存する火災共済協同組合であってその出資の総額が1,000万円に満たないものについては，法第25条第1項の規定は，施行日から起算して5年を経過する日までの間は，適用せず，なお従前の例によるとされた（改正法附則第7条第1項第2号）。
　ウ　その他
　　　役員の欠格事由の新設，理事の任期の上限の引下げ及び理事会の議事録への監事の署名又は記名押印の義務化について，(1)のウからオまでと同様とされた。
(3) 協同組合連合会
　ア　事業の範囲の拡大
　　(ｱ)　会員たる火災共済協同組合と連帯して行う火災共済契約に係る共済責任の負担
　　　　会員が火災共済事業を行うことによって負う共済責任の再共済の事業を行う協同組合連合会は，会員たる火災共済協同組合と連帯して行う火災共済契約に係る共済責任の負担の事業を行うことができるとされた（法第9条の9第3項）。
　　(ｲ)　特定共済組合連合会の業務の範囲の制限
　　　　所属員の福利厚生に関する共済事業を行う協同組合連合会で

あってその会員たる組合の組合員の総数が政令で定める基準を超えるもの又はその所属員たる組合が共済事業を行うことによって負う共済責任の再共済又は再共済責任の再再共済の事業を行うもの（以下「特定共済組合連合会」という。）は，主務省令で定めるところにより行政庁の承認を受けた場合を除き，共済事業並びに会員に対する資金の貸付け及び会員のためにするその借入れの事業並びにこれらに附帯する事業並びに(ウ)の事業のほか，他の事業を行うことができないとされた（法第9条の9第4項，施行令第13条，規則第26条）。

(ウ) 保険会社等の業務の代理又は事務の代行

協同組合連合会は，所属員のために，保険会社及び外国保険会社等の業務の代理又は事務の代行を行うことができるとされた（法第9条の9第5項，第9条の2第6項）。

イ 特定共済組合連合会の最低出資総額の引上げ

(ア) 特定共済組合連合会の最低出資総額

a 最低出資総額

特定共済組合連合会（再共済又は再再共済の事業を行うものを除く。）の出資の総額は，1,000万円以上でなければならず，再共済又は再再共済の事業を行う特定共済組合連合会の出資の総額は，3,000万円以上でなければならないとされた（法第25条第1項，第2項）。

なお，協同組合連合会の設立の登記及び払込済出資総額の変更の登記の申請があった場合において，当該協同組合連合会が特定共済組合連合会に該当するか否か及び前記の最低出資総額を満たしているか否かについては，当該協同組合連合会が特定共済組合連合会に該当することが添付書面等から明らかな場合を除き，審査を要しない。

b 経過措置

改正法の施行の際現に特定共済組合に該当する事業協同組合

又は事業協同小組合であってその出資の総額がaの最低出資総額に満たないものについては，法第25条第1項及び第2項の規定は，施行日から起算して5年を経過する日までの間は，適用しないとされた（改正法附則第7条第1項第3号，第2項）。

　(イ)　再共済の事業を行う協同組合連合会の最低出資総額
　　　a　最低出資総額
　　　　　会員が火災共済事業を行うことによって負う共済責任の再共済の事業を行う協同組合連合会の出資の総額につき，その最低額が500万円から5,000万円に引き上げられた（法第25条第3項）。
　　　b　経過措置
　　　　　改正法の施行の際現に会員が火災共済事業を行うことによって負う共済責任の再共済の事業を行う協同組合連合会であってその出資総額が5,000万円に満たないものについては，法第25条第3項の規定は，施行日から起算して5年を経過する日までの間は，適用せず，なお従前の例によるとされた（改正法附則第7条第3項）。

　ウ　その他
　　　役員の欠格事由の新設，理事の任期の上限の引下げ及び理事会の議事録への監事の署名又は記名押印の義務化について，(1)のウからオまでと同様とされた。

2　中小企業団体中央会
　理事の任期の上限の引下げについて，1の(1)のエと同様とされた（法第82条の8，改正法附則第10条）。

第2　中小企業等協同組合法の規定を準用する法人
　1　輸出組合及び輸入組合
　　　第1の1の(1)（ア及びイを除く。）と同様とされた（輸出入取引法（昭和27年法律第299号）第19条，改正法附則第25条，第27条）。
　2　輸出水産業組合

第1の1の(1)（ア及びイを除く。）と同様とされた（輸出水産業の振興に関する法律（昭和29年法律第154号）第20条，改正法附則第31条，第33条）。

3　協業組合，商工組合及び商工組合連合会

第1の1の(1)（ア及びイを除く。）と同様とされた（中小企業団体の組織に関する法律（昭和32年法律第185号）第5条の23第3項，第47条第2項，改正法附則第37条，第39条）。

4　鉱工業技術研究組合

第1の1の(1)（ア及びイを除く。）と同様とされた（鉱工業技術研究組合法（昭和36年法律第81号）第16条，改正法附則第43条，第45条）。

第3　商店街振興組合及び商店街振興組合連合会

第1の1の(1)（ア及びイを除く。）と同様とされたほか，理事及び監事並びに設立時の役員の任期について，定款によって，任期中の最終の決算期に関する通常総会の終結の時まで伸長することができるとされた（商店街振興組合法（昭和37年法律第141号）第45条の3，第46条第1項，第4項，第48条第5項，第78条，改正法附則第48条，第50条）。

18　証券取引法等の一部を改正する法律等の施行に伴う商業・法人登記事務の取扱いについて

（平成19年9月20日法務省民商第1964号通達）

（通達） 証券取引法等の一部を改正する法律（平成18年法律第65号。以下「改正法」という。），証券取引法等の一部を改正する法律の施行に伴う関係法律の整備等に関する法律（平成18年法律第66号。以下「整備法」という。）及び証券取引法等の一部を改正する法律及び証券取引法等の一部を改正する法律の施行に伴う関係法律の整備等に関する法律の施行に伴う関係政令の整備等に関する政令（平成19年政令第233号。以下「整備政令」という。）が本年9月30日から施行されますが，これに伴う商業・法人登記事務の取扱いについては，下記の点に留意するよう，貴管下登記官に周知方お取り計らい願

います。

　なお，本通達中「法」とあるのは金融商品取引法（昭和23年法律第25号。改正法による改正前の題名は証券取引法）を，「施行令」とあるのは金融商品取引法施行令（昭和40年政令第321号。整備政令による改正前の題名は証券取引法施行令）を，「商登法」とあるのは商業登記法（昭和38年法律第125号）を，「組登令」とあるのは組合等登記令（昭和39年政令第29号）をいい，引用する条文は，特に「旧」の文字を冠する場合を除き，いずれも改正後のものです。

　　　　　　　　　　　　記

第1　改正の概要
　1　題名の改正等
　　　法の題名が，「証券取引法」から「金融商品取引法」に改められた（改正法第3条）。
　　　また，投資信託及び投資法人に関する法律（昭和26年法律第198号）の一部が改正され（改正法第5条），有価証券に係る投資顧問業の規制等に関する法律（昭和61年法律第74号）及び金融先物取引法（昭和63年法律第77号）が廃止された（整備法第1条）ほか，関係法令について所要の改正が行われた。
　2　金融商品取引業協会に関する改正
　　　①改正法による改正前の証券取引法（以下「旧証券取引法」という。）に基づき設立された証券業協会及び②民法法人として設立され各業法による認定を受けた投資信託協会（改正法による改正前の投資信託及び投資法人に関する法律（以下「旧投資信託法」という。）），証券投資顧問業協会及び全国証券投資顧問業協会連合会（整備法による廃止前の有価証券に係る投資顧問業の規制等に関する法律（以下「旧証券投資顧問業法」という。））並びに金融先物取引業協会（整備法による廃止前の金融先物取引法（以下「旧金融先物取引法」という。））については，法においては，「金融商品取引業協会」に関する章が設けられ（法第4章），①については法に基づき設立された認可金融商品取引業協会と，②につい

ては民法法人として設立された公益法人金融商品取引業協会と位置付けることとされた（改正法附則第78条，附則第176条第1項，整備法第54条第1項，第89条第1項）。

3　金融商品取引所に関する改正

①旧証券取引法に基づく証券取引所及び②旧金融先物取引法に基づく金融先物取引所については，旧証券取引法と旧金融先物取引法とが統合されることに伴い，法においては，共に金融商品取引所として位置付けることとされた（改正法附則第99条，整備法第91条）。

4　自主規制法人制度の創設

金融商品取引所は，法及び定款その他の規則に従い，自主規制業務を適切に行わなければならないところ（法第84条第1項），金融庁長官の認可を受けて，当該自主規制業務の全部又は一部を，金融商品取引所とは別の法人である自主規制法人に委託することができる旨の自主規制法人の制度が設けられた（法第85条第1項，第102条の2以下，第194条の7第1項）。なお，株式会社金融商品取引所（取引所金融商品市場を開設する株式会社をいう。法第87条の6第2項）については，自主規制業務を自主規制法人に委託している場合を除き，定款の定めるところにより，内部機関として自主規制委員会を設置することができるとされた（法第105条の4第1項）。

第2　金融商品取引業協会

1　認可金融商品取引業協会

(1)　認可金融商品取引業協会の定義

認可金融商品取引業協会とは，有価証券の売買その他の取引及びデリバティブ取引等を公正かつ円滑にし，並びに金融商品取引業の健全な発展及び投資者の保護に資することを目的として，法の規定に基づき設立される法人をいうとされた（法第2条第13項，第67条）。

(2)　名称使用制限

認可金融商品取引業協会については，その名称につき使用すべき文字の制限はないが，認可金融商品取引業協会でない者は，認可金融商

品取引業協会であると誤認されるおそれのある名称を用いてはならないとされた（法第67条第4項）。ただし，改正法の施行の際現にその名称中に認可金融商品取引業協会という名称又はこれに紛らわしい名称を用いている者については，改正法の施行後6月間は，法第67条第4項の規定は適用しないとされた（改正法附則第77条）。

(3) 認可金融商品取引業協会の登記

ア　組登令の改正

整備政令により組登令の一部が改正され，同令別表1に「認可金融商品取引業協会」が掲げられた（整備政令第34条）ことから，認可金融商品取引業協会に関する登記については，他の法令に別段の定めがある場合を除くほか，組登令によることとなる（組登令第1条）。

イ　登記の効力

認可金融商品取引業協会は，組登令で定めるところにより，登記をしなければならないとされた（法第77条の5第1項，組登令第1条，別表1）。

登記をしなければならない事項は，登記の後でなければ，これをもって第三者に対抗することができないとされた（法第77条の5第3項）。ただし，設立については，登記によって効力を生ずるとされた（同条第2項）。

ウ　登記すべき事項

認可金融商品取引業協会は，組登令第2条第1号から第5号までに定める事項のほか，資産の総額及び公告の方法を登記しなければならないとされた（組登令第2条，別表1）。

エ　添付書面

設立については内閣総理大臣の認可を，総会の決議による解散については金融庁長官の認可を受けなければ，その効力を生じないとされた（法第67条の2第2項，第77条の6第2項，第194条の7第1項，施行令第37条の2）。したがって，これらの登記の申請書に

は，各登記申請に応じて，組登令第16条又は第18条に掲げる書面を添付しなければならないほか，設立の登記の申請書には内閣総理大臣の認可書を，総会の決議による解散の登記の申請書には金融庁長官の認可書をそれぞれ添付しなければならない（組登令第25条，商登法第19条）。

(4) 経過措置

改正法の施行の際現に旧証券取引法68条第2項の認可を受けている証券業協会は，施行日において法第67条の2第2項の認可を受けたものとみなすとされた（改正法附則第78条）。

また，整備政令の施行の際現に登記をしている証券業協会は，施行日において認可金融商品取引業協会としての登記をしたものとみなすとされた（整備政令第35条第1項）。

2 公益法人金融商品取引業協会

(1) 公益法人金融商品取引業協会の定義

公益法人金融商品取引業協会とは，金融商品取引業者が民法の規定に基づき設立した法人であって，法第78条第1項の規定により内閣総理大臣の認定を受けたものをいうとされた（法第78条第2項）。

(2) 経過措置

改正法の施行の際現に存する投資信託協会は，施行日において法第78条第1項に規定する認定を受けたものとみなすとされた（改正法附則第176条第1項）。

整備法の施行の際現に存する証券投資顧問業協会及び全国証券投資顧問業協会連合会並びに金融先物取引業協会は，施行日において法第78条第1項に規定する認定を受けたものとそれぞれみなすとされた（整備法第54条第1項，第89条第1項）。

第3 投資者保護基金

1 投資者保護基金の定義

投資者保護基金とは，法第79条の56第1項の規定による一般顧客に対する支払その他の業務を行うことにより投資者の保護を図り，もって証

券取引に対する信頼性を維持することを目的として設立される法人をいうとされた（法第79条の21，第79条の22）。
2　名称使用制限
　投資者保護基金は，その名称中に投資者保護基金という文字を用いなければならず，投資者保護基金でない者は，その名称中に投資者保護基金という文字を用いてはならないとされた（法第79条の23）。
3　投資者保護基金の登記
(1)　登記の効力
　　投資者保護基金は，組登令で定めるところにより，登記をしなければならないとされた（法第79条の24第1項，組登令第1条，別表1）。
　　登記をしなければならない事項は，登記の後でなければ，これをもって第三者に対抗することができないとされた（法第79条の24第2項）。ただし，設立については，登記によって効力を生ずるとされた（法第79条の33第1項）。
(2)　登記すべき事項
　　投資者保護基金は，組登令第2条第1号から第5号までに定める事項のほか，代表権の範囲又は制限があるときはその定め及び資産の総額を登記しなければならないとされた（組登令第2条，別表1）。
(3)　添付書面
　　設立，定款の変更並びに役員の選任及び解任については金融庁長官及び財務大臣の認可を，総会の議決による解散については内閣総理大臣及び財務大臣の認可を受けなければ，その効力を生じないとされた（法第79条の30第1項，第79条の34第2項，第79条の37第2項，第79条の78第2項，第194条の7第1項，施行令第37条の2）。したがって，これらの登記の申請書には，各登記申請に応じて，組登令第16条から第18条までに掲げる書面をそれぞれ添付しなければならないほか，設立，定款の変更を要する登記事項の変更並びに役員の選任及び解任による変更の登記の申請書には金融庁長官及び財務大臣の認可書を，総会の議決による解散の登記の申請書には金融庁長官の認可書を

それぞれ添付しなければならない（組登令第25条，商登法第19条）。
4　経過措置
　　改正法の施行の際現に旧証券取引法第79条の30第1項の認可を受けている投資者保護基金は，施行日において法第79条の30第1項の認可を受けたものとみなすとされた（改正法附則第89条）。
　　また，整備政令の施行の際現に登記をしている投資者保護基金は，施行日において投資者保護基金としての登記をしたものとみなすとされた（整備政令第35条第2項）。
第4　金融商品取引所等
1　金融商品取引所
　(1)　金融商品取引所の定義
　　　金融商品取引所とは，法第80条第1項の規定により内閣総理大臣の免許を受けて金融商品市場（有価証券の売買又は市場デリバティブ取引を行う市場をいう。法第2条第14項）を開設する金融商品会員制法人又は株式会社をいうとされた（法第2条第16項）。
　(2)　名称使用制限
　　　金融商品取引所は，その名称又は商号中に取引所という文字を用いなければならず，また，金融商品取引所でない者は，金融商品取引所であると誤認されるおそれのある名称又は商号を用いてはならないとされた（法第86条）。
　(3)　金融商品取引所の業務
　　　金融商品取引所は，金融商品会員制法人又は資本の額が10億円以上の株式会社でなければならず（法第83条の2，施行令第19条），取引所金融商品市場（金融商品取引所の開設する金融商品市場をいう。法第2条第17項）の開設及びこれに附帯する業務のほか，他の業務を営むことはできないとされた（法第87条の2）。
2　金融商品会員制法人
　(1)　金融商品会員制法人の定義
　　　金融商品会員制法人とは，金融商品市場の開設を目的として法の規

定に基づいて設立された会員組織の社団たる法人をいうとされた（法第2条第15項，第88条第1項）。

(2) 名称使用制限

　金融商品会員制法人は，その名称中に会員制法人という文字を用いなければならず，また，金融商品会員制法人でない者は，金融商品会員制法人と誤認されるおそれのある名称を用いてはならないとされた（法第88条第2項，第3項）。

(3) 金融商品会員制法人の設立等

　金融商品会員制法人は，会員になろうとする金融商品取引業者等（金融商品取引業者又は登録金融機関をいう。法第34条）が発起人となって定款を作成し，会員を募集し，創立総会を開催した後2週間以内に，主たる事務所の所在地において設立の登記をすることによって成立するとされた（法第88条の2，第88条の3，第88条の4，第89条第1項，第89条の2第1項。従たる事務所を設けた場合については，法第89条の2第3項参照）。なお，設立に際して発起人が作成した定款は，公証人の認証を受けなければならないとされた（法第88条の3第3項，会社法（平成17年法律第86号）第30条第1項）。

　設立の登記において登記すべき事項は，法第89条の2第2項に規定する事項であり，申請書には，法第89条の8に規定する書面を添付しなければならないとされた。

　また，金融商品会員制法人は，①成立後に従たる事務所を設けたとき，②主たる事務所若しくは従たる事務所を移転したとき又は③登記事項を変更したときは登記しなければならず（法第89条の3，第89条の4，第89条の5），この場合の申請書には，法第89条の9に規定する書面を添付しなければならないとされた。

　また，理事長等の職務執行の停止，職務代行者の選任に関する仮処分命令等があった場合には，その登記をしなければならないとされた（法第89条の6）。

(4) 金融商品会員制法人の解散及び清算結了

金融商品会員制法人は，解散したとき（合併及び破産の場合を除く。）及び清算が結了したときは，登記をしなければならず（法第100条の3，第100条の4），解散登記の申請書には法第100条の5第1項に規定する書面を，清算結了の登記の申請書には法第100条の6に規定する書面をそれぞれ添付しなければならないとされた。なお，法人が免許の取消しにより解散するときの解散の登記は，金融庁長官の嘱託によるとされた（法第100条の5第2項，第194条の7第1項）。

(5) 会員金融商品取引所の株式会社への組織変更

会員金融商品取引所（取引所金融商品市場を開設する金融商品会員制法人をいう。法第87条の6第1項）は，株式会社金融商品取引所に組織変更をすることができるとされた（法第101条）。組織変更をするためには，組織変更計画書を作成し，総会の承認を受け（法第101条の2），債権者保護手続をしなければならず（法第101条の4），また，組織変更に際して組織変更後の株式会社（以下「組織変更後株式会社金融商品取引所」という。）の株式を発行することができるとされた（法第101条の9）。

組織変更は，金融庁長官の認可を受けなければ，その効力を生じないとされた（法第101条の17，第194条の7第1項）。また，組織変更を行ったときは，効力発生日から主たる事務所及び本店の所在地においては2週間以内に，従たる事務所及び支店の所在地においては3週間以内に，組織変更をする会員金融商品取引所については解散の登記を，組織変更後株式会社金融商品取引所については設立の登記をしなければならず（法第101条の20第1項），設立の登記の申請書には，法第101条の20第2項に規定する書面を添付しなければならないとされた。なお，この場合の組織変更による登記については，商登法第76条及び第78条の規定が準用される（法第101条の20第3項）。

(6) 会員金融商品取引所の合併

会員金融商品取引所は，他の会員金融商品取引所又は株式会社金融商品取引所と合併することができるが，合併後存続する者又は合併に

より設立される者は，会員金融商品取引所と会員金融商品取引所とが合併する場合は会員金融商品取引所，会員金融商品取引所と株式会社金融商品取引所とが合併する場合は株式会社金融商品取引所でなければならないとされた（法第136条）。また，合併をするときは，合併契約書を作成し（同条第1項），総会の承認を受け（法第139条の3第3項，第139条の4第2項，第139条の5第3項，第139条の8第1項，第139条の15第1項），債権者保護手続をしなければならず（法第139条の3第5項，第139条の4第4項，第139条の5第5項，第139条の12，第139条の19），また，合併につき金融庁長官の認可を受けなければ，その効力を生じないとされた（法第140条，第194条の7第1項）。なお，合併及び合併の登記の手続については，会社法及び商業登記法の規定が準用される（法第143条から第145条まで）。

3　株式会社金融商品取引所

株式会社金融商品取引所の定款には，会社法第27条各号に掲げる事項のほか，法第103条に規定する事項を記載しなければならないとされた。また，資本の額を減少しようとするときは，金融庁長官の認可を受けなければならないとされた（法第105条第1項，第194条の7第1項）。

なお，金融庁長官は，株式会社金融商品取引所において仮取締役等を選任した場合は，その旨の登記を嘱託しなければならないとされた（法第87条の6第2項，第87条の7，第194条の7第1項）。

4　経過措置

(1)　証券取引所

改正法の施行の際現に旧証券取引法による免許を受けている者は，施行日において法第80条第1項の免許を受けたものとみなすとされた（改正法附則第99条）。

また，改正法の施行の際現に登記をしている証券会員制法人は，施行日において金融商品会員制法人としての登記をしたものとみなすとされ，改正法の施行の際現に存する証券会員制法人登記簿は，新法の規定による金融商品会員制法人登記簿とみなすとされた（改正法附則

第102条，附則第103条）。

(2) 金融先物取引所

整備法の施行の際現に旧金融先物取引法による免許を受けている者は，施行日において法第80条第1項の免許を受けたものとみなすとされた（整備法第91条）。

なお，金融先物会員制法人については，施行日において実在しないため，その登記に係る経過措置は設けられていない。

第5 自主規制法人

1 自主規制法人の定義

自主規制法人とは，金融庁長官の認可を受けて，自主規制業務（法第84条第2項に規定する業務をいう。法第85条第1項）を行うことを目的として，法の規定に基づいて設立された法人をいうとされた（法第85条第1項，第194条の7第1項）。

2 名称使用制限

自主規制法人は，その名称中に自主規制法人という文字を用いなければならず，また，自主規制法人でない者は，自主規制法人であると誤認されるおそれのある名称を用いてはならないとされた（法第102条の2）。

3 自主規制法人の業務

自主規制法人は，自主規制業務及びこれに附帯する業務のほか，他の業務を行うことができないとされた（法第102条の22）。

4 自主規制法人の設立の登記

(1) 自主規制法人の設立

自主規制法人は，会員になろうとする金融商品取引所又は金融商品取引所持株会社（法第106条の10第1項又は第3項ただし書の規定により内閣総理大臣の認可を受けた者をいう。法第2条第18号）が発起人となって定款を作成し，会員を募集し，創立総会を開催した後2週間以内に主たる事務所の所在地において設立の登記をすることにより成立するとされた（法第102条の3，第102条の4，第102条の5，第102条の8第1項，第102条の9第1項）。なお，設立に際して発起人

が作成した定款は，公証人の認証を受けなければならないとされた（法第102条の4第3項，会社法第30条第1項）。
(2) 登記すべき事項

自主規制法人の設立の登記には，次の事項を記載しなければならないとされた（法第102条の9第2項）。

ア　目的
イ　名称
ウ　事務所の所在場所
エ　存立の時期又は解散の事由を定めたときは，その時期又は事由
オ　基本金及び払い込んだ出資金額
カ　出資1口の金額及びその払込方法
キ　代表権を有する者の氏名，住所及び資格

理事長及び定款の定めるところにより代表権を付与された理事の氏名，住所及び資格を登記しなければならない（法第102条の24第1項及び第2項）。

ク　代表権の範囲又は制限に関する定めがあるときは，その定め
ケ　公告方法
(3) 添付書面

自主規制法人の設立の登記の申請書には，次の書面を添付しなければならないとされた（法第102条の10，第89条の8）。

ア　定款
イ　出資の払込みがあったことを証する書面
ウ　代表権を有する者の資格を証する書面

　(ｱ)　理事長

理事長は，理事の互選により外部理事の中から選任される（法第102条の23第6項）。したがって，理事の互選によって理事長を選任したことを明らかにする書面（互選書等）及びその就任承諾書のほか，当該理事長が総会の決議（法第102条の23第2項）により理事に選任されたことを明らかにする書面（議事録等）及び

その就任承諾書を添付しなければならない。なお，当該理事長が外部理事であることを証する書面の添付は要しない。

 (イ) 定款の定めるところにより代表権を付与された理事

   理事は，総会の決議によって選任される（法第102条の23第2項）。したがって，総会の決議によって理事を選任したことを明らかにする書面（議事録等）及びその就任承諾書を添付しなければならない。

5 その他の登記

 従たる事務所の所在地における登記，事務所の移転の登記，変更の登記，理事長等の職務執行停止の仮処分命令の登記等については，金融商品会員制法人の規定が準用されている（法第102条の10，第89条の3から第89条の6まで）。

 なお，自主規制法人が定款を変更するには，定款に別段の定めがある場合を除き，総会員の4分の3以上の同意を要するとされた（法第102条の6，第88条の8）。

6 自主規制法人の解散及び清算結了

 自主規制法人は，解散したとき（破産の場合を除く。）及び清算が結了したときは，登記をしなければならず，解散の登記及び清算結了の登記の手続等については，金融商品会員制法人の規定が準用されている（法第102条の36，第100条の3から第100条の6まで）。

第6 その他の改正

 改正法第13条により，信用金庫法（昭和26年法律第238号）の一部が改正され，理事の任期につき2年以内において定款で定める期間とされた（信用金庫法第35条の2第1項）。

19 消費生活協同組合法の一部を改正する等の法律の施行に伴う法人登記事務の取扱いについて

（平成20年3月25日法務省民商第1027号通知）

（通知） 消費生活協同組合法の一部を改正する等の法律（平成19年法律第47

号。以下「改正法」という。)，消費生活協同組合法施行令（平成19年政令第373号）及び消費生活協同組合法施行規則の一部を改正する等の省令（平成20年厚生労働省令第38号）が本年4月1日から施行されますが，これに伴う法人登記事務の取扱いについては，下記の点に留意するよう，貴管下登記官に周知方お取り計らい願います。

なお，本通知中「法」とあるのは改正後の消費生活協同組合法（昭和23年法律第200号）を，「施行令」とあるのは消費生活協同組合法施行令を，「規則」とあるのは改正後の消費生活協同組合法施行規則（昭和23年大蔵省令・法務庁令・厚生省令・農林省令第1号）をいうものとします。

記

第1　地域による消費生活協同組合の区域の見直し

　　改正法による改正前の消費生活協同組合法（以下「旧法」という。）においては，地域による消費生活協同組合は，都道府県の区域を越えて設立することができないとされていたが，法においては，組合員の生活に必要な物資を購入し，これに加工し若しくは加工しないで，又は生産して組合員に供給する事業の実施のために必要がある場合には，当該事業と共済事業（法第10条第2項に規定する共済事業をいう。以下同じ。）とを併せて行う場合を除き，主たる事務所の所在地の都府県及び当該都府県に隣接する都府県を区域としてこれを設立することができるとされた（法第5条第2項，規則第2条）。

第2　事業の種類の拡大

　　旧法においては，消費生活協同組合及び消費生活協同組合連合会（以下「組合」と総称する。）が行うことのできる事業は，次の1から5まで及び8の事業とされていたが，法においては，これらに加え，次の6及び7の事業をも行うことができるとされた（法第10条第1項）。

1　組合員の生活に必要な物資を購入し，これに加工し若しくは加工しないで，又は生産して組合員に供給する事業

2　組合員の生活に有用な協同施設を設置し，組合員に利用させる事業（6及び7の事業を除く。）

3　組合員の生活の改善及び文化の向上を図る事業
4　組合員の生活の共済を図る事業
5　組合員及び組合従業員の組合事業に関する知識の向上を図る事業
6　組合員に対する医療に関する事業
7　高齢者，障害者等の福祉に関する事業であって組合員に利用させるもの
8　1から7までの事業に附帯する事業

　4の事業のうち，共済事業又は受託共済事業（共済事業を行っている組合からの委託契約に基づき共済事業の一部を受託して行う事業をいう。）を行う組合は，組合員のために，保険会社（保険業法（平成7年法律第105号）第2条第2項に規定する保険会社をいう。）その他厚生労働大臣が指定するこれに準ずる者の業務の代理又は事務の代行（規則第4条各号に掲げるものに限る。）の事業（以下「保険会社等の業務の代理等の事業」という。）を行うことができるとされた（法第10条第2項）。

　また，共済事業を行う消費生活協同組合であってその収受する共済掛金の総額が施行令第1条第1項で定める基準を超えるもの若しくはその交付する共済金額が同条第2項で定める基準を超えるもの又は共済事業を行う消費生活協同組合連合会は，規則第5条で定めるところにより行政庁の承認を受けた場合を除き，共済事業，受託共済事業並びに5の事業並びにこれらに附帯する事業並びに保険会社等の業務の代理等の事業のほか，他の事業を行うことができないとされた（法第10条第3項）。

第3　公告に関する規定の整備
　1　公告方法
　　組合の公告方法として，当該組合の事務所の店頭に掲示する方法のほか，①官報に掲載する方法，②時事に関する事項を掲載する日刊新聞紙に掲載する方法，③電子公告のいずれかの方法を定款で定めることができるとされた（法第26条第3項）。
　　なお，旧法と同様に，公告方法は，定款の絶対的記載事項である（法第26条第1項第16号）。

2 電子公告に関する規定

　公告方法を電子公告とする場合には，事故その他やむを得ない事由により電子公告による公告をすることができない場合の予備的な公告方法の定めを設けることができるとされた（法第26条第4項）。

　組合が電子公告により公告する場合には，次の(1)又は(2)の区分に応じ，それぞれ(1)又は(2)に定める日までの間，継続して電子公告による公告をしなければならないとされ，当該公告について電子公告調査機関の調査を受けなければならないとされた（法第26条第5項，第6項，会社法（平成17年法律第86号）第941条）。

(1) 公告に定める期間内に異議を述べることができる旨の公告

　　当該期間を経過する日

(2) (1)以外の公告

　　当該公告の開始後1月を経過する日

3 債権者に対する個別催告の省略

　組合が出資1口の金額の減少をする場合又は合併をする場合には，債権者保護手続のための公告及び催告をしなければならないが，当該公告を，官報のほか，定款の定めに従い1の②又は③の方法によりするときは，知れている債権者に対する各別の催告は要しないとされた（法第49条第5項，第68条第4項，第68条の2第6項，第68条の3第4項）。

第4 役員に関する規定の見直し

1 欠格事由の新設

　次の者は，組合の役員（理事及び監事をいう（法第27条第1項）。以下同じ。）となることができないとされた（法第29条の3第1項）。

(1) 法人

(2) 成年被後見人若しくは被保佐人又は外国の法令上これらと同様に取り扱われている者

(3) 法，会社法（平成17年法律第86号）若しくは中間法人法（平成13年法律第49号）の規定に違反し，又は民事再生法（平成11年法律第225号）第255条，第256条，第258条から第260条まで若しくは第262条の

罪若しくは破産法（平成16年法律第75号）第265条，第266条，第268条から第272条まで若しくは第274条の罪を犯し，刑に処せられ，その執行を終わり，又はその執行を受けることがなくなった日から2年を経過しない者

(4) (3)の法律の規定以外の法令の規定に違反し，禁錮以上の刑に処せられ，その執行を終わるまで又はその執行を受けることがなくなるまでの者（刑の執行猶予中の者を除く。）

なお，(1)から(4)までの者のほか，破産手続開始の決定を受けて復権を得ない者は，共済事業を行う組合の役員となることができないとされた（法第29条の3第2項）。

2 任期の見直し

(1) 理事

旧法においては，理事の任期は2年（定款で3年以内の別の期間を定めたときは，その期間。補欠の理事にあっては，前任者の残任期間）とされていたが，法においては，理事の任期は，原則として2年以内において定款で定める期間とし，定款によってこれを任期中に終了する事業年度のうち最終のものに係る決算に関する通常総会の終結の時まで伸長することを妨げないとされた（法第30条第1項，第4項）。

(2) 経過措置

改正法の施行の際現に存する組合の役員であって施行日以後最初に終了する事業年度に係る決算に関する通常総会の終結前に在任するものの任期に関しては，改正法の施行後も，なお従前の例によるとされた（改正法附則第9条）。

したがって，組合等の理事の任期は，次のとおりとなる。

ア 本年4月1日に在任していた者にあっては，従来の任期が満了するまで

イ 同日以後に就任した者のうち，同日以後最初に終了した事業年度に係る決算に関する通常総会の終結前に就任したものにあっては，

２年（定款で３年以内の別の期間を定めたときは，その期間。補欠の理事にあっては，前任者の残任期間）

ウ　同日以後最初に終了した事業年度に係る決算に関する通常総会の終結後に就任した者にあっては，就任後２年以内において定款で定める期間が満了するまで（定款によって役員の任期を任期中に終了する事業年度のうち最終のものに係る決算に関する通常総会の終結の時まで伸長したときは，その伸長に係る期間が満了するまで）

3　役員に欠員を生じた場合の措置

　法又は定款で定めた役員の員数が欠けた場合には，任期の満了又は辞任により退任した役員は，新たに選任された役員が就任するまで，なお役員としての権利義務を有するとされた（法第30条の２第１項）。

　この場合において，事務が遅滞することにより損害を生ずるおそれがあるときは，行政庁は，利害関係人の請求により又は職権で，一時役員の職務を行うべき者を選任することができるとされた（法第30条の２第２項）。

第5　組合の機関等に関する規定の見直し

1　理事会の必置化等

　組合は，理事会を置かなければならないとされ，組合の業務の執行は，理事会が決するとされた（法第30条の４）。

2　組合の代表

(1)　代表理事の登記

　旧法においては，理事は各自組合を代表するとされ，組合の代表権を有する者として各理事を登記することとされていたが，法においては，理事会は理事の中から組合を代表する理事（以下「代表理事」という。）を選定しなければならないとされ，代表理事が組合の業務に関する一切の裁判上又は裁判外の行為をする権限を有するとされた（法第30条の９第１項）。これにより，法第74条第２項第５号の代表権を有する者としては，代表理事のみを「代表理事」の資格で登記すべきこととなった。

代表理事の就任による変更の登記の申請書には，登記事項の変更を証する書面として，代表理事の選任に関する理事会議事録，代表理事の就任承諾書，理事会に出席した理事及び監事が理事会議事録に押印した印鑑についての市区町村長作成の印鑑証明書を添付しなければならない（法第85条第1項，第92条，商業登記法（昭和38年法律第125号）第148条，法人登記規則（昭和39年法務省令第46号）第7条，商業登記規則（昭和39年法務省令第23号）第61条第4項第3号）。

　　なお，理事会議事録に従前の代表理事が記名押印し，その押印に係る印鑑がその者が登記所に提出している印鑑と同一であるときは，上記印鑑証明書の添付を要しない（法第92条，商業登記法第148条，法人登記規則第7条，商業登記規則第61条第4項ただし書）。

(2)　経過措置

　　改正法の施行の際現に存する組合の理事の代表権については，理事会が理事の中から組合を代表する理事を選定するまでの間は，なお従前の例によるとされた（改正法附則第11条）。

　　改正法の施行後において，理事会が理事の中から代表理事を選定した場合には，代表理事となる者について原因を「就任」として代表理事の就任による変更の登記を，従前の理事について原因を「代表権喪失」として退任の登記をしなければならない（法第77条第1項）。

　　なお，理事会議事録に従前の理事が記名押印し，その押印に係る印鑑がその者が登記所に提出している印鑑と同一であるときは，理事会に出席した理事及び監事が理事会議事録に押印した印鑑に係る印鑑証明書の添付を要しない（法第92条，商業登記法第148条，法人登記規則第7条，商業登記規則第61条第4項ただし書）。

3　理事会に関する規定

(1)　決議要件

　　理事会の決議は，議決に加わることができる理事の過半数（これを上回る割合を定款で定めた場合にあっては，その割合以上）が出席し，その過半数（これを上回る割合を定款で定めた場合にあっては，

その割合以上）をもって行うとされた（法第30条の5第1項）。
　(2)　議事録
　　　理事会の議事については，開催された日時及び場所，議事の経過の要領及びその結果並びに出席した理事，監事及び会計監査人の氏名又は名称等を内容とする議事録を作成しなければならないとされ，出席した理事及び監事は，議事録が書面をもって作成されているときにあってはこれに署名し，又は記名押印し，議事録が電磁的記録をもって作成されているときにあっては当該電磁的記録に記録されている事項につき電子署名をしなければならないとされた（法第30条の5第3項，第4項，規則第60条，第61条）。
　(3)　理事会の決議の省略
　　　定款の定めに基づく理事会の決議の省略の制度が創設され，これにより理事会の決議があったものとみなされた場合には，理事会の決議があったものとみなされた事項の内容等を内容とする議事録を作成するとされた（法第30条の6，規則第60条第4項第1号）。
 4 　清算に関する規定
　　清算をする組合は，清算人会を置かなければならないとされた（法第73条，第30条の4）。
　　法第72条の規定により理事が清算人となる場合において，代表理事を定めていたときは，当該代表理事が代表清算人となるとされた（法第73条，会社法第483条第4項）。
第6　合併に関する規定の整備
 1 　合併に関する規定
　　組合は，行政庁の認可を受けて，他の組合と吸収合併又は新設合併をすることができるところ，法においては，合併契約において定めるべき事項等についての規定が整備された（法第65条から第71条まで）。
 2 　効力発生日
　　吸収合併の効力は，登記の日ではなく，効力発生日又は行政庁の認可を受けた日のいずれか遅い日に生ずるとされた（法第70条第1項）。

なお，新設合併の効力は，旧法と同様に，登記の日に生ずる（法第70条第2項）。

20 一般社団法人及び一般財団法人に関する法律等の施行に伴う法人登記事務の取扱いについて

（平成20年9月1日法務省民商第2351号通達）

目　次
- 第1部　本通達の趣旨
- 第2部　一般社団法人
  - 第1　設立
    1. 設立の手続
    2. 設立の登記の手続
  - 第2　機関
    1. 機関設計
    2. 社員総会
    3. 理事及び代表理事
    4. 理事会
    5. 監事
    6. 会計監査人
    7. 役員等の損害賠償責任
  - 第3　解散及び清算
    1. 解散
    2. 清算
    3. 清算の結了
  - 第4　その他
    1. 計算書類の公告
    2. 定款の変更
    3. 事業の譲渡
- 第3部　一般財団法人

第1 設立
　1 設立の手続
　2 設立の登記の手続
第2 機関
　1 機関設計
　2 評議員
　3 評議員会
　4 理事及び代表理事
　5 理事会
　6 監事
　7 会計監査人
　8 役員等の損害賠償責任
第3 解散及び清算
　1 解散
　2 清算
　3 清算の結了
第4 その他
　1 計算書類の公告
　2 定款の変更
　3 事業の譲渡
第4部 合併
　第1 合併の手続
　　1 当事法人
　　2 吸収合併の手続
　　3 新設合併の手続
　第2 合併の登記の手続
　　1 吸収合併の登記
　　2 新設合併の登記
第5部 公益法人

第1　公益認定
　　　1　公益認定の手続
　　　2　公益認定による名称の変更の登記の手続
　　第2　公益法人に関する規律
　　　1　名称使用制限
　　　2　変更の認定
　　　3　合併による地位の承継の認可
　　第3　公益認定の取消し
　第6部　中間法人に関する経過措置
　　第1　有限責任中間法人に関する経過措置
　　　1　旧有限責任中間法人の存続等
　　　2　一般社団法人に関する法人法の規定の特則及び経過措置
　　　3　名称の変更
　　第2　無限責任中間法人に関する経過措置
　　　1　旧無限責任中間法人の存続等
　　　2　一般社団法人に関する法人法の規定の特則及び経過措置
　　　3　名称の変更による通常の一般社団法人への移行
　　　4　移行期間の満了による解散
　第7部　民法法人に関する経過措置
　　第1　旧民法法人の存続等
　　第2　特例民法法人に関する経過措置及び法人法の特則
　　　1　定款の記載事項
　　　2　登記すべき事項
　　　3　名称使用制限
　　　4　機関
　　　5　解散及び清算
　　　6　合併
　　　7　その他
　　第3　公益法人への移行

1　移行の手続

　　　2　移行の登記の手続

　　　3　認定の取消し

　　第4　通常の一般社団法人又は一般財団法人への移行

　　　1　移行の手続

　　　2　移行の登記の手続

　　　3　認可の取消し

　　第5　移行期間の満了による解散

(通達)

　一般社団法人及び一般財団法人に関する法律（平成18年法律第48号。以下「法人法」という。），公益社団法人及び公益財団法人の認定等に関する法律（平成18年法律第49号。以下「認定法」という。），一般社団法人及び一般財団法人に関する法律及び公益社団法人及び公益財団法人の認定等に関する法律の施行に伴う関係法律の整備等に関する法律（平成18年法律第50号。以下「整備法」という。），一般社団法人及び一般財団法人に関する法律施行令（平成19年政令第38号），一般社団法人及び一般財団法人に関する法律の施行に伴う関係法律の整備等に関する政令（平成19年政令第39号），一般社団法人及び一般財団法人に関する法律施行規則（平成19年法務省令第28号。以下「施行規則」という。），一般社団法人等登記規則（平成20年法務省令第48号。以下「登記規則」という。）及び一般社団法人及び一般財団法人に関する法律及び公益社団法人及び公益財団法人の認定等に関する法律の施行に伴う関係法律の整備等に関する法律の施行に伴う関係省令の整備及び経過措置に関する省令（平成20年法務省令第49号。以下「整備省令」という。）が本年12月1日から施行されますが，これに伴う法人登記事務の取扱いについては，下記の点に留意するよう，貴管下登記官に周知方取り計らい願います。

　なお，本通達中「商登法」とあるのは商業登記法（昭和38年法律第125号）を，「商登規」とあるのは商業登記規則（昭和39年法務省令第23号）を，「登税法」とあるのは登録免許税法（昭和42年法律第35号）をいい，特に改正前

の法律を引用するときは，「旧」の文字を冠することとします。

記

第1部 本通達の趣旨

本通達は，法人法等の施行に伴い，一般社団法人（設立，機関，解散及び清算，その他），一般財団法人（設立，機関，解散及び清算，その他），合併，公益法人，中間法人に関する経過措置及び民法法人に関する経過措置について，登記事務処理上留意すべき事項を明らかにしたものである。

なお，法人法の規定による登記に関する登記記録例は，別に定めるところによるものとする。

第2部 一般社団法人

第1 設立

1 設立の手続

(1) 定款の作成

一般社団法人を設立するには，その社員になろうとする者（設立時社員。法人法第10条第1項）が，共同して定款を作成し，その全員がこれに署名し，又は記名押印（定款が電磁的記録をもって作成されているときは，電子署名）をしなければならないとされた（法人法第10条，施行規則第90条）。

この定款は，公証人の認証を受けなければ，その効力を生じないとされた（法人法第13条）。

(2) 定款の記載又は記録事項

定款には，次に掲げる事項を記載し，又は記録しなければならないとされた（法人法第11条第1項）。

ア 目的

イ 名称

ウ 主たる事務所の所在地

エ 設立時社員の氏名又は名称及び住所

オ 社員の資格の得喪に関する規定

カ 公告方法

キ　事業年度

　　　社員に剰余金又は残余財産の分配を受ける権利を与える旨の定款の定めは，その効力を有しないとされた（法人法第11条第2項）。

　　　また，アからキまでに掲げる事項のほか，一般社団法人の定款には，法人法の規定により定款の定めがなければその効力を生じない事項及びその他の事項で法人法の規定に違反しないものを記載し，又は記録することができるとされた（法人法第12条）。

(3)　名称

　　一般社団法人は，その名称中に一般社団法人という文字を用いなければならず，また，一般財団法人であると誤認されるおそれのある文字を用いてはならないとされた（法人法第5条第1項，第2項）。

　　一般社団法人でない者は，その名称又は商号中に，一般社団法人であると誤認されるおそれのある文字を用いてはならないとされた（法人法第6条）。

　　なお，一般社団法人が商人である場合には，当該一般社団法人について商法第16条から第18条までの規定が適用される（法人法第9条参照）。

(4)　同一の所在場所における同一の名称の登記の禁止

　　一般社団法人の名称の登記は，その名称が他の一般社団法人の既に登記した名称と同一であり，かつ，その主たる事務所の所在場所が当該他の一般社団法人に係る主たる事務所の所在場所と同一であるときは，することができないとされた（法人法第330条，商登法第27条）。

(5)　公告方法

　　一般社団法人は，公告方法として，①官報に掲載する方法，②時事に関する事項を掲載する日刊新聞紙に掲載する方法，③電子公告又は④当該一般社団法人の主たる事務所の公衆の見やすい場所に掲

示する方法のいずれかの方法を定款に定めなければならないとされた（法人法第11条第1項第6号，第331条第1項，施行規則第88条第1項）。

　なお，③の方法により公告する場合の公告期間は法人法第332条に定めるところにより，④の方法により公告する場合の公告期間は施行規則第88条第2項に定めるところによる。

(6) 設立時理事等の選任

　一般社団法人の設立時理事について，定款でこれを定めなかったときは，設立時社員は，公証人による定款の認証の後遅滞なく，その選任をしなければならないとされた（法人法第15条第1項）。設立時社員による設立時理事の選任は，設立時社員の議決権の過半数をもって決定するとされた（法人法第17条第1項）。なお，この場合には，定款に別段の定めのある場合を除き，設立時社員は各1個の議決権を有するとされた（法人法第17条第2項）。

　設立しようとする一般社団法人が監事設置一般社団法人（法人法第15条第2項第1号）又は会計監査人設置一般社団法人（同項第2号）である場合における設立時監事又は設立時会計監査人の選任についても，設立時理事の選任の場合と同様とされた（法人法第15条第2項，第17条）。

　設立しようとする一般社団法人が理事会設置一般社団法人（法人法第16条第1項）である場合には，3人以上の設立時理事を選任し，設立時理事は，その過半数をもって，設立時理事の中から設立時代表理事を選定しなければならないとされた（法人法第16条第1項，第21条第1項，第3項）。

(7) 設立中の一般社団法人における業務執行の決定

　設立中の一般社団法人における業務執行の決定は，原則として設立時社員が行い，定款に別段の定めがない場合には，設立時理事は，理事会設置一般社団法人における設立時代表理事の選定その他法人法に規定がある事項に限り，その決定を行うこととなる。

したがって，一般社団法人の成立前は，定款記載の最小行政区画内における主たる事務所又は従たる事務所の具体的な所在場所の決定等は，定款に別段の定めがない限り，設立時社員の議決権の過半数によって行うべきこととなる。

2 設立の登記の手続
 (1) 登記期間
　　一般社団法人の設立の登記は，主たる事務所の所在地においては法人法第20条第1項の規定による設立時理事等の調査が終了した日又は設立時社員が定めた日のいずれか遅い日から2週間以内に，従たる事務所の所在地においては主たる事務所の所在地における設立の登記をした日から2週間以内にしなければならないとされた（法人法第301条第1項，第312条第1項第1号）。
 (2) 登記すべき事項
　ア　主たる事務所の所在地において登記すべき事項は，次のとおりとされた（法人法第301条第2項）。
　　(ア) 目的
　　(イ) 名称
　　(ウ) 主たる事務所及び従たる事務所の所在場所
　　(エ) 存続期間又は解散の事由についての定款の定めがあるときは，その定め
　　(オ) 理事の氏名
　　(カ) 代表理事の氏名及び住所
　　(キ) 理事会設置一般社団法人であるときは，その旨
　　(ク) 監事設置一般社団法人であるときは，その旨及び監事の氏名
　　(ケ) 会計監査人設置一般社団法人であるときは，その旨及び会計監査人の氏名又は名称
　　(コ) 一時会計監査人の職務を行うべき者を置いたときは，その氏名又は名称
　　(サ) 理事，監事又は会計監査人の責任の免除についての定款の定

めがあるときは，その定め
　(シ)　外部理事，外部監事又は会計監査人が負う責任の限度に関する契約の締結についての定款の定めがあるときは，その定め
　(ス)　(シ)の定款の定めが外部理事に関するものであるときは，理事のうち外部理事であるものについて，外部理事である旨
　(セ)　(シ)の定款の定めが外部監事に関するものであるときは，監事のうち外部監事であるものについて，外部監事である旨
　(ソ)　貸借対照表を電磁的方法により開示するときは，貸借対照表の内容である情報について不特定多数の者がその提供を受けるために必要な事項であって法務省令で定めるもの（施行規則第87条第1項第1号。具体的には，当該情報が掲載されているウェブページのアドレス）
　(タ)　公告方法
　(チ)　電子公告を公告方法とするときは，次に掲げる事項
　　a　電子公告により公告すべき内容である情報について不特定多数の者がその提供を受けるために必要な事項であって法務省令で定めるもの（施行規則第87条第1項第2号。具体的には，当該情報が掲載されているウェブページのアドレス）
　　b　事故その他のやむを得ない事由によって電子公告による公告をすることができない場合の公告方法について定款の定めがあるときは，その定め
イ　従たる事務所の所在地において登記すべき事項は，次のとおりとされた（法人法第312条第2項）。
　(ア)　名称
　(イ)　主たる事務所の所在場所
　(ウ)　従たる事務所（その所在地を管轄する登記所の管轄区域内にあるものに限る。）の所在場所
(3)　添付書面
　主たる事務所の所在地における設立の登記の申請書には，代理人

によって申請する場合のその権限を証する書面及び官庁の許可を要する場合のその許可書（法人法第330条，商登法第18条，第19条。これらの書面は，主たる事務所の所在地における申請については原則として妥当するため，以下，添付書面としての記載は省略する。）のほか，法令に別段の定めがある場合を除き，次の書面を添付しなければならないとされた（法人法第318条第2項）。

ア　定款
イ　設立時理事が設立時代表理事を選定したときは，これに関する書面
ウ　設立時理事，設立時監事及び設立時代表理事が就任を承諾したことを証する書面
エ　ウの書面の設立時理事（設立しようとする一般社団法人が理事会設置一般社団法人である場合にあっては，設立時代表理事）の印鑑につき市区町村長の作成した証明書（登記規則3条，商登規第61条第2項，第3項）
オ　設立時会計監査人を選任したときは，次に掲げる書面
　(ア)　設立時会計監査人の選任に関する書面
　(イ)　就任を承諾したことを証する書面
　(ウ)　設立時会計監査人が法人であるときは，当該法人の登記事項証明書
　　当該法人が登記された登記所に登記の申請をする場合において，当該法人の登記簿からその代表者の資格を確認することができるときは，添付を要しない（登記事項証明書が添付書面となる場合については原則として妥当するため，以下においては記載を省略する。）。
　(エ)　設立時会計監査人が法人でないときは，その者が公認会計士であることを証する書面
　　別紙の証明書をもって公認会計士であることを証する書面として取り扱って差し支えない。

カ 登記すべき事項につき設立時社員全員の同意又はある設立時社員の一致を要するときは，その同意又は一致があったことを証する書面（法人法第318条第3項）

例えば，次に掲げる場合には，設立時社員の議決権の過半数の一致があったことを証する書面を添付しなければならない。

(ア) 設立時社員が設立時理事，設立時監事又は設立時会計監査人を選任したとき（法人法第17条第1項）。

(イ) 設立時社員が設立時の主たる事務所又は従たる事務所の所在場所等を定めたとき（1の(7)参照）。

なお，従たる事務所の所在地における設立の登記の申請書には，主たる事務所の所在地においてした登記を証する書面を添付すれば足りる（法人法第329条）。

(4) 登録免許税

設立の登記の登録免許税は，申請1件につき，主たる事務所の所在地においては6万円，従たる事務所の所在地においては9,000円である（登税法別表第1第24号(1)ロ，(2)イ）。

第2 機関

1 機関設計

(1) 一般社団法人の機関

一般社団法人には，社員総会のほか，1人又は2人以上の理事（理事会設置一般社団法人にあっては，3人以上の理事）を置かなければならず，また，定款の定めによって，理事会，監事又は会計監査人を置くことができるとされた（法人法第60条，第65条第3項）。

理事会設置一般社団法人及び会計監査人設置一般社団法人は，監事を置かなければならないとされた（法人法第61条）。

大規模一般社団法人（最終事業年度に係る貸借対照表の負債の部に計上した額の合計額が200億円以上である一般社団法人をいう。法人法第2条第2号）は，会計監査人を置かなければならないとさ

れた(法人法第62条)。
- (2) 機関設計の在り方と登記

(1)により,一般社団法人において採用することができる機関設計は,次の5通りとなる。

なお,理事会,監事又は会計監査人の設置状況(「理事会設置一般社団法人」等)は,登記すべき事項である(第1の2の(2)のア参照)。

- ア 社員総会+理事
- イ 社員総会+理事+監事
- ウ 社員総会+理事+監事+会計監査人
- エ 社員総会+理事+理事会+監事
- オ 社員総会+理事+理事会+監事+会計監査人

2 社員総会
- (1) 社員総会の権限

社員総会は,原則として,法人法に規定する事項及び一般社団法人の組織,運営,管理その他一般社団法人に関する一切の事項について決議をすることができるが,理事会設置一般社団法人においては,法人法に規定する事項及び定款で定めた事項に限り,決議をすることができるとされた(法人法第35条第1項,第2項)。

なお,すべての一般社団法人について,社員総会は,社員に剰余金を分配する旨の決議をすることができないとされ(法人法第35条第3項),法人法の規定により社員総会の決議を必要とする事項について,社員総会以外の機関が決定することができる旨の定款の定めは,効力を有しないとされた(同条第4項)。

- (2) 議決権

社員は,定款に別段の定めがある場合を除き,各1個の議決権を有するとされた(法人法第48条第1項)。

- (3) 決議要件
- ア 普通決議

社員総会の決議は，イの社員総会及び定款に別段の定めがある場合を除き，総社員の議決権の過半数を有する社員が出席し，出席した当該社員の議決権の過半数をもって行うとされた（法人法第49条第1項）。

イ 特別決議

次に掲げる社員総会の決議は，総社員の半数以上であって，総社員の議決権の3分の2（これを上回る割合を定款で定めた場合にあっては，その割合）以上に当たる多数をもって行わなければならないとされた（法人法第49条第2項）。

(ｱ) 社員の除名（法人法第30条第1項）の社員総会

(ｲ) 監事の解任（法人法第70条第1項）の社員総会

(ｳ) 理事，監事又は会計監査人の法人法第111条第1項の任務懈怠責任の一部免除（法人法第113条第1項）の社員総会

(ｴ) 定款の変更（法人法第146条）の社員総会

(ｵ) 事業の全部の譲渡（法人法第147条）の社員総会

(ｶ) 解散（法人法第148条第3号）及び継続（法人法第150条）の社員総会

(ｷ) 吸収合併契約の承認（法人法第247条，第251条第1項）及び新設合併契約の承認（法人法第257条）の社員総会

(4) 議事録

社員総会の議事については，出席した理事，監事又は会計監査人の氏名又は名称等を内容とする議事録を作成しなければならないとされた（法人法第57条第1項，施行規則第11条第3項）。

なお，議事録には，出席した理事等の署名又は記名押印は要しない。ただし，社員総会の決議によって代表理事（各自代表の理事を含む。）を定めた場合（法人法第77条第1項本文，第3項）における当該社員総会の議事録については，3の(2)のアの(ｲ)のeのとおり，原則として，議長及び出席した理事の記名押印を要する。

(5) 社員総会の決議の省略

理事又は社員が社員総会の目的である事項について提案をした場合において，当該提案につき社員の全員が書面又は電磁的記録により同意の意思表示をしたときは，当該提案を可決する旨の社員総会の決議があったものとみなすとされた（法人法第58条第1項）。また，社員総会の決議があったものとみなされた場合には，決議があったものとみなされた事項の内容等を内容とする議事録を作成するとされた（施行規則第11条第4項第1号）。

　この場合には，当該議事録をもって，登記の申請書に添付すべき当該場合に該当することを証する書面（法人法第317条第3項）として取り扱って差し支えない。

3　理事及び代表理事
(1)　理事及び代表理事に関する規律
　ア　一般社団法人の代表及び業務執行
　　(ア)　一般社団法人の代表
　　　理事は，原則として，各自一般社団法人を代表するが，他に代表理事その他一般社団法人を代表する者を定めた場合には，その余の理事は代表権を有しないとされた（法人法第77条第1項，第2項）。
　　　なお，法人法では，各自代表の場合を含め，一般社団法人又は一般財団法人を代表する理事を「代表理事」というとされた（法人法第21条第1項，第162条第1項）。
　　　理事会設置一般社団法人においては，理事会が代表理事の選定及び解職の職務を行うとされ（法人法第90条第2項第3号），理事会は理事の中から代表理事を選定しなければならないとされた（同条第3項）。
　　(イ)　一般社団法人の業務執行
　　　a　理事会設置一般社団法人以外の一般社団法人
　　　　理事は，定款に別段の定めがある場合を除き，一般社団法人の業務を執行するとされた（法人法第76条第1項）。

理事が2人以上ある場合には，一般社団法人の業務は，定款に別段の定めがある場合を除き，理事の過半数をもって決定するとされ，理事は，従たる事務所の設置その他の法人法第76条第3項各号に掲げる事項についての決定を各理事に委任することができないとされた（法人法第76条第2項，第3項）。

  b 理事会設置一般社団法人

代表理事及び代表理事以外の理事であって，理事会の決議によって理事会設置一般社団法人の業務を執行する理事として選定されたものは，理事会設置一般社団法人の業務を執行するとされた（法人法第91条第1項）。

理事会設置一般社団法人の業務執行は，理事会において決定するとされ，理事会は，重要な財産の処分及び譲受け，多額の借財，重要な使用人の選任及び解任，従たる事務所の設置その他の重要な業務執行の決定を理事に委任することができないとされた（法人法第90条第2項第1号，第4項）。

イ 選任

(ｱ) 理事の選任

理事は，社員総会の普通決議によって選任するとされた（法人法第63条第1項，第49条第1項）。

(ｲ) 代表理事の選定

理事会設置一般社団法人以外の一般社団法人にあっては，他に代表理事その他一般社団法人を代表する者を定めたときを除き，各理事が代表理事となるとされ（法人法第77条第1項），また，次の方法のいずれかにより，理事の中から代表理事を定めることができるとされた（同条第3項）。

  a 定款

  b 定款の定めに基づく理事の互選

  c 社員総会の決議

理事会設置一般社団法人にあっては，理事会は，理事の中から代表理事を選定しなければならないとされた（法人法第90条第3項）。

(ウ) 補欠者の予選

(ア)の決議をする場合には，理事が欠けた場合又は法人法若しくは定款で定めた理事の員数を欠くこととなるときに備えて補欠の理事を選任することができ，当該選任に係る決議が効力を有する期間は，定款に別段の定めがある場合を除き，当該決議後最初に開催する定時社員総会の開始の時までとされ，社員総会の決議によってその期間を短縮することができるとされた（法人法第63条第2項，施行規則第12条第3項）。

ウ　任期

理事の任期は，選任後2年以内に終了する事業年度のうち最終のものに関する定時社員総会の終結の時までとされ，定款又は社員総会の決議によって，これを短縮することができるとされた（法人法第66条）。

エ　解任

理事は，いつでも，社員総会の普通決議によって解任することができるとされた（法人法第70条第1項，第49条第1項）。

オ　理事等に欠員を生じた場合の措置

理事が欠けた場合又は法人法若しくは定款で定めた理事の員数が欠けた場合には，任期の満了又は辞任により退任した理事は，新たに選任された理事（一時理事の職務を行うべき者を含む。）が就任するまで，なお理事としての権利義務を有するとされた（法人法第75条第1項）。

この場合において，裁判所は，必要があると認めるときは，利害関係人の申立てにより，一時理事の職務を行うべき者を選任することができるとされた（法人法第75条第2項）。

代表理事が欠けた場合又は定款で定めた代表理事の員数が欠け

た場合についても，理事が欠けた場合と同様とされた（法人法第79条第1項，第2項）。
(2) 理事及び代表理事に関する登記の手続
　理事会設置一般社団法人以外の一般社団法人における理事及び代表理事の登記の手続は，次のとおりとされた（理事会設置一般社団法人については，4の(2)のア参照）。
　ア　理事及び代表理事の就任による変更の登記
　　(ｱ)　登記すべき事項
　　　登記すべき事項は，理事の氏名，代表理事の氏名及び住所並びに就任年月日である。
　　　理事が各自法人を代表するときは，各理事につき，理事及び代表理事の就任による変更の登記を要する。
　　(ｲ)　添付書面
　　　添付書面は，次のとおりである。
　　　a　理事を選任した社員総会の議事録（法人法第317条第2項）
　　　b　理事が就任を承諾したことを証する書面（法人法第320条第1項）
　　　c　理事の就任承諾書に係る印鑑証明書（登記規則第3条，商登規第61条第2項）
　　　　理事が就任を承諾したことを証する書面の印鑑につき，再任の場合を除き，市区町村長の作成した証明書を添付しなければならない。
　　　d　理事の中から代表理事を定めたときは，次に掲げる書面のいずれか
　　　　(a)　定款によって代表理事を定めたときは，定款の変更に係る社員総会の議事録（法人法第317条第2項）
　　　　(b)　定款の定めに基づく理事の互選によって代表理事を定めたときは，定款及びその互選を証する書面（登記規則第3条，商登規第61条第1項，法人法第317条第1項）

　　　　　(c) 社員総会の決議によって代表理事を定めたときは，社員総会の議事録（法人法第317条第2項）
　　　　e 代表理事の選定を証する書面に係る印鑑証明書（登記規則第3条，商登規第61条第4項第1号，第2号）
　　　　　次に掲げる印鑑につき，当該印鑑と変更前の代表理事が登記所に提出している印鑑とが同一である場合を除き，市区町村長の作成した証明書を添付しなければならない。
　　　　　(a) 理事が各自法人を代表するときは，議長及び出席した理事がaの議事録に押印した印鑑
　　　　　(b) 定款によって代表理事を定めたときは，定款の変更に係る社員総会の議長及び出席した理事がdの(a)の議事録に押印した印鑑
　　　　　(c) 定款の定めに基づく理事の互選によって理事の中から代表理事を定めたときは，理事がdの(b)の互選を証する書面に押印した印鑑
　　　　　(d) 社員総会の決議によって理事の中から代表理事を定めたときは，議長及び出席した理事がdの(c)の議事録に押印した印鑑
　　　　f dの(b)の方法により代表理事を定めたときは，代表理事が就任を承諾したことを証する書面（法人法第320条第1項）
　　　　　なお，当該代表理事が就任を承諾したことを証する書面の印鑑については，別途印鑑証明書の添付を要しない。
　　　㈱ 登録免許税額
　　　　登録免許税額は，申請1件につき1万円である（登税法別表第1第24号(1)カ）。
　　イ 理事及び代表理事の退任による変更の登記
　　　理事及び代表理事の退任による変更の登記の申請書には，これを証する書面を添付しなければならない（法人法第320条第5項）。
　　　具体的には，役員の改選の際の定時社員総会の議事録（任期満

了の旨の記載があるもの）等がこれに該当する。

　　登録免許税額は，申請1件につき1万円である（登税法別表第1第24号(1)カ）。
4　理事会
(1)　理事会に関する規律
　ア　理事会の権限
　　理事会は，すべての理事で組織されるとされ（法人法第90条第1項），理事会設置一般社団法人の業務執行の決定，理事の職務の執行の監督並びに代表理事の選定及び解職の職務を行うとされた（同条第2項）。
　　なお，理事会は，重要な財産の処分及び譲受け，多額の借財，重要な使用人の選任及び解任，従たる事務所の設置その他の重要な業務執行の決定を理事に委任することができないとされた（法人法第90条第4項）。
　イ　決議要件
　　理事会の決議は，議決に加わることができる理事の過半数（これを上回る割合を定款で定めた場合にあっては，その割合以上）が出席し，その過半数（これを上回る割合を定款で定めた場合にあっては，その割合以上）をもって行うとされた（法人法第95条第1項）。
　ウ　議事録
　　理事会の議事については，理事会が開催された日時及び場所，議事の経過の要領及びその結果等を内容とする議事録を作成しなければならないとされ，出席した理事（定款で議事録に署名し，又は記名押印しなければならない者を当該理事会に出席した代表理事とする旨の定めがある場合にあっては，当該代表理事）及び監事は，これに署名し，又は記名押印しなければならないとされた（法人法第95条第3項，施行規則第15条第3項）。
　エ　理事会の決議の省略

理事会設置一般社団法人は，理事が理事会の決議の目的である事項について提案をした場合において，当該提案につき理事（当該事項について議決に加わることができるものに限る。）の全員が書面又は電磁的記録により同意の意思表示をしたとき（監事が当該提案について異議を述べたときを除く。）は，当該提案を可決する旨の理事会の決議があったものとみなす旨を定款で定めることができるとされた（法人法第96条）。また，理事会の決議があったものとみなされた場合には，決議があったものとみなされた事項の内容等を内容とする議事録を作成するとされた（施行規則第15条第4項第1号）。

この場合には，登記の申請書に定款及び当該場合に該当することを証する書面を添付しなければならない（登記規則第3条，商登規第61条第1項，法人法第317条第3項）が，当該議事録をもって，当該場合に該当することを証する書面として取り扱って差し支えない。

(2) 理事会に関する登記の手続

ア 理事会設置一般社団法人における理事及び代表理事の登記

理事会設置一般社団法人における理事及び代表理事の登記の手続は，次のとおりとされた。

(ア) 理事及び代表理事の就任による変更の登記

a 登記すべき事項

登記すべき事項は，理事の氏名，代表理事の氏名及び住所並びに就任年月日である。

b 添付書面

添付書面は，次のとおりである。

(a) 理事を選任した社員総会の議事録（法人法第317条第2項）

(b) 理事が就任を承諾したことを証する書面（法人法第320条第1項）

(c) 代表理事を選定した理事会の議事録（法人法第317条第2項）

(d) 出席した理事及び監事が(c)の議事録に押印した印鑑に係る印鑑証明書（登記規則第3条，商登規第61条第4項第3号）

(e) 代表理事が就任を承諾したことを証する書面（法人法第320条第1項）。

(f) 代表理事の就任承諾書に係る印鑑証明書（再任の場合を除く。登記規則3条，商登規第61条第2項，第3項）

(イ) 理事及び代表理事の退任による変更の登記

理事会設置一般社団法人以外の一般社団法人の場合と同様である（3の(2)のイ参照）。

(ウ) 登録免許税額

登録免許税額は，申請1件につき1万円である（登税法別表第1第24号(1)カ）。

イ 理事会設置一般社団法人の定めの設定による変更の登記

(ア) 登記すべき事項

登記すべき事項は，理事会設置一般社団法人の定めを設定した旨及び変更年月日である。

なお，理事会設置一般社団法人の定めの設定に伴い，新たに理事の中から代表理事を選定し，又はその余の理事が法人を代表しないこととなった場合には，代表理事の変更の登記を併せてしなければならない。

(イ) 添付書面

登記の申請書には，理事会設置一般社団法人の定めの設定の決議をした社員総会の議事録（(ア)のなお書きの場合にあっては，当該変更に係る添付書面を含む。）を添付しなければならない（法人法第317条第2項，第320条第1項，第5項）。

(ウ) 登録免許税額

登録免許税額は，申請1件につき3万円（(ア)のなお書きの場合にあっては，更に，代表理事の変更に係る登録免許税額である1万円を加算した額）である（登税法別表第1第24号(1)ワ，カ）。

ウ　理事会設置一般社団法人の定めの廃止による変更の登記

(ア)　登記すべき事項

登記すべき事項は，理事会設置一般社団法人の定めを廃止した旨及び変更年月日である。

なお，理事会設置一般社団法人の定めの廃止に伴い，新たに，従前の代表理事以外の理事が法人を代表することとなり，又は従前の代表理事が辞任等により法人を代表しないこととなった場合には，代表理事の変更の登記を併せてしなければならない。

(イ)　添付書面

登記の申請書には，理事会設置一般社団法人の定めの廃止の決議をした社員総会の議事録（(ア)のなお書きの場合にあっては，当該変更に係る添付書面を含む。）を添付しなければならない（法人法第317条第2項，第320条第1項，第5項）。

(ウ)　登録免許税額

登録免許税額は，申請1件につき3万円（(ア)のなお書きの場合にあっては，更に，代表理事の変更に係る登録免許税額である1万円を加算した額）である（登税法別表第1第24号(1)ワ，カ）。

5　監事

(1)　監事に関する規律

ア　機関設計の在り方

理事会設置一般社団法人及び会計監査人設置一般社団法人は，監事を置かなければならないとされた（法人法第61条，1参照）。

また，これらの一般社団法人以外の一般社団法人は，定款の定

めによって，監事を置くことができるとされた（法人法第60条第2項）。

イ　選任

監事の選任及び補欠者の予選については，理事の場合と同様とされた（法人法第63条，第49条第1項，施行規則第12条第3項，3の(1)のイの(ア)及び(ウ)参照）。

ウ　任期

監事の任期は，選任後4年以内に終了する事業年度のうち最終のものに関する定時社員総会の終結の時までとされ，定款によって，これを選任後2年以内に終了する事業年度のうち最終のものに関する定時社員総会の終結の時までとすることを限度として短縮することができるとされた（法人法第67条第1項）。

また，任期の満了前に退任した監事の補欠者の任期については，定款によって，これを退任した監事の任期の満了する時までとすることができるとされた（法人法第67条第2項）。

なお，監事設置一般社団法人が監事を置く旨の定款の定めを廃止する定款の変更をした場合には，監事の任期は，当該定款の変更の効力発生時に満了するとされた（法人法第67条第3項）。

エ　解任

監事を解任する社員総会の決議は，理事を解任する場合と異なり，特別決議によってすることを要するとされた（法人法第70条第1項，第49条第2項第2号）。

オ　監事に欠員を生じた場合の措置

監事に欠員を生じた場合の措置については，理事に欠員を生じた場合と同様とされた（法人法第75条第1項，第2項，3の(1)のオ参照）。

(2)　監事に関する登記の手続

一般社団法人における監事の登記の手続は，次のとおりとされた。

ア　監事設置一般社団法人の定めの設定による変更の登記
　(ア)　登記すべき事項
　　　登記すべき事項は，監事設置一般社団法人の定めを設定した旨，監事の氏名及び変更年月日である。
　(イ)　添付書面
　　　登記の申請書には，次の書面を添付しなければならない。
　　a　監事設置一般社団法人の定めの設定を決議し，監事を選任した社員総会の議事録（法人法第317条第2項）
　　b　監事が就任を承諾したことを証する書面（法人法第320条第1項）
　(ウ)　登録免許税額
　　　登録免許税額は，申請1件につき4万円である（登税法別表第1第24号(1)カ，ネ）。
イ　監事の変更の登記
　(ア)　監事の就任による変更の登記
　　a　登記すべき事項
　　　登記すべき事項は，監事の氏名及び就任年月日である。
　　b　添付書面
　　　監事設置一般社団法人の定めの設定の決議に係る部分を除き，アの(イ)と同様である。
　　c　登録免許税額
　　　登録免許税額は，申請1件につき1万円である（登税法別表第1第24号(1)カ）。
　(イ)　監事の退任による変更の登記
　　　監事の退任による変更の登記については，理事の退任による変更の登記の場合と同様である（法人法第320条第5項，3の(2)のイ参照）。
ウ　監事設置一般社団法人の定めの廃止による変更の登記
　(ア)　登記すべき事項

登記すべき事項は，監事設置一般社団法人の定めを廃止した旨，監事が退任した旨及び変更年月日である。
　(イ)　添付書面
　　登記の申請書には，監事設置一般社団法人の定めの廃止を決議した社員総会の議事録を添付しなければならない（法人法第317条第2項，第320条第5項）。
　(ウ)　登録免許税額
　　登録免許税額は，申請1件につき4万円である（登税法別表第1第24号(1)カ，ネ）。

6　会計監査人
(1)　会計監査人に関する規律
　ア　機関設計の在り方
　　大規模一般社団法人は，会計監査人を置かなければならないとされた（法人法第62条，1参照）。
　　また，それ以外の監事設置一般社団法人は，定款の定めによって，会計監査人を置くことができるとされた（法人法第60条第2項）。
　　会計監査人は，公認会計士又は監査法人でなければならず，一般社団法人の計算書類及びその附属明細書を監査し，会計監査報告を作成しなければならないとされた（法人法第68条第1項，第107条第1項，施行規則第18条）。
　イ　選任
　　会計監査人は，社員総会の普通決議によって選任するとされた（法人法第63条第1項，第49条第1項，3の(1)のイの(ア)参照）。
　　会計監査人は，任期満了の際の定時社員総会において別段の決議がされなかったときは，当該定時社員総会において再任されたものとみなすとされた（法人法69条第2項）。
　ウ　任期
　　会計監査人の任期は，選任後1年以内に終了する事業年度のう

ち最終のものに関する定時社員総会の終結の時までとされた（法人法第69条第1項）。

会計監査人設置一般社団法人が会計監査人を置く旨の定款の定めを廃止する定款の変更をした場合には，会計監査人の任期は，当該定款の変更の効力発生時に満了するとされた（法人法第69条第3項）。

エ　解任

会計監査人は，いつでも，社員総会の普通決議によって解任することができるとされた（法人法第70条第1項，第49条第1項）。

また，監事は，会計監査人が職務上の義務に違反したとき等の法人法第71条第1項各号に掲げる事由のいずれかに該当するときは，その全員の同意によって，会計監査人を解任することができるとされた（法人法第71条第1項，第2項）。

オ　会計監査人に欠員を生じた場合の措置

会計監査人が欠けた場合又は定款で定めた会計監査人の員数が欠けた場合において，遅滞なく会計監査人が選任されないときは，監事は，一時会計監査人の職務を行うべき者を選任しなければならないとされた（法人法第75条第4項）。

(2) 会計監査人に関する登記の手続

ア　会計監査人設置一般社団法人の定めの設定による変更の登記

(ｱ)　登記すべき事項

登記すべき事項は，会計監査人設置一般社団法人の定めを設定した旨，会計監査人の氏名又は名称及び変更年月日である。

(ｲ)　添付書面

登記の申請書には，次の書面を添付しなければならない。

a　会計監査人設置一般社団法人の定めの設定を決議し，会計監査人を選任した社員総会の議事録（法人法第317条第2項）

b　会計監査人が就任を承諾したことを証する書面（法人法第320条第3項第1号）

c 会計監査人が法人であるときは，当該法人の登記事項証明書（法人法第320条第3項第2号）

           d 会計監査人が法人でないときは，その者が公認会計士であることを証する書面（法人法第320条第3項第3号）（別紙参照）

       (ウ) 登録免許税額

           登録免許税額は，申請1件につき4万円である（登税法別表第1第24号(1)カ，ネ）。

   イ 会計監査人の変更の登記

     (ア) 会計監査人の就任による変更の登記

       a 登記すべき事項

           登記すべき事項は，会計監査人の氏名又は名称及び変更年月日である。

       b 添付書面

           会計監査人設置一般社団法人の定めの設定の決議に係る部分を除き，アの(イ)と同様である。

           一時会計監査人の職務を行うべき者の就任による変更の登記の添付書面（法人法第321条第1項）についても，会計監査人の就任による変更の登記の申請の場合と同様であるところ，その場合の選任に関する書面（同項第1号）としては，監事の選任書等がこれに該当する。

           なお，任期満了の際の定時社員総会において別段の決議がされなかったことにより，会計監査人が再任されたものとみなされる場合（法人法第69条第2項）の重任の登記の申請書には，アの(イ)のc又はdの書面及び当該定時社員総会の議事録（法人法第317条第2項）を添付すれば足り，会計監査人が就任を承諾したことを証する書面の添付は要しない。

       c 登録免許税額

           登録免許税額は，申請1件につき1万円である（登税法別

表第1第24号(1)カ)。
- (イ) 法人である会計監査人の名称の変更の登記
    - a 登記すべき事項
        - 登記すべき事項は，会計監査人の名称変更の旨及び変更年月日である。
    - b 添付書面
        - 登記の申請書には，当該法人の登記事項証明書を添付しなければならない（法人法第320条第4項）。
    - c 登録免許税
        - 登録免許税額は，(ア)と同様である。
- (ウ) 会計監査人の退任による変更の登記
    - 会計監査人の退任による変更の登記については，理事その他の役員の退任による変更の登記の場合と同様である（法人法第320条第5項）。

ウ 会計監査人設置一般社団法人の定めの廃止による変更の登記
- (ア) 登記すべき事項
    - 登記すべき事項は，会計監査人設置一般社団法人の定めを廃止した旨，会計監査人が退任した旨及び変更年月日である。
- (イ) 添付書面
    - 登記の申請書には，会計監査人設置一般社団法人の定めの廃止を決議した社員総会の議事録を添付しなければならない（法人法第317条第2項，第320条第5項）。
- (ウ) 登録免許税額
    - 登録免許税額は，申請1件につき4万円である（登税法別表第1第24号(1)カ，ネ）。

7 役員等の損害賠償責任
(1) 役員等の損害賠償責任の免除又は制限に関する規律
理事，監事又は会計監査人（以下7において「役員等」という。）の一般社団法人に対する任務懈怠責任について，次の方法により免

除し，又は制限することができるとされ，ウ及びエの定款の定めが登記すべき事項とされた（法人法第301条第2項第11号，第12号）。
 ア 総社員の同意による免除（法人法第112条）
 イ 社員総会の決議による一部免除（法人法第113条）
 ウ 定款の定めに基づく理事等による一部免除
  監事設置一般社団法人（理事が2人以上ある場合に限る。）は，役員等が職務を行うにつき善意でかつ重大な過失がない場合において，特に必要と認めるときは，一定の最低責任限度額を控除して得た額を限度として理事（当該責任を負う理事を除く。）の過半数の同意（理事会設置一般社団法人にあっては，理事会の決議）によって免除することができる旨を定款で定めることができるとされた（法人法第114条第1項）。
 エ 定款の定めに基づく契約による外部役員等の責任の制限
  一般社団法人は，外部理事，外部監事又は会計監査人（以下7において「外部役員等」という。）の責任について，これらの者が職務を行うにつき善意でかつ重大な過失がないときは，定款で定めた額の範囲内であらかじめ一般社団法人が定めた額と最低責任限度額とのいずれか高い額を限度とする旨の契約を外部役員等と締結することができる旨を定款で定めることができるとされた（法人法第115条第1項）。

(2) 役員等の責任の免除についての定款の定めの登記の手続
 ア 役員等の責任の免除についての定款の定めの設定による変更の登記
  (ア) 登記すべき事項
   登記すべき事項は，役員等の一般社団法人に対する責任の免除についての定款の定めを設けた旨及び変更年月日である。
  (イ) 添付書面
   登記の申請書には，役員等の一般社団法人に対する責任の免除についての定款の定めの設定を決議した社員総会の議事録を

添付しなければならない（法人法第317条第2項）。

(ウ) 登録免許税額

登録免許税額は，申請1件につき3万円である（登税法別表第1第24号(1)ネ）。

イ　役員等の責任の免除についての定款の定めの廃止による変更の登記

(ア) 登記すべき事項

登記すべき事項は，役員等の一般社団法人に対する責任の免除についての定款の定めを廃止した旨及び変更年月日である。

(イ) 添付書面

登記の申請書には，役員等の一般社団法人に対する責任の免除についての定款の定めの廃止を決議した社員総会の議事録を添付しなければならない（法人法第317条第2項）。

(ウ) 登録免許税額

登録免許税額は，アの(ウ)と同様である。

(3) 外部役員等が負う責任の限度に関する契約の締結についての定款の定めの登記の手続

ア　外部役員等が負う責任の限度に関する契約の締結についての定款の定めの設定による変更の登記

(ア) 登記すべき事項

登記すべき事項は，①外部役員等が一般社団法人に対して負う責任の限度に関する契約の締結についての定款の定めを設けた旨，②当該定款の定めが外部理事又は外部監事に関するものであるときは，理事又は監事のうち外部理事又は外部監事であるものについて，外部理事又は外部監事である旨及び③変更年月日である（法人法第301条第2項第12号から第14号まで）。

②についての申請書への記載は，既登記の理事（又は監事）について外部理事（又は外部監事）の登記をするときは「理事（又は監事）何某は外部理事（又は外部監事）である」等の振

り合いによるものとし，外部理事（又は外部監事）である理事（又は監事）の就任の登記と共にするときは「理事（外部理事）何某は平成何年何月何日就任」等の振り合いによるものとする。

(イ) 添付書面

登記の申請書には，外部役員等が負う責任の限度に関する契約の締結についての定款の定めの設定を決議した社員総会の議事録を添付しなければならない（法人法第317条第2項）。

(ウ) 登録免許税額

登録免許税額は，申請1件につき4万円である（登税法別表第1第24号(1)カ，ネ）。

イ 外部役員等が負う責任の限度に関する契約の締結についての定款の定めの廃止による変更の登記

(ア) 登記すべき事項

登記すべき事項は，外部役員等が一般社団法人に対して負う責任の限度に関する契約の締結についての定款の定めを廃止した旨，その定めの廃止により外部理事又は外部監事の登記を抹消する旨及び変更年月日である。

(イ) 添付書面

登記の申請書には，外部役員等の責任の限度に関する契約の締結についての定款の定めの廃止を決議した社員総会の議事録を添付しなければならない（法人法第317条第2項）。

(ウ) 登録免許税額

登録免許税額は，申請1件につき4万円である（登税法別表第1第24号(1)カ，ネ）。

第3 解散及び清算

1 解散

(1) 解散の事由

一般社団法人は，次の事由によって解散するとされた（法人法第

148条)。

　　ア　定款で定めた存続期間の満了
　　イ　定款で定めた解散の事由の発生
　　ウ　社員総会の特別決議（法人法第49条第2項第6号）
　　エ　社員が欠けたこと。
　　オ　合併（合併により当該一般社団法人が消滅する場合に限る。）
　　カ　破産手続開始の決定
　　キ　解散を命ずる裁判
　　　(ｱ)　解散命令
　　　　　裁判所は，設立が不法な目的に基づいてされたとき等の法人法第261条第1項各号に掲げる場合において，公益を確保するため一般社団法人の存立を許すことができないと認めるときは，法務大臣又は利害関係人の申立てにより，一般社団法人の解散を命ずることができるとされた（法人法第261条第1項）。
　　　(ｲ)　解散の訴え
　　　　　法人法第268条各号に掲げる場合において，やむを得ない事由があるときは，総社員の議決権の10分の1（これを下回る割合を定款で定めた場合にあっては，その割合）以上の議決権を有する社員は，訴えをもって一般社団法人の解散を請求することができるとされた（法人法第268条）。
　(2)　申請による解散の登記の手続
　　ア　登記期間等
　　　　一般社団法人が(1)のアからエまでの各事由により解散したときは，2週間以内に，主たる事務所の所在地において，解散の登記をしなければならないとされた（法人法第308条第1項）。
　　イ　登記すべき事項
　　　　登記すべき事項は，解散の旨並びにその事由及び年月日である（法人法第308条第2項）。
　　ウ　添付書面

登記の申請書には，次の書面を添付しなければならない。

(ｱ) 定款で定めた解散の事由の発生による解散の場合には，当該事由の発生を証する書面（法人法第324条第1項）

(ｲ) 社員総会の特別決議による解散の場合には，当該決議をした社員総会の議事録（法人法第317条第2項）

(ｳ) 一般社団法人を代表する清算人が申請するとき（当該清算人が法人法第209条第1項第1号の規定により清算人となったもの（法人法第214条第4項に規定する場合にあっては，同項の規定により代表清算人となったもの）である場合を除く。）は，その資格を証する書面（法人法第324条第2項）

エ 登録免許税額

登録免許税額は，申請1件につき3万円である（登税法別表第1第24号(1)ソ）。

オ 解散の登記に伴う職権抹消

解散の登記をしたときは，登記官は，職権で，次に掲げる登記を抹消しなければならないとされた（登記規則第3条，商登規第72条第1項）。

(ｱ) 理事会設置一般社団法人である旨の登記並びに理事，代表理事及び外部理事に関する登記

(ｲ) 会計監査人設置一般社団法人である旨の登記及び会計監査人に関する登記

(3) 休眠一般社団法人のみなし解散

最後の登記後5年を経過した一般社団法人については，法務大臣が当該一般社団法人に対し2か月以内に主たる事務所の所在地を管轄する登記所に事業を廃止していない旨の届出をすべき旨を官報に公告し，当該一般社団法人がその公告の日から2か月以内に届出をしないとき（当該期間内に登記がされたときを除く。）は，その期間の満了の時に解散したものとみなすとされた（法人法第149条第1項）。

この場合における解散の登記は，登記官が職権で行うとされた（法人法第330条，商登法第72条）。
　(4)　一般社団法人の継続
　　　一般法人法は，(1)のアからウまでの事由によって解散した場合には，清算が結了するまでの間，社員総会の特別決議によって，一般社団法人を継続することができるとされた。また，(3)により解散したものとみなされた場合には，清算が結了するまで（解散したものとみなされた後3年以内に限る。），社員総会の特別決議によって，一般社団法人を継続することができるとされた（法人法第150条，第49条第2項第6号）。
　(5)　設立無効又は取消しの判決後の継続
　　　一般社団法人の設立の無効又は取消しの訴えに係る請求を認容する判決が確定した場合において，その無効又は取消しの原因が一部の社員のみにあるときは，他の社員の全員の同意によって，当該一般社団法人を継続することができるとされた（法人法第276条第1項）。
2　清算
　(1)　清算の手続
　　ア　清算一般社団法人の機関
　　　　清算をする一般社団法人（以下「清算一般社団法人」という。）は，社員総会及び1人又は2人以上の清算人のほか，定款の定めによって，清算人会又は監事を置くことができるとされ，また，清算一般社団法人については，解散前の一般社団法人におけるその余の機関に関する規律の適用はないとされた（法人法第208条第1項，第2項，第4項）。
　　　　また，法人法第206条各号に掲げる場合に該当することとなった時において大規模一般社団法人であった清算一般社団法人は，監事を置かなければならないとされた（法人法第208条第3項）。
　　イ　清算人及び代表清算人

(ア) 清算一般社団法人の代表及び業務執行

　　清算一般社団法人における清算人による当該清算一般社団法人の代表及び業務執行については，解散前の一般社団法人における理事及び代表理事の場合と同様である（第2の3の(1)のア参照）。

(イ) 員数

　　清算人は，清算人会を置かない一般社団法人にあっては1人以上で足り（法人法第208条第1項），清算人会を置く一般社団法人（以下「清算人会設置一般社団法人」という。）にあっては3人以上でなければならないとされた（法人法第209条第5項，第65条第3項）。

(ウ) 清算人の選任

　　次に掲げる者は，清算一般社団法人の清算人となるとされた（法人法第209条）。

　a　理事（b又はcに掲げる者がある場合を除く。）
　b　定款で定める者
　c　社員総会の決議によって選任された者
　d　裁判所が選任した者

(エ) 代表清算人の選定

　a　清算人会設置一般社団法人以外の清算一般社団法人

　　清算人の中から代表清算人その他清算一般社団法人を代表する者を定めないときは，各清算人が代表清算人となるとされた（法人法第214条第1項本文）。

　　ただし，(ウ)のaにより理事が清算人となる場合において，代表理事を定めていたときは，当該代表理事が代表清算人となり（法人法第214条第4項），また，清算人会設置一般社団法人以外の清算一般社団法人は，次の方法のいずれかにより，清算人の中から代表清算人を定めることができるとされた（法人法第214条第3項）。

　　　　(a)　定款

　　　　(b)　定款の定めに基づく清算人（裁判所が選任したものを除く。）の互選

　　　　(c)　社員総会の決議

　　　　　なお，(ｳ)のdにより裁判所が清算人を選任したときは，裁判所は，清算人の中から代表清算人を定めることができるとされた（法人法第214条第5項）。

　　　b　清算人会設置一般社団法人

　　　　(ｳ)のaにより理事が清算人となる場合において，代表理事を定めていたときは，当該代表理事が代表清算人となるとされた（法人法第214条第4項）。

　　　　清算人会設置一般社団法人は，他に代表清算人があるときを除き，清算人会の決議により，清算人の中から代表清算人を選定しなければならないとされた（法人法第220条第3項）。

　　　　なお，裁判所が代表清算人を定めることができることは，aと同様である。

　　(ｵ)　任期

　　　　清算人については，任期の上限はない。

　　(ｶ)　解任

　　　　清算人は，裁判所が選任したものを除き，いつでも社員総会の普通決議で解任することができ，重要な事由があるときは，裁判所は，利害関係人の申立てにより，清算人を解任することができるとされた（法人法第210条第1項，第3項）。

　　(ｷ)　清算人に欠員を生じた場合の措置

　　　　清算人に欠員を生じた場合の措置については，理事に欠員を生じた場合と同様である（法人法第210条第4項，第75条第1項，第2項。第2の3の(1)のオ参照）。

　ウ　清算人会

　　　清算人会の議事録及び清算人会の決議の省略の制度の創設につ

いては,理事会の場合と同様である(法人法第221条第5項,第95条第3項,第96条,施行規則第68条,第2の4参照)。

エ　監事

　清算一般社団法人の監事については,大規模一般社団法人であった清算一般社団法人を除き,必置の機関ではなく,定款で任意に置くことができるものとされていること(ア参照)及び任期の上限がないこと(法人法第211条第2項第1号)を除き,解散前の一般社団法人の監事の場合と同様とされた。

　なお,監事は,解散前の一般社団法人の監事と同様に,監事を置く旨の定款の定めを廃止する定款の変更(ただし,清算開始時に大規模一般社団法人であった清算一般社団法人は,監事を置く旨の定款の定めを廃止することができない。法人法第208条第3項参照)をした場合には,当該定款の変更の効力発生時に退任するとされた(法人法第211条第1項)。

オ　合併の制限

　清算一般社団法人は,吸収合併存続法人となることができないとされた(法人法第151条)。

(2) 清算の登記の手続

ア　登記すべき事項

　清算開始時の理事が清算人となったときは解散の日から2週間以内に,清算人が選任されたときは就任の日から2週間以内に,主たる事務所の所在地において,次に掲げる事項を登記しなければならないとされた(法人法第310条)。

(ア)　清算人の氏名

(イ)　代表清算人の氏名及び住所

(ウ)　清算一般社団法人が清算人会を置くときは,その旨

イ　清算人会設置一般社団法人以外の清算一般社団法人の清算人に関する登記の手続

(ア)　清算人及び代表清算人の登記

a 添付書面

登記の申請書には，次の書面を添付しなければならない。

(a) 定款（法人法第326条第1項）

(b) 清算人の選任を証する書面

定款によって定めたときは定款（登記規則第3条，商登規第61条第1項）を，社員総会の決議によって選任したときはその議事録（法人法第317条第2項）を，裁判所が選任したときは裁判所の選任決定書等（法人法第326条第3項）を添付しなければならない。

(c) 清算人の中から代表清算人を定めたときは，その選定を証する書面

定款によって定めたときは定款（登記規則第3条，商登規第61条第1項）を，定款の定めに基づく清算人の互選によって定めたときは定款及びその互選を証する書面（登記規則第3条，商登規第61条第1項，法人法第317条第1項）を，社員総会の決議によって定めたときはその議事録（法人法第317条第2項）を，裁判所が定めたときは裁判所の選定決定書等（法人法第326条第3項）を添付しなければならない。

(d) 清算人及び代表清算人が就任を承諾したことを証する書面

定款又は社員総会の決議によって清算人を選任したときは清算人の就任承諾書を，清算人（裁判所が選任したものを除く。）の中から清算人の互選により代表清算人を定めたとき（(1)のイの(エ)のa参照）は代表清算人の就任承諾書を添付しなければならない（法人法第326条第2項）。

b 登録免許税額

登録免許税額は，申請1件につき9,000円である（登税法別表第1第24号(4)イ）。

(イ) 清算人又は代表清算人の就任による変更の登記

登記の申請書には，(ア)のaの(b)から(d)までの書面を添付しなければならない。

(ウ) 清算人又は代表清算人の退任による変更の登記

登記の申請書には，退任の事由を証する書面を添付しなければならない（法人法第327条第2項）。

ウ 清算人会設置一般社団法人の清算人に関する登記の手続

(ア) 清算人，代表清算人及び清算人会設置一般社団法人である旨の登記

a 添付書面

登記の申請書には，次の書面を添付しなければならない。

(a) 定款（法人法第326条第1項）

(b) 清算人の選任を証する書面

清算人会設置一般社団法人以外の清算一般社団法人の場合と同様である（イの(ア)のaの(b)参照）。

(c) 代表清算人の選定を証する書面

清算人会の決議により選定したときはその議事録（法人法第317条）を，裁判所が定めたときは裁判所の選定決定書等（法人法第326条第3項）を添付しなければならない。

(d) 清算人及び代表清算人が就任を承諾したことを証する書面

定款又は社員総会の決議によって清算人を選任したときは清算人の就任承諾書を，清算人会の決議によって代表清算人を選定したときは代表清算人の就任承諾書を添付しなければならない（法人法第326条第2項）。

b 登録免許税額

登録免許税額は，申請1件につき9,000円である（登税法別表第1第24号(4)イ）。

(イ) 清算人及び代表清算人の就任又は退任による変更の登記

登記の申請書には，(ア)のaの(b)から(d)までの書面又は退任の事由を証する書面を添付しなければならない（法人法第327条第2項）。
　　(ウ) 清算人会設置一般社団法人の定めの設定又は廃止による変更の登記
　　　a　添付書面
　　　　登記の申請書には，清算人会設置一般社団法人の定めの設定又は廃止を決議した社員総会の議事録を添付しなければならない（法人法第317条第2項）。
　　　b　登録免許税額
　　　　登録免許税額は，申請1件につき6,000円である（登税法別表第1第24号(4)ニ）。
　エ　その他
　　清算一般社団法人の監事の登記（監事設置一般社団法人の定めの登記を含む。）は，解散前の一般社団法人の監事の登記の場合と同様である（第2の5参照）。
3　清算の結了
　清算事務が終了したときは，清算人は，決算報告を作成し，清算人会設置一般社団法人においては清算人会の承認を受けた上で，これを社員総会に提出し，その承認を受けなければならないとされた（法人法第240条）。
　清算結了の登記の申請書には，決算報告の承認をした社員総会の議事録を添付しなければならないが，清算人会の議事録の添付は要しない（法人法第328条）。

第4　その他

1　計算書類の公告
　一般社団法人は，定時社員総会の終結後遅滞なく，貸借対照表（大規模一般社団法人にあっては，貸借対照表及び損益計算書。以下同じ。）を公告しなければならないとされた（法人法第128条第1項）。

ただし，その公告方法が官報に掲載する方法又は時事に関する事項を掲載する日刊新聞紙に掲載する方法である一般社団法人は，上記の貸借対照表の要旨を公告することで足りるとされた（法人法第128条第2項）。

また，その公告方法が官報に掲載する方法又は時事に関する事項を掲載する日刊新聞紙に掲載する方法である一般社団法人は，上記の貸借対照表の内容である情報を，定時社員総会の終結の日後5年を経過するまでの間，継続して電磁的方法により開示する措置をとることができ，この場合においては，上記の貸借対照表又はその要旨の公告をすることを要しないとされ（法人法第128条第3項），当該一般社団法人が当該措置をとることとするときは，当該貸借対照表の内容である情報が掲載されているウェブページのアドレスを登記しなければならないとされた（法人法第301条第2項第15号）。

なお，この場合において，当該一般社団法人がその公告方法を電子公告又は当該一般社団法人の主たる事務所の公衆の見やすい場所に掲示する方法としたことによる変更の登記をしたときには，登記官は，職権で，当該一般社団法人の貸借対照表の内容である情報が掲載されているウェブページのアドレスの登記を抹消する記号を記録しなければならない（登記規則第3条，商登規第71条）。

2　定款の変更

定款は，社員総会の特別決議により変更することができるとされた（法人法第146条，第49条第2項第4号）。

3　事業の譲渡

一般社団法人が事業の全部を譲渡するには，社員総会の特別決議によらなければならないとされた（法人法第147条，第49条第2項第5号）。

第3部　一般財団法人
第1　設立
1　設立の手続

(1) 定款の作成

　一般財団法人を設立するには，設立者（設立者が2人以上あるときは，その全員）が定款を作成し，これに署名し，又は記名押印（定款が電磁的記録をもって作成されているときは，電子署名）しなければならないとされた（法人法第152条第1項，第3項，第10条第2項，施行規則第90条）。

　また，設立者は，遺言で定款の内容を定めて一般財団法人を設立する意思を表示することができ，この場合においては，遺言執行者は，当該遺言の効力が生じた後，遅滞なく，当該遺言で定めた事項を記載した定款を作成し，これに署名し，又は記名押印（定款が電磁的記録をもって作成されているときは，電子署名）しなければならないとされた（法人法第152条第2項，第3項，第10条第2項，施行規則第90条）。

　これらの定款は，公証人の認証を受けなければ，その効力を生じないとされた（法人法第155条）。

(2) 定款の記載又は記録事項

　定款には，次に掲げる事項を記載し，又は記録しなければならないとされた（法人法第153条）。

　ア　目的
　イ　名称
　ウ　主たる事務所の所在地
　エ　設立者の氏名又は名称及び住所
　オ　設立に際して設立者（設立者が2人以上あるときは，各設立者）が拠出をする財産及びその価額（当該価額の合計額は，300万円を下回ってはならない。法人法第153条第2項）
　カ　設立時評議員，設立時理事及び設立時監事の選任に関する事項
　キ　設立しようとする一般財団法人が会計監査人設置一般財団法人であるときは，設立時会計監査人の選任に関する事項
　ク　評議員の選任及び解任の方法

ただし，理事又は理事会（清算をする一般財団法人にあっては，清算人又は清算人会）が評議員を選任し，又は解任する旨の定款の定めは，その効力を有しない（法人法第153条第3項第1号，第224条第3項）。

ケ 公告方法

コ 事業年度

　設立者に剰余金又は残余財産の分配を受ける権利を与える旨の定款の定めは，その効力を有しないとされた（第153条第3項第2号）。

　また，アからコまでに掲げる事項のほか，一般財団法人の定款には，法人法の規定により定款の定めがなければその効力を生じない事項及びその他の事項で法人法の規定に違反しないものを記載し，又は記録することができるとされた（法人法第154条）。

(3) 名称

　一般財団法人は，その名称中に一般財団法人という文字を用いなければならず，また，一般社団法人であると誤認されるおそれのある文字を用いてはならないとされた（法人法第5条第1項，第3項）。

　一般財団法人でない者は，その名称又は商号中に，一般財団法人であると誤認されるおそれのある文字を用いてはならないとされた（法人法第6条）。

　なお，一般財団法人が商人である場合には，当該一般財団法人については，商法第16条から第18条までの規定が適用される（法人法第9条参照）。

(4) 同一の所在場所における同一の名称の登記の禁止

　一般財団法人の名称の登記は，その名称が他の一般財団法人の既に登記した名称と同一であり，かつ，その主たる事務所の所在場所が当該他の一般財団法人に係る主たる事務所の所在場所と同一であるときは，することができないとされた（法人法第330条，商登法

第27条)。

(5) 公告方法

一般財団法人は，公告方法として，①官報に掲載する方法，②時事に関する事項を掲載する日刊新聞紙に掲載する方法，③電子公告，④当該一般財団法人の主たる事務所の公衆の見やすい場所に掲示する方法のいずれかの方法を定款に定めなければならないとされた（法人法第153条第1項第9号，第331条第1項，施行規則第88条）。

なお，③の方法により公告する場合の公告期間は法人法第332条に定めるところにより，④の方法により公告する場合の公告期間は施行規則第88条第2項に定めるところによる。

(6) 設立時評議員等の選任

一般財団法人の設立時評議員，設立時理事，設立時監事及び設立時会計監査人について，定款でこれらを定めなかった場合（設立時会計監査人にあっては，設立しようとする一般財団法人が会計監査人設置一般財団法人である場合に限る。）には，設立者（法人法第152条第2項の場合にあっては，遺言執行者）による財産の拠出の履行の完了後遅滞なく，定款で定めるところにより，これら（設立時評議員及び設立時理事は，それぞれ3人以上でなければならない。）の選任をしなければならないとされた（法人法第159条，第160条第1項）。

また，設立時理事は，その過半数をもって，設立時理事の中から設立時代表理事を選定しなければならないとされた（法人法第162条第1項，第3項）。

(7) 設立中の一般財団法人における業務執行の決定

定款記載の最小行政区画内における主たる事務所の所在場所の決定等の設立中の一般財団法人における業務執行の決定は，原則として設立者が行うこととなる。

2 設立の登記の手続

(1) 登記期間

　一般財団法人の設立の登記は，主たる事務所の所在地においては法人法第161条第1項の規定による設立時理事等による調査が終了した日又は設立者が定めた日のいずれか遅い日から2週間以内に，従たる事務所の所在地においては主たる事務所の所在地における設立の登記をした日から2週間以内にしなければならないとされた（法人法第302条第1項，第312条第1項第1号）。

(2) 登記すべき事項

　ア　主たる事務所の所在地において登記すべき事項は，次のとおりとされた（法人法第302条第2項）。

　　(ア)　目的
　　(イ)　名称
　　(ウ)　主たる事務所及び従たる事務所の所在場所
　　(エ)　存続期間又は解散の事由についての定款の定めがあるときは，その定め
　　(オ)　評議員，理事及び監事の氏名
　　(カ)　代表理事の氏名及び住所
　　(キ)　会計監査人設置一般財団法人であるときは，その旨及び会計監査人の氏名又は名称
　　(ク)　一時会計監査人の職務を行うべき者を置いたときは，その氏名又は名称
　　(ケ)　理事，監事又は会計監査人の責任の免除についての定款の定めがあるときは，その定め
　　(コ)　外部理事，外部監事又は会計監査人が負う責任の限度に関する契約の締結についての定款の定めがあるときは，その定め
　　(サ)　(コ)の定款の定めが外部理事に関するものであるときは，理事のうち外部理事であるものについて，外部理事である旨
　　(シ)　(コ)の定款の定めが外部監事に関するものであるときは，監事のうち外部監事であるものについて，外部監事である旨

(ス) 貸借対照表を電磁的方法により開示するときは，貸借対照表の内容である情報について不特定多数の者がその提供を受けるために必要な事項であって法務省令で定めるもの（施行規則第87条第1項第3号。具体的には，当該情報が掲載されているウェブページのアドレス）

(セ) 公告方法

(ソ) 電子公告を公告方法とするときは，次に掲げる事項

　　a 電子公告により公告すべき内容である情報について不特定多数の者がその提供を受けるために必要な事項であって法務省令で定めるもの（施行規則第87条第1項第4号。具体的には，当該情報を掲載するウェブページのアドレス）

　　b 事故その他やむを得ない事由によって電子公告による公告をすることができない場合の公告方法について定款の定めがあるときは，その定め

イ　従たる事務所の所在地において登記すべき事項は，次のとおりとされた（法人法第312条第2項）。

(ア) 名称

(イ) 主たる事務所の所在場所

(ウ) 従たる事務所（その所在地を管轄する登記所の管轄区域内にあるものに限る。）の所在場所

(3) 添付書面

主たる事務所の所在地における設立の登記の申請書には，法令に別段の定めがある場合を除き，次の書面を添付しなければならないとされた（法人法第319条第2項）。

ア　定款

イ　財産の拠出の履行があったことを証する書面

ウ　設立時評議員，設立時理事及び設立時監事の選任に関する書面
　　一般財団法人における設立時評議員，設立時理事及び設立時監事の選任方法は法定されておらず，その選任方法を定款で定めた

上でそれに従って選任手続を行うほか，定款で直接被選任者を指名することもできる。
　エ　設立時代表理事の選定に関する書面
　オ　設立時評議員，設立時理事，設立時監事及び設立時代表理事が就任を承諾したことを証する書面
　カ　設立時代表理事が就任を承諾したことを証する書面の印鑑につき市区町村長の作成した証明書（登記規則3条，商登規第61条第2項，第3項）
　キ　設立時会計監査人を選任したときは，次に掲げる書面
　　㈦　設立時会計監査人の選任に関する書面
　　　　一般財団法人における設立時会計監査人の選任についても，ウと同様である。
　　㈵　就任を承諾したことを証する書面
　　㈻　設立時会計監査人が法人であるときは，当該法人の登記事項証明書
　　㈸　設立時会計監査人が法人でないときは，その者が公認会計士であることを証する書面（別紙参照）
　ク　登記すべき事項につき設立者全員の同意又はある設立者の一致を要するときは，その同意又は一致があったことを証する書面
　　　ウ又はキの選任方法として定款で設立者全員の同意又は過半数の一致等により選任するとした場合等がこれに該当する。
　　　なお，従たる事務所の所在地における設立の登記の申請書には，主たる事務所の所在地においてした登記を証する書面を添付すれば足りる（法人法第329条）。
(4)　登録免許税
　　設立の登記の登録免許税は，申請1件につき，主たる事務所の所在地においては6万円，従たる事務所の所在地においては9,000円である（登税法別表第1第24号(1)ロ，(2)イ）。

第2　機関

1　機関設計

(1)　一般財団法人の機関

　　一般財団法人には，3人以上の評議員，評議員会，3人以上の理事，理事会及び監事を置かなければならず，また，定款の定めによって，会計監査人を置くことができるとされた（法人法第170条，第173条第3項，第177条，第65条第3項，第178条第1項，第197条，第90条第1項）。

　　大規模一般財団法人（最終事業年度に係る貸借対照表の負債の部に計上した額の合計額が200億円以上である一般財団法人をいう。法人法第2条第3号）は，会計監査人を置かなければならないとされた（法人法第171条）。

(2)　機関設計の在り方と登記

　　(1)により，一般財団法人において採用することができる機関設計は，次の2通りとなる。

　　なお，会計監査人の設置状況は，登記すべき事項である（第1の2の(2)のア参照）。

　　ア　評議員＋評議員会＋理事＋理事会＋監事

　　イ　評議員＋評議員会＋理事＋理事会＋監事＋会計監査人

2　評議員

(1)　評議員に関する規律

　　ア　選任

　　　評議員は，定款で定めた選任の方法に従って選任するとされた（法人法第153条第1項第8号）。ただし，理事又は理事会が評議員を選任することはできない（同条第3項第1号）。

　　イ　任期

　　　評議員の任期は，選任後4年以内に終了する事業年度のうち最終のものに関する定時評議員会の終結の時までとされ，定款によって，これを選任後6年以内に終了する事業年度のうち最終の

ものに関する定時評議員会の終結の時まで伸長することができるとされた（法人法第174条第1項）。

　　また，任期の満了前に退任した評議員の補欠者の任期については，定款によって，これを退任した評議員の任期の満了する時までとすることができるとされた（法人法第174条第2項）。

　ウ　解任

　　評議員の解任については，アと同様である。

　エ　評議員に欠員を生じた場合の措置

　　法人法又は定款で定めた評議員の員数が欠けた場合には，任期の満了又は辞任により退任した評議員は，新たに選任された評議員（一時評議員の職務を行うべき者を含む。）が就任するまで，なお評議員としての権利義務を有するとされた（法人法第175条第1項）。

　　この場合において，裁判所は，必要があると認めるときは，利害関係人の申立てにより，一時評議員の職務を行うべき者を選任することができるとされた（法人法第175条第2項）。

(2) 評議員に関する登記の手続

　一般財団法人における評議員の登記の手続は，次のとおりとされた。

　ア　評議員の就任による変更の登記

　　(ｱ)　登記すべき事項

　　　登記すべき事項は，評議員の氏名及び就任年月日である。

　　(ｲ)　添付書面

　　　添付書面は，次のとおりである。

　　　a　選任に関する書面（法人法第320条第2項）

　　　　評議員は定款で定めた方法により選任される（法人法第153条第1項第8号）ため，当該定款の定めの内容に応じた添付書面が必要となる（法人法第317条）。

　　　b　評議員が就任を承諾したことを証する書面（法人法第320

条第2項)
　　イ　評議員の退任による変更の登記
　　　　評議員の退任による変更の登記の申請書には，これを証する書面を添付しなければならない（法人法第320条第5項）。
　　　　具体的には，役員の改選の際の定時評議員会の議事録（任期満了の旨の記載があるもの）等がこれに該当する。
　3　評議員会
　(1)　評議員会の権限
　　　評議員会は，すべての評議員で組織するとされ（法人法等第178条第1項），法人法に規定する事項及び定款で定めた事項に限り，決議をすることができるとされた（同条第2項）。
　(2)　決議要件
　　ア　普通決議
　　　　評議員会の決議は，議決に加わることができる評議員の過半数（これを上回る割合を定款で定めた場合にあっては，その割合以上）が出席し，その過半数（これを上回る割合を定款で定めた場合にあっては，その割合以上）をもってするとされた（法人法第189条第1項）。
　　イ　特別決議
　　　　次に掲げる評議員会の決議は，議決に加わることができる評議員の3分の2（これを上回る割合を定款で定めた場合にあっては，その割合）以上に当たる多数をもって行わなければならないとされた（法人法第189条第2項）。
　　　㈦　監事の解任（法人法第176条第1項）の評議員会
　　　㈺　理事，監事又は会計監査人の法人法第198条において準用する第111条第1項の任務懈怠責任の一部免除（法人法第198条において準用する第113条第1項）の評議員会
　　　㈻　定款の変更（法人法第200条）の評議員会
　　　㈼　事業の全部の譲渡（法人法第201条）の評議員会

㋪　継続（法人法第204条）の評議員会

　　　㋕　吸収合併契約の承認（法人法第247条，第251条第１項）及び新設合併契約の承認（法人法第257条）の評議員会

(3)　議事録

　　評議員会の議事については，出席した評議員，理事，監事又は会計監査人の氏名又は名称等を内容とする議事録を作成しなければならないとされた（法人法第193条第１項，施行規則第60条第３項）。

　　なお，議事録には，出席した理事等の署名又は記名押印は要しない。

(4)　評議員会の決議の省略

　　理事が評議員会の目的である事項について提案をした場合において，当該提案につき評議員（当該事項について議決に加わることができるものに限る。）の全員が書面又は電磁的記録により同意の意思表示をしたときは，当該提案を可決する旨の評議員会の決議があったものとみなすとされた（法人法第194条第１項）。また，評議員会の決議があったものとみなされた場合には，決議があったものとみなされた事項の内容等を内容とする議事録を作成するとされた（施行規則第60条第４項第１号）。

　　この場合には，当該議事録をもって，登記の申請書に添付すべき当該場合に該当することを証する書面（法人法第317条第３項）として取り扱って差し支えない。

4　理事及び代表理事

(1)　理事及び代表理事に関する規律

　　ア　一般財団法人の代表

　　　理事のうち理事会により代表理事に選定されたものが（法人法第197条，第90条第３項，第２項第３号）一般財団法人を代表し（法人法第197条，第77条第４項），その余の理事は代表権を有しないとされた（法人法第197条は第77条第１項を準用していない。）。

イ　一般財団法人の業務執行

　　代表理事及び代表理事以外の理事であって理事会の決議によって一般財団法人の業務を執行する理事として選定されたものは，一般財団法人の業務を執行するとされた（法人法第197条，第91条第1項）。

　　一般財団法人の業務執行は，理事会において決定するとされ，理事会は，従たる事務所の設置その他の重要な業務執行の決定を理事に委任することができないとされた（法人法第197条，第90条第2項第1号，第4項）。

ウ　選任

　(ｱ)　理事の選任

　　　理事は，評議員会の普通決議によって選任するとされた（法人法第177条，第63条第1項，第189条第1項）。

　(ｲ)　代表理事の選定

　　　一般財団法人は，理事会の決議により，理事の中から代表理事を選定しなければならないとされた（法人法第197条，第90条第3項）。

　(ｳ)　補欠者の予選

　　　(ｱ)の決議をする場合には，理事が欠けた場合又は法人法若しくは定款で定めた理事の員数を欠くこととなるときに備えて補欠の理事を選任することができ，当該選任に係る決議が効力を有する期間は，定款に別段の定めがある場合を除き，当該決議後最初に開催する定時評議員会の開始の時までとされ，評議員会の決議によってその期間を短縮することができるとされた（法人法第177条，第63条第2項，施行規則第61条，第12条第3項）。

エ　任期

　　理事の任期は，選任後2年以内に終了する事業年度のうち最終のものに関する定時評議員会の終結の時までとされ，定款によっ

てこれを短縮することができるとされた（法人法第177条，第66条）。

　オ　解任

理事が職務上の義務に違反したとき等の場合には，評議員会の普通決議によって，その理事を解任することができるとされた（法人法第176条第1項，第189条第1項）。

　カ　理事等に欠員を生じた場合の措置

理事が欠けた場合又は法人法若しくは定款で定めた理事の員数が欠けた場合には，任期の満了又は辞任により退任した理事は，新たに選任された理事（一時理事の職務を行うべき者も含む。）が就任するまで，なお理事としての権利義務を有するとされた（法人法第177条，第75条第1項）。

この場合において，裁判所は，必要があると認めるときは，利害関係人の申立てにより，一時理事の職務を行うべき者を選任することができるとされた（法人法第177条，第75条第2項）。

代表理事が欠けた場合又は定款で定めた代表理事の員数が欠けた場合についても，理事が欠けた場合と同様とされた（法人法第197条，第79条第1項，第2項）。

(2) 理事及び代表理事に関する登記の手続

一般財団法人における理事及び代表理事の登記の手続は，次のとおりとされた。

　ア　理事及び代表理事の就任による変更の登記

　　(ア)　登記すべき事項

登記すべき事項は，理事の氏名，代表理事の氏名及び住所並びに就任年月日である。

　　(イ)　添付書面

添付書面は，次のとおりである。

　　　a　理事を選任した評議員会の議事録（法人法第317条第2項）

　　　b　理事が就任を承諾したことを証する書面（法人法第320条

第1項)
　　　　c　代表理事を選定した理事会の議事録（法人法第317条第2項）
　　　　d　出席した理事及び監事がcの議事録に押印した印鑑に係る印鑑証明書（登記規則第3条，商登規第61条第4項第3号）
　　　　e　代表理事が就任を承諾したことを証する書面（法人法第320条第1項）。
　　　　f　代表理事の就任承諾書に係る印鑑証明書（再任の場合を除く。登記規則第3条，商登規第61条第2項，第3項）
　　(ウ)　登録免許税額
　　　　登録免許税額は，申請1件につき1万円である（登税法別表第1第24号(1)カ）。
　　イ　理事及び代表理事の退任による変更の登記
　　　　理事及び代表理事の退任による変更の登記の申請書には，これを証する書面を添付しなければならない（法人法第320条第5項）。
　　　　具体的には，役員の改選の際の定時評議員会又は理事会の議事録（任期満了の旨の記載があるもの）等がこれに該当する。
　　　　登録免許税額は，申請1件につき1万円である（登税法別表第1第24号(1)カ）。
5　理事会
　(1)　理事会の権限
　　　理事会は，すべての理事で組織するとされ（法人法第197条第1項，第90条第1項），一般財団法人の業務執行の決定，理事の職務の執行の監督並びに代表理事の選定及び解職の職務を行うとされた（法人法第197条，第90条第2項）。
　　　なお，理事会は，従たる事務所の設置等の重要な業務執行の決定を理事に委任することができないとされた（法人法第197条，第90条第4項）。
　(2)　決議要件

理事会の決議は，議決に加わることができる理事の過半数（これを上回る割合を定款で定めた場合にあっては，その割合以上）が出席し，その過半数（これを上回る割合を定款で定めた場合にあっては，その割合以上）をもって行うとされた（法人法第197条，第95条第1項）。

(3) 議事録

理事会の議事については，理事会が開催された日時及び場所，議事の経過の要領及びその結果等を内容とする議事録を作成しなければならないとされ，出席した理事（定款で議事録に署名し，又は記名押印しなければならない者を当該理事会に出席した代表理事とする旨の定めがある場合にあっては，当該代表理事）及び監事は，これに署名し，又は記名押印しなければならないとされた（法人法第197条，第95条第3項，施行規則第62条，第15条第3項）。

(4) 理事会の決議の省略

一般財団法人は，理事が理事会の決議の目的である事項について提案をした場合において，当該提案につき理事（当該事項について議決に加わることができるものに限る。）の全員が書面又は電磁的記録により同意の意思表示をしたとき（監事が当該提案について異議を述べたときを除く。）は，当該提案を可決する旨の理事会の決議があったものとみなす旨を定款で定めることができるとされた（法人法第197条，第96条）。また，理事会の決議があったものとみなされる場合には，決議があったものとみなされた事項の内容等を内容とする議事録を作成するとされた（施行規則第62条，第15条第4項第1号）。

この場合には，登記の申請書に定款及び当該場合に該当することを証する書面を添付しなければならない（登記規則第3条，商登規第61条第1項，法人法第317条第3項）が，当該議事録をもって，当該場合に該当することを証する書面として取り扱って差し支えない。

6 監事
(1) 監事に関する規律
　ア　選任
　　　監事の選任及び補欠者の予選については，理事の場合と同様とされた（法人法第177条，第63条，第189条第1項，施行規則第61条，第12条第3項，4の(1)のウの(ア)及び(ウ)参照）。
　イ　任期
　　　監事の任期は，選任後4年以内に終了する事業年度のうち最終のものに関する定時評議員会の終結の時までとされ，定款によって，これを選任後2年以内に終了する事業年度のうち最終のものに関する定時評議員会の終結の時までとすることを限度として短縮することができるとされた（法人法第177条，第67条第1項）。
　　　また，任期の満了前に退任した監事の補欠者の任期については，定款によって，これを退任した監事の任期の満了する時までとすることができるとされた（法人法第177条，第67条第2項）。
　ウ　解任
　　　監事を解任する評議員会の決議は，理事を解任する場合と異なり，特別決議によってすることを要するとされた（法人法第176条第1項，第189条第2項第1号）。
　エ　監事に欠員を生じた場合の措置
　　　監事に欠員を生じた場合の措置については，理事に欠員が生じた場合と同様とされた（法人法第177条，第75条第1項，第2項，4の(1)のカ参照）。
(2) 監事に関する登記の手続
　　一般財団法人における監事の登記の手続は，次のとおりとされた。
　ア　監事の就任による変更の登記
　　(ア)　登記すべき事項
　　　　登記すべき事項は，監事の氏名及び就任年月日である。

(イ) 添付書面

添付書面は，次のとおりである。

a 監事を選任した評議員会の議事録（法人法第317条第2項）

b 監事が就任を承諾したことを証する書面（法人法第320条第1項）

イ 監事の退任による変更の登記

監事の退任による変更の登記については，理事の退任による変更の登記の場合と同様である（法人法第320条第5項，4の(2)のイ参照）。

ウ 登録免許税額

登録免許税額は，申請1件につき1万円である（登税法別表第1第24号(1)カ）。

7 会計監査人
(1) 会計監査人に関する規律

ア 機関設計の在り方

大規模一般財団法人は，会計監査人を置かなければならないとされた（法人法第171条，1参照）。

また，その他の一般財団法人は，定款の定めによって，会計監査人を置くことができるとされた（法人法第170条第2項）。

会計監査人は，公認会計士又は監査法人でなければならず（法人法第177条，第68条第1項），一般財団法人の計算書類及びその附属明細書を監査し，会計監査報告を作成しなければならないとされた（法人法第197条，第107条第1項）。

イ 選任

会計監査人は，評議員会の普通決議によって選任するとされた（法人法第177条，第63条第1項，第189条第1項）。

会計監査人は，任期満了の際の定時評議員会において別段の決議がされなかったときは，当該定時評議員会において再任されたものとみなすとされた（法人法第177条，第69条第2項）。

ウ　任期

　　会計監査人の任期は，選任後1年以内に終了する事業年度のうち最終のものに関する定時評議員会の終結の時までとされた（法人法第177条，第69条第1項）。

　　会計監査人設置一般財団法人が会計監査人を置く旨の定款の定めを廃止する定款の変更をした場合には，会計監査人の任期は，当該定款の変更の効力発生時に満了するとされた（法人法第177条，第69条第3項）。

エ　解任

　　会計監査人が職務上の義務に違反したとき等の法人法第71条第1項各号のいずれかに該当するときは，評議員会の決議によって，その会計監査人を解任することができるとされた（法人法第176条第2項）。

　　また，監事は，会計監査人が法人法第71条第1項各号のいずれかに該当するときは，その全員の同意によって，会計監査人を解任することができるとされた（法人法第177条，第71条第1項，第2項）。

オ　会計監査人に欠員を生じた場合の措置

　　会計監査人が欠けた場合又は定款で定めた会計監査人の員数が欠けた場合において，遅滞なく会計監査人が選任されないときは，監事は，一時会計監査人の職務を行うべき者を選任しなければならないとされた（法人法第177条，第75条第4項）。

(2)　会計監査人に関する登記の手続

ア　会計監査人設置一般財団法人の定めの設定による変更の登記

　(ｱ)　登記すべき事項

　　　登記すべき事項は，会計監査人設置一般財団法人の定めを設定した旨，会計監査人の氏名又は名称及び変更年月日である。

　(ｲ)　添付書面

　　　登記の申請書には，次の書面を添付しなければならない。

　　　　　a　会計監査人設置一般財団法人の定めの設定を決議し，会計
　　　　　　監査人を選任した評議員会の議事録（法人法第317条第2項）
　　　　　b　会計監査人が就任を承諾したことを証する書面（法人法第
　　　　　　320条第3項第1号）
　　　　　c　会計監査人が法人であるときは，当該法人の登記事項証明
　　　　　　書（法人法第320条第3項第2号）
　　　　　d　会計監査人が法人でないときは，その者が公認会計士であ
　　　　　　ることを証する書面（法人法第320条第1項第3号）（別紙参
　　　　　　照）
　　　(ｳ)　登録免許税額
　　　　　登録免許税額は，申請1件につき4万円である（登税法別表
　　　　第1第24号(1)カ，ネ）。
　イ　会計監査人の変更の登記
　　(ｱ)　会計監査人の就任による変更の登記
　　　　a　登記すべき事項
　　　　　　登記すべき事項は，会計監査人の氏名又は名称及び変更年
　　　　　月日である。
　　　　b　添付書面
　　　　　　会計監査人設置一般財団法人の定めの設定の決議に係る部
　　　　　分を除き，アの(ｲ)と同様である。
　　　　　　一時会計監査人の職務を行うべき者の就任による変更の登
　　　　　記の添付書面（法人法第321条第1項）も，会計監査人の就
　　　　　任による変更の登記の場合と同様であるが，その場合の選任
　　　　　に関する書面（同項第1号）としては，監事の選任書等がこ
　　　　　れに該当する。
　　　　　　なお，任期満了の際の定時評議員会において別段の決議が
　　　　　されなかったことにより，会計監査人が再任されたものとみ
　　　　　なされる場合（法人法第177条，第69条第2項）の重任の登
　　　　　記の申請書には，アの(ｲ)のc又はdの書面及び当該評議員会

の議事録（法人法第319条第2項）を添付すれば足り，会計監査人が就任を承諾したことを証する書面の添付は要しない。

　　　　c　登録免許税額

　　　　　登録免許税額は，申請1件につき1万円である（登税法別表第1第24号(1)カ）。

　　(ｲ)　法人である会計監査人の名称の変更の登記

　　　　a　登記すべき事項

　　　　　登記すべき事項は，会計監査人の名称変更の旨及び変更年月日である。

　　　　b　添付書面

　　　　　登記の申請書には，当該法人の登記事項証明書を添付しなければならない（法人法第320条第4項）。

　　　　c　登録免許税

　　　　　登録免許税額は，(ｱ)と同様である。

　　(ｳ)　会計監査人の退任による変更の登記

　　　　会計監査人の退任による変更の登記については，理事及び代表理事の退任による変更の登記の場合と同様である（法人法第320条第5項，4の(2)のイ参照）。

　ウ　会計監査人設置一般財団法人の定めの廃止による変更の登記

　　(ｱ)　登記すべき事項

　　　　登記すべき事項は，会計監査人設置一般財団法人の定めを廃止した旨，会計監査人が退任した旨及び変更年月日である。

　　(ｲ)　添付書面

　　　　登記の申請書には，会計監査人設置一般財団法人の定めの廃止を決議した評議員会の議事録を添付しなければならない（法人法第317条第2項，第320条第5項）。

　　(ｳ)　登録免許税額

　　　　登録免許税額は，申請1件につき4万円である（登税法別表

第1第24号(1)カ，ネ)。
8 役員等の損害賠償責任
 (1) 役員等の損害賠償責任の免除又は制限に関する規律

　理事，監事及び会計監査人（以下8において「役員等」という。）の一般財団法人に対する任務懈怠責任について，次の方法により免除し，又は制限することができるとされ，ウ及びエの定款の定めが登記すべき事項とされた（法人法第302条第2項第9号，第10号）。
　　ア　総評議員の同意による免除（法人法第198条，第112条）
　　イ　評議員会の決議による一部免除（法人法第198条，第113条）
　　ウ　定款の定めに基づく理事等による一部免除

　　　一般財団法人は，役員等が職務を行うにつき善意でかつ重大な過失がない場合において，特に必要と認めるときは，一定の最低責任限度額を控除して得た額を限度として理事会の決議によって免除することができる旨を定款で定めることができるとされた（法人法第198条，第114条第1項）。
　　エ　定款の定めに基づく契約による外部役員等の責任の制限

　　　一般財団法人は，外部理事，外部監事又は会計監査人の責任について，これらの者（以下8において「外部役員等」という。）が職務を行うにつき善意でかつ重大な過失がないときは，定款で定めた額の範囲内であらかじめ一般財団法人が定めた額と最低責任限度額とのいずれか高い額を限度とする旨の契約を外部役員等と締結することができる旨を定款で定めることができるとされた（法人法第198条，第115条第1項）。
 (2) 役員等の責任の免除についての定款の定めの登記の手続
　　ア　役員等の責任の免除についての定款の定めの設定による変更の登記
　　　(ア)　登記すべき事項

　　　　登記すべき事項は，役員等の一般財団法人に対する責任の免除についての定款の定めを設けた旨及び変更年月日である。

　　　　(イ)　添付書面
　　　　　　登記の申請書には，役員等の一般財団法人に対する責任の免除に関する定款の定めの設定を決議した評議員会の議事録を添付しなければならない（法人法第317条第2項）。
　　　　(ウ)　登録免許税額
　　　　　　登録免許税額は，申請1件につき3万円である（登税法別表第1第24号(1)ネ）。
　　イ　役員等の責任の免除についての定款の定めの廃止による変更の登記
　　　　(ア)　登記すべき事項
　　　　　　登記すべき事項は，役員等の一般財団法人に対する責任の免除についての定款の定めを廃止した旨及び変更年月日である。
　　　　(イ)　添付書面
　　　　　　登記の申請書には，役員等の一般財団法人に対する責任の免除についての定款の定めの廃止を決議した評議員会の議事録を添付しなければならない（法人法第317条第2項）。
　　　　(ウ)　登録免許税額
　　　　　　登録免許税額は，アと同様である。
(3)　外部役員等が負う責任の限度に関する契約の締結についての定款の定めの登記の手続
　　ア　外部役員等が負う責任の限度に関する契約の締結についての定款の定めの設定による変更の登記
　　　　(ア)　登記すべき事項
　　　　　　登記すべき事項は，①外部役員等が一般財団法人に対して負う責任の限度に関する契約の締結についての定款の定めを設けた旨，②当該定款の定めが外部理事又は外部監事に関するものであるときは，理事又は監事のうち外部理事又は外部監事であるものについて外部理事又は外部監事である旨及び③変更年月日である（法人法第302条第2項第10号から第12号まで）。

②についての申請書への記載は，既登記の理事（又は監事）について外部理事（又は外部監事）の登記をするときは「理事（又は監事）何某は外部理事（又は外部監事）である」等の振り合いにより，外部理事（又は外部監事）である理事（又は監事）の就任の登記と共にするときは「理事（外部理事）何某は平成何年何月何日就任」等の振り合いによるものとする。

　(イ)　添付書面

　　　登記の申請書には，外部役員等が負う責任の限度に関する契約の締結についての定款の定めの設定を決議した評議員会の議事録を添付しなければならない（法人法第317条第2項）。

　(ウ)　登録免許税額

　　　登録免許税額は，申請1件につき4万円である（登税法別表第1第24号(1)カ，ネ）。

イ　外部役員等が負う責任の限度に関する契約の締結についての定款の定めの廃止による変更の登記

　(ア)　登記すべき事項

　　　登記すべき事項は，外部役員等が一般財団法人に対して負う責任の限度に関する契約の締結についての定款の定めを廃止した旨，その定めの廃止により外部理事又は外部監事の登記を抹消する旨及び変更年月日である。

　(イ)　添付書面

　　　登記の申請書には，外部役員等が負う責任の限度に関する契約の締結についての定款の定めの廃止を決議した評議員会の議事録を添付しなければならない（法人法第317条第2項）。

　(ウ)　登録免許税額

　　　登録免許税額は，申請1件につき4万円である（登税法別表第1第24号(1)カ，ネ）。

第3　解散及び清算

1　解散

(1) 解散の事由

　一般財団法人は，次の事由によって解散するとされた（法人法第202条）。

ア　定款で定めた存続期間の満了

イ　定款で定めた解散の事由の発生

ウ　基本財産の滅失その他の事由による一般財団法人の目的である事業の成功の不能

エ　合併（合併により当該一般財団法人が消滅する場合に限る。）

オ　破産手続開始の決定

カ　解散を命ずる裁判

　(ｱ)　解散命令

　　裁判所は設立が不法な目的に基づいてされたとき等の法人法第261条第1項各号に掲げる場合において，公益を確保するため一般財団法人の存立を許すことができないと認めるときは，法務大臣又は利害関係人の申立てにより，一般財団法人の解散を命ずることができるとされた（法人法第261条第1項）。

　(ｲ)　解散の訴え

　　法人法第268条各号に掲げる場合において，やむを得ない事由があるときは，評議員は，訴えをもって一般財団法人の解散を請求することができるとされた（法人法第268条）。

キ　ある事業年度及びその翌事業年度に係る貸借対照表上の純資産額がいずれも300万円未満となった場合（新設合併により設立する一般財団法人にあっては，当該法人の成立の日における貸借対照表及びその成立の日の属する事業年度に係る貸借対照表上の純資産額がいずれも300万円未満となった場合。法人法第202条第2項，第3項）

(2) 申請による解散の登記の手続

ア　登記期間等

　一般財団法人が(1)のアからウまで又はキの各事由により解散し

たときは，2週間以内に，主たる事務所の所在地において，解散の登記をしなければならないとされた（法人法第308条第1項）。

イ　登記すべき事項

登記すべき事項は，解散の旨並びにその事由及び年月日である（法人法第308条第2項）。

ウ　添付書面

解散の登記の申請書には，次の書面を添付しなければならない（法人法第324条）。

(ｱ)　(1)のイ，ウ又はキの事由の発生を証する書面

(ｲ)　一般財団法人を代表すべき清算人が申請するとき（理事が清算人となる場合において，代表理事が清算人となるときを除く。）は，その資格を証する書面

エ　登録免許税額

登録免許税額は，申請1件につき3万円である（登税法別表第1第24号(1)ソ）。

オ　解散の登記に伴う職権抹消

解散の登記をしたときは，登記官は，職権で，次に掲げる登記を抹消しなければならないとされた（登記規則第3条，商登規第72条）。

(ｱ)　理事，代表理事及び外部理事に関する登記

(ｲ)　会計監査人設置一般財団法人である旨の登記及び会計監査人に関する登記

(3)　休眠一般財団法人のみなし解散

最後の登記後5年を経過した一般財団法人については，法務大臣が主たる事務所の所在地を管轄する登記所に事業を廃止していない旨の届出をすべき旨を官報に公告し，その公告の日から2か月以内に届出をしないとき（当該期間内に登記がされたときを除く。）は，その期間の満了の時に解散したものとみなすとされた（法人法第203条第1項）。

　　　　　この場合における解散の登記は，登記官が職権で行うとされた（法人法第330条，商登法第72条）。
　(4)　一般財団法人の継続
　　　　一般財団法人は，(1)のキの事由による解散後，清算事務年度（解散した日の翌日又はその後毎年その日に応当する日から始まる各1年の期間をいう。法人法第227条第1項）に係る貸借対照表上の純資産額が300万円以上となった場合には，清算が結了するまでの間，評議員会の特別決議によって，一般財団法人を継続することができるとされた。また，(3)により解散したものとみなされた場合には，清算が結了するまで（解散したものとみなされた後3年以内に限る。），評議員会の特別決議によって，一般財団法人を継続することができるとされた（法人法第204条，第189条第2項第5号）。
　(5)　設立無効又は取消しの判決後の継続
　　　　一般財団法人の設立の無効又は取消しの訴えに係る請求を認容する判決が確定した場合において，その無効又は取消しの原因が一部の設立者のみにあるときは，他の設立者の全員の同意によって，当該一般財団法人を継続することができるとされた（法人法第276条第2項，第1項）。
2　清算
　(1)　清算の手続
　　ア　清算一般財団法人の機関
　　　　清算をする一般財団法人（以下「清算一般財団法人」という。）は，評議員，評議員会及び清算人のほか，定款の定めによって，清算人会又は監事を置くことができるとされ，また，清算一般財団法人については，解散前の一般財団法人におけるその余の機関に関する規律の適用はないとされた（法人法第208条第1項，第2項，第4項）。
　　　　また，法人法第206条各号に掲げる場合に該当することとなった時において大規模一般財団法人であった清算一般財団法人は，

監事を置かなければならないとされた（法人法第208条第3項）。
イ　清算人及び代表清算人
　(ア)　清算一般財団法人の代表及び業務執行
　　　清算一般財団法人における清算人による当該清算一般財団法人の代表及び業務執行については，解散前の一般財団法人における理事及び代表理事の場合と同様である（第2の4の(1)のイ参照）。
　(イ)　員数
　　　清算人は，清算人会を置かない一般財団法人にあっては1人以上で足り（法人法第208条第1項），清算人会を置く一般財団法人（以下「清算人会設置一般財団法人」という。）においては3人以上でなければならないとされた（法人法第209条第5項，第65条第3項）。
　(ウ)　清算人の選任
　　　次に掲げる者は，清算一般財団法人の清算人となるとされた（法人法第209条）。
　　a　理事（b又はcに掲げる者がある場合を除く。）
　　b　定款で定める者
　　c　評議員会の決議によって選任された者
　　d　裁判所が選任した者
　(エ)　代表清算人の選定
　　a　清算人会設置一般財団法人以外の清算一般財団法人
　　　代表清算人その他清算一般財団法人を代表する者を定めないときは，各清算人が代表清算人となるとされた（法人法第214条第1項）。
　　　ただし，(ウ)のaにより理事が清算人となる場合において，代表理事を定めていたときは，当該代表理事が代表清算人となり（同条第4項），また，清算人会設置一般財団法人以外の清算一般財団法人は，次の方法のいずれかにより，清算人

の中から代表清算人を定めることができるとされた（同条第3項）。
- (a) 定款
- (b) 定款の定めに基づく清算人（裁判所が選任したものを除く。）の互選
- (c) 評議員会の決議

　　　なお，㈦のdにより裁判所が清算人を選任する場合には，裁判所は，清算人の中から代表清算人を定めることができるとされた（法人法第214条第5項）。

b　清算人会設置一般財団法人

　　㈦のaにより理事が清算人となる場合において，代表理事を定めていたときは，当該代表理事が代表清算人となるとされた（法人法第214条第4項）。

　　清算人会設置一般財団法人は，他に代表清算人があるときを除き，清算人会の決議により，清算人の中から代表清算人を選定しなければならないとされた（法人法第220条第3項）。

　　なお，裁判所が代表清算人を定めることができることは，aと同様である。

㈸　任期

　　清算人については，任期の上限はない。

㈹　解任

　　清算人（裁判所が選任したものを除く。）が職務上の義務に違反したとき等の法人法第210条第2項各号のいずれかの事由に該当するときは，評議員会の決議によって，その清算人を解任することができ，また，重要な事由があるときは，裁判所は，利害関係人の申立てにより，清算人を解任することができるとされた（法人法第210条第2項，第3項）。

㈺　清算人に欠員を生じた場合の措置

　　清算人に欠員を生じた場合の措置については，理事に欠員が

生じた場合と同様である（法人法第210条第4項，第75条第1項，第2項。第2の4の(1)のカ参照）。

ウ　清算人会

清算人会の議事録及び清算人会の決議の省略の制度の創設については，理事会の場合と同様である（法人法第221条第5項，第95条第3項，第96条，施行規則第68条，第2の5参照）。

エ　監事

清算一般財団法人の監事については，大規模一般財団法人であった清算一般財団法人を除き，必置の機関ではなく，定款で任意に置くことができるものとされていること（ア参照）及び任期の上限がないこと（法人法第211条第2項第1号）を除き，解散前の一般財団法人の監事の場合と同様とされた。

したがって，一般財団法人が清算一般財団法人になった場合には，原則として監事を置くことはできなくなり，既存の監事は任期満了により退任することとなる。もっとも，清算の開始前に，その定款に清算一般財団法人となった場合には監事を置くこととする旨の定めを設けておくことは可能であり，そのような定款の定めがある場合には，一般財団法人が清算一般財団法人となっても，既存の監事の任期は当然には終了しない（この場合には，解散の日から2週間以内に，監事を置く清算一般財団法人である旨を登記しなければならない（法人法第310条第1項第4号，第3項）。）。そのため，一般財団法人が清算法人となった場合における監事に関する登記については，登記官による職権抹消の対象とはならない。

また，監事を置く清算一般財団法人が，監事を置く旨の定款の定めを廃止する定款の変更（ただし，清算開始時に大規模一般財団法人であった清算一般財団法人は，監事を置く旨の定款の定めを廃止することができない。法人法第208条第3項参照）をした場合には，当該監事は，当該定款の変更の効力発生時に退任する

とされた（法人法第211条第1項）。

　　オ　合併の制限

　　　清算一般財団法人は，吸収合併存続法人となることができないとされた（法人法第205条）。

(2)　清算の登記の手続

　ア　登記すべき事項

　　　清算開始時の理事が清算人となったときは解散の日から2週間以内に，清算人が選任されたときは就任の日から2週間以内に，主たる事務所の所在地において，次に掲げる事項を登記しなければならないとされた（法人法第310条）。

　　(ア)　清算人の氏名

　　(イ)　代表清算人の氏名及び住所

　　(ウ)　清算一般財団法人が清算人会を置くときは，その旨

　　(エ)　清算一般財団法人が監事を置くときは，その旨

　イ　清算人会設置一般財団法人以外の清算一般財団法人の清算人に関する登記の手続

　　(ア)　清算人及び代表清算人の登記

　　　a　添付書面

　　　　登記の申請書には，次の書面を添付しなければならない。

　　(a)　定款（法人法第326条第1項）

　　(b)　清算人の選任を証する書面

　　　　定款によって定めたときは定款（登記規則3条，商登規第61条第1項）を，評議員会の決議によって選任したときはその議事録（法人法第317条第2項）を，裁判所が選任したときは裁判所の選任決定書等（法人法第326条第3項）を添付しなければならない。

　　(c)　清算人の中から代表清算人を定めたときは，その選定を証する書面

　　　　定款によって定めたときは定款（登記規則3条，商登規

第61条第1項）を，定款の定めに基づく清算人の互選によって定めたときは定款及びその互選を証する書面（登記規則3条，商登規第61条第1項，法人法第317条第1項）を，評議員会の決議によって定めたときはその議事録（法人法第317条第2項）を，裁判所が定めたときは裁判所の選定決定書等（法人法第326条第3項）を添付しなければならない。

　　　(d)　清算人及び代表清算人が就任を承諾したことを証する書面

　　　　定款又は評議員会の決議によって清算人を選任したときは清算人の就任承諾書を，清算人（裁判所が選任したものを除く。）の中から清算人の互選により代表清算人を定めたとき（(1)のイの(エ)のa参照）は代表清算人の就任承諾書を添付しなければならない（法人法第326条第2項）。

　　b　登録免許税額

　　　登録免許税額は，申請1件につき9,000円である（登税法別表第1第24号(4)イ）。

　(イ)　清算人又は代表清算人の就任による変更の登記

　　登記の申請書には，(ア)のaの(b)から(d)までの書面を添付しなければならない。

　(ウ)　清算人又は代表清算人の退任による変更の登記

　　登記の申請書には，退任の事由を証する書面を添付しなければならない（法人法第327条第2項）。

ウ　清算人会設置一般財団法人の清算人に関する登記の手続

　(ア)　清算人，代表清算人及び清算人会設置一般財団法人である旨の登記

　　a　添付書面

　　　登記の申請書には，次の書面を添付しなければならない。

　　(a)　定款（法人法第326条第1項）

　　　　(b) 清算人の選任を証する書面
　　　　　　清算人会設置一般財団法人以外の清算一般財団法人の場合と同様である（イの(ア)の a の(b)参照）。
　　　　(c) 代表清算人の選定を証する書面
　　　　　　清算人会の決議により選定したときはその議事録（法人法第317条第2項）を，裁判所が定めたときは裁判所の選定決定書等（法人法第326条第3項）を添付しなければならない。
　　　　(d) 清算人及び代表清算人が就任を承諾したことを証する書面
　　　　　　定款又は評議員会の決議によって清算人を選任したときは清算人の就任承諾書を，清算人会の決議によって代表清算人を選定したときは代表清算人の就任承諾書を添付しなければならない（法人法第326条第2項）。
　　　b　登録免許税額
　　　　　登録免許税額は，申請1件につき9,000円である（登税法別表第1第24号(4)イ）。
　(イ) 清算人及び代表清算人の就任又は退任による変更の登記
　　　　登記の申請書には，(ア)の a の(b)から(d)までの書面又は退任の事由を証する書面を添付しなければならない（法人法第327条第2項）。
　(ウ) 清算人会設置一般財団法人の定めの設定又は廃止による変更の登記
　　　a　添付書面
　　　　　登記の申請書には，清算人会設置一般財団法人の定めの設定又は廃止を決議した評議員会の議事録を添付しなければならない（法人法第317条第2項）。
　　　b　登録免許税額
　　　　　登録免許税額は，申請1件につき6,000円である（登税法

別表第1第24号(4)ニ)。

　エ　その他

　　　清算一般財団法人の監事の登記は，解散前の一般財団法人の監事の登記の場合と同様である（第2の6参照）。

3　清算の結了

　　清算事務が終了したときは，清算人は，決算報告を作成し，清算人会設置一般財団法人においては清算人会の承認を受けた上で，これを評議員会に提出し，その承認を受けなければならない（法人法第240条）。

　　清算結了の登記の申請書には，決算報告の承認をした評議員会の議事録を添付しなければならないが，清算人会の議事録の添付は要しない（法人法第328条）。

第4　その他

1　計算書類の公告

　　一般財団法人は，定時評議員会の終結後遅滞なく，貸借対照表（大規模一般財団法人にあっては，貸借対照表及び損益計算書。以下同じ。）を公告しなければならないとされた（法人法第199条，第128条第1項）。ただし，その公告方法が官報に掲載する方法又は時事に関する事項を掲載する日刊新聞紙に掲載する方法である一般財団法人は，上記の貸借対照表の要旨を公告することで足りるとされた（法人法第199条，第128条第2項）。

　　また，その公告方法が官報に掲載する方法又は時事に関する事項を掲載する日刊新聞紙に掲載する方法である一般財団法人は，上記の貸借対照表の内容である情報を，定時評議員会の終結の日後5年を経過する日までの間，継続して電磁的方法により開示する措置をとることができ，この場合においては，貸借対照表又はその要旨の公告をすることを要しないとされ（法人法第199条，第128条第3項），当該一般財団法人が当該措置をとることとするときは，当該貸借対照表の内容である情報が掲載されているウェブページのアドレスを登記しなけれ

ばならないとされた(法人法第302条第2項第13号)。

　なお，この場合において，当該一般財団法人がその公告方法を電子公告又は当該一般財団法人の主たる事務所の公衆の見やすい場所に掲示する方法としたことによる変更の登記をしたときは，登記官は，職権で，当該一般財団法人の貸借対照表の内容である情報が掲載されているウェブページのアドレスの登記を抹消する記号を記録しなければならない(登記規則第3条，商登規第71条)。

２　定款の変更

　定款は，評議員会の特別決議により変更することができるとされた(法人法第200条第1項本文，第189条第2項第3号)。ただし，第1の1(2)の事項のうち，ア(目的)及びク(評議員の選任及び解任の方法)については，設立者が原始定款(設立に際して作成した定款)にこれらの事項を変更することができる旨を定めている場合及び裁判所の許可を受けた場合を除き，変更することができないとされた(法人法第200条第1項ただし書，第2項，第3項)。

３　事業の譲渡

　一般財団法人が事業の全部の譲渡をするには，評議員会の特別決議によらなければならないとされた(法人法第201条，第189条第2項第4号)。

第4部　合併

第1　合併の手続

１　当事法人

　一般社団法人又は一般財団法人は，他の一般社団法人又は一般財団法人と吸収合併又は新設合併をすることができるとされた(法人法第242条，第2条第5号，第6号)。

　吸収合併存続法人又は新設合併設立法人は，合併をする法人が一般社団法人のみである場合には一般社団法人でなければならず，合併をする法人が一般財団法人のみである場合には一般財団法人でなければならないとされた(法人法第243条第1項)。

また，合併をする法人が一般社団法人のみである場合又は一般財団法人のみである場合以外の場合において，合併をする一般社団法人が合併契約の締結の日までに基金の全額を返還していないときは，吸収合併存続法人又は新設合併設立法人は，一般社団法人でなければならないとされた（法人法第243条第2項）。

2 吸収合併の手続
 (1) 吸収合併契約
　　一般社団法人又は一般財団法人が吸収合併をする場合には，吸収合併契約において，次の事項を定めなければならないとされた（法人法第244条）。
　ア　当事法人の名称及び住所
　イ　効力発生日
 (2) 吸収合併契約の承認
　　吸収合併消滅法人及び吸収合併存続法人は，効力発生日の前日までに，社員総会又は評議員会の特別決議によって，吸収合併契約の承認を受けなければならないとされた（法人法第247条，第251条第1項，第49条第2項第7号，第189条第2項第6号）。
 (3) 債権者保護手続
　　吸収合併消滅法人及び吸収合併存続法人は，次に掲げる事項を官報に公告し，かつ，知れている債権者には，各別に催告しなければならないとされ，債権者がエの期間内に異議を述べなかった場合には，合併について承認をしたものとみなされるが，異議を述べた場合には，合併をしても当該債権者を害するおそれがないときを除き，当該法人は，当該債権者に対し，弁済し，若しくは相当の担保を提供し，又は当該債権者に弁済を受けさせることを目的として信託会社等に相当の財産を信託しなければならないとされた（法人法第248条，第252条）。
　ア　吸収合併をする旨
　イ　吸収合併消滅法人にあっては吸収合併存続法人の，吸収合併存

続法人にあっては吸収合併消滅法人の名称及び住所
　　ウ　吸収合併消滅法人及び吸収合併存続法人の計算書類に関する事項（最終事業年度に係る貸借対照表又はその要旨が公告されている場合における官報の日付及び掲載頁等。施行規則第76条，第79条）
　　エ　債権者が一定の期間（1か月を下ることができない。法人法第248条第2項，第252条第2項参照）内に異議を述べることができる旨
　　　当該法人がこの公告を，官報のほか，定款の定めに従い時事に関する事項を掲載する日刊新聞紙又は電子公告によりするときは，各別の催告は要しないとされた（法人法第248条第3項，第252条第3項）。
　(4)　効力発生日
　　　吸収合併の効力は，吸収合併契約において定められた効力発生日に生ずるとされた（法人法第245条第1項）。
　　　吸収合併消滅法人は，理事の決定（理事会設置一般社団法人及び一般財団法人にあっては，理事会の決議）に基づき，吸収合併存続法人との合意を経て，効力発生日を変更することができ，この場合には，吸収合併消滅法人は，変更前の効力発生日（変更後の効力発生日が変更前の効力発生日前の日である場合にあっては，当該変更後の効力発生日）の前日までに，変更後の効力発生日を公告しなければならないものとされた（法人法第249条第1項，第76条第1項，第2項，第90条第2項第1号，第197条）。
　3　新設合併の手続
　(1)　新設合併契約
　　　一般社団法人又は一般財団法人が新設合併をする場合には，新設合併契約において，次の事項を定めなければならないとされた（法人法第254条）。
　　ア　当事法人の名称及び住所

イ　新設合併設立法人の目的，名称及び主たる事務所の所在地
　　ウ　イのほか，新設合併設立法人の定款で定める事項
　　エ　新設合併設立法人の設立に際して理事となる者の氏名
　　オ　新設合併設立法人が会計監査人設置法人である場合には，その設立に際して会計監査人となる者の氏名又は名称
　　カ　新設合併設立法人が監事設置一般社団法人である場合には，設立時監事の氏名
　　キ　新設合併設立法人が一般財団法人である場合には，設立時評議員及び設立時監事の氏名
　(2)　新設合併契約の承認
　　　新設合併消滅法人は，社員総会又は評議員会の特別決議によって合併契約の承認を受けなければならないとされた（法人法第257条，第49条第2項第7号，第189条第2項第6号）。
　(3)　債権者保護手続
　　　新設合併消滅法人がしなければならない債権者保護手続については，吸収合併の場合と同様である（法人法第258条，2の(3)参照）。
　(4)　効力発生日
　　　新設合併の効力は，登記の日に生ずるとされた（法人法第22条，第163条）。

第2　合併の登記の手続
1　吸収合併の登記
　(1)　存続法人についてする変更の登記
　　　主たる事務所の所在地における吸収合併存続法人の変更の登記の申請書には，次の書面を添付しなければならない（法人法第322条）。
　　ア　吸収合併契約書
　　　　効力発生日の変更があった場合には，吸収合併存続法人において理事の過半数の一致があったことを証する書面又は理事会の議事録（法人法第317条第2項）及び効力発生日の変更に係る当事法人の合意書をも添付しなければならない。

イ 吸収合併存続法人の手続に関する次に掲げる書面
　(ｱ) 合併契約の承認に関する書面（法人法第317条第2項）
　　社員総会又は評議員会の議事録を添付する。
　(ｲ) 債権者保護手続関係書面（法人法第322条第2号）
　　法人法第252条第2項の規定による公告及び催告（同条第3項の規定により公告を官報のほか法人法第331条第1項の規定による定めに従い同項第2号又は第3号に掲げる方法によってした場合にあっては，これらの方法による公告）をしたこと並びに異議を述べた債権者があるときは，当該債権者に対し弁済し若しくは相当の担保を提供し若しくは当該債権者に弁済を受けさせることを目的として相当の財産を信託したこと又は当該吸収合併をしても当該債権者を害するおそれがないことを証する書面を添付する。
ウ 吸収合併消滅法人の手続に関する次に掲げる書面
　(ｱ) 吸収合併消滅法人の登記事項証明書（当該登記所の管轄区域内に吸収合併消滅法人の主たる事務所がある場合を除く。）
　(ｲ) 吸収合併契約の承認があったことを証する書面
　　社員総会又は評議員会の議事録を添付する。
　(ｳ) 債権者保護手続関係書面
　　吸収合併消滅法人において法人法第248条第2項の規定による公告及び催告（同条第3項の規定により公告を官報のほか法人法第331条第1項の規定による定めに従い同項第2号又は第3号に掲げる方法によってした場合にあっては，これらの方法による公告）をしたこと並びに異議を述べた債権者があるときは，当該債権者に対し弁済し若しくは相当の担保を提供し若しくは当該債権者に弁済を受けさせることを目的として相当の財産を信託したこと又は当該吸収合併をしても当該債権者を害するおそれがないことを証する書面を添付する。
(2) 消滅法人についてする解散の登記

吸収合併においては，吸収合併による変更の登記と消滅法人の解散の登記とを同時に申請する必要がある（法人法第330条，商登法第82条第3項）。消滅法人の解散の登記の申請については，添付書面は要しない（法人法第330条，商登法第82条第4項）。
2 新設合併の登記
 (1) 新設法人についてする設立の登記
　　主たる事務所の所在地における新設合併設立法人の設立の登記の申請書には，次の書面を添付しなければならない（法人法第323条）。
　ア 新設合併契約書
　イ 新設合併設立法人に関する次に掲げる書面
　　(ア) 定款
　　(イ) 設立時理事が設立時代表理事を選定したときは，これに関する書面
　　(ウ) 設立時評議員，設立時理事，設立時監事及び設立時代表理事が就任を承諾したことを証する書面
　　(エ) 設立時会計監査人を選任したときは，次に掲げる書面
　　　a 就任を承諾したことを証する書面
　　　b 設立時会計監査人が法人であるときは，当該法人の登記事項証明書
　　　c 設立時会計監査人が法人でないときは，公認会計士であることを証する書面（別紙参照）
　ウ 新設合併消滅法人の手続に関する次に掲げる書面
　　(ア) 新設合併消滅法人の登記事項証明書（当該登記所の管轄区域内に新設合併消滅法人の主たる事務所がある場合を除く。）
　　(イ) 新設合併契約の承認に関する書面
　　　社員総会又は評議員会の議事録を添付する。
　　(ウ) 債権者保護手続関係書面
　　　新設合併消滅法人において法人法第258条第2項の規定による公告及び催告（同条第3項の規定により公告を官報のほか法

人法第331条第1項の規定による定めに従い同項第2号又は第3号に掲げる方法によってした場合にあっては，これらの方法による公告）をしたこと並びに異議を述べた債権者があるときは，当該債権者に対し弁済し若しくは相当の担保を提供し若しくは当該債権者に弁済を受けさせることを目的として相当の財産を信託したこと又は当該新設合併をしても当該債権者を害するおそれがないことを証する書面を添付する。

(2) 消滅法人についてする解散の登記

新設合併においては，新設合併による設立の登記と消滅法人の解散の登記とを同時に申請する必要がある（法人法第330条，商登法第82条第3項）。消滅法人の解散の登記の申請については，添付書面は要しない（法人法第330条，商登法第82条第4項）。

第5部 公益法人
第1 公益認定
1 公益認定の手続

公益目的事業（学術，技芸，慈善その他の公益に関する認定法別表各号に掲げる種類の事業であって，不特定かつ多数の者の利益の増進に寄与するものをいう。認定法第2条第4号）を行う一般社団法人又は一般財団法人は，行政庁（認定法第3条各号に掲げる公益法人の区分に応じ，当該各号に定める内閣総理大臣又は都道府県知事（認定法第3条））に対し公益認定の申請をすることができ，行政庁は，認定法第8条に規定する意見聴取を経て，当該法人が認定法第5条各号に掲げる基準（一般社団法人にあっては，理事会及び監事を置いていること等。同条第14号ハ，法人法第61条参照）に適合すると認めるときは，当該法人について公益認定をするものとされた（認定法第4条，第5条）。

公益認定を受けた一般社団法人又は一般財団法人（以下それぞれ「公益社団法人」又は「公益財団法人」といい，これらを「公益法人」と総称する。認定法第2条第1号から第3号まで）は，その名称中の

一般社団法人又は一般財団法人の文字をそれぞれ公益社団法人又は公益財団法人と変更する定款の変更をしたものとみなすとされた（認定法第9条第1項）。
2 公益認定による名称の変更の登記の手続
(1) 登記すべき事項
登記すべき事項は，法人の名称，名称を変更した旨及び変更年月日である。
(2) 添付書面
登記の申請書には，公益認定を受けたことを証する書面を添付しなければならない（認定法第9条第2項）。
(3) 登録免許税額
登録免許税は課されない（登税法第5条第14号）。

第2 公益法人に関する規律

1 名称使用制限

公益社団法人又は公益財団法人は，その種類に従い，その名称中に公益社団法人又は公益財団法人という文字を用いなければならないとされた（認定法第9条第3項）。

公益社団法人又は公益財団法人でない者は，その名称又は商号中に，公益社団法人又は公益財団法人であると誤認されるおそれのある文字を用いてはならないとされた（認定法第9条第4項）。

2 変更の認定

公益法人は，主たる事務所又は従たる事務所の所在場所の変更，公益目的事業の種類又は内容の変更等の認定法第11条第1項各号に掲げる変更（認定法施行規則第7条で定める軽微な変更を除く。）をする場合には行政庁の認定を受けなければならないが，当該変更に係る変更の登記の申請書には，当該変更について行政庁の認可を受けたことを証する書面の添付は要しない。

3 合併による地位の承継の認可

公益法人が新設合併消滅法人となる新設合併契約を締結したとき

は，当該公益法人（当該公益法人が2以上ある場合にあっては，その1）は，新設合併設立法人が当該公益法人の地位を承継することについて，行政庁の認可を申請することができ，当該認可があった場合には，新設合併設立法人は，その成立の日に，当該公益法人の地位を承継するとされた（認定法第25条第1項，第3項）。

公益法人を新設合併消滅法人とする新設合併をする場合において，新設合併設立法人が当該公益法人の地位を承継する場合には，新設合併設立法人の設立の登記の申請書には，当該承継について行政庁の認可を受けたことを証する書面をも添付しなければならない（法人法第330条，商登法第19条）。

第3 公益認定の取消し

行政庁が，認定法第29条第1項又は第2項の規定に基づき公益認定の取消しの処分をしたときは，当該処分を受けた公益法人は，その名称中の公益社団法人又は公益財団法人という文字をそれぞれ一般社団法人又は一般財団法人と変更する定款の変更をしたものとみなすとされた（認定法第29条第5項）。

行政庁は，公益認定の取消しをしたときは，遅滞なく，当該公益法人の主たる事務所及び従たる事務所の管轄登記所に当該公益法人の名称の変更の登記を嘱託しなければならないとされた（認定法第29条第6項）。

なお，この名称の変更の登記については，登録免許税は課されない（登税法第5条第14号）。

第6部 中間法人に関する経過措置

第1 有限責任中間法人に関する経過措置

1 旧有限責任中間法人の存続等

中間法人法（平成13年法律第49号）は整備法により廃止されるが，その廃止後も，整備法の施行の際現に存する有限責任中間法人（以下「旧有限責任中間法人」という。）は，整備法の施行の日（以下「施行日」という。）以後は，特段の手続を経ることなく，法人法の規定による一般社団法人として存続するとされた（整備法第1条，第2条第

1項)。

　これに伴い，旧有限責任中間法人の定款については，これを整備法第2条第1項の規定により存続する一般社団法人の定款とみなすとされた（整備法第2条第2項）。

　なお，旧有限責任中間法人の設立について施行日前に行った手続は，施行日前にこれらの行為の効力が生じない場合には，その効力を失う（整備法第4条）ため，施行日以後に，新たに有限責任中間法人が設立されることはない。

2　一般社団法人に関する法人法の規定の特則及び経過措置

　1により一般社団法人として存続する旧有限責任中間法人（以下「存続有限責任中間法人」という。）について，次の特則及び経過措置が定められた。

(1)　定款の記載事項

　　旧有限責任中間法人の定款における整備法による廃止前の中間法人法（以下「旧中間法人法」という。）第10条第3項各号に掲げる事項（①目的，②名称，③基金の拠出者の権利に関する規定，④基金の返還の手続，⑤公告の方法，⑥社員の氏名又は名称及び住所，⑦主たる事務所の所在地，⑧社員たる資格の得喪に関する規定，⑨事業年度）の記載又は記録は，それぞれ存続有限責任中間法人の定款における法人法第11条第1項各号及び第131条各号に掲げる事項の記載又は記録とみなすとされた（整備法第5条第1項）。

　　存続有限責任中間法人の定款には，監事を置く旨及び法人法第131条に規定する基金を引き受ける者の募集をすることができる旨の定めがあるものとみなすとされた（整備法第5条第2項）。

　　旧有限責任中間法人の定款における理事会を置く旨の定めは，法人法に規定する理事会を置く旨の定めとしての効力を有しないとされた（整備法第5条第3項）。

(2)　登記すべき事項等

　ア　登記すべき事項

存続有限責任中間法人の主たる事務所の所在地において登記すべき事項は，次の特則を除き，一般社団法人の登記すべき事項と同様とされた（法人法第301条第2項）。

(ア) 理事，代表理事及び監事の登記の登記事項については，3の名称の変更の登記をするまでの間は，なお従前の例によるとされた（整備法第22条第3項，旧中間法人法第7条第2項第5号，第6号参照）。

(イ) 継続及び清算に関する登記の登記事項については，原則として法人法の規定によるとされた。ただし，施行日前に清算人の登記をした場合にあっては，従前と同様に，清算人の氏名及び住所を登記すれば足り，代表清算人については登記することを要しないとされた（整備法第19条）。

イ 職権登記

存続有限責任中間法人の定款には，監事を置く旨の定めがあるものとみなすとされ（整備法第5条第2項），登記官は，存続有限責任中間法人について，職権で，監事設置一般社団法人である旨の登記をしなければならないとされた（整備法第23条第7項）。

また，法人法において登記すべき事項でなくなった事項（基金の総額等）については，登記官が職権で抹消しなければならないとされた（整備省令第9条第1項第1号から第6号まで。平成20年9月1日付け法務省民商第2054号当職通達参照）。

(3) 名称使用制限

存続有限責任中間法人は，3のとおり一定の時までに定款を変更してその名称中に一般社団法人という文字を用いる名称の変更をしなければならないが，それまでは，その名称中に一般社団法人の文字を用いることを要しないとされた（整備法第3条第1項）。

(4) 機関

ア 機関設計

存続有限責任中間法人は，通常の一般社団法人の場合と同様

に，1人又は2人以上の理事（理事会を置く存続有限責任中間法人にあっては，3人以上の理事）を置かなければならず，また，定款の定めによって，理事会，監事又は会計監査人を置くことができるとされた（法人法第60条，第65条第3項，第2部の第2の1の(1)参照）。

ただし，大規模一般社団法人における会計監査人の設置義務に係る規定は，整備法の施行日の属する事業年度の終了後最初に招集される定時社員総会の終結の時までは，適用されない（整備法第10条）。

なお，理事会，監事又は会計監査人の設置状況は，登記すべき事項である（第2部の第1の2の(2)のア参照）。

イ　社員総会

施行日前に社員総会の招集の手続が開始された場合における社員総会の権限及び手続については，なお従前の例によるとされた（整備法第8条）。

施行日前に旧有限責任中間法人の社員総会が旧中間法人法の規定に基づいてした理事又は監事の選任その他の事項に関する決議は，当該決議があった日に，存続有限責任中間法人の社員総会が法人法の相当規定に基づいてした決議とみなすとされた（整備法第9条）。

ウ　理事，代表理事及び監事

施行日前に旧有限責任中間法人が旧中間法人法の規定に基づいて選任した理事又は監事は，存続有限責任中間法人が法人法の規定に基づいて選任した理事又は監事とみなすとされた（整備法第9条）。

旧有限責任中間法人が旧中間法人法第45条第2項ただし書の規定によって定めた代表理事は，引き続き存続有限責任中間法人の代表理事としての地位を有するとされた（整備法第2条第2項，第9条，第14条）。

整備法の施行の際現に旧有限責任中間法人の理事又は監事である者の任期については，なお従前の例によるとされた（整備法第13条，旧中間法人法第41条，第53条参照）。
(5) 継続及び清算

施行日前に生じた事由により解散した場合における存続有限責任中間法人の継続及び清算については，なお従前の例によるとされ，その場合における登記の申請その他の登記に関する手続についても，なお従前の例によるとされた（整備法第19条本文，第23条第8項）。

ただし，継続及び清算に関する登記の登記事項（施行日前に清算人の登記をした場合にあっては，主たる事務所の所在地における登記事項のうち清算人及び代表清算人の氏名及び住所を除く。）については，法人法の定めるところによるとされた（整備法第19条ただし書）。

3 名称の変更
(1) 名称の変更の手続

存続有限責任中間法人は，施行日の属する事業年度の終了後最初に招集される定時社員総会の終結の時までに，その名称中に一般社団法人という文字を用いる名称の変更をする定款の変更をしなければならないとされた（整備法第3条第1項）。
(2) 名称の変更の登記の手続

(1)の名称の変更の登記をする場合には，併せて，理事，代表理事及び監事の全員について，理事及び監事の氏名並びに代表理事の氏名及び住所の登記をしなければならないとされた（整備法第22条第4項）。
(3) 登録免許税

登録免許税は課されない（所得税法等の一部を改正する法律（平成20年法律第23号。以下「税改法」という。）附則第27条第2項第3号）。

第2　無限責任中間法人に関する経過措置
 1　旧無限責任中間法人の存続等
　　整備法による中間法人法の廃止後も，整備法の施行の際現に存する無限責任中間法人（以下「旧無限責任中間法人」という。）は，名称中に無限責任中間法人という文字を用いなければならない一般社団法人（以下「特例無限責任中間法人」という。）として存続するとされた（整備法第24条第1項，第25条第1項）。
　　これに伴い，旧無限責任中間法人の定款については，これを存続する一般社団法人の定款とみなすとされた（整備法第24条第2項）。
　　なお，旧無限責任中間法人の設立について施行日前に行った手続は，施行日前にこれらの行為の効力が生じない場合には，その効力を失うため，施行日以後に，新たに無限責任中間法人が設立されることはない（整備法第26条）。
 2　一般社団法人に関する法人法の規定の特則及び経過措置
　　特例無限責任中間法人に関する登記及び登記の手続，定款の記載事項，社員の資格の得喪，業務の執行，法人の代表，定款の変更，解散事由及び解散法人の継続，清算等については，なお従前の例によるとされた（整備法第27条）。
　　特例無限責任中間法人については，通常の一般社団法人における機関設計に関する規律及び合併等に関する規定等は適用しないとされた（整備法第29条）。
 3　名称の変更による通常の一般社団法人への移行
　(1)　移行の手続
　　　ア　名称の変更
　　　　特例無限責任中間法人は，施行日から起算して1年を経過するまでの間，その名称中に一般社団法人という文字を用いる名称の変更（以下3及び4において「移行」という。）をすることができるとされた（整備法第30条）。
　　　イ　総社員の同意

特例無限責任中間法人は，移行を行う場合には，総社員の同意によって，次の事項を定めなければならないとされた（整備法第31条）。

(ｱ) 移行後の一般社団法人の目的，名称，主たる事務所の所在地，社員の資格の得喪に関する規定，公告方法及び事業年度

(ｲ) (ｱ)に掲げるもののほか，移行後の一般社団法人の定款で定める事項

(ｳ) 移行後の一般社団法人の理事の氏名

(ｴ) 移行後の一般社団法人が監事設置一般社団法人であるときは，監事の氏名

(ｵ) 移行後の一般社団法人が会計監査人設置一般社団法人であるときは，会計監査人の氏名又は名称

ウ　債権者保護手続

移行をする特例無限責任中間法人は，イに掲げる事項を定めた日から2週間以内に，移行をする旨及び債権者が一定の期間内（1か月を下ることができない。）に異議を述べることができる旨を官報に公告し，かつ，知れている債権者には，各別に催告しなければならないとされ（整備法第32条第2項），債権者が当該一定の期間内に異議を述べなかった場合には，移行について承認をしたものとみなされるが（同条第3項），異議を述べた場合には，移行をしても当該債権者を害するおそれがないときを除き，当該特例無限責任中間法人は，当該債権者に対し，弁済し，若しくは相当の担保を提供し，又は当該債権者に対し弁済を受けさせることを目的として信託会社等に相当の財産を信託しなければならないとされた（同条第4項）。

エ　効力発生日

移行の効力は，登記の日に生ずるとされた（整備法第34条第1項）。

(2) 移行の登記の手続

ア 登記期間等

(1)のウの手続が終了したときは，特例無限責任中間法人は，主たる事務所の所在地においては2週間以内に，従たる事務所の所在地においては3週間以内に，特例無限責任中間法人については解散の登記をし，移行後の一般社団法人については設立の登記をしなければならないとされた（整備法第33条第1項）。

これらの登記の申請は，同時にしなければならず，いずれかにつき却下事由があるときは，共に却下しなければならない（整備法第36条第1項，第3項）。

イ 登記すべき事項

移行後の一般社団法人の設立の登記においては，特例無限責任中間法人の成立の年月日，特例無限責任中間法人の名称並びに名称の変更をした旨及びその年月日をも登記しなければならない（整備法第33条第2項）。

特例無限責任中間法人の解散の登記の登記すべき事項は，解散の旨並びにその事由及び年月日であり，この登記をしたときは，その登記記録を閉鎖しなければならない（整備省令第10条）。

ウ 一般社団法人についてする設立の登記

　(ア) 添付書面（整備法第35条）

　　a (1)のイに掲げる事項を定めたことを証する書面

　　b 定款

　　c 移行後の一般社団法人の理事（監事設置一般社団法人である場合にあっては，理事及び監事）が就任を承諾したことを証する書面

　　d 移行後の一般社団法人の会計監査人を定めたときは，次に掲げる書面

　　　(a) 会計監査人が就任を承諾したことを証する書面

　　　(b) 会計監査人が法人であるときは，当該法人の登記事項証明書

(c) 会計監査人が法人でないときは，公認会計士であることを証する書面（別紙参照）

e 債権者保護手続関係書面

整備法第32条第2項の規定による公告及び催告をしたこと並びに異議を述べた債権者があるときは，当該債権者に対し弁済し若しくは相当の担保を提供し若しくは当該債権者に弁済を受けさせることを目的として相当の財産を信託したこと又は当該移行をしても当該債権者を害するおそれがないことを証する書面を添付する。

f cの書面の理事（設立しようとする一般社団法人が理事会設置一般社団法人である場合にあっては，代表理事）の印鑑につき市区町村長の作成した証明書（登記規則3条，商登規第61条第2項，第3項）

(イ) 登録免許税

登録免許税は課されない（税改法附則第27条第2項第1号）。

エ 特例無限責任中間法人についてする解散の登記

添付書面は，要しない（整備法第36条第2項）。

また，登録免許税は課されない（税改法附則第27条第2項第1号）。

4 移行期間の満了による解散

施行日から1年を経過する日までに3の移行の登記の申請をしなかった特例無限責任中間法人は，当該日が経過した時に解散したものとみなされ，この場合の解散の登記は，登記官が職権でするものとされた（整備法第37条第1項，第3項，商登法第72条）。

この場合における清算人は，次に掲げる者がなるとされた（整備法第37条第2項）。

(1) 社員（(2)又は(3)に掲げる者がある場合を除く，定款により業務執行社員を定めたときは，当該社員に限る。）

(2) 定款に定める者

(3) 社員の過半数によって選任された者

　　なお，清算の手続及び清算人の登記の手続は，旧中間法人法の規定による（整備法第27条第1号，第16号，旧中間法人法第3章第6節参照）。

第7部　民法法人に関する経過措置
第1　旧民法法人の存続等

　整備法の施行後も，旧社団法人（整備法による改正前の民法（明治29年法律第89号。以下「旧民法」という。）第34条の規定に基づいて設立された社団法人であって整備法施行の際現に存するもの及び整備法による改正前の民法施行法（以下「旧民法施行法」という。）第19条第2項の認可を受けた社団法人であって整備法施行の際現に存するものをいう。整備法第48条第1項）又は旧財団法人（旧民法第34条の規定に基づいて設立された財団法人であって整備法施行の際現に存するもの及び旧民法施行法第19条第2項の認可を受けた財団法人であって整備法施行の際現に存するものをいう。整備法第48条第1項）は，施行日以後は，特段の手続を経ることなく，それぞれ法人法の規定による一般社団法人又は一般財団法人として存続するとされた（整備法第40条第1項，第41条第1項）。

　これに伴い，旧社団法人又は旧財団法人（以下「旧民法法人」と総称する。）の定款又は寄附行為については，これらを存続する一般社団法人又は一般財団法人の定款とみなすとされた（整備法第40条第2項，第41条第2項）。

第2　特例民法法人に関する経過措置及び法人法の特則

　第1により存続する一般社団法人又は一般財団法人であって整備法第106条第1項又は第121条第1項の移行の登記をしていないもの（以下それぞれ「特例社団法人」又は「特例財団法人」といい，これらを「特例民法法人」と総称する。）について，次の経過措置及び法人法の特則が定められた。

1　定款の記載事項

(1) 特例社団法人

　旧社団法人の定款における旧民法第37条第１号から第３号まで及び第６号に掲げる事項（①目的，②名称，③事務所の所在地（主たる事務所の所在地に限る。）及び④社員の資格の得喪）の記載は，それぞれ存続する一般社団法人の定款における法人法第11条第１号から第３号まで及び第５号に掲げる事項の記載とみなすとされた（整備法第80条第１項）。

　特例社団法人の定款には，法人法第11条第１項第６号（公告方法）及び第７号（事業年度）の事項は記載することを要しないとされた（整備法第80条第２項）。

　旧社団法人の定款における理事会又は会計監査人を置く旨の定めは，それぞれ法人法に規定する理事会又は会計監査人を置く旨の定めとしての効力を有しないとされた（整備法第80条第３項）。

　旧社団法人の定款における監事を置く旨の定めは，法人法に規定する監事を置く旨の定めとみなすとされ，また，社員総会の決議によって監事を置く旧社団法人の定款には，監事を置く旨の定めがあるものとみなすとされた（整備法第80条第４項，第５項）。

(2) 特例財団法人

　旧財団法人の寄附行為における旧民法第37条第１号から第３号までに掲げる事項（①目的，②名称及び③事務所の所在地（主たる事務所の所在地に限る。））の記載は，それぞれ存続する一般財団法人の定款における法人法第153条第１号から第３号までに掲げる事項の記載とみなすとされた（整備法第89条第１項）。

　特例財団法人の定款には，法人法第153条第１項第８号（評議員の選任及び解任の方法），第９号（公告方法）及び第10号（事業年度）の事項は記載することを要しないとされた（整備法第89条第２項）。ただし，第３の１の移行期間中に任意に評議員を設置した特例財団法人（評議員設置特例財団法人）の定款には，評議員の選任及び解任の方法を記載する必要がある（整備法第89条第３項）。

旧財団法人の寄附行為における評議員，評議員会，理事会又は会計監査人を置く旨の定めは，それぞれ法人法に規定する評議員，評議員会，理事会又は会計監査人を置く旨の定めとしての効力を有しないとされた（整備法第89条第4項）。

旧財団法人の寄附行為における監事を置く旨の定めは，法人法に規定する監事をおく旨の定めとみなすとされた（整備法第89条第5項）。

2　登記すべき事項
(1)　特例社団法人

特例社団法人の主たる事務所の所在地において登記すべき事項は，次の特則を除き，一般社団法人の設立の登記における登記すべき事項と同様である（法人法第301条第2項，整備法第77条第2項，第3項，第4項，第6項）。

ア　整備法の施行の際現に登記されている「設立許可の年月日」の登記（旧民法第46条第1項第4号）については，なお従前の例による。

イ　理事及び代表理事の登記については，法人法第77条第3項の規定により代表理事を定め，又は理事会を置く旨の定款の変更をするまでは，従前と同様に，理事の氏名及び住所を登記すれば足り，代表理事の氏名及び住所は登記することを要しない。

ウ　整備法の施行の際現に監事を置くこととしていた特例社団法人については，理事会設置特例社団法人及び会計監査人設置特例社団法人を除き，監事設置一般社団法人である旨及び監事の氏名は登記することを要しない。

エ　解散及び清算に関する登記の登記事項については，原則として法人法の規定による。ただし，施行日前に解散をした場合にあっては清算結了の旨は登記することを要せず，また，施行日前に清算人の登記をした場合にあっては清算人の氏名及び住所を登記すれば足り，代表清算人については登記することを要しない。

(2) 特例財団法人

特例財団法人の主たる事務所の所在地において登記すべき事項については，(1)のア及びエと同様の特則があるほか，一般財団法人の設立の登記における登記すべき事項と同様である（法人法第302条第2項，整備法第77条第5項）。

評議員，理事及び監事の登記の登記事項については，評議員設置特例財団法人を除き，理事の氏名及び住所を登記すれば足りる。また，施行日前に清算人の登記をした場合にあっては，清算人の氏名及び住所を登記すれば足り，代表清算人の氏名及び住所並びに監事を置く旨は登記することを要しない。

3 名称使用制限

(1) 特例社団法人

特例社団法人は，その名称中に，一般社団法人又は公益社団法人若しくは公益財団法人という文字を用いてはならないとされた（整備法第42条第3項）。

なお，特例社団法人が一般財団法人であると誤認されるおそれのある文字を用いてはならないことについては，通常の一般社団法人の場合と同様である（法人法第5条第2項）。

(2) 特例財団法人

特例財団法人は，その名称中に，一般財団法人又は公益財団法人若しくは公益財団法人という文字を用いてはならないとされた（整備法第42条第4項）。

なお，特例財団法人が一般社団法人であると誤認されるおそれのある文字を用いてはならないことについては，通常の一般財団法人の場合と同様である（法人法第5条第3項）。

4 機関

(1) 機関設計

ア 特例社団法人

特例社団法人は，通常の一般社団法人の場合と同様に，1人又

は2人以上の理事（理事会設置特例社団法人にあっては，3人以上の理事）を置かなければならず，また，定款の定めによって，理事会，監事又は会計監査人を置くことができるとされた（法人法第60条，第65条第3項。第2部の第2の1の(1)参照）。

ただし，特例社団法人については，大規模一般社団法人における会計監査人の設置義務に関する規定は適用されないとされた（整備法第54条，法人法第62条）。

なお，理事会，監事又は会計監査人の設置状況は，登記すべき事項である（第2部の第1の2の(2)のア参照）が，監事については，整備法の施行の際現に監事を置くこととしていない特例社団法人が施行日後監事を置くこととした場合，理事会設置特例社団法人である場合及び会計監査人設置特例社団法人である場合以外の場合は，監事設置一般社団法人である旨及び監事の氏名は登記することを要しない（2の(1)のウ参照）。

イ　特例財団法人

特例財団法人については，通常の一般財団法人の場合と異なり，評議員，評議員会，理事会及び監事を置くことは義務付けられず，1人又は2人以上の理事（理事会設置特例財団法人にあっては，3人以上の理事）を置かなければならないとされ（整備法第91条第1項，第6項），また，定款の定めによって，通常の一般財団法人と同様の機関構成をとることもできるとされた（整備法第91条第2項から第5項まで。第3部の第2の1の(1)参照）。

また，特例財団法人については，大規模一般財団法人における会計監査人の設置義務に関する規定は適用されないとされた（整備法第54条，法人法第171条）。

なお，会計監査人の設置状況は，登記すべき事項である（第3部の第1の2の(2)のア参照）。

(2) 評議員，理事，代表理事及び監事

ア　最初の評議員の選任

特例財団法人が最初の評議員を選任するには，旧主務官庁の認可を受けて理事が定める方法によるとされた（整備法第92条）。

　　イ　理事又は監事の存続等

　　　整備法の施行の際現に存する旧民法法人に置かれている理事又は監事は，それぞれ法人法の規定によって選任された理事又は監事とみなすとされた（整備法第48条第1項）。

　　　旧民法法人が定款若しくは寄附行為，定款若しくは寄附行為の定めに基づく理事の互選又は社員総会の決議によって定めた代表理事は，法人法に規定する代表理事の地位を有しないとされた（整備法第48条第4項）。

　　ウ　理事及び監事の選任等

　　　特例社団法人又は特例財団法人の理事の選任及び解任，資格並びに任期については，なお従前の例によるとされた。ただし，施行日後に理事会を置く定款の変更をした場合には，法人法の規定に従うとされた（整備法第48条第2項）。

　　　整備法の施行の際現に監事を置くこととしていた特例民法法人の監事の選任及び解任，資格並びに任期についても，なお従前の例によるとされた。ただし，施行日後に特例社団法人が理事会若しくは会計監査人を置く定款の変更をした場合又は特例財団法人が評議員を置く定款の変更をした場合には，法人法の規定に従うとされた（整備法第48条第3項）。

5　解散及び清算

(1)　解散

　ア　解散事由

　　(ｱ)　純資産額に係る解散事由の除外

　　　特例財団法人については，純資産額が300万円を下回る場合における解散の規定は適用しないとされた（整備法第64条，法人法第202条第2項）。

　　(ｲ)　旧主務官庁の解散命令

特例民法法人については，旧民法法人の設立の許可の取消し及び解散の命令の規定（旧民法第71条，第68条第1項，旧民法施行法第23条）は適用しないとされ（整備法第95条），これに代わる措置として，旧主務官庁による解散命令の規定が設けられた（整備法第96条）。

また，特例民法法人については，裁判所による解散命令の規定は適用しないとされた（整備法第74条）。

　イ　休眠一般社団法人等のみなし解散

特例民法法人については，休眠一般社団法人又は休眠一般財団法人のみなし解散に関する規定は適用しないとされた（整備法第64条，法人法第149条，第203条）

　ウ　一般社団法人等の継続

特例民法法人については，一般社団法人又は一般財団法人の継続に関する規定は適用しないとされた（整備法第64条，法人法第150条，第204条）

(2)　清算

特例民法法人の清算については，清算に関する登記の登記事項及び基金の返還に係る債務の弁済に関する規律（法人法第236条）を除き，なお従前の例によるとされた（整備法第65条，第77条第6項）。

6　合併
(1)　合併の手続
　ア　当事法人

特例民法法人は，他の特例民法法人と合併（吸収合併に限る。）をすることができるとされた（整備法第66条第1項）。

吸収合併存続法人となる法人の種類の制限については，通常の一般社団法人又は一般財団法人の場合と同様である（第4部の第1の1参照）。

　イ　吸収合併の手続

(ア) 吸収合併契約

特例民法法人の吸収合併契約には，当事法人の名称及び住所を定めなければならないが，効力発生日を定めることは要しないとされた（整備法第66条第1項，法人法第244条第2号参照）。

(イ) 吸収合併契約の承認

a 特例社団法人における承認

合併をする特例社団法人は，(ウ)の認可申請前に，社員総会の決議によって，吸収合併契約の承認を受けなければならないとされた。この場合において，社員総会の決議は，総社員の4分の3（定款の変更の要件についてこれと異なる割合を定款で定めた場合にあっては，その割合）以上に当たる多数をもって行わなければならないとされた（整備法第67条第1項）。

b 特例財団法人（評議員設置特例財団法人を除く。）における承認

合併をする特例財団法人（評議員設置特例財団法人を除く。）は，(ウ)の認可申請前に，定款に定款の変更に関する定めがある場合にあっては当該定め（旧主務官庁の認可を要する旨の定めがあるときは，これを除く。）の例により，定款に定款の変更に関する定めがない場合にあっては旧主務官庁の承認を受けて理事の定める手続により，吸収合併契約の承認を受けなければならないとされた（整備法第67条第2項）。

c 評議員設置特例財団法人における承認

合併をする評議員設置特例財団法人は，(ウ)の認可申請前に，評議員会の決議によって，吸収合併契約の承認を受けなければならないとされた。この場合において，評議員会の決議は，議決に加わることができる評議員の3分の2（これを上回る割合を定款で定めた場合にあっては，その割合）以上に当たる多数をもって行わなければならないとされた（整備

法第67条第3項)。

(ウ) 旧主務官庁による合併の認可

特例民法法人の合併は,合併後旧主務官庁(合併後存続する特例民法法人の当該合併後の業務の監督を行う旧主務官庁をいう。以下同じ。)の認可を受けなければ,その効力を生じないとされた(整備法第69条第1項)。

(エ) 債権者保護手続

合併消滅特例民法法人及び合併存続特例民法法人は,(ウ)の認可の通知のあった日から2週間以内に,次に掲げる事項を官報に公告し,かつ,知れている債権者には,各別にこれを催告しなければならないとされ,債権者がcの期間内に異議を述べなかった場合には,当該合併について承認をしたものとみなされるが,異議を述べた場合には,当該合併をしても当該債権者を害するおそれがないときを除き,当該法人は,当該債権者に対し,弁済し,若しくは相当の担保を提供し,又は当該債権者に弁済を受けさせることを目的として信託会社等に相当の財産を信託しなければならないとされた(整備法第70条第4項から第6項まで,第71条)。

a 合併をする旨

b 合併消滅特例民法法人にあっては合併存続特例民法法人の,合併存続特例民法法人にあっては合併消滅特例民法法人の名称及び住所

c 債権者が一定の期間(2か月を下ることができない。整備法第70条第4項)内に異議を述べることができる旨

(オ) 効力発生日

吸収合併の効力は,登記の日に生ずるとされた(整備法第72条第1項)。

(2) 合併の登記の手続

ア 登記の起算点

　　　　特例民法法人の吸収合併の登記の起算点は，合併消滅特例民法法人において債権者保護手続が終了した日又は合併存続特例法人において債権者保護手続が終了した日のいずれか遅い日であり，その日から2週間以内にその主たる事務所の所在地において登記しなければならない（整備法第72条第1項，法人法第306条第1項）。

　イ　添付書面

　　　　主たる事務所の所在地における合併存続特例民法法人の変更の登記の申請書には，次の書面を添付しなければならない（整備法第154条第7項，法人法第322条，第330条，商登法第19条）。

　　(ｱ)　吸収合併契約書
　　(ｲ)　吸収合併存続特例民法法人の手続に関する次に掲げる書面
　　　　a　合併契約の承認に関する書面
　　　　　　整備法第67条の規定による吸収合併契約の承認があったことを証する書面
　　　　b　債権者保護手続関係書面
　　　　　　整備法第71条において準用する第70条第4項の規定による公告及び催告をしたこと並びに異議を述べた債権者があるときは，当該債権者に対し弁済し若しくは相当の担保を提供し若しくは当該債権者に弁済を受けさせることを目的として相当の財産を信託したこと又は当該吸収合併をしても当該債権者を害するおそれがないことを証する書面を添付する。
　　(ｳ)　吸収合併消滅特例民法法人の手続に関する次に掲げる書面
　　　　a　合併消滅特例民法法人の登記事項証明書（当該登記所の管轄区域内に吸収合併消滅特例民法法人の主たる事務所がある場合を除く。）
　　　　b　合併契約の承認に関する書面
　　　　　　整備法第67条の規定による吸収合併契約の承認があったことを証する書面

　　　　c　債権者保護手続関係書面
　　　　　吸収合併消滅法人において整備法第70条第4項の規定による公告及び催告をしたこと並びに異議を述べた債権者があるときは，当該債権者に対し弁済し若しくは相当の担保を提供し若しくは当該債権者に弁済を受けさせることを目的として相当の財産を信託したこと又は当該吸収合併をしても当該債権者を害するおそれがないことを証する書面を添付する。
　　(エ)　合併後旧主務官庁による認可書
7　その他
(1)　定款の変更に関する特則
　ア　特例社団法人
　　　特例社団法人の定款の変更については，従前と同様に，定款に別段の定めがある場合を除き，総社員の4分の3以上の同意があるときに限り変更することができ，当該変更については，主務官庁の認可を受けなければその効力を生じないとされた（整備法第88条，第95条，旧民法第38条）。
　イ　特例財団法人
　　(ア)　特例財団法人（評議員設置特例財団法人を除く。以下(ア)から(エ)までについて同じ。）の定款の変更については，その定款に定款の変更に関する定めがある場合に限り，当該定めに従い，これをすることができるとされた（整備法第94条第2項）。
　　(イ)　定款に定款の変更に関する定めがない特例財団法人は，理事（清算特例財団法人にあっては，清算人）の定めるところにより，定款の変更に関する定めを設ける定款の変更をすることができるとされた（整備法第94条第3項）。
　　(ウ)　特例財団法人の定款の変更は，旧主務官庁の認可を受けなければ，その効力を生じないとされた（整備法第94条第6項）。
　　(エ)　特例財団法人が登記すべき事項につき(ア)又は(イ)の手続を要するときは，申請書にこれらの手続があったことを証する書面を

　　　　　　添付しなければならない（整備法第154条第6項）。
　　　(ｵ)　評議員設置特例財団法人は，評議員の決議によって，定款を変更することができる。ただし，定款の定めのうち，目的（法人法第153条第1項第1号）並びに評議員の選任及び解任の方法（同項第8号）については，これらの事項を評議員会の決議によって変更することができる旨を定款で定めたときに限り，評議員会の決議によって，変更することができるとされた（整備法第94条第4項，法人法第200条）。
　(2)　施行日前に旧民法の設立許可を受けた場合の設立の登記
　　　施行日前に旧民法第34条に基づく設立許可の申請があった場合において，施行日の前日までに当該申請に対する処分がされない場合には，当該申請は，同日に，却下されたものとみなされるが，施行日前に旧民法第34条の許可を受けた場合における設立の登記については，なお従前の例によるとされた（整備法第43条）。
　(3)　登録免許税
　　　登録免許税は課されない（税改法附則第27条第1項）。

第3　公益法人への移行

1　移行の手続

　公益目的事業を行う特例社団法人又は特例財団法人は，施行日から起算して5年を経過する日までの期間（以下「移行期間」という。）内に，行政庁の認定を受け，それぞれ認定法の規定による公益社団法人又は公益財団法人となることができるとされた（整備法第44条）。

　この認定を受けようとする特例社団法人又は特例財団法人が整備法第106条第1項の登記をすることを停止条件として行った名称の変更その他の定款の変更については，旧主務官庁の認可を要しないとされた（整備法第102条）。

2　移行の登記の手続

(1)　登記期間等

　　特例民法法人が1の認定を受けたときは，主たる事務所の所在地

においては2週間以内に，従たる事務所の所在地においては3週間以内に，当該特例民法法人については解散の登記をし，名称の変更後の公益法人については設立の登記をしなければならないとされた（整備法第106条第1項）。

　これらの登記の申請は，同時にしなければならず，いずれかにつき却下事由があるときは，共に却下しなければならない（整備法第159条第1項，第3項）。

(2)　名称の変更後の公益法人についてする設立の登記
　ア　登記すべき事項
　　　登記すべき事項は，一般社団法人又は一般財団法人の設立の登記における登記すべき事項と同一の事項のほか，特例民法法人の成立の年月日，特例民法法人の名称並びに名称を変更した旨及びその年月日である（整備法第157条）。

　　　名称の変更後の公益法人についてする設立の登記においては，登記官は，職権で，すべての理事につきその就任年月日を記録するものとする。この場合においては，特例民法法人の理事が名称の変更の時に退任しないときにあっては，その就任年月日（法人の成立時から在任する理事にあっては，法人の成立の年月日）を移記し，理事が名称の変更の時に就任したときにあっては，名称の変更の年月日を記録しなければならない。

　　　また，監事については，理事と同様に，整備法の施行の際現に存する旧社団法人又は旧財団法人に置かれている監事は法人法に基づく監事とみなすとされた（整備法第48条第1項）が，旧民法法人では登記事項とされていないことから，申請に基づき，その就任年月日を記録することとなる。ただし，整備法施行後，名称の変更までの間に新たに監事について登記がされていたときにあっては，登記官は，職権で，その就任年月日を移記し，監事が名称の変更の時に就任したときにあっては，登記官は，職権で，名称の変更の年月日を記録しなければならない。

会計監査人については，登記官は，職権で，その就任年月日を記録するものとする。整備法施行後名称の変更までの間に会計監査人について登記がされているときにあっては，その就任年月日を移記し，会計監査人が名称の変更の時に就任したときにあっては，就任年月日（名称の変更の年月日）を記録しなければならない。

特例財団法人における評議員についても，会計監査人の場合と同様である。

イ 添付書面

主たる事務所の所在地における移行による設立の登記の申請書には，次の書面を添付しなければならない。

(ア) 1の認定を受けたことを証する書面（整備法第158条第1号）

(イ) 定款（整備法第158条第2号）

(ウ) 定款変更の手続をしたことを証する書面（法人法第317条，整備法第154条第6項）

(エ) 新たに選任する評議員，理事，代表理事，監事又は会計監査人がいる場合には，次に掲げる書面

 a 選任に関する書面（法人法第317条）

 b 就任を承諾したことを証する書面（整備法第158条第3号，法人法第320条）

 c 新たに選任する評議員がいる場合は，整備法第92条の認可を受けたことを証する書面（整備法第158条第3号）

 d 新たに選任する会計監査人がいる場合には，次に掲げる書面（整備法第158条第4号）

  (a) 会計監査人が法人であるときは，当該法人の登記事項証明書

  (b) 会計監査人が法人でないときは，公認会計士であることを証する書面（別紙参照）

(オ) 代表理事の就任承諾書についての印鑑証明書（登記規則第3

条，商登規第61条第2項，第3項）
　　　　㈲　代表理事の選定に係る書面に押印された印鑑についての印鑑証明書（登記規則第3条，商登規第61条第4項）
　　ウ　登録免許税
　　　　登録免許税は課されない（税改法附則第27条第2項第2号）。
　⑶　特例民法法人についてする解散の登記
　　ア　登記すべき事項
　　　　登記すべき事項は，解散の旨並びにその事由及び年月日であり，この登記をしたときは，その登記記録を閉鎖しなければならないとされた（法人法第308条第2項，整備省令第12条第4項，第3項）。
　　イ　添付書面
　　　　添付書面を要しない（整備法第159条第2項）。
　　ウ　登録免許税
　　　　登録免許税は課されない（税改法附則第27条第2項第2号）。
　3　認定の取消し
　　　行政庁は，1の認定を受けた特例民法法人が，登記をすべき旨の催告をしたにもかかわらず登記をしないときは，その認定を取り消さなければならないとされた（整備法第109条第1項）。
　　　移行期間の満了後に当該取消処分の通知を受けた特例民法法人は，当該通知を受けた日に解散したものとみなすとされ，旧主務官庁は，遅滞なく，解散の登記を嘱託しなければならないとされた（整備法第109条第4項，第5項）。

第4　通常の一般社団法人又は一般財団法人への移行

　1　移行の手続
　　　特例民法法人は，移行期間内に，行政庁の認可を受け，それぞれ通常の一般社団法人又は一般財団法人となることができるとされた（整備法第45条）。
　　　この認可を受けるために必要な名称の変更その他の定款の変更につ

いては，旧主務官庁の認可を要しないとされた（整備法第118条，第102条）。
2　移行の登記の手続
　(1)　登記期間等
　　　第3の2の(1)と同様である（整備法第121条第1項，第106条第1項，第159条第1項，第3項）。
　(2)　名称変更後の一般社団法人又は一般財団法人について設立の登記
　　ア　登記すべき事項
　　　　第3の2の(2)のアと同様である。
　　　　なお，名称変更後の一般社団法人について，定款の定めにより監事を置くこととした場合には職権又は申請により，会計監査人を置くこととした場合には職権により，それぞれその就任年月日を登記することとなる。
　　　　また，名称変更後の一般財団法人について，定款の定めにより会計監査人を置くこととした場合には，職権により，その就任年月日を登記することとなる。評議員についても同様である。
　　イ　添付書面
　　　　第3の2の(2)のイと同様である。
　　　　ただし，特例社団法人が理事会設置一般社団法人以外の一般社団法人となる場合にあっては，理事が就任を承諾したことを証する書面の印鑑につき市区町村長の作成した証明書を添付しなければならない（登記規則第3条，商登規第61条第2項）。
　　ウ　登録免許税
　　　　登録免許税は課されない（税改法附則第27条第2項第2号）。
　(3)　特例民法法人についてする解散の登記
　　　第3の2の(3)と同様である。
3　認可の取消し
　　行政庁は，1の認可を受けた特例民法法人が，不正の手段により認可を受けたとき又は登記をすべき旨の催告をしたにもかかわらず登記

をしないときは，その認可を取り消さなければならないとされた（整備法第131条第1項，第2項，第109条第1項）。

移行期間の満了の日後に当該取消処分の通知を受けた特例民法法人は，当該通知を受けた日に解散したものとみなすとされ，旧主務官庁は，遅滞なく，解散の登記を嘱託しなければならないとされた（整備法第131条第4項，第5項，第109条第5項）。

なお，移行期間の満了前に当該取消処分の通知がされた場合において，既に2の移行の登記がされているときは，移行後の一般社団法人又は一般財団法人の解散の登記及び特例民法法人の回復の登記は，当事者の申請により行われる（法人法第303条，第312条第4項参照）。

第5　移行期間の満了による解散

移行期間内に，整備法第44条の認定又は同法第45条の認可を受けなかった特例民法法人は，移行期間の満了の日に解散したものとみなすとされた。ただし，これらに係る申請があった場合において，移行期間の満了の日までに当該申請に対する処分がされないときは，この限りでないとされた（整備法第46条第1項）。

移行期間の満了後に整備法第44条の認定又は同法第45条の認可をしない処分の通知を受けた特例民法法人は，当該通知を受けた日に解散したものとみなすとされた（整備法第110条第1項，第121条第2項）。

これらの場合には，旧主務官庁は，遅滞なく，当該特例民法法人の解散の登記を嘱託しなければならないとされた（整備法第46条第2項，第110条第2項，第121条第2項）。

（公認会計士・会計監査人用）

別紙

> 公認会計士登録証明事務取扱要領第4号
>
> ### 公認会計士の会計監査人資格証明願
>
> 日本公認会計士協会　御中
>
> 　　　　　　　　　申　請　者
> 　　　　　　　　　（住　　所）
> 　　　　　　　　　（氏　　名）
> 　　　　　　　　　（登録番号）
>
> 私は，
>
> 1　日本公認会計士協会に備える　公認会計士／外国公認会計士　名簿に登録された　公認会計士／外国公認会計士　であること。
>
> につき証明願います。
>
> 　　平成○○年○○月○○日
>
> 　　　　　　　　　　　申請者　氏名　　　　　　　㊞
>
> ---
>
> 上記のとおり相違ないことを証明する。
> 公証　第　　　　　号
> 平成　　年　　月　　日
>
> 　　　　　　　　　　日本公認会計士協会
> 　　　　　　　　　　事務理事
> 　　　　　　　　　　　　　　　　　［協会印］
>
> 　不要なものは削除すること

21　保険業法等の一部を改正する法律の一部を改正する法律等の施行に伴う法人登記事務の取扱いについて

(平成23年5月13日法務省民商第1101号通知)

(通知) 保険業法等の一部を改正する法律の一部を改正する法律(平成22年法律第51号。以下「平成22年改正法」という。),保険業法施行令の一部を改正する政令の一部を改正する政令(平成23年政令第138号。以下「平成23年改正政令」という。)及び認可特定保険業者等に関する命令(平成23年内閣府,総務省,法務省,文部科学省,厚生労働省,農林水産省,経済産業省,国土交通省,環境省令第1号。以下「命令」という。)が本日から施行されますが,これに伴う法人登記事務の取扱いについては,下記の点に留意し,事務処理に遺憾のないよう,貴管下登記官に周知方取り計らい願います。

なお,本通知中,「一般社団・財団法人法」とあるのは一般社団法人及び一般財団法人に関する法律(平成18年法律第48号)を,「一般社団・財団法人整備法」とあるのは一般社団法人及び一般財団法人に関する法律及び公益社団法人及び公益財団法人の認定等に関する法律の施行に伴う関係法律の整備等に関する法律(平成18年法律第50号)を,「商登法」とあるのは商業登記法(昭和38年法律第125号)を,「法登規」とあるのは一般社団法人等登記規則(平成20年法務省令第48号)を,それぞれいいます。

記

第1　認可特定保険業者制度の創設

1　制度創設の経緯及び趣旨

平成18年4月1日に施行された保険業法等の一部を改正する法律(平成17年法律第38号。以下「平成17年改正法」という。)第1条により,保険業法(平成7年法律第105号)第2条第1項に規定する保険業の定義が改正されて,「不特定の者を相手方として」との要件が削られ,保険業の範囲が特定の者を相手方として保険の引受けを行う事業をも含むものとされた。

そこで,平成17年改正法による改正後の保険業法第2条第1項に規定する保険業であって,当該改正前の保険業法第2条第1項に規定する保

険業に該当しないもの（以下「特定保険業」という。）については，平成17年改正法の施行の際現に特定保険業を行っている者（以下「特定保険業者」という。）は，一定の期日までの間は，保険会社（保険業法第3条第1項の内閣総理大臣の免許を受けて保険業を行う者をいう。以下同じ。）でなくとも，引き続き特定保険業を行うことができるとされる（平成17年改正法の制定時の附則第2条第1項）とともに，平成17年改正法の施行の際現に特定保険業を行っている民法（明治29年法律第89号）第34条の規定により設立された法人（以下「旧民法法人」という。）は，当分の間，保険会社でなくとも，引き続き特定保険業を行うことができるとされた（平成17年改正法の制定時の附則第5条第1項）。

　さらに，一般社団・財団法人整備法により，平成17年改正法の制定時の附則第5条第1項が改正され，平成17年改正法の施行の際現に特定保険業を行っている旧民法法人のうち，一般社団・財団法人整備法第44条の認定を受けて一般社団・財団法人整備法第106条第1項の登記（以下「公益法人移行登記」という。）又は一般社団・財団法人整備法第45条の認可を受けて一般社団・財団法人整備法第121条第1項において準用する一般社団・財団法人整備法第106条第1項の登記（以下「一般社団法人等移行登記」という。）をした法人は，引き続き特定保険業を行うことができないとされた（一般社団・財団法人整備法による改正後の平成17年改正法附則第5条第1項）。

　しかしながら，直ちに保険業法の規制に適合する措置を執って保険業の免許を受けることが困難な特定保険業者も存在することから，平成22年改正法により，新たに認可特定保険業者制度を創設し，既存の特定保険業者のうち，一定の要件に該当するものについて，保険業法の規制の特例を設け，当分の間，その実態に即した監督等を行うこととされた。

2　認可特定保険業者

　平成22年改正法により，平成17年改正法の公布の際現に特定保険業を行っていた者は，当分の間，行政庁の認可を受けて，当該特定保険業を行うことができるとされ（平成22年改正法による改正後の平成17年改正

法附則(以下「平成17年改正法現附則」という。)第2条第1項),この認可は,少額短期保険業者(保険業法第2条第18項)ではないことその他一定の要件を満たす一般社団法人又は一般財団法人(以下「一般社団法人等」という。)でなければ受けることができず,当該認可を受けた者を認可特定保険業者というとされた(平成17年改正法現附則第2条第7項第1号)。

また,当該認可を受けた者が一般社団・財団法人整備法第42条第1項に規定する特例社団法人又は特例財団法人であるときは,当該認可は,公益法人移行登記又は一般社団法人等移行登記(以下「移行登記」と総称する。)をした日にその効力を生ずるものとされた(平成17年改正法現附則第2条第7項柱書き)。

3 保険契約の包括移転

平成22年改正法により,平成17年改正法の公布の際現に特定保険業を行っていた者(一般社団法人等である者を除く。)は,認可特定保険業者との契約により保険契約を当該認可特定保険業者(以下「移転先法人」という。)に移転することができるとされた(平成17年改正法現附則第3条第1項及び第2項において読み替えて準用する保険業法第135条第1項)。

保険契約を移転するには,移転先法人において社員総会又は評議員会の特別決議(一般社団・財団法人法第49条第2項,第189条第2項)を必要とし(平成17年改正法現附則第3条第1項及び第2項において読み替えて準用する保険業法第136条第1項及び第2項),移転対象契約者の異議手続をしなければならず(平成17年改正法現附則第3条第1項及び第2項において読み替えて準用する保険業法第137条),保険契約の移転は,行政庁の認可を受けなければ,その効力を生じないとされた(平成17年改正法現附則第3条第1項において読み替えて準用する保険業法第139条第1項)。

第2 認可特定保険業者に対する保険業法の規制の適用等

1 定款の変更

認可特定保険業者の目的，事務所（特定保険業に係る業務を行うものに限る。）の所在地その他特定保険業に関する事項に係る定款の変更についての社員総会又は評議員会の決議は，行政庁の認可を受けなければ，その効力を生じないとされた（平成17年改正法現附則第4条第8項）。したがって，認可特定保険業者である一般社団法人等についての目的の変更の登記，主たる事務所の所在地における事務所の所在場所の変更の登記の申請書には，行政庁の認可書又はその認証がある謄本の到達した年月日を記載し，これを添付しなければならない（一般社団・財団法人法第330条において準用する商登法第17条第2項第5号及び第19条）。

2　事業費等の償却の方法

認可特定保険業者（平成22年改正法の施行の際現に特定保険業を行っていなかった者に限る。）は，当該認可特定保険業者の成立後の最初の5事業年度の事業費に係る金額その他主務省令で定める金額を貸借対照表の資産の部に計上することができ，この場合においては，定款で定めるところにより，当該計上した金額を当該認可特定保険業者の成立後10年以内に償却しなければならないとされた（平成17年改正法現附則第4条第1項及び第2項において読み替えて準用する保険業法第113条）が，当該定款の定めは，保険会社又は少額短期保険業者である株式会社又は相互会社においてのみ，登記すべき事項とされている（保険業法第17条の7第1項，第64条第2項第19号，第113条（同法第272条の18において準用する場合を含む。））。したがって，認可特定保険業者が事業費等の償却の方法を定款で定めても，その定めは，登記することを要しない。

3　業務及び財産の管理の委託

(1)　業務及び財産の管理の委託

認可特定保険業者は，他の保険会社（外国保険会社等（保険業法第2条第7項に規定する外国保険会社等をいい，同法第185条第1項の日本における保険業に係る保険の引受けの代理をする者の事務所を設

けている外国保険会社等を除く。以下同じ。），少額短期保険業者及び認可特定保険業者を含む。）との契約により当該他の保険会社（以下「受託会社」という。）にその業務及び財産の管理の委託をすることができるとされた（平成17年改正法現附則第4条第14項において読み替えて準用する保険業法第144条第1項，命令第76条）。
(2) 業務及び財産の管理の委託等の手続
　ア　業務及び財産の管理の委託の手続
　　業務及び財産の管理の委託をするには，当該管理の委託をする認可特定保険業者（以下「委託業者」という。）及び受託会社（外国保険会社等を除く。）において株主総会等（株主総会，社員総会（総代会を設けているときは，総代会）又は評議員会をいう。以下同じ。）の特別決議（会社法（平成17年法律第86号）第309条第2項，保険業法第62条第2項，一般社団・財団法人法第49条第2項，第189条第2項）を必要とするとされ（平成17年改正法現附則第4条第14項において読み替えて準用する保険業法第144条第2項及び第3項），当該管理の委託は，行政庁の認可を受けなければ，その効力を生じないとされた（平成17年改正法現附則第4条第14項において読み替えて準用する保険業法第145条第1項）。
　イ　管理委託契約の変更又は解除の手続
　　管理委託契約に定めた事項の変更又は管理委託契約の解除をするには，委託業者及び受託会社（外国保険会社等を除く。）において株主総会等の特別決議を必要とするとされ（平成17年改正法現附則第4条第14項において読み替えて準用する保険業法第149条第1項，平成17年改正法現附則第4条第14項において準用する保険業法第149条第3項において準用する同法第144条第3項），当該管理委託契約の変更又は解除は，行政庁の認可を受けなければ，その効力を生じないとされた（平成17年改正法現附則第4条第14項において読み替えて準用する保険業法第149条第2項）。
(3) 業務及び財産の管理の委託等の登記

ア 業務及び財産の管理の委託の登記

委託業者は，(2)アの認可を受けたときは，遅滞なく，管理委託契約の要旨を公告し，かつ，委託業者の主たる事務所の所在地において，当該管理の委託をした旨並びに受託会社の商号，名称又は氏名及びその本店若しくは主たる事務所又は日本における主たる店舗（保険業法第187条第1項第4号）を登記しなければならないとされた（平成17年改正法現附則第4条第14項及び平成23年改正政令による改正後の保険業法施行令の一部を改正する政令（平成18年政令第33号）附則（以下「平成18年改正政令現附則」という。）第1条の3第4項において読み替えて準用する保険業法第146条第1項及び第2項）。

イ 管理委託契約の変更又は終了の登記

委託業者は，(2)イの認可を受けたとき，又は管理委託契約が解除以外の原因によって終了したときは，遅滞なく，その旨を公告し，かつ，当該管理委託契約の変更又は終了の登記をしなければならない（平成17年改正法現附則第4条第14項において準用する保険業法第150条第2項参照）。

(4) 業務及び財産の管理の委託等の登記の申請書の添付書面

ア 業務及び財産の管理の委託の登記の申請書の添付書面

(3)アの登記の申請書には，次の書面を添付しなければならないとされた（平成17年改正法現附則第4条第14項において読み替えて準用する保険業法第146条第3項，一般社団・財団法人法第317条，一般社団・財団法人法第330条において準用する商登法第18条及び第19条）。

(ｱ) 委託業者の社員総会又は評議員会の議事録

(ｲ) 代理人によって登記の申請をする場合にあっては，当該代理人の代理権限を証する書面

(ｳ) 業務及び財産の管理の委託に係る行政庁の認可書又はその認証がある謄本

㈡　管理委託契約に係る契約書
　　　㈤　受託会社（外国保険会社等を除く。）の株主総会等の議事録
　イ　業務及び財産の管理の委託の変更の登記の申請書の添付書面
　　　(3)イの変更の登記の申請書には，次の書面を添付しなければならないとされた（平成17年改正法現附則第4条第14項において準用する保険業法第150条第2項において読み替えて準用する同法第146条第3項，一般社団・財団法人法第317条，一般社団・財団法人法第330条において準用する商登法第18条及び第19条）。
　　　㈦　委託業者の社員総会又は評議員会の議事録
　　　㈧　代理人によって登記の申請をする場合にあっては，当該代理人の代理権限を証する書面
　　　㈨　管理委託契約の変更に係る行政庁の認可書又はその認証がある謄本
　　　㈡　変更後の管理委託契約に係る契約書
　　　㈤　受託会社（外国保険会社等を除く。）の株主総会等の議事録
　ウ　業務及び財産の管理の委託の終了の登記の申請書の添付書面
　　　㈦　解除による終了の場合
　　　　解除による(3)イの終了の登記の申請書には，次の書面を添付しなければならないとされた（平成17年改正法現附則第4条第14項において準用する保険業法第150条第2項において読み替えて準用する同法第146条第3項，一般社団・財団法人法第317条，一般社団・財団法人法第330条において準用する商登法第18条及び第19条）。
　　　　a　委託業者の社員総会又は評議員会の議事録
　　　　b　代理人によって登記の申請をする場合にあっては，当該代理人の代理権限を証する書面
　　　　c　管理委託契約の解除に係る行政庁の認可書又はその認証がある謄本
　　　　d　管理委託契約に係る契約書

　　　　　e　受託会社（外国保険会社等を除く。）の株主総会等の議事録
　　(イ)　解除以外の原因による終了の場合
　　　　　解除以外の原因による(3)イの終了の登記の申請書には，次の書面を添付しなければならないとされた（平成17年改正法現附則第4条第14項において準用する保険業法第150条第2項において読み替えて準用する同法第146条第3項，一般社団・財団法人法第317条，一般社団・財団法人法第330条において準用する商登法第18条）。
　　　　　a　代理人によって登記の申請をする場合にあっては，当該代理人の代理権限を証する書面
　　　　　b　管理委託契約に係る契約書
　　　　　c　終了の事由の発生を証する書面
　(5)　業務及び財産の管理の委託の登記等の記録例
　　　業務及び財産の管理の委託の登記，当該管理の委託の変更の登記又は当該管理の委託の終了の登記は，登記記録中，法人状態区にすることとなる（法登規第2条第2項，別表第一及び第二）が，その記録例は，保険会社におけるものと同様となる（平成8年3月27日付け法務省民四第651号民事局長通達別紙記載例2から4までを参照）。
4　解散
　(1)　解散の原因に関する特則
　　　認可特定保険業者である一般社団法人等については，当該認可特定保険業者が一般社団法人である場合にあっては一般社団・財団法人法第148条第3号から第7号までに掲げる事由によって，当該認可特定保険業者が一般財団法人である場合にあっては一般社団・財団法人法第202条第1項第3号から第6号までに掲げる事由によって，それぞれ解散するものとされた（平成17年改正法現附則第4条第17項において読み替えて準用する保険業法第152条第1項）。
　(2)　解散の決議の認可
　　　認可特定保険業者である一般社団法人の解散についての社員総会の

決議は，行政庁の認可を受けなければ，その効力を生じないとされた（平成17年改正法現附則第4条第17項及び平成18年改正政令現附則第1条の3第5項において読み替えて準用する保険業法第153条第1項第1号）。したがって，認可特定保険業者である一般社団法人が社員総会の決議により解散した場合においてする主たる事務所の所在地における当該解散の登記の申請書には，行政庁の認可書又はその認証がある謄本の到達した年月日を記載し，これを添付しなければならない（一般社団・財団法人法第330条において準用する商登法第17条第2項第5号及び第19条）。

5 合併
　(1) 合併に関する特則
　　ア　新設合併の不許
　　　　認可特定保険業者は，一般社団・財団法人法の規定にかかわらず，他の一般社団法人等と合併して認可特定保険業者を設立する合併をすることができないとされた（平成17年改正法現附則第4条第16項）。
　　イ　吸収合併の行政庁の認可
　　　　認可特定保険業者の合併（認可特定保険業者が合併後存続する場合（以下「吸収合併」という。）に限る。）は，行政庁の認可を受けなければ，その効力を生じないとされた（平成17年改正法現附則第4条第17項において読み替えて準用する保険業法第167条第1項）。
　(2) 吸収合併の手続
　　ア　概要
　　　　認可特定保険業者の吸収合併の手続は，(1)イの行政庁の認可及びイの債権者異議手続の特則を除き，一般社団・財団法人法に規定するところによる。
　　イ　債権者異議手続の特則
　　　(ｱ)　一般社団・財団法人法第242条の合併（合併後存続する一般社団法人等が認可特定保険業者である場合に限る。）をする認可特

定保険業者(以下「合併認可特定保険業者」という。)については,一般社団・財団法人法第248条及び第252条の規定は,適用しないとされた(平成17年改正法現附則第4条第17項において読み替えて準用する保険業法第165条の24第9項)。

(イ) (ア)の合併をする合併認可特定保険業者の保険契約者その他の債権者は,合併認可特定保険業者に対し,合併について異議を述べることができるとされた(平成17年改正法現附則第4条第17項において読み替えて準用する保険業法第165条の24第1項)。

(ウ) (イ)の場合には,合併認可特定保険業者は,合併をする旨,合併をする法人及び合併後存続する法人(以下「吸収合併存続法人」という。)の名称及び主たる事務所,これらの法人の最終事業年度に係る貸借対照表又はその要旨が公告されている場合における官報の日付及び掲載頁等,合併認可特定保険業者の保険契約者その他の債権者が一定の期間内(1月を下ることができない。)に異議を述べることができる旨及び合併後消滅する合併認可特定保険業者の保険契約者の合併後における権利に関する事項を官報に公告するほか,当該合併認可特定保険業者の定款で定めた公告方法(時事に関する事項を掲載する日刊新聞紙に掲載する方法(一般社団・財団法人法第331条第1項第2号)又は電子公告(一般社団・財団法人法第331条第1項第3号)をその公告方法として定めている場合に限る。)により公告し,又は知れている債権者に各別に催告しなければならないとされた(平成17年改正法現附則第4条第17項及び平成18年改正政令現附則第1条の3第5項において読み替えて準用する保険業法第165条の24第2項,命令第83条,第84条)。

(エ) 保険契約者その他の債権者が(ウ)の期間内に異議を述べたときは,合併認可特定保険業者は,当該保険契約者その他の債権者に対し,弁済し,若しくは相当の担保を提供し,又は当該保険契約者その他の債権者に弁済を受けさせることを目的として信託会社

等に相当の財産を信託しなければならないが、当該合併をしても当該保険契約者その他の債権者を害するおそれがないときは、この限りでないとされた（平成17年改正法現附則第4条第17項において読み替えて準用する保険業法第165条の24第4項）。

なお、保険契約者その他保険契約に係る権利を有する者の当該権利（保険金請求権等を除く。）については、これらの措置を執る必要はないとされた（平成17年改正法現附則第4条第17項において準用する保険業法第165条の24第5項）。

(オ) (ウ)の期間内に異議を述べた保険契約者（(ウ)による公告の時において既に保険金請求権等が生じている保険契約（当該保険金請求権等に係る支払により消滅することとなるものに限る。）に係る保険契約者を除く。以下同じ。）の数が保険契約者の総数の5分の1を超え、かつ、当該異議を述べた保険契約者の保険契約に係る債権（保険金請求権等を除く。）の額に相当する金額（(ウ)の官報による公告の時において被保険者のために積み立てるべき金額及び未経過期間（保険契約に定めた保険期間のうち、当該公告の時において、まだ経過していない期間をいう。）に対応する保険料の金額の合計額をいう。）が保険契約者の当該金額の総額の5分の1を超えるときは、合併の承認の決議は、効力を有しないとされた（平成17年改正法現附則第4条第17項において読み替えて準用する保険業法第165条の24第6項、命令第85条）。

(3) 吸収合併の登記の手続

吸収合併存続法人である認可特定保険業者の吸収合併による変更の登記及び吸収合併により消滅する法人（以下「吸収合併消滅法人」という。）の吸収合併による解散の登記の手続は、一般社団・財団法人法及び一般社団・財団法人法において準用する商登法の規定するところによる。

(4) 吸収合併の登記の申請書の添付書面

ア 吸収合併による変更の登記の申請書の添付書面

(3)の変更の登記の申請書には，次の書面を添付しなければならないとされた（平成17年改正法現附則第4条第17項及び平成18年改正政令現附則第1条の3第5項において読み替えて準用する保険業法第170条第1項，一般社団・財団法人法第317条，第322条，一般社団・財団法人法第330条において準用する商登法第18条及び第19条）。

(ｱ) 吸収合併契約を承認した吸収合併存続法人の社員総会又は評議員会の議事録

(ｲ) 代理人によって登記の申請をする場合にあっては，当該代理人の代理権限を証する書面

(ｳ) 一般社団・財団法人法第322条に定める書面（認可特定保険業者に係る一般社団・財団法人法の債権者異議手続に関する書面を除く。）

(ｴ) 認可特定保険業者に係る(2)ｲ(ｳ)の公告又は催告をしたこと並びに異議を述べた保険契約者その他の債権者があるときは，当該保険契約者その他の債権者に対し，弁済し，若しくは相当の担保を提供し，若しくは当該保険契約者その他の債権者に弁済を受けさせることを目的として相当の財産を信託したこと又は当該合併をしても当該保険契約者その他の債権者を害するおそれがないことを証する書面

(ｵ) (2)ｲ(ｵ)の異議を述べた保険契約者の数が保険契約者の総数の5分の1を超えなかったことを証する書面又はその者の保険契約に係る債権の額に相当する金額が保険契約者の当該金額の総額の5分の1を超えなかったことを証する書面

(ｶ) 吸収合併に係る行政庁の認可書又はその認証がある謄本

イ 吸収合併による解散の登記の申請書の添付書面

主たる事務所の所在地における吸収合併消滅法人の解散の登記の申請書には，書面を添付することを要しない（一般社団・財団法人法第330条において準用する商登法第82条第4項）。

6 清算人

(1) 行政庁による清算人の選任の特則

　　行政庁は，認可特定保険業者が一般社団・財団法人法第148条第7号又は第202条第1項第6号に掲げる事由によって解散したものであるときは利害関係人若しくは法務大臣の請求により又は職権で，一般社団・財団法人法第209条第1項の規定により清算人となる者がないとき，及び認可特定保険業者が一般社団・財団法人法第206条第2号又は第3号に掲げる場合に該当することとなったものであるときは利害関係人の請求により又は職権で，清算人を選任するとされ（平成17年改正法現附則第4条第17項において読み替えて準用する保険業法第174条第1項），これらの場合には，行政庁は，その清算人の中から代表清算人を定めることができるとされた（平成17年改正法現附則第4条第17項及び平成18年改正政令現附則第1条の3第5項において読み替えて準用する保険業法第174条第7項）。

(2) 行政庁による清算人の解任

　　行政庁は，重要な事由があると認めるときは，清算人を解任することができ，この場合には，行政庁は，清算人を選任することができ，清算人の中から代表清算人を定めることができるとされた（平成17年改正法現附則第4条第17項及び平成18年改正政令現附則第1条の3第5項において読み替えて準用する保険業法第174条第7項及び第9項）。

(3) 清算人の登記の申請及び清算人に関する変更の登記の申請

　　行政庁が選任した清算人の登記の申請書には，定款並びにその選任及び一般社団・財団法人法第310条第1項第2号に掲げる事項を証する書面を添付しなければならないとされた（平成17年改正法現附則第4条第17項において読み替えて準用する保険業法第174条第11項，一般社団・財団法人法第326条第1項，第3項）。また，行政庁が選任した清算人に関する事項の変更の登記の申請書には，変更の事由を証する書面を添付しなければならないとされた（平成17年改正法現附則第4条第17項において読み替えて準用する保険業法第174条第11項，一般社団・財団法人法第327条第1項）。

(4) 清算人の解任の登記の嘱託

　行政庁が清算人を解任する場合においては，行政庁は，清算一般社団法人等の主たる事務所の所在地の登記所にその旨の登記を嘱託しなければならないとされた（平成17年改正法現附則第4条第17項及び平成18年改正政令現附則第1条の3第5項において読み替えて準用する保険業法第174条第12項）。

第3　認可特定保険業者に係る行政庁

　認可特定保険業者に係る行政庁は，1又は2に掲げる区分に応じ，1又は2に定める者とするとされた（平成17年改正法現附則第34条の2第1項）。

1　平成17年改正法の公布の際現に特定保険業を行っていた旧民法法人
　移行登記をした日の前日において一般社団・財団法人整備法第95条の規定によりなお従前の例により当該旧民法法人の業務の監督を行っていた行政機関（同日以前にあっては，同条の規定によりなお従前の例により当該旧民法法人の業務の監督を行う行政機関）

2　1に掲げる旧民法法人以外の法人　内閣総理大臣

22　特定非営利活動促進法の一部を改正する法律の施行に伴う法人登記事務の取扱いについて

（平成24年2月3日法務省民商第298号依命通知）

（依命通知） 特定非営利活動促進法の一部を改正する法律（平成23年法律第70号。以下「改正法」という。），特定非営利活動促進法施行令（平成23年政令第319号。以下「施行令」という。）及び特定非営利活動促進法施行規則（平成23年内閣府令第55号。以下「施行規則」という。）が本年4月1日から施行されますが，これに伴う法人登記事務の取扱いについては，下記の点に留意し，事務処理に遺憾のないよう，貴管下登記官に周知方取り計らい願います。

　なお，本通知中，「法」とあるのは改正法による改正後の特定非営利活動促進法（平成10年法律第7号）を，「商登法」とあるのは商業登記法（昭和

38年法律第125号）を，「組登令」とあるのは施行令による改正後の組合等登記令（昭和39年政令第29号）を，「法登規則」とあるのは各種法人等登記規則（昭和39年法務省令第46号）を，「商登規則」とあるのは商業登記規則（昭和39年法務省令第23号）をいいます。

記

1 特定非営利活動の追加

　特定非営利活動の種類（法第2条第1項，別表）として，観光の振興を図る活動（別表第4号），農山漁村又は中山間地域の振興を図る活動（別表第5号）及び別表第1号から第19号までに掲げる活動に準ずる活動として都道府県又は指定都市（地方自治法（昭和22年法律第67号）第252条の19第1項の指定都市をいう。以下同じ。）の条例で定める活動（別表第20号）が追加された。

2 所轄庁の変更

　改正法による改正前の特定非営利活動促進法（以下「旧法」という。）においては，特定非営利活動法人の所轄庁は，その事務所が所在する都道府県の知事とするとされ（旧法第9条第1項），2以上の都道府県の区域内に事務所を設置する特定非営利活動法人にあっては，内閣総理大臣とするとされていた（同条第2項。以下旧法による所轄庁を「旧所轄庁」という。）。

　改正法の施行後は，特定非営利活動法人の所轄庁は，その主たる事務所が所在する都道府県の知事（その事務所が一の指定都市の区域内のみに所在する特定非営利活動法人にあっては，当該指定都市の長）とするとされた（法第9条。以下法による所轄庁を「新所轄庁」という。）。したがって，改正法の施行後は，特定非営利活動法人の設立の認証（法第10条第1項），定款の変更の認証（法第25条第3項）等は，新所轄庁である都道府県の知事又は指定都市の長によってされることとなる。

3 社員総会の決議の省略

　特定非営利活動法人の理事又は社員が社員総会の目的である事項について提案をした場合において，当該提案につき社員の全員が書面又は電磁的

記録（電子的方式，磁気的方式その他人の知覚によっては認識することができない方式で作られる記録であって，電子計算機による情報処理の用に供されるものとして内閣府令で定めるもの（施行規則第2条参照）をいう。）により同意の意思表示をしたときは，当該提案を可決する旨の社員総会の決議があったものとみなすとされ（法第14条の9第1項），また，社員総会の目的である事項の全てについての提案を可決する旨の社員総会の決議があったものとみなされた場合には，その時に当該社員総会が終結したものとみなすとされた（同条第2項）。

なお，所轄庁から定款の変更の認証を受けようとする場合，所轄庁に定款の変更をしたことを届け出る場合等においては，社員総会の議事録の謄本を提出し，又は添えなければならないとされている（法第25条第4項，第6項等参照）から，これらの場合には，社員総会の議事録の作成が前提とされている。したがって，法第14条の9第1項の規定により特定非営利活動法人の登記すべき事項について社員総会の決議があったものとみなされる場合であっても，当該登記すべき事項に係る登記の申請書には，上記場合に該当することを証する書面（条例の規定により「社員総会の議事録」などと題する書面となることが考えられる。）を添付しなければならないこととなる。

4 理事の代表権
(1) 理事の代表権の範囲又は制限に関する定めと登記

旧法においては，特定非営利活動法人の理事は，特定非営利活動法人の全ての業務について特定非営利活動法人を代表するとされ，定款をもってその代表権を制限することができるが，理事の代表権に加えた制限は，善意の第三者に対抗することができないとされていた（旧法第16条）。このため，旧法下においては，「代表権の範囲又は制限に関する定めがあるときは，その定め」が登記事項とはされておらず（組登令第2条第2項第6号，施行令による改正前の組合等登記令別表特定非営利活動法人の項の登記事項の欄），法人の内部において代表権を制限された理事が存在する場合であっても，当該理事を含めた理事全員を「代表権

を有する者」(組登令第2条第2項第4号)として「理事」の資格で登記しなければならないとされていた(平成10年8月31日付け法務省民四第1605号民事局長通達参照)。

改正法により,旧法第16条第2項の規定が削られるとともに,施行令附則第2条により組合等登記令の一部が改正され,特定非営利活動法人の登記事項として,「代表権の範囲又は制限に関する定めがあるときは,その定め」が追加された(組登令第2条第2項第6号,別表特定非営利活動法人の項の登記事項の欄)。

したがって,改正法の施行後は,定款をもって,その代表権の一部が制限された特定非営利活動法人の理事が存在する場合には,当該理事を登記するほか,当該理事に係る代表権の範囲又は制限に関する定めも登記しなければならない。

また,定款をもって,その代表権の全部が制限された特定非営利活動法人の理事が存在する場合には,当該理事は,「代表権を有する者」に該当しないため,登記することを要しないこととなる(組登令第2条第2項第4号)。例えば,定款をもって,理事の互選等により特定の理事を理事長に選定し,当該理事長のみが法人を代表することとしている場合には,当該特定の理事のみを「理事」の資格で登記し,その他の理事は,登記することを要しないこととなる(社会福祉法(昭和26年法律第45号)における社会福祉法人の理事に関する取扱い(昭和39年7月7日付け民事甲第2436号民事局長回答参照)と同様の取扱いとなる。)。

(2) 登記手続

ア 理事の登記

(ア) 選定された特定の理事のみが法人を代表する旨の定款の定めがあり,現に代表権を有する理事を選定している場合

a 設立の登記の添付書面

設立の登記の申請書に添付すべき「代表すべき者の資格を証する書面」(組登令第16条第2項)には,次の書面が該当する。

(a) 定款(法第11条第2項の規定により,定款には,設立当初の

理事の定めがある。)
- (b) 定款所定の方法によって特定の理事が代表権を有する理事に選定されたことを証する書面(定款に設立当初の代表権を有する理事に関する定めがある場合を除く。)
- (c) 当該特定の理事が理事に就任することについての就任承諾書
- (d) 当該特定の理事が代表権を有する理事に就任することについての就任承諾書(定款に理事の互選又は理事会の決議により代表権を有する理事を選定する旨の定めがある場合に限る。)

b 理事の変更の登記の添付書面

　理事の変更の登記の申請書に添付すべき「(登記)事項の変更を証する書面」(組登令第17条第1項)には，次の書面が該当する。
- (a) 理事の退任を証する書面
- (b) 理事に就任したことを証する書面
  - ⅰ 定款
  - ⅱ 定款所定の方法によって理事に選任されたことを証する書面
  - ⅲ 理事に就任することについての就任承諾書
- (c) 理事が代表権を有する理事に就任したことを証する書面
  - ⅰ 定款
  - ⅱ 定款所定の方法によって代表権を有する理事に選定されたことを証する書面
  - ⅲ 代表権を有する理事に就任することについての就任承諾書(定款に理事の互選又は理事会の決議により代表権を有する理事を選定する旨の定めがある場合に限る。)

　　なお，ⅱの書面が理事の互選を証する書面，理事会の議事録等である場合には，当該書面に押印した印鑑と変更前の理事が登記所に提出している印鑑とが同一であるときを除き，理事の変更の登記の申請書に当該書面の印鑑につき市区町村長の作成

した証明書を添付しなければならない（法登規則第5条において準用する商登規則第61条第4項）。

　　　　c　登記記録例

　　　　　登記記録例は，別紙記録例1によるものとする。

　(イ)　理事の代表権の範囲又は制限に関する定款の定めがある場合（(ｱ)の場合を除く。）

　　　a　設立の登記の添付書面

　　　　設立の登記の申請書に添付すべき「（登記）事項を証する書面」（組登令第16条第3項）には，定款が該当する。

　　　b　代表権の範囲又は制限に関する定めの設定の登記の添付書面

　　　　定款を変更して新たに理事の代表権の範囲又は制限に関する定めをした場合における当該定めの設定の登記の申請書に添付すべき「（登記）事項の変更を証する書面」（組登令第17条第1項）には，定款の変更に係る社員総会（法第25条第1項）の議事録が該当する。

　　　　また，当該申請書には，次の書面を添付しなければならない。

　　　(a)　定款（法登規則第5条において準用する商登規則第61条第1項）

　　　(b)　定款の変更に係る所轄庁の認証書（法第25条第3項，組登令第25条において準用する商登法第19条）

　　　c　登記記録例

　　　　登記記録例は，別紙記録例2によるものとする。

　イ　清算人の登記

　　改正法において，清算人に関する規定は改正されていないため，特定非営利活動法人が解散し，理事が清算人となった場合（法第31条の5本文）には，清算人各自が特定非営利活動法人を代表することとなる。この場合の清算人の登記の申請書には，登記された理事であった清算人については，「（登記）事項の変更を証する書面」（組登令第17条第1項）として，清算人の就任を証する書面を添付

する必要はないが，代表権の全部が制限されていた理事については，「(登記)事項の変更を証する書面」(組登令第17条第1項)として，その者が解散当時の理事であったことを証する書面を添付しなければならない。

5 定款変更の際の届出事項の拡大

　旧法においては，特定非営利活動法人の定款の変更のうち，所轄庁の変更を伴わない主たる事務所及びその他の事務所の所在地の変更，資産に関する事項の変更及び公告の方法の変更については，所轄庁の認証を要しないとされていた（旧法第25条第3項）。

　改正法により，次に掲げる事項を変更する定款の変更についても，所轄庁の認証を要しないとされた（法第25条第3項）。

(1) 役員の定数に係る役員に関する事項（法第11条第1項第6号）

(2) 会計に関する事項（同項第9号）

(3) 事業年度（同項第10号）

(4) 残余財産の帰属すべき者に係るものを除く，解散に関する事項（同項第12号）

　なお，特定非営利活動法人が所轄庁の認証を要しない定款の変更をしたときは，都道府県又は指定都市の条例で定めるところにより，遅滞なく，当該定款の変更の決議をした社員総会の議事録の謄本及び変更後の定款を添えて，その旨を所轄庁に届け出なければならず（法第25条第6項），また，特定非営利活動法人が定款の変更に係る登記をしたときは，遅滞なく，当該登記をしたことを証する登記事項証明書を所轄庁に提出しなければならないとされた（同条第7項）。

6 認証後未登記の団体に係る認証の取消し

(1) 設立の認証の取消し

　設立の認証を受けた者が設立の認証があった日から6月を経過しても設立の登記をしないときは，所轄庁は，設立の認証を取り消すことができるとされた（法第13条第3項）。

(2) 合併の認証の取消し

合併の認証を受けた特定非営利活動法人が合併の認証があった日から6月を経過しても合併の登記をしないときは，所轄庁は，合併の認証を取り消すことができるとされた（法第39条第2項において準用する法第13条第3項）。

7 認定制度及び仮認定制度の導入
 (1) 認定制度

特定非営利活動法人のうち，その運営組織及び事業活動が適正であって公益の増進に資するものは，所轄庁の認定を受けることができるとされた（法第44条第1項）。この認定を受けた特定非営利活動法人は，認定特定非営利活動法人と称され（法第2条第3項），認定特定非営利活動法人でない者は，その名称又は商号中に，認定特定非営利活動法人であると誤認されるおそれのある文字を用いてはならないとされた（法第50条第1項）。

なお，認定特定非営利活動法人がその名称中に「認定特定非営利活動法人」という文字を用いることは，可能である。

おって，名称中に「認定特定非営利活動法人」という文字を用いることとする特定非営利活動法人の名称の変更の登記の申請書には，法第44条第1項の認定を受けたことを証する書面（認定の通知（法第49条第1項参照）等）を添付することを要せず，「（登記）事項の変更を証する書面」（組登令第17条第1項）である名称の変更に係る定款の変更を決議した社員総会の議事録，定款（法登規則第5条において準用する商登規則第61条第1項）及び定款の変更に係る所轄庁の認証書（法第25条第3項，組登令第25条において準用する商登法第19条）を添付すれば足りる。

 (2) 仮認定制度

特定非営利活動法人であって新たに設立されたもののうち，その運営組織及び事業活動が適正であって特定非営利活動の健全な発展の基盤を有し公益の増進に資すると見込まれるものは，所轄庁の仮認定を受けることができるとされた（法第58条第1項）。この仮認定を受け

た特定非営利活動法人は、仮認定特定非営利活動法人と称され（法第2条第4項），仮認定特定非営利活動法人でない者は，その名称又は商号中に，仮認定特定非営利活動法人であると誤認されるおそれのある文字を用いてはならないとされた（法第62条において準用する法第50条第1項）。

なお，仮認定特定非営利活動法人がその名称中に「仮認定特定非営利活動法人」という文字を用いることは，可能である。

おって，名称中に「仮認定特定非営利活動法人」という文字を用いることとする特定非営利活動法人の名称の変更の登記の添付書面については，(1)と同様であり，法第58条第1項の仮認定を受けたことを証する書面（仮認定の通知（法第62条において準用する法第49条第1項参照）等）を添付することを要しない。

8　施行令の施行の際現に存する特定非営利活動法人に関する経過措置
(1)　代表権の範囲又は制限に関する定めに関する事項の登記

施行令の施行の際現に代表権の範囲又は制限に関する定めがある特定非営利活動法人は，(3)の場合を除き，施行令の施行の日（平成24年4月1日）から6月以内に，当該定めに関する事項の登記をしなければならないとされた（施行令附則第3条第1項）。したがって，定款に代表権の範囲又は制限に関する定めがある特定非営利活動法人は，次のア又はイに掲げる区分に応じ，当該ア又はイに定める登記をしなければならない。

なお，代表権を有する理事に選定された理事及び代表権を制限されていない理事については，何らの変更の登記をすることを要しない。

ア　選定された特定の理事のみが法人を代表する旨の定款の定めがあり，現に代表権を有する理事を選定している場合　代表権を有する理事に選定された理事以外の理事についての代表権喪失による変更の登記

イ　理事の代表権の範囲又は制限に関する定款の定めがある場合　定款の定めにより代表権の一部が制限された理事についての代表権の

範囲又は制限に関する定めの登記
(2) 添付書面
ア (1)アに定める登記
(1)アに定める登記の申請書に添付すべき「(登記)事項の変更を証する書面」(組登令第17条第1項)には，次の書面が該当する。
(ア) 定款
(イ) 定款所定の方法によって代表権を有する理事が選定されたことを証する書面(定款に設立当初の代表権を有する理事(任期中であるものに限る。)に関する定めがある場合を除く。)
(ウ) 代表権を有する理事に就任することについての就任承諾書(定款に理事の互選又は理事会の決議により代表権を有する理事を選定する旨の定めがある場合に限る。)
なお，(イ)の書面については，法登規則第5条において準用する商登規則第61条第4項の規定の適用はなく，当該書面の印鑑につき市区町村長の作成した証明書を添付することを要しない。
イ (1)イに定める登記
(1)イに定める登記の申請書に添付すべき「(登記)事項の変更を証する書面」(組登令第17条第1項)には，定款が該当する。
(3) 他の登記との同時申請
(1)の特定非営利活動法人は，(1)ア又はイに定める登記をするまでに他の登記をするときは，当該他の登記と同時に，(1)ア又はイに定める登記をしなければならないとされた(施行令附則第3条第2項)。したがって，(1)ア又はイに定める登記以外の登記の申請があった場合において，当該登記の申請書の添付書面の内容から(1)ア又はイに定める登記を同時にしなければならないことが明らかであるときは，当該登記の申請を却下しなければならない(組登令第25条において準用する商登法第24条第12号)が，当該登記の申請書の添付書面の内容から(1)ア又はイに定める登記を同時にしなければならないことが明らかでないとき(例えば，定款を添付することが求められていない資産の総額

の変更の登記の申請があったとき等）は，当該登記の申請をそのまま受理して差し支えない。
(4) 変更前の事項の登記
　(1)ア又はイに定める登記をするまでにこれらの事項に変更を生じたときは，遅滞なく，当該変更に係る登記と同時に，変更前の事項の登記をしなければならないとされた（施行令附則第3条第3項）。したがって，施行令の施行の日以降に代表権を有する理事に選定された理事の変更又は理事の代表権の範囲若しくは制限に関する定めの変更があった場合には，これらの変更の登記と同時に，変更前の事項である(1)ア又はイに定める登記もしなければならない。
(5) 登記記録例
　登記記録例は，別紙記録例3によるものとする。
　登記原因年月日は，改正法及び施行令の施行日である「平成24年4月1日」と記録し，代表権の全部が制限されている理事の代表権喪失による変更の登記の登記原因は「代表権喪失」と，理事の代表権の範囲又は制限に関する定めの登記の登記原因は「設定」と記録する。

9　その他の経過措置
(1) 所轄庁の変更に関する経過措置
　改正法の施行の日（平成24年4月1日。以下「施行日」という。）前に旧法の規定に基づいて旧所轄庁に対してされた申請等は，新所轄庁に対してされたものとするとされ，旧所轄庁は，改正法の施行の際，新所轄庁となる都道府県の知事又は指定都市の長に対し，その事務の遂行に支障が生ずることのないよう，旧法の規定に基づいてされた申請等に係る書類その他の資料を適時かつ適切な方法で引き継ぐものとするとされた（改正法附則第2条）。したがって，施行日前に旧所轄庁に対して申請された特定非営利活動法人の認証については，施行日後は，法の規定に基づき，新所轄庁がすることとなる。
(2) 定款の変更に関する経過措置
　法第25条第3項及び第4項の規定は施行日以後に定款の変更の認証

の申請をする特定非営利活動法人について，同条第6項の規定は施行日以後に定款の変更の届出をする特定非営利活動法人について適用し，施行日前に定款の変更の認証の申請又は届出をした特定非営利活動法人については，なお従前の例によるとされた（改正法附則第5条第1項）。

別紙記録例

1 代表権を有する理事が退任し,その後任者が就任した場合の登記

役員に関する事項	東京都大田区東蒲田二丁目5番1号 理事　　　　甲　野　太　郎	
		平成○○年○○月○○日重任
		平成○○年○○月○○日登記
		平成○○年○○月○○日退任
		平成○○年○○月○○日登記
	東京都渋谷区代官山町2番地 理事　　　　乙　野　次　郎	平成○○年○○月○○日就任
		平成○○年○○月○○日登記

［注］ 1 代表権を有する理事が理事を辞任し又は解任されて退任する場合の登記原因は,「辞任」又は「解任」となるが,代表権のみを辞する場合又は剥奪する場合の登記原因は,「代表権喪失」となる。
　　 2 理事の任期の途中で代表権を有する理事となった場合の登記原因は,「就任」であり,その年月日は,理事に選任された日ではなく,代表権を取得した日である。
　　 3 代表権を有する理事が理事長等の職を辞任したことにより代表権を喪失し,別の者が代表権を有する理事に就任したときの登記の記録は,次の振合いによる。

役員に関する事項	東京都大田区東蒲田二丁目5番1号 理事　　　　甲　野　太　郎	平成○○年○○月○○日就任
		平成○○年○○月○○日登記
		平成○○年○○月○○日代表権喪失
		平成○○年○○月○○日登記
	東京都渋谷区代官山町2番地 理事　　　　乙　野　次　郎	平成○○年○○月○○日就任
		平成○○年○○月○○日登記

2 代表権の範囲又は制限に関する定めの登記

役員に関する事項	東京尾渋谷区代官山町2番地 理事　　　　乙　野　次　郎
	代表権の範囲 理事乙野次郎は何県何市何町何番地の従たる事務所の業務についてのみこの法人を代表する

3　施行令の施行の際現に代表権の範囲又は制限に関する定款の定めがある場合の登記
(1)　選定された特定の理事のみが代表権を有する場合

役員に関する事項	東京都大田区東蒲田二丁目5番1号 理事　　　　甲　野　太　郎	
	東京都渋谷区代官山町2番地 理事　　　　乙　野　次　郎	
		平成24年　4月　1日代表権喪失
		平成24年　4月10日登記
	東京都北区滝野川一丁目3番1号 理事　　　　丙　川　春　子	
		平成24年　4月　1日代表権喪失
		平成24年　4月10日登記
	千葉県松戸市岩瀬1番地 理事　　　　丁　山　夏　子	
		平成24年　4月　1日代表権喪失
		平成24年　4月10日登記

〔注〕　選定された特定の理事のみが法人を代表する旨の定款の定めがあり，理事甲野太郎が定款所定の方法により代表権を有する理事に選定されている場合の例である。

(2) 代表権を有する理事に選定された特定の理事のほか，代表権の範囲又は制限に関する定款の定めにより，代表権の一部を制限された理事がある場合

役員に関する事項	東京都大田区東蒲田二丁目5番1号 理事　　　　甲　野　太　郎	
	東京都渋谷区代官山町2番地 理事　　　　乙　野　次　郎	
	東京都北区滝野川一丁目3番1号 理事　　　　丙　川　春　子	
		平成24年　4月　1日代表権喪失
		平成24年　4月10日登記
	千葉県松戸市岩瀬1番地 理事　　　　丁　山　夏　子	
		平成24年　4月　1日代表権喪失
		平成24年　4月10日登記
	代表権の範囲 理事乙野次郎は何県何市何町何番地の従たる事務所の業務についてのみこの法人を代表する	平成24年　4月　1日設定
		平成24年　4月10日登記

［注］　代表権を有する理事に選定された特定の理事甲野太郎のほか，代表権の範囲又は制限に関する定款の定めにより，代表権の一部を制限された理事乙野次郎がある場合の例である。

[参考1] 施行令の施行日以降に代表権を有する理事が辞任し，後任者が就任した場合の登記

役員に関する事項	東京都大田区東蒲田二丁目5番1号 理事　　　　甲　野　太　郎	
		平成24年　5月16日代表権喪失
		平成24年　5月21日登記
	東京都渋谷区代官山町2番地 理事　　　　乙　野　次　郎	
		平成24年　4月　1日代表権喪失
		平成24年　5月21日登記
	東京都北区滝野川一丁目3番1号 理事　　　　丙　川　春　子	
		平成24年　4月　1日代表権喪失
		平成24年　5月21日登記
	千葉県松戸市岩瀬1番地 理事　　　　丁　山　夏　子	
		平成24年　4月　1日代表権喪失
		平成24年　5月21日登記
	東京都渋谷区代官山町2番地 理事　　　　乙　野　次　郎	平成24年　5月16日就任
		平成24年　5月21日登記

[注]　施行令の施行日時点では，甲野太郎が代表権を有する理事であり，3(1)の登記をしないうちに甲野太郎が理事長等の職を辞任したことにより代表権を喪失し，乙野次郎が代表権を有する理事に就任した場合の例である。

[参考2] 施行令の施行日以降に代表権の範囲又は制限に関する定款の定めにより代表権の一部を制限された理事が辞任し，後任者が就任した場合の登記

役員に関する事項	東京都大田区東蒲田二丁目5番1号 理事　　　　甲　野　太　郎		
	東京都渋谷区代官山町2番地 理事　　　　乙　野　次　郎		
		平成24年　5月16日辞任	
		平成24年　5月21日登記	
	東京都北区滝野川一丁目3番1号 理事　　　　丙　川　春　子		
		平成24年　4月　1日代表権喪失	
		平成24年　5月21日登記	
	千葉県松戸市岩瀬1番地 理事　　　　丁　山　夏　子		
		平成24年　4月　1日代表権喪失	
		平成24年　5月21日登記	
	東京都北区滝野川一丁目3番1号 理事　　　　丙　川　春　子	平成24年　5月16日就任	
		平成24年　5月21日登記	
	<u>代表権の範囲</u> <u>理事乙野次郎は何県何市何町何番地の</u> <u>従たる事務所の業務についてのみこの</u> <u>法人を代表する</u>	平成24年　4月　1日設定	
		平成24年　5月21日登記	
		平成24年　5月16日消滅	
		平成24年　5月21日登記	
	代表権の範囲 理事丙川春子は何県何市何町何番地の 従たる事務所の業務についてのみこの 法人を代表する	平成24年　5月16日設定	
		平成24年　5月21日登記	

[注]　施行令の施行日時点では，乙野次郎が代表権の範囲又は制限に関する定款の定めにより代表権の一部を制限された理事であり，3(2)の登記をしないうちに乙野次郎が理事を辞任し，丙川春子が代表権の範囲又は制限に関する定款の定めにより代表権の一部を制限された理事に就任した場合の例である。

23　農業協同組合法等の一部を改正する等の法律等の施行に伴う法人登記事務の取扱いについて

(平成28年3月8日法務省民商第31号通知)

(通知) 農業協同組合法等の一部を改正する等の法律(平成27年法律第63号。以下「改正法」という。)が平成27年9月4日に,組合等登記令の一部を改正する政令(平成28年政令第26号。以下「改正政令」という。),農業協同組合法施行令等の一部を改正する等の政令(平成28年政令第27号。以下「農協法施行令等改正等政令」という。)及び存続都道府県中央会等の組織変更の登記に関する政令(平成28年政令第28号。以下「中央会等登記令」という。)が本年1月29日に公布され,いずれも本年4月1日から施行されることとされたので,これに伴う法人登記事務の取扱いについては,下記の点に留意し,事務処理に遺憾のないよう,貴管下登記官に周知方取り計らい願います。

　なお,本通知中,「農協法」とあるのは改正法による改正後の農業協同組合法(昭和22年法律第132号)を,「農業委員会法」とあるのは改正法による改正後の農業委員会等に関する法律(昭和26年法律第88号)を,「貯金保険法」とあるのは改正法による改正後の農水産業協同組合貯金保険法(昭和48年法律第53号)を,「組登令」とあるのは改正政令による改正後の組合等登記令(昭和39年政令第29号)を,「商登法」とあるのは商業登記法(昭和38年法律第125号)をいい,特に「旧」の文字を冠する場合を除き,いずれも改正後のものです。

記

第1　農協法に基づく登記
　1　登記の根拠規定の改正
　　　改正法の施行前は,農業協同組合,農業協同組合連合会及び農事組合法人(以下「農協等」という。)の登記については,旧農協法第4章(第74条から第92条まで)の規定によるとされていたところ,改正法によりこれらの規定は削除され,農協等は,政令で定めるところにより,登記しなければならないとされた(農協法第9条第1項(同法第72条の

9において準用する場合を含む。以下同じ。）及び第73条の9第1項（同法第80条，第86条及び第92条において準用する場合を含む。））。

したがって，改正法の施行後は，農協等の登記については，他の法令に別段の定めのある場合を除くほか，組登令の定めるところによる（組登令第1条，別表）。

2　経過措置

改正法の施行前にした旧農協法の規定による登記に係る処分，手続その他の行為は，農協法第9条第1項及び第73条の9第1項の規定に基づく政令（組登令）の相当規定によりしたものとみなすとされた（改正法附則第2条第1項）。

また，旧農協法第85条第2項の規定による登記簿は，政令の相当規定による登記簿（組登令による組合等登記簿）とみなすとされた（改正法附則第2条第2項）。

3　登記すべき事項

農協等は，組登令第2条第2項第1号から第5号までに掲げる事項のほか，次に掲げる事項を登記しなければならないとされた（組登令第2条第2項第6号，別表）。

なお，農協等の設立の登記は別紙記録例1による。

(1)　地区

(2)　出資一口の金額及びその払込みの方法（組合員に出資をさせる農業協同組合及び農事組合法人並びに会員に出資をさせる農業協同組合連合会に限る。）

(3)　出資の総口数及び払い込んだ出資の総額（組合員に出資をさせる農業協同組合及び農事組合法人並びに会員に出資をさせる農業協同組合連合会に限る。）

(4)　公告の方法

(5)　電子公告を公告の方法とする旨の定めがあるときは，電子公告により公告すべき内容である情報について不特定多数の者がその提供を受けるために必要な事項であって法務省令で定めるもの（事故その他や

むを得ない事由によって電子公告による公告をすることができない場合の公告の方法についての定めがあるときは，その定めを含む。）

なお，(5)の「法務省令」とは，電子公告に関する登記事項を定める省令（平成18年法務省令第50号）とされた。

4 旧農協法と組登令で登記手続が同一であるもの

以下の登記については，旧農協法と組登令の規範の内容に変更はなく，改正法の施行前後で登記手続に差異は生じない。

(1) 設立の登記（旧農協法第74条，第87条，組登令第2条，第16条第2項及び第3項）

なお，組合員又は会員に出資をさせる農協等（以下「出資農協等」という。）について，「出資の払込みその他設立に必要な手続が終了した日」（組登令第2条第1項）とは，出資第1回の払込みがあった日である（旧農協法第74条第1項参照）。

(2) 変更の登記（旧農協法第75条，第88条第1項，組登令第3条，第17条第1項）

(3) 他の登記所の管轄区域内への主たる事務所の移転の登記（旧農協法第76条，第88条第1項，組登令第4条，第17条第1項）

(4) 職務執行停止の仮処分等の登記（旧農協法第77条，第88条第1項，組登令第5条，第17条第1項）

(5) 解散の登記（旧農協法第78条，第89条第1項，組登令第7条，第19条）

(6) 合併及び権利義務の承継の登記（旧農協法第79条，第87条第2項及び第3項，第88条第3項，組登令第8条，第20条，第21条）

(7) 清算結了の登記（旧農協法第80条，第90条，組登令第10条，第23条）

(8) 組合員に出資をさせる農事組合法人（以下「出資農事組合法人」という。）から株式会社への組織変更の登記（旧農協法第81条，第91条，組登令第26条第5項，第7項）

(9) 従たる事務所に関する登記（旧農協法第82条から第84条まで，第91

条の3において準用する商登法第48条，組登令第11条から第13条まで，第25条において準用する商登法第48条）
　(10)　登記の嘱託（旧農協法第86条及び第89条第2項，組登令第14条）
5　組登令の規範が適用されることにより，登記期間が変動するもの
　(1)　参事の登記
　　　当該登記については，改正法の施行前は，旧農協法第41条第3項において準用する会社法第918条の規定によっていたところ，改正法の施行後は，組登令第6条第1項の規定が適用され，選任したときから，2週間以内に登記しなければならないとされた。
　(2)　合併により設立する農協等が合併に際して従たる事務所を設けた場合にする登記
　　　当該登記の期間については，改正法の施行前は，旧農協法第82条第1項第1号の規定により「主たる事務所の所在地における設立の登記をした日から2週間以内」とされていたところ，改正法の施行後は，組登令第11条第1項第2号の規定により「合併の認可その他合併に必要な手続が終了した日から3週間以内」とされた。
　　　そのため，改正政令附則第2項に経過措置が置かれ，施行日前に締結された合併契約に係る合併により設立する農協等が合併に際して従たる事務所を設けた場合における従たる事務所の所在地における登記の期間については，なお従前の例によるとされた。
6　改正法によって新たに設けられた制度による登記
　(1)　移行の登記
　　ア　概要
　　　　旧農協法上，出資農協等と組合員又は会員に出資をさせない農協等（以下「非出資農協等」という。）との間の相互移行に関する規定は置かれていなかったが，解釈上，これが認められていた（昭和25年5月4日付け民事甲第1199号民事局長通達，昭和27年7月28日付け民事甲第1094号民事局長回答）。
　　　　改正法によって農協法第54条の4及び第54条の5（同法第73条第

2項において準用する場合を含む。）が新設され，出資農協等と非出資農協等の相互移行が明文化された。

イ　移行の手続

(ｱ)　非出資農協等から出資農協等への移行

非出資農協等は，定款を変更し，出資農協等に移行することができるとされた（同法第54条の4第1項，第73条第2項において準用する同法第54条の4第1項）。

この定款変更に係る総会（農協法第48条第1項の規定に基づく総代会を設けた農業協同組合又は農業協同組合連合会については，総代会をいう（同条第7項）。以下同じ。）の決議は，特別決議による必要がある（同法第44条第1項第1号，第46条第1号，第72条の29第1項第1号，第72条の30第1号）。また，農業協同組合又は農業協同組合連合会（以下「農協組合」という。）にあっては，この定款変更について，行政庁（同法第98条第1項に規定する行政庁をいう。以下同じ。）の認可を受けなければ，その効力を生じないとされている（同法第44条第2項）。

農協組合において定款の変更の認可があったとき又は農事組合法人において定款の変更をしたときは，遅滞なく，出資第1回の払込みをさせなければならないとされた（同法第54条の4第2項，第73条第2項において読み替えて準用する同法第54条の4第2項）。

なお，総代会を設けた農協組合においては，決議の内容を組合員又は会員（以下「組合員等」という。）に通知しなければならないとされた（同法第54条の4第4項において準用する同法第48条の2）。

(ｲ)　出資農協等から非出資農協等への移行

出資農協等は，定款を変更し，非出資農協等に移行することができるとされた（同法第54条の5第1項，第73条第2項において準用する同法第54条の5第1項）。

この定款変更に係る総会の決議要件及び農協組合における定款変更の認可については，前記(ｱ)と同様である。

また，出資農協等から非出資農協等への移行については，債権者保護手続を行わなければならないとされた（同法第54条の5第3項において読み替えて準用する同法第49条及び第50条，第73条第2項において読み替えて準用する同法第54条の5第3項において読み替えて準用する同法第49条及び第50条）。

出資農協等の組合員等は，非出資農協等への移行につき，農協組合において定款の変更の認可があったとき又は農事組合法人において定款の変更をしたときは，変更後の定款の定めるところにより，当該組合員等の持分の全部又は一部の払戻しを請求することができるとされた（同法第54条の5第2項，第73条第2項において読み替えて準用する同法第54条の5第2項）。

なお，総代会を設けた農協組合においては，決議の内容を組合員等に通知しなければならないとされた（同法第54条の5第3項において準用する同法第48条の2）。

(ｳ) 移行の効力

非出資農協等から出資農協等への移行及び出資農協等から非出資農協等への移行は，主たる事務所の所在地において，登記をすることによってその効力を生ずるとされた（同法第54条の4第3項，第54条の5第3項において準用する同法第54条の4第3項，第73条第2項において準用する同法第54条の4第3項及び第54条の5第3項）。

ウ　移行の登記

(ｱ) 非出資農協等から出資農協等への移行の登記

非出資農協等から出資農協等へ移行する農協等は，出資第1回の払込みがあった日又は行政庁の認可があった日（農事組合法人を除く。）のいずれか遅い日から2週間以内に，その主たる事務所において，移行の登記をしなければならないとされ（組登令第

9条),移行の登記の申請書には,当該手続がされたことを証する書面を添付しなければならないとされた(組登令第22条)。

当該手続がされたことを証する書面には,定款変更に係る総会議事録,出資第1回の払込みを証する書面がこれに該当する。

また,農協組合にあっては,定款変更に係る行政庁の認可書又はその認証がある謄本も添付しなければならないとされた(組登令第25条において準用する商登法第19条)。

(イ) 出資農協等から非出資農協への移行の登記

出資農協等から非出資農協等へ移行する農協等は,移行のために必要な手続が終了した日又は行政庁の認可があった日(農事組合法人を除く。)のいずれか遅い日から2週間以内に,その主たる事務所において,移行の登記をしなければならないとされ(組登令第9条),移行の登記の申請書には,当該手続がされたことを証する書面を添付しなければならないとされた(組登令第22条)。

当該手続がされたことを証する書面には,定款変更に係る総会議事録,公告及び催告をしたこと(農協法第54条の5第3項において読み替えて準用する同法第49条第2項及び第3項,第73条第2項において読み替えて準用する同法第54条の5第3項)を証する書面,異議を述べた債権者がいるときは,異議を述べた債権者に対して弁済し,若しくは担保を供し,若しくは財産を信託したこと又は当該債権者を害するおそれがないこと(同法第54条の5第3項において準用する同法第50条第2項,第73条第2項において準用する同法第54条の5第3項)を証する書面(異議を述べた債権者がいないときは,その旨を証する書面。以下,公告及び催告をしたことを証する書面と併せて「債権者保護手続関係書面」という。)がこれに該当する。

また,農協組合にあっては,定款変更に係る行政庁の認可書又はその認証がある謄本も添付しなければならないとされた(組登

令第25条において準用する商登法第19条)。

(ウ) 移行の登記の記録例は，別紙記録例2による。
(2) みなし解散の登記
 ア 概要

農協法においても会社法第472条，一般社団法人及び一般財団法人に関する法律（平成18年法律第48号。以下「一般法人法」という。）第149条等と同旨の規定が新設され，登記が最後にあった日から5年を経過した農協等に対し，行政庁が2か月以内に農林水産省令の定めるところにより行政庁に事業を廃止していない旨の届出をすべき旨を公告した場合において，その届出をしないときは，当該期間の満了の時に解散したものとみなすとされた（農協法第64条の2（同法第73条第4項において準用する場合を含む。））。

 イ みなし解散の登記

アのみなし解散の登記については，行政庁の嘱託によるとされた（組登令第26条第2項）。

なお，登記の記録については，別紙記録例3による。
(3) 継続の登記
 ア 概要

農協等は，総会の決議若しくは存立時期の満了により解散した場合には，その清算が結了するまでの間又は(2)のみなし解散の規定により解散したものとみなされた場合には解散したものとみなされた後3年以内に限り，総会の特別決議によって組合を継続することができ，当該継続をしたときは，2週間以内に，その旨を行政庁に届け出なければならないとされた（農協法第64条の3（同法第73条第4項において準用する場合を含む。））。

なお，総代会を設けた農協組合においては，決議の内容を組合員等に通知しなければならないとされた（同法第64条の3第2項において準用する同法第48条の2）。

 イ 継続の登記

農協等が継続したときは，2週間以内に，その主たる事務所の所在地において，継続の登記をしなければならないとされ（組登令第7条の2），継続の登記の申請書には，農協等が継続したことを証する書面を添付しなければならないとされた（組登令19条の2）。

農協等について，継続したことを証する書面とは，継続に係る総会の議事録がこれに該当する。なお，継続の登記と併せて，機関設計や役員に関する登記も必要である（昭和25年1月30日付け民事甲第72号民事局長通達参照）。

登記の記録については，別紙記録例4による。

(4) 新設分割の登記

　ア　概要

組合員等に出資をさせる農協組合（以下「出資農協組合」という。）は，その事業（信用事業及び共済事業を除く。）に関して有する権利義務の全部又は一部を分割により設立する出資農協組合に承継させることができるとされた（農協法第70条の2）。

　イ　新設分割の手続

　　(ｱ)　新設分割の手続は，以下のとおりとされた。

　　　①　新設分割計画の作成（同法第70条の3第2項）

新設分割をしようとする出資農協組合は，新設分割計画を作成しなければならないとされた。

新設分割計画には，以下の事項を定めなければならないとされた（同項各号）。

　　　　(a)　新設分割によって設立する出資農協組合（以下「新設分割設立農協組合」という。）の同法第28条第1項各号に掲げる事項

　　　　(b)　(a)に掲げるもののほか，新設分割設立農協組合の定款で定める事項

　　　　(c)　新設分割設立農協組合が新設分割によって新設分割をする農協組合（以下「新設分割農協組合」という。）から承継す

る資産，債務，雇用契約その他の権利義務に関する事項
　(d)　新設分割農協組合の組合員等が新設分割に際して取得する新設分割設立農協組合の出資の口数又はその口数の算定方法（新設分割設立農協組合の組合員等となることができない新設分割農協組合の組合員等がある場合にあっては，当該組合員に対して支払う金銭の額又はその算定方法を含む。）
　(e)　新設分割農協組合の組合員等に対する(d)の出資の割当てに関する事項
　(f)　新設分割設立農協組合の資本準備金及び利益準備金に関する事項
　(g)　その他農林水産省令で定める事項
　　　その他農林水産省令で定める事項とは，新設分割を行う時期とされた（農業協同組合法施行規則の一部を改正する省令（平成28年農林水産省令第5号）による改正後の農業協同組合法施行規則（平成17年農林水産省令第27号）第210条の3）。
　　　また，新設分割計画の内容その他農林水産省令で定める事項を記載し，又は記録した書面又は電磁的記録を主たる事務所に備えて置かなければならないとされた（同法第70条の3第5項において読み替えて準用する同法第65条の3）。
②　新設分割計画の承認（同法第70条の3第1項）
　　新設分割計画については，総会の特別決議により，その承認を受けなければならないとされた（同法第70条の3第1項，同条第5項において準用する同法第46条）。
　　なお，総代会を設けた農協組合においては，決議の内容を組合員等に通知しなければならないとされた（同法第70条の3第5項において準用する同法第48条の2）。
③　債権者保護手続（同法第70条の3第5項において読み替えて準用する同法第49条並びに第50条第1項及び第2項）
④　行政庁の認可（同法第70条の3第3項）

新設分割は，行政庁の認可を受けなければ，その効力を生じないとされた。

⑤ 新設分割の効力発生（同法第70条の3第5項において準用する同法第67条）

新設分割は，主たる事務所の所在地において，登記をすることによってその効力を生ずるとされた。

ウ 新設分割の登記

(ア) 農協組合が新設分割をするときは，新設分割の認可その他新設分割に必要な手続が終了した日から2週間以内に，その主たる事務所の所在地において，新設分割農協組合については変更の登記をし，新設分割設立農協組合については設立の登記をしなければならないとされた（組登令第26条第3項）。

(イ) 新設分割による設立の登記については，新設分割をした旨並びに新設分割農協組合の名称及び主たる事務所をも登記しなければならず，新設分割農協組合がする変更の登記においては，新設分割をした旨及び新設分割設立農協組合の名称及び主たる事務所をも登記しなければならないとされた（組登令第26条第4項において準用する商登法第84条）。

(ウ) 主たる事務所の所在地における新設分割農協組合がする新設分割による変更の登記の申請は，当該登記所の管轄区域内に新設分割設立農協組合の主たる事務所がないときは，その主たる事務所の所在地を管轄する登記所を経由してしなければならず，当該変更の登記の申請と，新設分割による設立の登記の申請は同時にしなければならないとされた。当該新設分割農協組合がする新設分割による変更の登記の申請書には，登記所において作成した新設分割農協組合の代表理事の印鑑証明書を添付しなければならないとされ，この場合においては，商登法第18条の書面を除き，他の書面の添付を要しないとされた（組登令第26条第4項において準用する商登法第87条）。

㈢　新設分割設立農協組合の主たる事務所を管轄する登記所においては，新設分割による変更の登記の申請及び新設分割による設立の登記の申請のいずれかにつき商登法第24条各号のいずれかに掲げる事由があるときは，これらの申請を共に却下しなければならないとされ，組登令第26条第4項において準用する商登法第87条第1項の場合において，新設分割による設立の登記をしたときは，遅滞なく，その登記の日を新設分割による変更の登記の申請書に記載し，これを新設分割農協組合の主たる事務所を管轄する登記所に送付しなければならないとされた（組登令第26条第4項において準用する商登法第88条）。

㈣　新設分割設立農協組合が新設分割に際して従たる事務所を設けた場合には，新設分割の認可その他新設分割に必要な手続が終了した日から3週間以内に，従たる事務所における登記をしなければならないとされた（組登令第26条第4項において準用する同令第11条第1項（第2号に係る部分に限る。））。また，新設分割農協組合についての従たる事務所における変更の登記は，組登令第11条第2項各号に掲げる事項に変更が生じた場合に限り，するものとされた（組登令第26条第4項において準用する同令第13条）。

㈤　新設分割による設立の登記の申請書の添付書面

組登令第16条第2項及び第3項並びに第20条に規定する書面を添付しなければならないとされた（組登令第26条第4項において準用する同令第21条）。

具体的な添付書面は以下のとおりである。

①　定款（組登令第16条第2項）

②　代表権を有する者の資格を証する書面（同項）

③　別表に掲げる事項を証する書面（組登令第16条第3項）

④　新設分割農協組合の登記事項証明書（組登令第21条，第20条第1項）

⑤　債権者保護手続関係書面（組登令第21条，第20条第2項及び

第3項)

⑥ 行政庁の認可書又はその認証がある謄本(組登令第25条において準用する商登法第19条)。

エ 新設分割無効の訴え

農協組合の新設分割の無効の訴えについては,会社法の規定を準用することとされ(農協法第70条の7),当該訴えに係る請求を認容する判決が確定した場合のその登記の嘱託については,組登令第14条第2項及び第3項の規定を準用するとされた(組登令第26条第4項)。

オ 登記の記録

農協組合の新設分割に係る登記の記録は,別紙記録例5による。

(5) 組織変更の登記

ア 概要

旧農協法においては,出資農事組合法人から株式会社へ組織変更をすることができる旨の規定が置かれていた(旧農協法第73条の2)ところ,改正法においては,組織変更の対象を拡大し,以下のとおり,それぞれ組織変更をすることができるとされた。

㋐ 出資農協等(農協法第10条第1項第3号又は第10号の事業を行う農協組合を除く。)から株式会社への組織変更(同法第73条の2)

㋑ 非出資農協等から一般社団法人への組織変更(同法第77条)

㋒ 農業協同組合(組合員に出資をさせない農業協同組合,農協法第10条第1項第3号又は第10号の事業を行う農業協同組合及び都道府県の区域を超える区域を地区とする農業協同組合を除く。)から地域による消費生活協同組合への組織変更(同法第81条)

㋓ 農協組合(農協法第10条第1号第11号又は第12号の事業(これらの事業に附帯する事業を含む。)のみを行う農協組合であって,病院(医療法(昭和23年法律第205号)第1条の5第1項に規定する病院をいう。),医師若しくは歯科医師が常時勤務する診

療所（同法第1条の5第2項に規定する診療所をいう。）又は介護老人保健施設（介護保険法（平成9年法律第123号）第8条第28項に規定する介護老人保健施設をいう。）を開設するものに限る。）から社団である医療法人への組織変更（農協法第87条）
イ 組織変更の手続
　(ア) 株式会社への組織変更
　　株式会社への組織変更の手続は，以下のとおりとされた（農協法第4章第1節）。
　① 組織変更計画の作成（同法第73条の3第1項）
　　出資農協等が株式会社への組織変更をするには，組織変更計画を作成しなければならないとされた。
　　組織変更計画には，以下の事項を定めなければならないとされた（同条第4項各号）。
　(a) 組織変更後の株式会社（以下「組織変更後株式会社」という。）の目的，商号，本店の所在地及び発行可能株式総数
　(b) (a)に掲げるもののほか，組織変更後株式会社の定款で定める事項
　(c) 組織変更後株式会社の取締役の氏名
　(d) 次のⅰからⅲまでに掲げる場合の区分に応じ，当該ⅰからⅲまでに定める事項
　　ⅰ 組織変更後株式会社が会計参与設置会社である場合　組織変更後株式会社の会計参与の氏名又は名称
　　ⅱ 組織変更後株式会社が監査役設置会社（監査役の監査の範囲を会計に関するものに限定する旨の定款の定めがある株式会社を含む。）である場合　組織変更後株式会社の監査役の氏名
　　ⅲ 組織変更後株式会社が会計監査人設置会社である場合　組織変更後株式会社の会計監査人の氏名又は名称
　(e) 組織変更をする出資農協等の組合員等が組織変更に際して

取得する組織変更後株式会社の株式の数（種類株式発行会社にあっては，株式の種類及び種類ごとの数）又はその数の算定方法
(f) 組織変更をする出資農協等の組合員等に対する(e)の株式の割当てに関する事項
(g) 組織変更後株式会社が組織変更に際して組織変更をする出資農協等の組合員等に対してその持分に代わる金銭を支払うときは，その額又はその算定方法
(h) 組織変更をする出資農協等の組合員等に対する(g)の金銭の割当てに関する事項
(i) 組織変更後株式会社の資本金及び準備金に関する事項
(j) 組織変更がその効力を生ずる日（以下「組織変更効力発生日」という。）
(k) その他農林水産省令で定める事項
　　その他農林水産省令で定める事項とは，株式の譲渡の制限に関する方法とされた（農業協同組合法施行規則の一部を改正する省令による改正後の農業協同組合法施行規則第219条）。

② 組織変更計画の承認（同法第73条の3第1項，第2項）
　組織変更計画については，総会の特別決議により，その承認を受けなければならないとされた。
　また，組織変更に係る総会の通知は，組織変更計画の要領を添えて，総会の2週間前までに行わなければならないとされた（同法第73条の3第3項において読み替えて適用する同法第43条の6第1項及び第3項並びに第72条の28第1項）。
　なお，総代会を設けた農協組合においては，決議の内容を組合員等に通知しなければならないとされた（同法第73条の3第6項において準用する同法第48条の2）。

③ 債権者保護手続（同法第73条の3第6項において読み替えて

準用する同法第49条並びに第50条第1項及び第2項）

④　反対組合員等の持分払戻請求（同法第73条の4）

　　組織変更に反対する組合員等は，持分の払戻請求権を有し（同条第1項），定款の定めにかかわらず，その持分の全部の払戻しを請求することができるとされた（同条第4項）。

⑤　質権の所在及び知れている質権者への各別の通知（同法第73条の7）

　　出資農協等の持分を目的とする質権は，組織変更後に組合員等が割当てを受ける組織変更後株式会社の株式又は金銭の上に存在するものとされ（同条第1項），組織変更をする出資農協等は，組織変更の決議を行ったときは，当該決議の日から2週間以内に，その旨を出資農協等の持分を目的とする質権を有する者で知れているものに各別に通知しなければならないとされた（同条第2項）。

⑥　組織変更の効力発生（同法第73条の8）

　　組織変更をする出資農協等は，組織変更効力発生日に，株式会社となり（同条第1項），同日に，同法第73条の3第4項第1号及び第2号に掲げる事項の定めに従い，定款の変更をしたものとみなされ（同法第73条の8第2項），組合員等は，同日に，第73条の3第4項第6号に掲げる事項についての定めに従い，同項第5号の株主となるものとされた（同法第73条の8第3項）。

　　また，組織変更効力発生日の変更については，会社法第780条の規定を準用するとされた（農協法第73条の8条第5項）。

⑦　組織変更の登記（同法第73条の9）

　　組織変更をしたときは，組登令で定めるところにより登記をしなければならず，登記を必要とする事項は，登記の後でなければ，これをもって第三者に対抗することができないとされた。

⑧ 行政庁への届出（同法第73条の10）

出資農協等は，組織変更をしたときは，遅滞なく，その旨を行政庁に届け出なければならないとされた。

⑨ 組織変更に係る書面等の事後開示（同法第74条）

組織変更後株式会社は，債権者保護手続の経過，組織変更効力発生日その他組織変更に関する事項を記載し，又は記録した書面又は電磁的記録を，組織変更効力発生日から6か月間，本店に備え置かなければならないとされた（同条第1項）。

組織変更後株式会社の株主及び債権者は，当該書面の閲覧等の請求ができるとされた（同条第2項）。

(イ) 一般社団法人への組織変更

一般社団法人への組織変更の手続は，以下のとおりとされた（農協法第4章第2節）。

① 組織変更計画の作成（同法第78条第1項）

非出資農協等が一般社団法人への組織変更をするには，組織変更計画を作成しなければならないとされた。

組織変更計画は，以下の事項を定めなければならないとされた（同条第2項各号）。

(a) 組織変更後の一般社団法人（以下「組織変更後一般社団法人」という。）の一般法人法第11条第1項第1号から第3号まで及び第5号から第7号までに掲げる事項

(b) (a)に掲げるもののほか，組織変更後一般社団法人の定款で定める事項

(c) 組織変更後一般社団法人の理事の氏名

(d) 次のi又はiiに掲げる場合の区分に応じ，当該i又はiiに定める事項

　i 組織変更後一般社団法人が監事設置一般社団法人である場合　組織変更後一般社団法人の監事の氏名

　ii 組織変更後一般社団法人が会計監査人設置一般社団法人

である場合　組織変更後一般社団法人の会計監査人の氏名又は名称
   (e)　組織変更後一般社団法人の社員の氏名又は名称及び住所
   (f)　組織変更効力発生日
   (g)　その他農林水産省令で定める事項
② 組織変更計画の承認（農協法第78条第1項）
　　前記(ア)②と同様である。
③ 債権者保護手続（同法第80条において読み替えて準用する同法第49条並びに第50条第1項及び第2項）
④ 組織変更の効力発生（同法第79条）
　　組織変更をする非出資農協等は，組織変更効力発生日に，一般社団法人となり（同条第1項），同日に，同法第78条第2項第1号及び第2号に掲げる事項の定めに従い，定款の変更をしたものとみなされ（同法第79条第2項），組合員等は，同日に，同法第78条第2項第5号に掲げる事項についての定めに従い，組織変更後一般社団法人の社員となるとされた（同法第79条第3項）。
　　また，組織変更効力発生日の変更については，会社法第780条の規定を準用するとされた（農協法第80条において読み替えて準用する同法第73条の8第5項）。
⑤ 組織変更の登記（同法第80条において準用する同法第73条の9）
　　前記(ア)⑦と同様である。
⑥ 行政庁への届出（同法第80条において準用する同法第73条の10）
　　前記(ア)⑧と同様である。
⑦ 組織変更に係る書面等の事後開示（同法第80条において読み替えて準用する同法第74条）
　　前記(ア)⑨と同様である。

(ウ) 消費生活協同組合への組織変更

消費生活協同組合への組織変更の手続は，以下のとおりとされた（農協法第4章第3節）。

① 組織変更計画の作成（同法第82条第1項）

組合員に出資をさせる農業協同組合が消費生活協同組合への組織変更をするには，組織変更計画を作成しなければならないとされた。

組織変更計画には，以下の事項を定めなければならないとされた（同条第2項）。

(a) 組織変更後の消費生活協同組合（以下「組織変更後消費生活協同組合」という。）の消費生活協同組合法（昭和23年法律第200号）第26条第1項第1号から第7号まで及び第9号から第16号までに掲げる事項

(b) (a)に掲げるもののほか，組織変更後消費生活協同組合の定款で定める事項

(c) 組織変更後消費生活協同組合の理事及び監事の氏名

(d) 組織変更をする農業協同組合の組合員が組織変更に際して取得する組織変更後消費生活協同組合の出資の口数又はその口数の算定方法（組織変更後消費生活協同組合の組合員となることができない組織変更をする農業協同組合の組合員がある場合にあっては，当該組合員に対して支払う金銭の額又はその算定方法を含む。）

(e) 組織変更をする農業協同組合の組合員に対する(d)の出資の割当てに関する事項

(f) 組織変更後消費生活協同組合が組織変更に際して組織変更をする農業協同組合の組合員に対してその持分に代わる金銭を支払うときは，その額又はその算定方法

(g) 組織変更をする農業協同組合の組合員に対する(f)の金銭の割当てに関する事項

(h)　組織変更後消費生活協同組合の準備金に関する事項
　　　(i)　組織変更効力発生日
　　　(j)　その他主務省令で定める事項
　　　　(c)の理事の選任については，理事の定数の少なくとも3分の2は，組織変更後消費生活協同組合の組合員になろうとする者のうちから選任するものとし，理事及び監事の任期は，組織変更後最初の通常総会の日までとされた（農協法第82条第3項）。
　②　組織変更計画の承認（同法第82条第1項）
　　　前記(ｱ)②と同様である。
　③　債権者保護手続（同法第86条において読み替えて準用する同法第49条並びに第50条第1項及び第2項）
　④　反対組合員の持分払戻請求（同法第86条において準用する同法第73条の4）
　　　前記(ｱ)④と同様である。
　⑤　組合員の脱退（同法第83条）
　　　組織変更をする農業協同組合の組合員で，組織変更後消費生活協同組合の組合員となることができないものは，組織変更の日に当該農業協同組合を脱退したものとみなして，同法第22条第1項の規定を適用するとされた。
　⑥　都道府県知事の認可（同法第84条）
　　　組織変更は，都道府県知事の認可を受けなければ，その効力を生じないとされた。
　⑦　質権の所在及び知れている質権者への各別の通知（同法86条において読み替えて準用する同法第73条の7）
　　　農業協同組合の持分を目的とする質権は，組織変更後に組合員が有すべき消費生活協同組合法第21条の規定による払戻請求権，同法第52条の規定による割戻請求権及び組織変更後消費生活協同組合が解散した場合における財産分配請求権又は組織変

更により受けるべき金銭の上に存在するものとされ（同法法第86条において読み替えて準用する同法第73条の7第1項），組織変更をする農業協同組合は，組織変更の決議を行ったときは，当該決議の日から2週間以内に，その旨を農業協同組合の持分を目的とする質権を有する者で知れているものに各別に通知しなければならないとされた（同法第86条において準用する同法第73条の7第2項）。

⑧ 組織変更の効力発生（同法第85条）

組織変更をする農業協同組合は，組織変更効力発生日又は第84条第1項の都道府県知事の認可を受けた日のいずれか遅い日に，消費生活協同組合となり（同法第85条第1項），同日に，同法第82条第2項第1号及び第2号に掲げる事項の定めに従い，定款の変更をしたものとみなされ（同法第85条第2項），組合員（組織変更後消費生活協同組合の組合員となることができないものを除く。）は，同日に，同法第82条第2項第5号に掲げる事項についての定めに従い，組織変更後消費生活協同組合の組合員となるとされた（同法第85条第3項）。

また，組織変更効力発生日の変更については，会社法第780条の規定を準用するとされた（農協法第86条において読み替えて準用する同法第73条の8第5項）。

⑨ 組織変更の登記（同法第86条において準用する同法第73条の9）

前記(ｱ)⑦と同様である。

⑩ 組織変更に係る書面等の事後開示（同法第86条において読み替えて準用する同法第74条）

前記(ｱ)⑨と同様である。

(ｴ) 医療法人への組織変更

医療法人への組織変更の手続は，以下のとおりとされた（農協法第4章第4節）。

① 組織変更計画の作成（同法第88条第1項）

農協組合が医療法人への組織変更をするには，組織変更計画を作成しなければならないとされた。

組織変更計画には，以下の事項を定めなければならないとされた（同条第2項）。

(a) 組織変更後の医療法人（以下「組織変更後医療法人」という。）の医療法第44条第2項第1号から第7号まで及び第9号から第11号までに掲げる事項
(b) (a)に掲げるもののほか，組織変更後医療法人の定款で定める事項
(c) 組織変更後医療法人の理事及び監事の氏名
(d) 組織変更後医療法人の社員の氏名又は名称及び住所
(e) 組織変更後医療法人が組織変更に際して組織変更をする農協組合の組合員等に対してその持分に代わる金銭その他の財産を交付するときは，当該財産の内容及び数若しくは額又はこれらの算定方法
(f) 組織変更をする農協組合の組合員等に対する(e)の財産の割当てに関する事項
(g) 組織変更効力発生日
(h) その他主務省令で定める事項

② 組織変更計画の承認（農協法第88条第1項）

組織変更計画については，総組合員又は総会員の同意を受けなければならないとされた（同法88条第1項）。

③ 債権者保護手続（同法第92条において読み替えて準用する同法第49条並びに第50条第1項及び第2項）

④ 都道府県知事の認可（同法第89条第1項）

組織変更は，都道府県知事の認可を受けなければ，その効力を生じないとされた。

⑤ 質権の所在及び知れている質権者への各別の通知（同法92条

において読み替えて準用する同法第73条の7）

　　農協組合の持分を目的とする質権は，組織変更により組合員等が割当てを受ける金銭その他の財産の上に存在するものとされ（同法第92条において読み替えて準用する同法第73条の7第1項），組織変更をする農協組合は，組織変更の決議を行ったときは，当該決議の日から2週間以内に，その旨を農協組合の持分を目的とする質権を有する者で知れているものに各別に通知しなければならないとされた（同法第92条において準用する同法第73条の7第2項）。

⑥　組織変更の効力発生（同法第91条）

　　組織変更をする農協組合は，組織変更効力発生日又は第89条第1項の都道府県知事の認可を受けた日のいずれか遅い日に，医療法人となり（同条第1項），同日に，同法第88条第2項第1号及び第2号に掲げる事項の定めに従い，定款の変更をしたものとみなされ（同法第91条第2項），組織変更をする農協組合の組合員等は，同日に，同法第88条第2項第4号に掲げる事項についての定めに従い，組織変更後医療法人の社員となるとされた（同法第91条第3項）。

　　また，組織変更効力発生日の変更については，会社法第780条の規定を準用するとされた（農協法第92条において読み替えて準用する同法第73条の8第5項）。

⑦　組織変更の登記（同法第92条において準用する同法第73条の9）

　　前記㈠⑦と同様である。

⑧　組織変更に係る書面等の事後開示（同法第92条において読み替えて同法準用する第74条）

　　前記㈠⑨と同様である。

ウ　組織変更の登記

㈠　農協等が組織変更をしたときは，農協法第73条の3第4項第10

号，第78条第2項第6号，第85条第1項又は第91条第1項に規定する組織変更の効力発生日から，その主たる事務所又は本店の所在地においては2週間以内に，その従たる事務所又は支店の所在地においては3週間以内に，組織変更前の農協等については解散の登記をし，組織変更後の株式会社，一般社団法人，消費生活協同組合又は医療法人については設立の登記をしなければならないとされた（組登令第26条第5項）。

(イ) 組織変更後の株式会社，一般社団法人，消費生活協同組合又は医療法人についてする登記においては，組織変更前の農協等の成立の年月日，名称並びに組織変更をした旨及びその年月日をも登記しなければならないとされた（組登令第26条第6項において準用する商登法第76条）。

(ウ) 農協等が組織変更をした場合の農協等についての登記の申請と組織変更後の株式会社，一般社団法人，消費生活協同組合又は医療法人についての登記の申請とは，同時にしなければならないとされ，申請書の添付書面に関する規定は，組織変更前の農協等についての解散の登記の申請については，適用しないとされた。登記官は，組織変更による解散の登記の申請及び組織変更による設立の登記の申請のいずれかにつき商登法第24条各号のいずれかに掲げる事由があるときは，これらの申請を共に却下しなければならないとされた（組登令第26条第6項において準用する商登法第78条）。

(エ) 組織変更後株式会社についてする設立の登記の申請書の添付書面

組織変更後株式会社についてする設立の登記の申請書には，商登法第18条及び第46条に規定する書面のほか，次の書面を添付しなければならないとされた（組登令第26条第7項）。

① 組織変更計画書

② 定款

③ 農協等の総会の議事録
④ 組織変更後株式会社の取締役（組織変更後株式会社が監査役設置会社（監査役の監査の範囲を会計に関するものに限定する旨の定款の定めがある株式会社を含む。）である場合にあっては取締役及び監査役，組織変更後株式会社が監査等委員会設置会社である場合にあっては監査等委員である取締役及びそれ以外の取締役）が就任を承諾したことを証する書面
⑤ 組織変更後株式会社の会計参与又は会計監査人を定めたときは，商登法第54条第2項各号に掲げる書面
⑥ 株主名簿管理人を置いたときは，その者との契約を証する書面
⑦ 債権者保護手続関係書面（組登令第26条第11項において準用する同令第20条第2項及び第3項）

(オ) 組織変更後一般社団法人についてする設立の登記の申請書の添付書面

　組織変更後一般社団法人についてする設立の登記の申請書には，一般法人法第317条及び同法第330条において準用する商登法第18条に規定する書面のほか，次の書面を添付しなければならないとされた（組登令第26条第8項）。

① 組織変更計画書
② 定款
③ 組織変更後一般社団法人の理事及び監事が就任を承諾したことを証する書面
④ 会計監査人を選任したときは，次の書面
　(a) 就任を承諾したことを証する書面
　(b) 会計監査人が法人であるときは，当該法人の登記事項証明書。ただし，当該登記所の管轄区域内に当該法人の主たる事務所がある場合を除く。
　(c) 会計監査人が法人でないときは，その者が公認会計士であ

ることを証する書面
⑤ 債権者保護手続関係書面（組登令第26条第11項において準用する同令第20条第2項及び第3項）
(カ) 組織変更後消費生活協同組合についてする設立の登記の申請書の添付書面

組織変更後消費生活協同組合についてする設立の登記の申請書には，消費生活協同組合法第92条において準用する商登法第18条及び第19条に規定する書面のほか，次の書面を添付しなければならないとされた（組登令第26条第9項）。

① 組織変更計画書
② 定款
③ 出資の総口数及び総額を証する書面
④ 代表権を有する者の資格を証する書面
⑤ 債権者保護手続関係書面（組登令第26条第11項において準用する同令第20条第2項及び第3項）

(キ) 組織変更後医療法人についてする設立の登記の申請書の添付書面

組織変更後医療法人についてする設立の登記の申請書には，組登令第25条において準用する商登法第18条及び第19条に規定する書面のほか，次の書面を添付しなければならないとされた（組登令第26条第10項）。

① 組織変更計画書
② 定款
③ 代表権を有する者の資格を証する書面
④ 資産の総額を証する書面
⑤ 債権者保護手続関係書面（組登令第26条第11項において準用する同令第20条第2項及び第3項）

エ 組織変更の無効の訴え

農協等の組織変更の無効の訴えについては，会社法の規定を準用

するとされ（農協法第75条，第80条，第86条及び第92条），当該訴えに係る請求を認容する判決が確定した場合のその登記の嘱託については，組登令第14条第2項及び第3項の規定を準用するとされた（組登令第26条第6項）。

オ　登記の記録

農協等の組織変更に係る登記の記録は，別紙記録例6による。

カ　登録免許税

農協法施行令等改正等政令により登録免許税法施行令（昭和42年政令第146号）第10条第2号が改正され，登録免許税法（昭和42年法律第35号）第17条の2に規定する政令で定める者として，農事組合法人に加えて，農協組合が加えられた。

農協等が，組織変更をして株式会社になる場合における組織変更による株式会社の設立の登記に係る登録免許税の額は，資本金の額に税率を1,000分の7として計算した額（当該金額が15万円に満たないときは，15万円）とされた。

7　森林組合法（昭和53年法律第36号）の規定に基づく権利義務の承継の登記について

農協等の登記につき組登令によるとされたことに伴い，組登令に権利義務の承継の登記についての一般規定が置かれ（組登令第8条第2項，第13条ただし書及び第25条），森林組合法の規定に基づく権利義務の承継の登記についての特則（旧組登令第26条第2項及び第3項）は全部改正されたが，森林組合法の規定に基づく権利義務の承継の登記に関する取扱いについては，従前と同様である。

第2　中央会等登記令に基づく登記

中央会等登記令は，改正法附則第16条第1項（改正法附則第25条，第35条及び第39条において準用する場合を含む。）の規定に基づき，都道府県農業協同組合中央会から農業協同組合連合会への組織変更又は全国農業協同組合中央会から一般社団法人への組織変更（1(1)イ）及び都道府県農業会議又は全国農業会議所から一般社団法人への組織変更（2(1)イ）につい

て，登記の手続及びその添付書面を定める政令として制定されたものである。
1 農業協同組合中央会の制度の廃止
 (1) 概要
  ア 農業協同組合中央会の制度の廃止
   改正法により旧農協法第3章（第73条の15から第73条の48まで）の規定は削除され，農業協同組合中央会の制度は廃止されたが，旧農協法の規定により設立された農業協同組合中央会であって改正法の施行の際現に存するものは，施行日以後も，なお存続するものとされた（改正法附則第9条）。そして，なお存続するものとされた農業協同組合中央会（以下「存続中央会」という。）については，旧農協法の規定（第73条の17，第73条の21，第73条の34第3項及び第5項，第73条の42，第3章第5節並びに第73条の48第2項を除く。）は，存続中央会が解散した場合又は改正法附則第27条第1項の規定により解散したものとみなされた場合にあってはその清算結了の登記の時，改正法附則第12条又は第21条の規定より組織変更をする場合にあってはその組織変更の効力が生ずる時までの間は，なおその効力を有するとされた（改正法附則第10条）。
  イ 農業協同組合連合会又は一般社団法人への組織変更
   改正法の施行日から起算して3年6か月を経過するまでの間（以下「移行期間」という。），改正法附則第9条の規定によりなお存続するものとされた都道府県農業協同組合中央会（以下「存続都道府県中央会」という。）は農業協同組合連合会（会員に出資をさせないものに限る。）に，同条の規定によりなお存続するものとされた全国農業協同組合中央会（以下「存続全国中央会」という。）は一般社団法人に，それぞれ組織変更をすることができるとされた（改正法附則第12条，第21条）。移行期間の満了の日に現に存する存続中央会については，同日に解散したものとみなされるとされた（改正法附則第27条）。

(2) 組織変更の手続
　ア　存続都道府県中央会から農業協同組合連合会への組織変更
　　存続都道府県中央会から農業協同組合連合会への組織変更の手続は，以下のとおりとされた。
　　(ア)　組織変更計画の作成（改正法附則第13条第1項）
　　　存続都道府県中央会が組織変更をするには，組織変更計画を作成しなければならないとされた。
　　　① 　組織変更計画には，以下の事項を定めなければならないとされた（同条第4項各号）。
　　　　(a)　組織変更後の農業協同組合連合会の農協法第28条第1項第1号から第5号まで，第7号及び第10号から第12号までに掲げる事項
　　　　(b)　(a)に掲げるもののほか，組織変更後の農業協同組合連合会の定款で定める事項
　　　　(c)　組織変更後の農業協同組合連合会の理事（農協法第30条の2第5項に規定する経営管理委員設置組合にあっては，経営管理委員）及び監事の氏名
　　　　(d)　組織変更後の農業協同組合連合会の会員の名称及び住所
　　　　(e)　組織変更がその効力を生ずべき日
　　　　(f)　その他農林水産省令で定める事項
　　　　　(c)の理事（農協法第30条の2第5項に規定する経営管理委員設置組合にあっては，経営管理委員）及び監事の任期は，組織変更後最初に招集される通常総会の終了の時までとされた（改正法附則第13条第7項）。
　　　② 　組織変更計画を定める場合には，前記①(a)に掲げる事項のうち農協法第28条第1項第1号に掲げる事項についての定めは，組織変更後の農業協同組合連合会が次に掲げる事業の一部又は全部を行うことを内容とするものでなければならないとされた（改正法附則第13条第5項各号）。

(a) 会員である農協組合の組織，事業及び経営に関する相談に応ずること。
(b) 会員である農協組合の求めに応じて監査を行うこと。
(c) 会員である農協組合の意見を代表すること。
(d) 会員である農協組合相互間の総合調整を行うこと。
(e) 前各号の事業に附帯する事業

(イ) 組織変更計画の承認（改正法附則第13条第1項から第3項まで）

　　組織変更計画については，旧農協法第73条の43第2項の規定の例による総会の特別決議により，その承認を受けなければならないとされた（改正法附則第13条第1項，第2項）。

　　また，組織変更に係る総会の通知は，組織変更計画の要領を添えて，総会の2週間前までに行わなければならないとされた（同条第3項において読み替えて適用する旧農協法第73条の43第3項において準用する旧農協法第43条の6第1項及び第3項）。

(ウ) 債権者保護手続（改正法附則第13条第8項において読み替えて準用する農協法第49条並びに第50条第1項及び第2項）

(エ) 農林水産大臣の認可（改正法附則第14条）

　　組織変更は，農林水産省令で定めるところにより，農林水産大臣の認可を受けなければ，その効力を生じないとされた。

(オ) 組織変更の効力発生（改正法附則第15条）

　　組織変更をする存続都道府県中央会は，組織変更がその効力を生ずべき日又は改正法附則第14条第1項の認可を受けた日のいずれか遅い日に，農業協同組合連合会となり（改正法附則第15条第1項），同日に，改正法附則第13条第4項第1号及び第2号に掲げる事項についての定めに従い，定款の変更をしたものとみなされ（改正法附則第15条第2項），組織変更をする存続都道府県中央会の会員は，同日に，改正法附則第13条第4項第4号に掲げる事項についての定めに従い，組織変更後の農業協同組合連合会の

会員となるとされた（改正法附則第15条第3項）。

　また，組織変更がその効力を生ずべき日の変更については，会社法第780条の規定を準用するとされた（改正法附則第15条第4項）。

(カ) 組織変更の登記（改正法附則第16条）

　存続都道府県中央会が組織変更をしたときは，中央会等登記令で定めるところにより登記をしなければならず，登記を必要とする事項は，登記の後でなければ，これをもって第三者に対抗することができないとされた。

(キ) 名称使用の特例（改正法附則第18条）

　組織変更後の農業協同組合連合会は，改正法附則第13条第5項に規定する事業の全部又は一部のみを行うことその他の農林水産省令で定める要件に該当するものである間は，農協法第3条第1項の規定にかかわらず，その名称中に，「農業協同組合連合会」という文字に代えて，引き続き「農業協同組合中央会」という文字を用いることができるとされた。

イ　存続全国中央会から一般社団法人への組織変更

　存続全国中央会から一般社団法人への組織変更の手続は，以下のとおりとされた。

(ア) 組織変更計画の作成（改正法附則第22条第1項）

　存続全国中央会が組織変更をするには，組織変更計画を作成しなければならないとされた。

① 組織変更計画には，以下の事項を定めなければならないとされた（改正法附則第22条第2項各号）。

(a) 組織変更後の一般社団法人の一般法人法第11条第1項第1号から第3号まで及び第5号から第7号までに掲げる事項

(b) (a)に掲げるもののほか，組織変更後の一般社団法人の定款で定める事項

(c) 組織変更後の一般社団法人の理事の氏名

(d) 次のⅰ又はⅱに掲げる場合の区分に応じ，当該ⅰ又はⅱに定める事項
　ⅰ　組織変更後の一般社団法人が監事設置一般社団法人である場合　当該一般社団法人の監事の氏名
　ⅱ　組織変更後の一般社団法人が会計監査人設置一般社団法人である場合　当該一般社団法人の会計監査人の氏名又は名称
(e) 組織変更後の一般社団法人の社員の名称及び住所
(f) 組織変更がその効力を生ずる日
(g) その他農林水産省令で定める事項

② 組織変更計画を定める場合には，前記①(a)に掲げる事項のうち一般法人法第11条第1項第1号に掲げる事項についての定めは，組織変更後の一般社団法人が次に掲げることを主たる目的とするものでなければならないとされた（改正法附則第22条第3項各号）。

(a) 社員である農協組合の意見を代表すること。
(b) 社員である農協組合相互間の総合調整を行うこと。

(イ) 組織変更計画の承認（改正法附則第22条第1項）

組織変更計画については，旧農協法第73条の43第2項の規定の例による総会の特別決議により，その承認を受けなければならないとされた（改正法附則第25条において準用する改正法附則第13条第2項）。

また，組織変更に係る総会の通知については，前記ア(イ)と同様である（改正法附則第25条において準用する改正法附則第13第3項において読み替えて適用する旧農協法第73条の43第3項において準用する旧農協法第43条の6第1項及び第3項）。

(ウ) 債権者保護手続（改正法附則第25条において準用する改正法附則第13条第8項において読み替えて準用する農協法第49条並びに第50条第1項及び第2項）

㈎　組織変更の効力発生（改正法附則第23条）

組織変更をする存続全国中央会は，組織変更がその効力を生ずる日に，一般社団法人となり（改正法附則第23条第1項），同日に，改正法附則第22条第2項第1号及び第2号に掲げる事項についての定めに従い，定款の変更をしたものとみなされ（改正法附則第23条第2項），組織変更をする存続全国中央会の会員は，同日に，改正法附則第22条第2項第5号に掲げる事項についての定めに従い，組織変更後の一般社団法人の社員となるとされた（改正法附則第23条第3項）。

また，組織変更がその効力を生ずる日の変更については，前記ア㈥と同様である（改正法附則第25条において読み替えて準用する改正法附則第15条第4項）。

㈥　組織変更の登記（改正法附則第25条において準用する改正法附則第16条）

前記ア㈲と同様である。

㈲　名称使用の特例（改正法附則第26条）

組織変更後の一般社団法人は，改正法附則第22条第3項各号に掲げることを主たる目的とすることその他の農林水産省令で定める要件に該当するものである間は，農協法第3条第2項の規定にかかわらず，その名称中に，引き続き「全国農業協同組合中央会」という文字を用いることができるとされた。

ウ　存続中央会のみなし解散（改正法附則第27条）

移行期間の満了の日に現に存する存続中央会は，同日に解散したものとみなすとされた（改正法附則第27条第1項）。

この場合には，農林水産大臣は，移行期間の満了後遅滞なく，当該存続中央会の主たる事務所の所在地を管轄する登記所に解散の登記を嘱託しなければならないとされた（改正法附則第27条第2項）。

なお，この場合の登記手続については，旧農協法の規定による（改正法附則第10条）。

(3) 組織変更の登記

ア 存続都道府県中央会から農業協同組合連合会への組織変更の登記

(ア) 存続都道府県中央会が改正法附則第13条第1項に規定する組織変更をしたときは，改正法附則第15条第1項に規定する効力発生日から，その主たる事務所の所在地においては2週間以内に，その従たる事務所の所在地においては3週間以内に，組織変更前の存続都道府県中央会については解散の登記をし，組織変更後の農業協同組合連合会については設立の登記をしなければならないとされた（中央会等登記令第1条第1項）。

(イ) 組織変更後の農業協同組合連合会についてする設立の登記においては，組織変更前の存続都道府県中央会の成立の年月日，名称並びに組織変更をした旨及びその年月日をも登記しなければならないとされた（中央会等登記令第1条第2項において準用する商登法第76条）。

(ウ) 存続都道府県中央会が組織変更をした場合の存続都道府県中央会についての解散の登記の申請と組織変更後の農業協同組合連合会についての設立の登記の申請とは，同時にしなければならないとされ，申請書の添付書面に関する規定は，組織変更前の存続都道府県中央会についての解散の登記の申請については，適用しないとされた。また，登記官は，組織変更による解散の登記及び組織変更による設立の登記のいずれかにつき商登法第24条各号のいずれかに掲げる事由があるときは，これらの申請を共に却下しなければならないとされた（中央会等登記令第1条第2項において準用する商登法第78条）。

(エ) 組織変更後の農業協同組合連合会についてする設立の登記の申請書の添付書面

組織変更後の農業協同組合連合会についてする設立の登記の申請書には，商登法第18条及び第19条に規定する書面のほか，次に掲げる書面を添付しなければならないとされた（中央会等登記令

第1条第3項各号)。

① 組織変更計画書
② 定款
③ 代表権を有する者の資格を証する書面
④ 債権者保護手続関係書面

(オ) 組織変更前の存続都道府県中央会がする各種の登記の手続については，従前と同様，旧農協法の規定によるとされた（改正法附則第10条)。

イ 存続全国中央会から一般社団法人への組織変更の登記

(ア) 存続全国中央会が改正法附則第22条第1項に規定する組織変更をしたときは，同条第2項第6号に規定する効力発生日から，その主たる事務所の所在地においては2週間以内に，その従たる事務所の所在地においては3週間以内に，組織変更前の存続全国中央会については解散の登記をし，組織変更後の一般社団法人については設立の登記をしなければならないとされた（中央会等登記令第2条第1項)。

(イ) 組織変更の一般社団法人についてする登記においては，組織変更前の存続全国中央会の成立の年月日，名称並びに組織変更をした旨及びその年月日をも登記しなければならないとされた（中央会等登記令第2条第2項において準用する商登法第76条)。

(ウ) 存続全国中央会が組織変更をした場合の存続全国中央会についての解散の登記の申請と組織変更後の一般社団法人についての設立の登記の申請とは，同時にしなければならないとされ，申請書の添付書面に関する規定は，組織変更前の存続全国中央会についての解散の登記の申請については，適用しないとされた。また，登記官は，組織変更による解散の登記及び組織変更による設立の登記のいずれかにつき商登法第24条各号のいずれかに掲げる事由があるときは，これらの申請を共に却下しなければならないとされた（中央会等登記令第2条第2項において準用する商登法第78

条)。

　　㈦　組織変更後の一般社団法人についてする設立の登記の申請書の添付書面

　　　　組織変更後の一般社団法人についてする設立の登記の申請書には，一般法人法第317条及び同法第330条において準用する商登法第18条に規定する書面のほか，次に掲げる書面を添付しなければならないとされた（中央会等登記令第2条第3項各号）。

　　　① 組織変更計画書
　　　② 定款
　　　③ 組織変更後の一般社団法人の理事及び監事が就任を承諾したことを証する書面
　　　④ 会計監査人を選任したときは，次に掲げる書面
　　　　(a) 就任を承諾したことを証する書面
　　　　(b) 会計監査人が法人であるときは，当該法人の登記事項証明書。ただし，当該登記所の管轄区域内に当該法人の主たる事務所がある場合を除く。
　　　　(c) 会計監査人が法人でないときは，その者が公認会計士であることを証する書面
　　　⑤ 債権者保護手続関係書面
　　㈥　組織変更前の存続全国中央会がする各種の登記の手続については，従前と同様，旧農協法の規定によるとされた（改正法附則第10条）。

2　都道府県農業会議及び全国農業会議所の制度の廃止等
　(1)　概要
　　ア　都道府県農業会議及び全国農業会議所の制度の廃止
　　　　改正法により旧農業委員会法第3章（第36条から第55条まで）及び第4章（第56条から第90条まで）の規定は削除され，都道府県農業会議及び全国農業会議所の制度は廃止された。
　　イ　一般社団法人への組織変更

都道府県農業会議及び全国農業会議所は,改正法の施行日に一般社団法人に組織変更をすることができるとされた(改正法附則第32条及び第36条)。

ウ　農業委員会ネットワーク機構の指定

都道府県知事又は農林水産大臣は,農業委員会相互の連絡調整,情報提供等によるネットワークの構築及び当該ネットワークを活用した業務の実施を通じて農業委員会の事務の効率的かつ効果的な実施に資することを目的とする一般社団法人又は一般財団法人であって,農業委員会法第43条第1項又は第2項に規定する業務を適正かつ確実に行うことができると認められるものを,全国又は都道府県にそれぞれ一を限って,農業委員会ネットワーク機構に指定することができるとされた(同法第42条第1項)。

エ　農業委員会ネットワーク機構の指定に関する準備行為

農業委員会法第42条第1項の規定による指定については,改正法の施行前においても,農林水産省令の定めるところにより,これをすることができ(改正法附則第31条第1項),農林水産大臣又は都道府県知事は,当該申請があった場合には,改正法の施行前においても,農業委員会法第42条の規定の例により,同条第1項の規定による指定をすることができるとされた(改正法附則第31条第2項)。

都道府県農業会議又は全国農業会議所が同条第1項の申請を行う場合には,都道府県農業会議又は全国農業会議所を一般社団法人とみなして,農業委員会法第42条第1項の規定を適用するとされた(改正法附則第31条第3項)。

オ　都道府県農業会議及び全国農業会議所の解散

改正法の施行日までの間に前記エによる指定を受けず,又は指定を受けた後に組織変更を中止した都道府県農業会議又は全国農業会議所は,改正法の施行日の前日に解散するとされた(改正法附則第40条第1項)。

(2) 組織変更の手続

ア　都道府県農業会議から一般社団法人への組織変更

　都道府県農業会議から一般社団法人への組織変更の手続は，以下のとおりとされた。

　なお，都道府県農業会議は，前記(1)オのとおり，改正法施行日までの間に改正法附則第31条第2項の規定による指定（前記(1)エ）を受けず，又は当該指定を受けた後に組織変更を中止したときは，改正法の施行日の前日に解散するとされたことから，組織変更をするには，当該指定を受けなければならないこととなる。

(ｱ)　組織変更計画の作成（改正法附則第33条第1項）

　都道府県農業会議が組織変更をするには，組織変更計画を作成しなければならないとされた。

　組織変更計画には，以下の事項を定めなければならないとされた（改正法附則第33条第2項各号）。

① 　組織変更後の一般社団法人の一般法人法第11条第1項第1号から第3号まで及び第5号から第7号までに掲げる事項
② 　①に掲げるもののほか，組織変更後の一般社団法人の定款で定める事項
③ 　組織変更後の一般社団法人の理事の氏名
④ 　次の(a)又は(b)に掲げる場合の区分に応じ，当該(a)又は(b)に定める事項
　(a)　組織変更後の一般社団法人が監事設置一般社団法人である場合　当該一般社団法人の監事の氏名
　(b)　組織変更後の一般社団法人が会計監査人設置一般社団法人である場合　当該一般社団法人の会計監査人の氏名又は名称
⑤ 　組織変更後の一般社団法人の社員の氏名又は名称及び住所
⑥ 　その他農林水産省令で定める事項

　その他農林水産省令で定める事項とは，以下のとおりとされた（農業委員会等に関する法律施行規則の一部を改正する省令（平成27年農林水産省令第79号）附則第3条）。

(a) 組織変更後の一般社団法人が剰余金の配分を行わない旨
　　　(b) 組織変更後の一般社団法人が解散したときは，その残余財産が国，地方公共団体等に帰属する旨
　　　(c) 組織変更後の一般社団法人の各理事（清算人を含む。）について，当該理事の配偶者，3親等以内の親族等の合計数の理事の総数に占める割合が3分の1以下でなければならない旨
　(イ) 組織変更計画の承認（改正法附則第33条第1項）

　　組織変更計画については，旧農業委員会法第51条第2項の規定の例による総会の特別決議により，その承認を受けなければならないとされた（改正法附則第35条において読み替えて準用する改正法附則第13条第2項）。

　　また，組織変更に係る総会の通知については，その総会の日の2週間前までに，総会に付議すべき事項及び組織変更の要領を示し，農林水産省令で定める方法に従ってしなければならないとされた（改正法附則第33条第3項）。

　(ウ) 債権者保護手続（改正法附則第35条において読み替えて準用する改正法附則第13条第8項において読み替えて準用する農協法第49条第1項及び第2項（第2号を除く。）並びに第50条第1項及び第2項）

　(エ) 組織変更の効力発生（改正法附則第34条）

　　組織変更をする都道府県農業会議は，改正法の施行日に，一般社団法人となるとされ（改正法附則第34条第1項），同日に，改正法附則第33条第2項第1号及び第2号に掲げる事項についての定めに従い，当該事項に係る会則の変更をしたものとみなされ，この場合においては，当該会則を組織変更後の一般社団法人の定款とみなすとされた（改正法附則第34条第2項）。

　　組織変更をする都道府県農業会議の会議員及び賛助員は，同日に，改正法附則第33条第2項第5号に掲げる事項についての定め

に従い，組織変更後の一般社団法人の社員となるとされた（改正法附則第34条第3項）。

(ｵ) 組織変更の登記（改正法附則第35条において準用する改正法附則第16条）

前記1(2)ア(ｶ)と同様である。

イ 全国農業会議所から一般社団法人への組織変更

全国農業会議所から一般社団法人への組織変更の手続は，以下のとおりとされた。

なお，全国農業会議所は，前記(1)オのとおり，改正法の施行日までの間に改正法附則第31条第2項の規定による指定（前記(1)エ）を受けず，又は当該指定を受けた後に組織変更を中止したときは，改正法の施行日の前日に解散するとされたことから，組織変更をするには，当該指定を受けなければならないこととなる。

(ｱ) 組織変更計画の作成（改正法附則第37条第1項）

全国農業会議所が組織変更をするには，組織変更計画を作成しなければならないとされた。

組織変更計画には，以下の事項を定めなければならないとされた（改正法附則第37条第2項各号）。

① 組織変更後の一般社団法人の一般法人法第11条第1項第1号から第3号まで及び第5号から第7号までに掲げる事項

② ①に掲げるもののほか，組織変更後の一般社団法人の定款で定める事項

③ 組織変更後の一般社団法人の理事の氏名

④ 次の(a)又は(b)に掲げる場合の区分に応じ，当該(a)又は(b)に定める事項

　(a) 組織変更後の一般社団法人が監事設置一般社団法人である場合　当該一般社団法人の監事の氏名

　(b) 組織変更後の一般社団法人が会計監査人設置一般社団法人である場合　当該一般社団法人の会計監査人の氏名又は名称

⑤ 組織変更後の一般社団法人の社員の氏名又は名称及び住所
⑥ その他農林水産省令で定める事項
　前記ア(ア)⑥と同様である。

(イ) 組織変更計画の承認（改正法附則第37条第1項）

　組織変更計画については，旧農業委員会法第76条の規定の例による総会の特別決議により，その承認を受けなければならないとされた（改正法附則第39条において読み替えて準用する改正法附則第13条第2項）。

　また，組織変更に係る総会の通知については，その総会の日の2週間前までに，総会に付議すべき事項及び組織変更の要領を示し，農林水産省令で定める方法に従ってしなければならないとされた（改正法附則第37条第3項）。

(ウ) 債権者保護手続（改正法附則第39条において読み替えて準用する改正法附則第13条第8項において読み替えて準用する農協法第49条第1項及び第2項（第2号を除く。）並びに第50条第1項及び第2項）

(エ) 組織変更の効力発生（改正法附則第38条）

　組織変更をする全国農業会議所は，改正法の施行日に，一般社団法人となるとされ（改正法附則第38条第1項），同日に，改正法附則第37条第2項第1号及び第2号に掲げる事項についての定めに従い，当該事項に係る定款の変更をしたものとみなされ（改正法附則第38条第2項），組織変更をする全国農業会議所の会員は，同日に，改正法附則第37条第2項第5号に掲げる事項についての定めに従い，組織変更後の一般社団法人の社員となるとされた（改正法附則第38条第3項）。

(オ) 組織変更の登記（改正法附則第39条において準用する改正法附則第16条）

　前記1(2)ア(カ)と同様である。

(3) 都道府県農業会議又は全国農業会議所から一般社団法人への組織変

更の登記

ア　都道府県農業会議又は全国農業会議所が改正法附則第33条第1項又は第37条第1項に規定する組織変更をしたときは，改正法の施行の日から2週間以内に，その主たる事務所の所在地において，組織変更後の一般社団法人について設立の登記をしなければならないとされた（中央会等登記令第3条第1項，第4条第1項）。

　　なお，都道府県農業会議及び全国農業会議所については，登記を要する法人ではないので，解散の登記は要しない。

イ　組織変更後の一般社団法人についてする登記においては，組織変更前の都道府県農業会議又は全国農業会議所の成立の年月日，名称並びに組織変更をした旨及びその年月日をも登記しなければならないとされた（中央会等登記令第3条第2項及び第4条第2項において準用する商登法第76条）。

　　なお，組織変更前の都道府県農業会議又は全国農業会議所の成立の年月日については，申請人から都道府県が発行した認可証の写し又は都道府県が認可したことを公告したことを証する書面の写し等の提示又は提出を受け，登記官が職権で登記するものとする。

ウ　組織変更後の一般社団法人についてする設立の登記の申請書の添付書面

　　組織変更後の一般社団法人についてする設立の登記の申請書には，一般法人法第317条及び同法第330条において準用する商登法第18条に規定する書面のほか，次に掲げる書面を添付しなければならないとされた（中央会等登記令第3条第3項各号，第4条第3項各号）。

①　改正法附則第31条第2項の規定による指定（前記(1)エ）を受けたことを証する書面（別紙2及び3参照）

②　組織変更計画書

③　定款

④　組織変更後の一般社団法人の理事及び監事が就任を承諾したこ

とを証する書面
　⑤　会計監査人を選任したときは，次に掲げる書面
　　(a)　就任を承諾したことを証する書面
　　(b)　会計監査人が法人であるときは，当該法人の登記事項証明書。ただし，当該登記所の管轄区域内に当該法人の主たる事務所がある場合を除く。
　　(c)　会計監査人が法人でないときは，その者が公認会計士であることを証する書面
　⑥　債権者保護手続関係書面
第3　貯金保険法に基づく登記
　1　概要
　　農水産業協同組合（貯金保険法第2条第1項各号に掲げる者をいう。）については，普通出資の総口数の2分の1を超えて優先出資を発行することはできないとされているところ（協同組織金融機関の優先出資に関する法律（平成5年法律第44号。以下「優先出資法」という。）第4条第2項），主務大臣が農水産業協同組合に対し，我が国又は当該農水産業協同組合が業務を行っている地域の信用秩序の維持に極めて重大な支障が生ずるおそれがあるとして，当該農水産業協同組合の自己資本の充実のために行う農水産業協同組合貯金保険機構（貯金保険法第2章参照）による優先出資の引受け等の措置を講ずる必要がある旨の認定を行った場合には，優先出資法第4条第2項の規定を適用せず，普通出資の2分の1を超えて優先出資を発行することができるとされ（貯金保険法第101条の2第1項），当該優先出資の発行による変更の登記においては，政令で定めるところにより，その旨をも登記しなければならないとされた（同条第2項）。
　2　登記の特例
　　農協法施行令等改正等政令により，農水産業協同組合貯金保険法施行令（昭和48年政令第201号）第34条の2が新設され，貯金保険法第101条の2第2項の規定により農水産業協同組合が同法第100条第3項の規定

による決定に従った優先出資の発行による変更の登記を行う場合における協同組織金融機関の優先出資に関する法律施行令（平成5年政令第398号）第14条の規定の適用については，同条各号に掲げる書面のほか，貯金保険法第100条第3項の規定による決定に従った優先出資の発行であることを証する書面を添付しなければならないとされた。

この書面には，優先出資の引受けの申込み及び払込みを証する書面に農林水産大臣が貯金保険法第100条第3項の規定による決定に従ったものである旨の認証をしたものが該当する。

なお，この場合の登記の記録例は別紙記録例7による。

〔別紙記録例〕
1　設立の登記

会社法人等番号	0000-00-000000
名　称	何農業協同組合
主たる事務所	東京都千代田区霞が関一丁目1番1号
法人成立の年月日	平成何年何月何日
目的等	何何
役員に関する事項	何県何市何町何番地 代表理事　　　　何　某
代理人等に関する事項	何県何市何町何番地 参事　　　　　　何　某 事務所　何県何市何町何番地
従たる事務所	1 何県何市何町何番地
	2 何県何市何町何番地
公告の方法	電子公告の方法により行う。 ｈｔｔｐ：／／〇〇〇〇／・・・
出資1口の金額	金何円
出資の総口数	何口
払込済出資総額	金何万円
出資払込の方法	出資は全額を一時に払い込むものとする。
地　区	何県何市の区域
存続期間	平成〇〇年〇〇月〇〇日まで
解散の事由	社員が何名以下となった場合には、解散する。
登記記録に関する事項	設立 　　　　　　　　　　　平成〇〇年〇〇月〇〇日登記

※　組登令第2条第2項，別表

2 移行の登記

(1) 出資組合へ移行する場合

出資1口の金額	金何円	
	出資組合へ移行	平成○○年○○月○○日登記
出資の総口数	何口	
	出資組合へ移行	平成○○年○○月○○日登記
払込済出資総額	金何円	
	出資組合へ移行	平成○○年○○月○○日登記
出資払込の方法	出資は全額を一時に払い込むものとする。	
	出資組合へ移行	平成○○年○○月○○日登記

※ 農協法第54条の4（第73条第2項において準用される場合を含む。）

(2) 非出資組合に移行する場合

出資1口の金額	<u>金何円</u>
	非出資組合へ移行により抹消 平成○○年○○月○○日登記
出資の総口数	<u>何口</u>
	非出資組合へ移行により抹消 平成○○年○○月○○日登記
払込済出資総額	<u>金何円</u>
	非出資組合へ移行により抹消 平成○○年○○月○○日登記
出資払込の方法	<u>出資は全額を一時に払い込むものとする。</u>
	非出資組合へ移行により抹消 平成○○年○○月○○日登記

※ 農協法第54条の5（第73条第2項において準用される場合を含む。）

3　みなし解散の登記

解　散	平成〇〇年〇〇月〇〇日農業協同組合法第64条の2第1項の規定により解散 　　　　　　　　　　　　　　　　平成〇〇年〇〇月〇〇日登記

※　農協法第64条の4（第73条第4項において準用される場合を含む。）
※　農事組合法人の場合には，「平成〇〇年〇〇月〇〇日農業協同組合法第73条第4項において準用する同法第64条の2第1項の規定により解散」とする。

4　継続の登記

法人継続	平成〇〇年〇〇月〇〇日法人継続 　　　　　　　　　　　　　　平成〇〇年〇〇月〇〇日登記

※　農協法第64条の3（第73条第4項において準用される場合を含む。）

5　新設分割の登記
(1)　新設分割設立農協組合（主たる事務所の所在地でする場合）

会社法人等番号	０００○－００－○○○○○○
名　称	Ｂ農業協同組合
主たる事務所	東京都千代田区霞が関一丁目１番１号
法人成立の年月日	平成２８年６月１日
（略）	（略）
登記記録に関する事項	東京都千代田区霞が関一丁目１番１号Ａ農業協同組合から分割により設立 　　　　　　　　　　　　　　　平成２８年６月１日登記

（新設分割設立農協組合の従たる事務所の所在地で登記する場合）

名　称	Ｂ農業協同組合
主たる事務所	東京都千代田区霞が関一丁目１番１号
法人成立の年月日	平成２８年６月１日
従たる事務所	１ 東京都港区北青山何丁目何番何号
登記記録に関する事項	平成２８年６月１日東京都千代田区霞が関一丁目１番１号Ａ農業協同組合から分割により設立 　　　　　　　　　　　　　　　平成２８年６月８日登記

(2) 新設分割農協組合（主たる事務所の所在地でする場合）

| 法人分割 | 平成２８年６月１日東京都千代田区霞が関一丁目１番１号Ｂ農業協同組合に分割
　　　　　　　　　　　　　　　　　　　　平成２８年６月８日登記 |

（新設分割農協組合における出資の総口数及び払込済出資総額の変更）

出資の総口数	何口	
	何口　　　平成２８年６月１日変更　　　平成２８年６月８日登記	
払込済出資総額	金何万円	
	金何万円　　平成２８年６月１日変更　　　平成２８年６月８日登記	

※　農協法第70条の3

(3) 新設分割の無効による登記
(新設分割設立農協組合)

登記記録に関する事項	平成28年12月1日東京地方裁判所の分割無効の判決確定により解散 　　　　　　　　　　　　　　　　　　　　平成28年12月8日登記 　　　　　　　　　　　　　　　　　　　　平成28年12月8日閉鎖

(新設分割農協組合)

出資の総口数	何口
	何口 　　　　平成28年6月1日変更　　　　　平成28年6月8日登記
	何口 　　　平成28年12月1日東京地方裁判 　　　所の分割無効の判決確定により変更　平成28年12月8日登記
払込済出資総額	金何万円
	金何万円 　　　　平成28年6月1日変更　　　　　平成28年6月8日登記
	金何万円 　　　平成28年12月1日東京地方裁判 　　　所の分割無効の判決確定により変更　平成28年12月8日登記

法人分割	平成28年6月1日東京都千代田区霞が関一丁目1番1号B農業協同組合に分割 　　　　　　　　　　　　　　　　　　　　　平成28年6月8日登記
	平成28年12月1日東京地方裁判所の分割無効の判決確定 　　　　　　　　　　　　　　　　　　　　　平成28年12月8日登記

※　農協法第70条の7

6　組織変更の登記
　(1)　株式会社への組織変更
　　　ア　株式会社についてする設立の登記

会社法人等番号	0000-00-000000
商　　号	○○株式会社
本　　店	東京都千代田区霞が関一丁目1番1号
公告をする方法	官報に掲載してする
会社成立の年月日	平成何年何月何日
目　的	1　○○・・・ 2　○○・・・
発行可能株式総数	400株
発行済株式の総数 並びに種類及び数	発行済株式の総数 　　　200株
資本金の額	金300万円
株式の譲渡制限に関する規定	当会社の株式を譲渡により取得するには、当会社の承認を要する。
役員に関する事項	取締役　　　　　甲　野　太　郎
	東京都千代田区霞が関一丁目1番1号 代表取締役　　　甲　野　太　郎
登記記録に関する事項	平成28年6月1日A農業協同組合を組織変更し設立 　　　　　　　　　　　　　　　平成28年6月8日登記

　　　イ　農業協同組合についてする解散の登記

登記記録に関する事項	平成28年6月1日東京都千代田区霞が関一丁目1番1号○○株式会社に組織変更し解散 　　　　　　　　　　　　　　　平成28年6月8日登記 　　　　　　　　　　　　　　　平成28年6月8日閉鎖

※　農協法第73条の2

(2) 一般社団法人への組織変更
　ア　一般社団法人についてする設立の登記

会社法人等番号	００００－００－０００００
名　　称	一般社団法人○○
主たる事務所	東京都千代田区霞が関一丁目１番１号
法人成立の年月日	平成何年何月何日
(略)	(略)
登記記録に関する事項	平成２８年６月１日Ａ農業協同組合を組織変更し設立 　　　　　　　　　　　　　　　　　　平成２８年６月８日登記

※　農協法第７７条

　イ　農業協同組合についてする解散の登記
　　　上記(1)イと同じ。
(3) 消費生活協同組合及び医療法人への組織変更
　　　上記(2)と同じ。
※　農協法第８１条及び第８７条

7　優先出資の登記

発行済優先出資の総口数並びに種類及び種類ごとの口数	発行済優先出資の総口数　　　１０万口 ①優先出資　　　　　　　　　　４万口 ②農水産業協同組合貯金保険法（昭和４８年法律第５３号） 　第１０１条の２第１項の適用を受ける優先出資 　　　　　　　　　　　　　　　　６万口 　　　　　　平成○○年○○月○○日変更　平成○○年○○月○○日登記
優先出資発行後の資本金の額から普通出資の総額を控除して得た額	金６億円 　　　　　　平成○○年○○月○○日変更　平成○○年○○月○○日登記

※　貯金保険法第１０１条の２

別紙2

農林水産省指令27経営第　　号

　　　　　　　　　　（事務所の所在地）東京都・・・
　　　　　　　　　　　（法人の名称）全国農業会議所
　　　　　　　　（代表者の資格，氏名）会長　二　田　孝　治

　平成　年　月　日付け＿＿＿＿＿＿＿で申請のあった指定については，農業委員会等に関する法律（昭和26年法律第88号）第42条第1項の規定に基づき，同法第43条第2項に規定する業務を行う者として指定する。

　平成　年　月　日

　　　　　　　　農林水産大臣　森山　　裕

別紙3

（文書番号）

　　　　　　　　　　（事務所の所在地）○○県△△市・・・・
　　　　　　　　　　　（法人の名称）○○県農業会議
　　　　　　　　（代表者の資格，氏名）会長　○　○　○　○

　平成　年　月　日付け＿＿＿＿＿＿で申請のあった指定については，農業委員会等に関する法律（昭和26年法律第88号）第42条第1項の規定に基づき，同法第43条第1項に規定する業務を行う者として指定する。

　平成　年　月　日

　　　　　　　　　　○○県知事　　○○　　○○

24 医療法人の理事長の就任による変更の登記の申請書に添付すべき書面について

(平成15年4月22日法務省民商第1223号通知)

(通知) 標記の件については，下記の点に留意するよう貴管下登記官に周知方取り計らい願います。

記

1 　医療法人の理事長は，定款又は寄附行為の定めるところにより，医師又は歯科医師である理事のうちから選出する（都道府県知事の認可を受けた場合には，医師又は歯科医師でない理事のうちから選出することができる。）とされている（医療法（昭和23年法律第205号。以下「法」という。）第46条の3第1項）ことから，その就任による変更の登記の申請書には，当該変更を証する書面（組合等登記令（昭和39年政令第29号）第17条第1項本文）の一部として，その者が医師若しくは歯科医師であることを証する書面又は都道府県知事の認可書を添付しなければならない。

　医師又は歯科医師であることを証する書面には，医師免許証又は歯科医師免許証の写しが該当する。

2 　法第46条の2第1項ただし書の規定に基づき都道府県知事の認可を受けて1人の理事を置く医療法人にあっては，当該理事が理事長とみなされる（法第46条の3第2項）が，この場合の理事長の就任による変更の登記の申請書には，当該変更を証する書面（組合等登記令第17条第1項本文）の一部として，都道府県知事の認可書を添付しなければならない。

25 医療法の一部を改正する法律の一部の施行に伴う法人登記事務の取扱いについて

(平成28年9月1日法務省民商第132号通知)

(通知) 医療法の一部を改正する法律（平成27年法律第74号。以下「改正法」という。）が平成27年9月28日に，医療法の一部を改正する法律の一部の施行に伴う関係政令の整備及び経過措置に関する政令（平成28年政令第82号。以下「整備政令」という。）及び医療法施行規則の一部を改正する省令

(平成28年厚生労働省令第40号。以下「改正省令」という。）が本年3月25日にそれぞれ公布され，改正法附則第1条第2号に掲げる規定及び整備政令並びに改正省令が，いずれも本年9月1日（以下「施行日」という。）から施行されることとなったので，これに伴う法人登記事務の取扱いについては，下記の点に留意し，事務処理に遺憾のないよう，貴管下登記官に周知方取り計らい願います。

なお，本通知中，「法」とあるのは改正法による改正後の医療法（昭和23年法律205号）を，「組登令」とあるのは整備政令による改正後の組合等登記令（昭和39年政令第29号）を，「施行規則」とあるのは改正省令による改正後の医療法施行規則（昭和23年厚生省令第50号）を，「商登法」とあるのは商業登記法（昭和38年法律第125号）を，「一般法人法」とあるのは一般社団法人及び一般財団法人に関する法律（平成18年法律第48号）をいい，法，組登令及び施行規則について引用する条文は，特に「旧」の文字を冠する場合を除き，いずれも改正後のものです。

記

第1 医療法人の機関に関する改正
 1 医療法人に設置すべき機関
　(1) 社団たる医療法人
　　　社団たる医療法人は，社員総会，理事，理事会及び監事を置かなければならないとされた（法第46条の2第1項）。
　(2) 財団たる医療法人
　　　財団たる医療法人は，評議員，評議員会，理事，理事会及び監事を置かなければならないとされた（法第46条の2第2項）。
　(3) 定款又は寄附行為
　　　(1)及び(2)のとおり，医療法人には理事会を置かなければならないとされたことに伴い，医療法人の定款又は寄附行為をもって，理事会に関する事項を定めなければならないとされた（法第44条第2項第7号）。
 2 社団たる医療法人の社員総会

(1) 社員総会の権限

　社員総会は，法に規定する事項及び定款で定めた事項について決議をすることができるとされた（法第46条の3第1項）。

　また，法の規定により社員総会の決議を必要とする事項について，社員総会以外の機関が決定することができる旨の定款の定めは，効力を有しないとされた（同条第2項）。

(2) 議決権

　社員は，各1個の議決権を有すること（法第46条の3の3第1項）については，従前と同様である。

(3) 定足数及び決議要件

　ア　定足数

　　社員総会は，定款に別段の定めがある場合を除き，総社員の過半数の出席がなければ，その議事を開き，決議をすることができないこと（法第46条の3の3第2項）については，従前と同様である。

　イ　決議要件

　　社員総会の議事は，法又は定款に別段の定めがある場合を除き，出席者の議決権の過半数で決し，可否同数のときは，議長の決するところによること（法第46条の3の3第3項）及びこの場合には，議長は，社員として議決に加わることができないこと（同条第4項）については，従前と同様である。

(4) 議事録

　社員総会の議事については，社員総会が開催された日時及び場所，議事の経過の要領及びその結果等を内容とする議事録を作成しなければならないとされた（法第46条の3の6において読み替えて準用する一般法人法第57条，施行規則第31条の3の2）。

　なお，議事録には，出席した理事等の署名又は記名押印を要しない。

3　財団たる医療法人の評議員及び評議員会

(1) 評議員

評議員は，医療従事者等のうちから，寄附行為の定めるところにより選任すること（法第46条の4第1項）については，従前と同様である。

　また，評議員は，当該財団たる医療法人の役員又は職員を兼ねてはならないとされた（同条第3項）。

(2) 評議員会

　ア　評議員会の権限

　　評議員会は，理事の定数を超える数の評議員（法第46条の5第1項ただし書の認可を受けた医療法人にあっては，3人以上の評議員）をもって組織すること（法第46条の4の2第1項）については，従前と同様である。

　　なお，評議員会は，法に規定する事項及び寄附行為で定めた事項に限り，決議をすることができるとされた（同条第2項）。

　　また，法の規定により評議員会の決議を必要とする事項について，評議員会以外の機関が決定することができる旨の寄附行為の定めは，効力を有しないとされた（同条第3項）。

　イ　定足数及び決議要件

　　(ア)　定足数

　　　評議員会は，総評議員の過半数の出席がなければ，その議事を開き，決議をすることができないこと（法第46条の4の4第1項）については，従前と同様である。

　　(イ)　決議要件

　　　評議員会の議事は，法に別段の定めがある場合を除き，出席者の議決権の過半数で決し，可否同数のときは，議長の決するところによること（法第46条の4の4第2項）及びこの場合には，議長は，評議員として議決に加わることができないこと（同条第3項）については，従前と同様である。

　ウ　議事録

　　評議員会の議事については，評議員会が開催された日時及び場

所，議事の経過の要領及びその結果等を内容とする議事録を作成しなければならないとされた（法第46条の4の7において読み替えて準用する一般法人法第193条，施行規則第31条の4）。

なお，議事録には，出席した評議員等の署名又は記名押印を要しない。

4 役員

(1) 役員の員数等

医療法人の役員（理事及び監事をいう。以下同じ。）の員数（理事3人以上及び監事1人以上。ただし，理事については，都道府県知事の認可を受けた場合は，1人又は2人の理事を置けば足りる。）（法第46条の5第1項）及び役員の任期（2年を超えることはできない。ただし，再任を妨げない。）（同条第9項）については，従前と同様である。

(2) 役員の選任

ア 社団たる医療法人

社団たる医療法人の役員は，社員総会の決議によって選任するとされた（法第46条の5第2項）。

イ 財団たる医療法人

財団たる医療法人の役員は，評議員会の決議によって選任するとされた（法第46条の5第3項）。

(3) 役員の解任

ア 社団たる医療法人

社団たる医療法人の役員は，いつでも，社員総会の決議（監事を解任する場合には，出席者の3分の2又はこれを上回る割合を定款で定めた場合にあっては，その割合以上の賛成による決議）によって解任することができるとされた（法第46条の5の2第1項及び第3項）。

イ 財団たる医療法人

財団たる医療法人の役員が次のいずれかに該当するときは，評議

員会の決議（監事を解任する場合には，出席者の3分の2又はこれを上回る割合を寄附行為で定めた場合にあっては，その割合以上の賛成による決議）によって，その役員を解任することができるとされた（法第46条の5の2第4項及び第5項）。

(ｱ) 職務上の義務に違反し，又は職務を怠ったとき

(ｲ) 心身の故障のため，職務の執行に支障があり，又はこれに堪えないとき

(4) 役員の権利義務を承継する者

法又は定款若しくは寄附行為で定めた役員の員数が欠けた場合には，任期の満了又は辞任により退任した役員は，新たに選任された役員（一時役員の職務を行うべき者を含む。）が就任するまで，なお役員としての権利義務を有するとされ（法第46条の5の3第1項），これに伴い，理事が欠けた場合における仮理事の選任の制度（旧法第46条の4第5項）は，廃止された。

なお，法第46条の5の3第1項に規定する場合において，医療法人の業務が遅滞することにより損害を生ずるおそれがあるときは，都道府県知事は，利害関係人の請求により又は職権で，一時役員の職務を行うべき者を選任しなければならないとされた（同条第2項）。

5 理事長

(1) 理事長の選出及び解職

医療法人の理事長は，理事会で選出及び解職するとされた（法第46条の7第2項第3号）。

(2) 理事長の資格等

理事長は医師又は歯科医師である理事のうちから選出すること（法第46条の6第1項），ただし，都道府県知事の認可を受けた場合は，医師又は歯科医師でない理事のうちから選出することができること（同項ただし書）及び法第46条の5第1項ただし書の認可を受けて1人の理事を置く医療法人にあっては，当該理事を理事長とみなすこと（法第46条の6第2項）については，従前と同様である。

(3) 理事長の代表権

　理事長は，医療法人を代表し，医療法人の業務に関する一切の裁判上又は裁判外の行為をする権限を有するとされ，理事長の権限に加えた制限は，善意の第三者に対抗することができないとされた（法第46条の6の2第1項及び第2項）。

　また，理事長が欠けた場合について，理事の権利義務承継に関する規定（法第46条の5の3第1項及び第2項。前記4⑷参照）を準用するとされた（法第46条の6の2第3項）。

　なお，理事長について権利義務承継に関する規定が設けられたことから，医療法人については，平成19年1月11日付け法務省民商第31号当職通知における取扱いの適用はない。

(4) 理事長の代表権に関する経過措置

　施行日において現に存する医療法人の理事長の代表権については，施行日以後に選出された理事長が就任するまでの間は，なお従前の例によるとされた（改正法附則第4条）。

6　理事会

(1) 理事会の権限

　理事会は，全ての理事で組織し，次の職務を行うとされた（法第46条の7第1項及び第2項）。

　ア　医療法人の業務執行の決定

　イ　理事の職務の執行の監督

　ウ　理事長の選出及び解職

　また，理事会は，重要な業務執行の決定を理事に委任することができないとされた（同条第3項）。

(2) 理事会の招集，決議等

　ア　招集権者

　　理事会は，各理事が招集するとされた。ただし，理事会を招集する理事を定款若しくは寄附行為又は理事会で定めたときは，当該理事が招集するとされた（法第46条の7の2第1項において読み替え

て準用する一般法人法第93条第1項)。

イ　招集手続

　理事会を招集する者は，理事会の日の1週間(これを下回る期間を定款又は寄附行為で定めた場合にあっては，その期間)前までに，各理事及び各監事に対してその通知を発しなければならないとされた(法第46条の7の2第1項において読み替えて準用する一般法人法第94条第1項)。

　また，理事会は，理事及び監事の全員の同意があるときは，招集の手続を経ることなく開催することができるとされた(法第46条の7の2第1項において読み替えて準用する一般法人法第94条第2項)。

ウ　決議要件

　理事会の決議は，議決に加わることができる理事の過半数(これを上回る割合を定款又は寄附行為で定めた場合にあっては，その割合以上)が出席し，その過半数(これを上回る割合を定款又は寄附行為で定めた場合にあっては，その割合以上)をもって行うとされた(法第46条の7の2第1項において読み替えて準用する一般法人法第95条第1項)。

エ　議事録

　理事会の議事については，理事会が開催された日時及び場所，議事の経過の要領及びその結果等を内容とする議事録を作成しなければならないとされ，出席した理事(定款又は寄附行為で議事録に署名し，又は記名押印しなければならない者を当該理事会に出席した理事長とする旨の定めがある場合にあっては，当該理事長)及び監事は，これに署名し，又は記名押印しなければならないとされた(法第46条の7の2第1項において読み替えて準用する一般法人法第95条第3項，施行規則第31条の5の4)。

オ　決議の省略

　理事が理事会の決議の目的である事項について提案をした場合に

おいて，当該提案につき理事（当該事項について議決に加わることができるものに限る。）の全員が書面又は電磁的記録により同意の意思表示をしたとき（監事が当該提案について異議を述べたときを除く。）は，当該提案を可決する旨の理事会の決議があったものとみなす旨を定款又は寄附行為で定めることができるとされ（法第46条の7の2第1項において読み替えて準用する一般法人法第96条），理事会の決議があったものとみなされた場合には，決議があったものとみなされた事項の内容等を内容とする議事録を作成しなければならないとされた（施行規則第31条の5の4第4項第1号）。

第2 定款及び寄附行為の変更に関する改正
 1 社団たる医療法人の定款の変更の手続
  社団たる医療法人が定款を変更するには，社員総会の決議によらなければならないとされた（法第54条の9第1項）。
 2 財団たる医療法人の寄附行為の変更の手続
  財団たる医療法人が寄附行為を変更するには，あらかじめ，評議員会の意見を聴かなければならないこと（法第54条の9第2項）については，従前と同様である。
 3 定款又は寄附行為の変更の認可
  定款又は寄附行為の変更（事務所の所在地（法第44条第2項第4号）及び公告の方法（同項第12号）に係るものを除く。）は，都道府県知事の認可を受けなければ，その効力を生じないこと（法第54条の9第3項，施行規則第33条の26）については，従前と同様である。
 4 定款又は寄附行為の変更に関する経過措置
  (1) 施行日において現に存する医療法人は，改正法の一部の施行に伴い，定款又は寄附行為の変更が必要となる場合には，施行日から起算して2年以内に，当該変更の認可の申請をしなければならないとされた（改正法附則第6条第1項）。
  (2) 施行日において現に存する医療法人の定款又は寄附行為は，施行日から起算して2年を経過する日（(1)の認可の申請をした医療法人につ

いては，当該申請に対する処分があった日）までは，法第44条第2項第7号（定款又は寄附行為による理事会に関する事項の定め。前記第1の1(3)参照）の規定は，適用しないとされた（改正法附則第6条第2項）。

第3 医療法人の合併に関する改正
 1 通則
　　医療法人は，他の医療法人と吸収合併又は新設合併をすることができることについては，従前と同様であるが，この場合においては，合併をする医療法人は，合併契約を締結しなければならないとされた（法第57条）。

　　なお，財団たる医療法人は，寄附行為に合併をすることができる旨の定めがある場合に限り，合併をすることができること（法第58条の2第2項，第59条の2において準用する同項）については，従前と同様である。

 2 吸収合併の手続
 (1) 吸収合併契約
　　　医療法人が吸収合併をする場合には，吸収合併契約において，次の事項を定めなければならないとされた（法第58条，施行規則第35条）。
　　ア 吸収合併後存続する医療法人（以下「吸収合併存続医療法人」という。）及び吸収合併により消滅する医療法人（以下「吸収合併消滅医療法人」という。）の名称及び主たる事務所の所在地
　　イ 吸収合併存続医療法人の吸収合併後2年間の事業計画又はその要旨
　　ウ 吸収合併がその効力を生ずる日
 (2) 吸収合併契約の同意
　　ア 社団たる医療法人
　　　社団たる医療法人は，吸収合併契約について当該医療法人の総社員の同意を得なければならないとされた（法第58条の2第1項）。
　　イ 財団たる医療法人

財団たる医療法人は，吸収合併契約について理事の3分の2以上の同意を得なければならないが，寄附行為に別段の定めがある場合は，この限りでないとされた（法第58条の2第3項）。

(3) 吸収合併の認可

吸収合併は，吸収合併存続医療法人の主たる事務所の所在地の都道府県知事の認可を受けなければ，その効力を生じないとされた（法第58条の2第4項）。

(4) 債権者保護手続

医療法人は，(3)の認可の通知のあった日から2週間以内に，その債権者に対し，異議があれば一定の期間（2月を下ることができない。）内に述べるべき旨を公告し，かつ，判明している債権者に対しては，各別にこれを催告しなければならないとされ（法第58条の4第1項），債権者が当該一定の期間内に吸収合併に対して異議を述べなかったときは，吸収合併を承認したものとみなされるが（同条第2項），債権者が異議を述べたときは，吸収合併をしてもその債権者を害するおそれがないときを除き，医療法人は，当該債権者に対し，弁済をし，若しくは相当の担保を提供し，又はその債権者に弁済を受けさせることを目的として信託会社等に相当の財産を信託しなければならないこと（同条第3項）については，従前と同様である。

(5) 吸収合併の効果

吸収合併存続医療法人は，吸収合併消滅医療法人の権利義務を承継すること（法第58条の5）については，従前と同様である。

(6) 吸収合併の効力の発生

吸収合併は，吸収合併存続医療法人が，その主たる事務所の所在地において政令で定めるところにより合併の登記をすることによって，その効力を生ずること（法第58条の6）については，従前と同様である。

3 新設合併の手続

(1) 新設合併契約

2以上の医療法人が新設合併をする場合には，新設合併契約において，次の事項を定めなければならないとされた（法第59条，施行規則第35条の4）。

 ア　新設合併により消滅する医療法人（以下「新設合併消滅医療法人」という。）の名称及び主たる事務所の所在地

 イ　新設合併により設立する医療法人（以下「新設合併設立医療法人」という。）の目的，名称及び主たる事務所の所在地

 ウ　新設合併設立医療法人の定款又は寄附行為で定める事項

 エ　新設合併設立医療法人の新設合併後2年間の事業計画又はその要旨

 オ　新設合併がその効力を生ずる日

(2)　新設合併契約の同意

 ア　社団たる医療法人

  前記2(2)アと同様である（法第59条の2において読み替えて準用する法第58条の2第1項）。

 イ　財団たる医療法人

  前記2(2)イと同様である（法第59条の2において読み替えて準用する法第58条の2第3項）。

(3)　新設合併の認可

 前記2(3)と同様である（法第59条の2において読み替えて準用する法第58条の2第4項）。

(4)　債権者保護手続

 前記2(4)と同様である（法第59条の2において準用する法第58条の4）。

(5)　新設合併の効果

 新設合併設立医療法人は，新設合併消滅医療法人の権利義務を承継すること（法第59条の3）については，従前と同様である。

(6)　新設合併の効力の発生

 新設合併は，新設合併設立医療法人が，その主たる事務所の所在地

において政令で定めるところにより合併の登記をすることによって，その効力を生ずること（法第59条の4）については，従前と同様である。

4　合併に関する経過措置

(1) 社団たる医療法人については，法第6章第8節第1款（第57条から第59条の5まで。以下同じ。）の合併に関する規定は，施行日以後に合併について医療法人の総社員の同意があった場合について適用し，施行日前に合併について医療法人の総社員の同意があった場合については，なお従前の例によるとされた（改正法附則第7条第1項）。

(2) 財団たる医療法人については，法第6章第8節第1款の合併に関する規定は，施行日以後に合併について理事の3分の2以上の同意（寄附行為に別段の定めがある場合にあっては，その定めによる手続。以下同じ。）があった場合について適用し，施行日前に合併について理事の3分の2以上の同意があった場合については，なお従前の例によるとされた（改正法附則第7条第2項）。

第4　医療法人の分割制度の新設

1　通則

医療法人は，吸収分割をすることができ，この場合においては，当該医療法人がその事業に関して有する権利義務の全部又は一部を当該医療法人から承継する医療法人（以下「吸収分割承継医療法人」という。）との間で，吸収分割契約を締結しなければならないとされた（法第60条）。

また，1又は2以上の医療法人は，新設分割をすることができ，この場合においては，新設分割計画を作成しなければならないとされた（法第61条）。

なお，財団たる医療法人は，寄附行為に分割をすることができる旨の定めがある場合に限り，分割をすることができるとされた（法第60条の3第2項，第61条の3において準用する同項）。

2　吸収分割の手続

(1) 吸収分割契約

　医療法人が吸収分割をする場合には，吸収分割契約において，次の事項を定めなければならないとされた（法第60条の2，施行規則第35条の7）。

　ア　吸収分割をする医療法人（以下「吸収分割医療法人」という。）及び吸収分割承継医療法人の名称及び主たる事務所の所在地

　イ　吸収分割承継医療法人が吸収分割により吸収分割医療法人から承継する資産，債務，雇用契約その他の権利義務に関する事項

　ウ　吸収分割医療法人及び吸収分割承継医療法人の吸収分割後2年間の事業計画又はその要旨

　エ　吸収分割がその効力を生ずる日

(2) 吸収分割契約の同意

　ア　社団たる医療法人

　　社団たる医療法人は，吸収分割契約について当該医療法人の総社員の同意を得なければならないとされた（法第60条の3第1項）。

　イ　財団たる医療法人

　　財団たる医療法人は，吸収分割契約について理事の3分の2以上の同意を得なければならないが，寄附行為に別段の定めがある場合は，この限りでないとされた（法第60条の3第3項）。

(3) 吸収分割の認可

　吸収分割は，吸収分割医療法人及び吸収分割承継医療法人の主たる事務所の所在地の全ての都道府県知事の認可を受けなければ，その効力を生じないとされた（法第60条の3第4項）。

(4) 債権者保護手続

　医療法人は，(3)の認可の通知のあった日から2週間以内に，その債権者に対し，異議があれば一定の期間（2月を下ることができない。）内に述べるべき旨を公告し，かつ，判明している債権者に対しては，各別にこれを催告しなければならないとされ（法第60条の5第1項），債権者が当該一定の期間内に吸収分割に対して異議を述べなかったと

きは，吸収分割を承認したものとみなされるが（同条第2項），債権者が異議を述べたときは，吸収分割をしてもその債権者を害するおそれがないときを除き，医療法人は，当該債権者に対し，弁済をし，若しくは相当の担保を提供し，又はその債権者に弁済を受けさせることを目的として信託会社等に相当の財産を信託しなければならないとされた（同条第3項）。

(5) 吸収分割の効果

吸収分割承継医療法人は，吸収分割契約の定めに従い，吸収分割医療法人の権利義務を承継するとされた（法第60条の6第1項）。

(6) 吸収分割の効力の発生

吸収分割は，吸収分割承継医療法人が，その主たる事務所の所在地において政令で定めるところにより分割の登記をすることによって，その効力を生ずるとされた（法第60条の7）。

3 新設分割の手続

(1) 新設分割計画

1又は2以上の医療法人が新設分割をする場合には，新設分割計画において，次の事項を定めなければならないとされた（法第61条の2，施行規則第35条の10）。

ア 新設分割により設立する医療法人（以下「新設分割設立医療法人」という。）の目的，名称及び主たる事務所の所在地

イ 新設分割設立医療法人の定款又は寄附行為で定める事項

ウ 新設分割設立医療法人が新設分割により新設分割をする医療法人（以下「新設分割医療法人」という。）から承継する資産，債務，雇用契約その他の権利義務に関する事項

エ 新設分割医療法人及び新設分割設立医療法人の新設分割後2年間の事業計画又はその要旨

オ 新設分割がその効力を生ずる日

(2) 新設分割計画の同意

ア 社団たる医療法人

前記2(2)アと同様である（法第61条の3において読み替えて準用する法第60条の3第1項）。
　　イ　財団たる医療法人
　　　前記2(2)イと同様である（法第61条の3において読み替えて準用する法第60条の3第3項）。
　(3)　新設分割の認可
　　前記2(3)と同様である（法第61条の3において読み替えて準用する法第60条の3第4項）。
　(4)　債権者保護手続
　　前記2(4)と同様である（法第61条の3において準用する法第60条の5）。
　(5)　新設分割の効果
　　新設分割設立医療法人は，新設分割計画の定めに従い，新設分割医療法人の権利義務を承継するとされた（法第61条の4第1項）。
　(6)　新設分割の効力の発生
　　新設分割は，新設分割設立医療法人が，その主たる事務所の所在地において政令で定めるところにより分割の登記をすることによって，その効力を生ずるとされた（法第61条の5）。

第5　医療法人の登記
1　設立の登記
　(1)　登記すべき事項
　　医療法人の設立において登記すべき事項については，従前と同様である（組登令第2条第2項，別表医療法人の項）。
　(2)　添付書面
　　医療法人の設立の登記の申請書の添付書面については，従前と同様である（組登令第16条第2項，第3項，第25条において準用する商登法第18条，第19条及び第48条）。
2　理事長の変更の登記
　(1)　添付書面

医療法人の理事長の変更の登記の申請書には，登記事項の変更を証する書面（組登令第17条第1項）として，次の書面を添付しなければならない。

ア　理事長の退任を証する書面

理事長の退任の事由に応じて，理事会又は社員総会若しくは評議員会の議事録，辞任届等の書面が該当する。

イ　理事長の就任を証する書面

理事長が理事に選任された社員総会又は評議員会の議事録，理事の就任を承諾したことを証する書面，理事長を選出した理事会の議事録及び理事長の就任を承諾したことを証する書面が該当する。

また，理事長を選出した理事会に出席した理事（定款又は寄附行為で議事録に署名し，又は記名押印しなければならない者を当該理事会に出席した理事長とする旨の定めがある場合にあっては，当該理事長）及び監事が当該理事会の議事録に押印した印鑑につき市町村長の作成した印鑑証明書を添付しなければならない（各種法人等登記規則（昭和39年法務省令第46号。以下「法登規」という。）第5条において準用する商業登記規則（昭和39年法務省令第23号。以下「商登規」という。）第61条第4項）。

なお，理事長の就任（重任を含む。）による変更を証する書面の一部として，理事長が医師又は歯科医師であることを証する書面若しくは法第46条の6第1項ただし書の認可を受けた医療法人について都道府県知事の認可書又は法第46条の5第1項ただし書の認可を受けて1人の理事を置く医療法人について都道府県知事の認可書を添付しなければならないこと（平成15年4月22日付け法務省民商第1223号当職通知参照）は，従前と同様である。

おって，法において，理事及び理事長の選任機関に関する規定が置かれたため（前記第1の4(2)及び第1の6(1)参照），理事長の就任による変更を証する書面の一部として，理事又は理事長の選任機関を証するための定款又は寄附行為については，添付することを要

しない。

　ただし，定款若しくは寄附行為で理事会の議事録に署名し，若しくは記名押印しなければならない者を当該理事会に出席した理事長とする旨の定めがある場合（前記第１の６(2)エ参照），定款若しくは寄附行為の定めによる理事会の決議の省略（前記第１の６(2)オ参照）により理事長を選出若しくは解職した場合，又は定款で社員総会の定足数，決議要件に別段の定めがある場合（前記第１の２(3)参照）には，これらの定めを証するため，定款又は寄附行為をも添付しなければならない（法登規第５条において準用する商登規第61条第１項）。

(2) 経過措置

　ア　役員の選任に関する経過措置

　　法第46条の５第２項（社団たる医療法人の役員の選任。前記第１の４(2)ア参照）及び第３項（財団たる医療法人の役員の選任。前記第１の４(2)イ参照）の規定は，施行日以後に行われる医療法人の役員の選任について適用するとされた（改正法附則第２条）。

　　したがって，施行日前に理事長が理事に選任された場合には，前記(1)イの書面として，理事の選任機関を証するための定款又は寄附行為をも添付しなければならない。

　イ　役員の任期に関する経過措置

　　施行日において現に医療法人の役員である者の任期については，なお従前の例によるとされた（改正法附則第３条）。

３　合併の登記

　医療法人の合併の登記の手続については，従前と同様である（組登令第８条，第11条，第13条，第16条，第17条第１項，第20条，第21条，第25条において準用する商登法第18条，第19条，第79条，第82条及び第83条）。

４　分割の登記

　医療法人が分割をするときは，分割の認可その他分割に必要な手続が

終了した日から2週間以内に，その主たる事務所の所在地において，吸収分割医療法人又は新設分割医療法人及び吸収分割承継医療法人については変更の登記をし，新設分割設立医療法人については設立の登記をしなければならないとされ（組登令第8条の2），新設分割設立医療法人が新設分割に際して従たる事務所を設けた場合には，分割の認可その他分割に必要な手続が終了した日から3週間以内に，当該従たる事務所の所在地における登記をしなければならないとされた（組登令第11条第1項第3号）。

　なお，吸収分割医療法人，吸収分割承継医療法人又は新設分割医療法人についての従たる事務所における変更の登記は，分割の認可その他分割に必要な手続が終了した日から3週間以内に，従たる事務所の所在地においてしなければならないとされたが，当該変更の登記は，組登令第11条第2項各号に掲げる事項に変更が生じた場合に限り，するものとされた（組登令第13条）。

(1) 吸収分割の登記

　ア　登記すべき事項

　　　吸収分割承継医療法人がする吸収分割による変更の登記においては，吸収分割をした旨並びに吸収分割医療法人の名称及び主たる事務所をも登記しなければならず，吸収分割医療法人がする吸収分割による変更の登記においては，吸収分割をした旨並びに吸収分割承継医療法人の名称及び主たる事務所をも登記しなければならないとされた（組登令第25条において準用する商登法第84条）。

　イ　登記の申請

　　　主たる事務所の所在地における吸収分割医療法人がする吸収分割による変更の登記の申請は，当該登記所の管轄区域内に吸収分割承継医療法人の主たる事務所がないときは，その主たる事務所の所在地を管轄する登記所を経由してしなければならず，当該変更の登記の申請と，吸収分割承継医療法人がする吸収分割による変更の登記の申請とは，同時にしなければならないとされた（組登令第25条に

おいて準用する商登法第87条第1項及び第2項)。
ウ 添付書面
(ア) 吸収分割承継医療法人がする吸収分割による変更の登記
　　吸収分割承継医療法人がする吸収分割による変更の登記の申請書には,次の書面を添付しなければならないとされた(組登令第21条の2)。
　　a　吸収分割医療法人の登記事項証明書(同条第1項)
　　b　債権者に対し異議があれば異議を述べるべき旨の公告及び催告をしたこと並びに異議を述べた債権者があるときは,当該債権者に対し弁済し,若しくは相当の担保を提供し,若しくは当該債権者に弁済を受けさせることを目的として相当の財産を信託したこと又は分割をしても当該債権者を害するおそれがないことを証する書面(以下「債権者保護手続関係書面」という。)(同条第2項)
　　c　都道府県知事の認可書又はその認証がある謄本(組登令第25条において準用する商登法第19条)
　　なお,吸収分割により,吸収分割承継医療法人の資産の総額に変更が生じ,その変更の登記をも申請する場合には,資産の総額の変更を証する書面を添付しなければならない(組登令第17条第1項)。
(イ) 吸収分割医療法人がする吸収分割による変更の登記
　　吸収分割医療法人がする吸収分割による変更の登記の申請書には,登記所において作成した吸収分割医療法人の理事長の印鑑証明書を添付しなければならないとされ,この場合においては,商登法第18条の書面を除き,他の書面の添付を要しないとされた(組登令第25条において準用する商登法第87条第3項)。
　　なお,吸収分割により,吸収分割医療法人の資産の総額に変更が生じ,その変更の登記をも申請する場合には,資産の総額の変更を証する書面を添付しなければならない(組登令第17条第1

項)。

　　エ　登記の審査

　　　　吸収分割承継医療法人の主たる事務所の所在地を管轄する登記所においては，吸収分割医療法人がする吸収分割による変更の登記の申請及び吸収分割承継医療法人がする吸収分割による変更の登記の申請のいずれかにつき商登法第24条各号（第16号を除く。）のいずれかに掲げる事由があるときは，これらの申請を共に却下しなければならないとされ，組登令第25条において準用する商登法第87条第１項の場合において，吸収分割による変更の登記をしたときは，遅滞なく，その登記の日を吸収分割医療法人がする吸収分割による変更の登記の申請書に記載し，これを吸収分割医療法人の主たる事務所の所在地を管轄する登記所に送付しなければならないとされた（組登令第25条において準用する商登法第88条）。

　　オ　登記の記録

　　　　医療法人の吸収分割に係る登記の記録は，別紙記録例１による。

(2)　新設分割の登記

　　ア　登記すべき事項

　　　　新設分割による設立の登記においては，新設分割をした旨並びに新設分割医療法人の名称及び主たる事務所をも登記しなければならず，新設分割医療法人がする新設分割による変更の登記においては，新設分割をした旨並びに新設分割設立医療法人の名称及び主たる事務所をも登記しなければならないとされた（組登令第25条において準用する商登法第84条）。

　　イ　登記の申請

　　　　主たる事務所の所在地における新設分割医療法人がする新設分割による変更の登記の申請は，当該登記所の管轄区域内に新設分割設立医療法人の主たる事務所がないときは，その主たる事務所の所在地を管轄する登記所を経由してしなければならず，当該変更の登記の申請と，新設分割による設立の登記の申請とは，同時にしなけれ

ばならないとされた（組登令第25条において準用する商登法第87条第1項及び第2項）。
ウ　添付書面
　(ｱ)　新設分割による設立の登記
　　　新設分割による設立の登記の申請書には，組登令第16条第2項及び第3項並びに第21条の2各号に掲げる書面を添付しなければならないとされた（組登令第21条の3）。
　　　具体的な添付書面は，次のとおりである。
　　a　定款又は寄附行為（組登令第16条第2項）
　　b　代表権を有する者の資格を証する書面（同項）
　　c　別表に掲げる事項を証する書面（同条第3項）
　　d　新設分割医療法人の登記事項証明書（組登令第21条の2第1号）
　　e　債権者保護手続関係書面（同条第2号）
　　f　都道府県知事の認可書又はその認証がある謄本（組登令第25条において準用する商登法第19条）
　(ｲ)　新設分割医療法人がする新設分割による変更の登記
　　　新設分割医療法人がする新設分割による変更の登記の申請書には，登記所において作成した新設分割医療法人の理事長の印鑑証明書を添付しなければならないとされ，この場合においては，商登法第18条の書面を除き，他の書面の添付を要しないとされた（組登令第25条において準用する商登法第87条第3項）。
　　　なお，新設分割により，新設分割医療法人の資産の総額に変更が生じ，その変更の登記をも申請する場合には，資産の総額の変更を証する書面を添付しなければならない（組登令第17条第1項）。
エ　登記の審査
　　新設分割設立医療法人の主たる事務所の所在地を管轄する登記所においては，新設分割医療法人がする新設分割による変更の登記の

申請及び新設分割による設立の登記の申請のいずれかにつき商登法第24条各号（第16号を除く。）のいずれかに掲げる事由があるときは，これらの申請を共に却下しなければならないとされ，組登令第25条において準用する商登法第87条第1項の場合において，新設分割による設立の登記をしたときは，遅滞なく，その登記の日を新設分割医療法人がする新設分割による変更の登記の申請書に記載し，これを新設分割医療法人の主たる事務所の所在地を管轄する登記所に送付しなければならないとされた（組登令第25条において準用する商登法第88条）。

オ 登記の記録

医療法人の新設分割に係る登記の記録は，別紙記録例2による。

5 農業協同組合法（昭和22年法律第132号）の規定に基づく新設分割の登記について

医療法人の分割制度が新設されたことに伴い，組登令に分割の登記についての一般規定が置かれ（組登令第8条の2，第21条の2，第21条の3及び第25条），農業協同組合法の規定に基づく新設分割の登記についての特則（旧組登令第26条第3項及び第4項）は全部改正されたが，同法の規定に基づく新設分割の登記に関する取扱い（平成28年3月8日付け法務省民商第31号当職通知第1の6(4)参照）については，従前と同様である。

〔別紙記録例〕
1 吸収分割の登記
  (1) 吸収分割承継医療法人（主たる事務所の所在地でする場合）

| 法人分割 | 東京都千代田区霞が関一丁目1番1号A医療法人から分割
平成28年11月1日登記 |

  (2) 吸収分割医療法人（主たる事務所の所在地でする場合）

| 法人分割 | 平成28年11月1日東京都千代田区霞が関一丁目1番1号B医療法人に分割
平成28年11月8日登記 |

2 新設分割の登記
(1) 新設分割設立医療法人（主たる事務所の所在地でする場合）

会社法人等番号	００００－００－０００００
名　称	Ｂ医療法人
主たる事務所	東京都千代田区霞が関一丁目１番１号
法人成立の年月日	平成２８年１１月１日
（略）	（略）
登記記録に関する事項	東京都千代田区霞が関一丁目１番１号Ａ医療法人から分割により設立 　　　　　　　　　　　　　　平成２８年１１月１日登記

（新設分割設立医療法人の従たる事務所の所在地でする場合）

名　称	Ｂ医療法人
主たる事務所	東京都千代田区霞が関一丁目１番１号
法人成立の年月日	平成２８年１１月１日
従たる事務所	１ 東京都港区北青山何丁目何番何号
登記記録に関する事項	平成２８年１１月１日東京都千代田区霞が関一丁目１番１号Ａ医療法人から分割により設立 　　　　　　　　　　　　　　平成２８年１１月８日登記

(2) 新設分割医療法人（主たる事務所の所在地でする場合）

法人分割	平成２８年１１月１日東京都千代田区霞が関一丁目１番１号Ｂ医療法人に分割 　　　　　　　　　　　　　　平成２８年１１月８日登記

26 社会福祉法等の一部を改正する法律等の施行に伴う法人登記事務の取扱いについて

(平成29年2月23日法務省民商第29号通知)

(通知) 社会福祉法等の一部を改正する法律(平成28年法律第21号。以下「改正法」という。)が平成28年3月31日に,社会福祉法等の一部を改正する法律の施行に伴う関係政令の整備等及び経過措置に関する政令(平成28年政令第349号。以下「整備政令」という。)及び社会福祉法等の一部を改正する法律の施行に伴う厚生労働省関係省令の整備等に関する省令(平成28年厚生労働省令第168号。以下「整備省令」という。)が同年11月11日にそれぞれ公布され,改正法(同法附則第1条各号に掲げる規定を除く。),整備政令及び整備省令は,いずれも本年4月1日(以下「施行日」という。)から施行されることとなったので,これに伴う法人登記事務の取扱いについては,下記の点に留意し,事務処理に遺憾のないよう,貴管下登記官に周知方取り計らい願います。

なお,本通知中,「法」とあるのは改正法による改正後の社会福祉法(昭和26年法律第45号)を,「組登令」とあるのは整備政令による改正後の組合等登記令(昭和39年政令第29号)を,「施行令」とあるのは整備政令による改正後の社会福祉法施行令(昭和33年政令第185号)を,「施行規則」とあるのは整備省令による改正後の社会福祉法施行規則(昭和26年厚生省令第28号)を,「商登法」とあるのは商業登記法(昭和38年法律第125号)をいい,法,組登令,施行令及び施行規則について引用する条文は,特に「旧」の文字を冠する場合を除き,いずれも改正後のものです。

記

第1 社会福祉法人の機関に関する改正
 1 社会福祉法人に設置すべき機関
  社会福祉法人は,評議員,評議員会,理事,理事会及び監事を置かなければならないとされ(法第36条第1項),定款の定めによって,会計監査人を置くことができるとされた(同条第2項)。
  また,特定社会福祉法人(その事業の規模が施行令第13条の3で定め

る基準を超える社会福祉法人をいう。）は，会計監査人を置かなければならないとされた（法第37条）が，同条の規定は，施行日以後最初に招集される定時評議員会の終結の時から適用するとされた（改正法附則第8条）。

なお，社会福祉法人に設置すべき機関が明確化されたことに伴い，社会福祉法人の定款をもって，評議員及び評議員会に関する事項（法第31条第1項第5号），役員（理事及び監事をいう。以下同じ。）の定数その他役員に関する事項（同項第6号），理事会に関する事項（同項第7号）及び会計監査人を置く場合には，これに関する事項（同項第8号）を定めなければならないとされた。

2 評議員及び評議員会
 (1) 評議員
  ア 評議員の選任及び員数

評議員は，社会福祉法人の適正な運営に必要な識見を有する者のうちから，定款の定めるところにより，選任するとされ（法第39条），役員又は当該社会福祉法人の職員を兼ねることができないとされた（法第40条第2項）。

また，評議員の数は，定款で定めた理事の員数を超える数でなければならないとされた（同条第3項）。

  イ 評議員の任期

評議員の任期は，選任後4年以内に終了する会計年度のうち最終のものに関する定時評議員会の終結の時までとするが，定款によって，その任期を選任後6年以内に終了する会計年度のうち最終のものに関する定時評議員会の終結の時まで伸長することを妨げないとされた（法第41条第1項）。

また，同項の規定は，定款によって，任期の満了前に退任した評議員の補欠として選任された評議員の任期を退任した評議員の任期の満了する時までとすることを妨げないとされた（同条第2項）。

  ウ 評議員の権利義務を承継する者

法又は定款で定めた評議員の員数が欠けた場合には，任期の満了又は辞任により退任した評議員は，新たに選任された評議員（一時評議員の職務を行うべき者を含む。）が就任するまで，なお評議員としての権利義務を有するとされた（法第42条第1項）。

また，同項に規定する場合において，事務が遅滞することにより損害を生ずるおそれがあるときは，所轄庁は，利害関係人の請求により又は職権で，一時評議員の職務を行うべき者を選任することができるとされた（同条第2項）。

エ　評議員に関する経過措置

(ｱ)　評議員の選任に関する経過措置

施行日前に設立された社会福祉法人は，施行日までに，あらかじめ，法第39条の規定の例により，評議員を選任しておかなければならないとされ，当該評議員の選任は，施行日において，その効力を生ずるとされた。この場合において，評議員の任期は，施行日以後4年以内に終了する会計年度のうち最終のものに関する定時評議員会の終結の時までとするが，定款によって，その任期を同日以後6年以内に終了する会計年度のうち最終のものに関する定時評議員会の終結の時まで伸長することを妨げないとされた（改正法附則第9条第1項及び第2項）。

また，施行日の前日において社会福祉法人の評議員である者の任期は，同日に満了するとされた（同条第3項）。

(ｲ)　評議員の員数に関する経過措置

改正法の施行の際現に存する社会福祉法人であって，その事業の規模が整備政令第4条で定める基準を超えないものについては，施行日から起算して3年を経過する日までの間，評議員の数は，4人以上でなければならないとされた（改正法附則第10条）。

(2)　評議員会

ア　評議員会の権限

評議員会は，全ての評議員で組織し，法に規定する事項及び定款

で定めた事項に限り，決議をすることができるとされた（法第45条の8第1項及び第2項）。

　なお，法の規定により評議員会の決議を必要とする事項について，評議員会以外の機関が決定することができる旨の定款の定めは，効力を有しないとされた（同条第3項）。

イ　評議員会の招集

　定時評議員会は，毎会計年度の終了後一定の時期に招集しなければならないが，評議員会は，必要がある場合には，いつでも，招集することができるとされた（法第45条の9第1項及び第2項）。

　また，評議員会は，同条第5項の規定により招集する場合を除き，理事が招集するとされた（同条第3項）。

ウ　決議要件

　評議員会の決議は，議決に加わることができる評議員の過半数（これを上回る割合を定款で定めた場合にあっては，その割合以上）が出席し，その過半数（これを上回る割合を定款で定めた場合にあっては，その割合以上）をもって行うとされた（法第45条の9第6項）。

エ　議事録

　評議員会の議事については，評議員会が開催された日時及び場所，議事の経過の要領及びその結果等を内容とする議事録を作成しなければならないとされた（法第45条の11第1項，施行規則第2条の15第3項）。

　なお，議事録には，出席した評議員等の署名又は記名押印を要しない。

オ　決議の省略

　理事が評議員会の目的である事項について提案をした場合において，当該提案につき評議員（当該事項について議決に加わることができるものに限る。）の全員が書面又は電磁的記録により同意の意思表示をしたときは，当該提案を可決する旨の評議員会の決議が

あったものとみなすとされ（法第45条の９第10項において準用する一般社団法人及び一般財団法人に関する法律（平成18年法律第48号。以下「一般法人法」という。）第194条第１項），この場合においては，評議員会の決議があったものとみなされた事項の内容等を内容とする議事録を作成しなければならないとされた（施行規則第２条の15第４項第１号）。

3　理事会
 (1) 理事会の権限

　　理事会は，全ての理事で組織し，次の職務を行うとされた（法第45条の13第１項及び第２項）。
　　ア　社会福祉法人の業務執行の決定
　　イ　理事の職務の執行の監督
　　ウ　理事長の選定及び解職

　　また，理事会は，理事の中から理事長１人を選定しなければならないとされた（同条第３項）。

　　なお，理事会は，重要な業務執行の決定を理事に委任することができないとされた（同条第４項）。

 (2) 理事会の招集，決議等
　　ア　招集権者

　　　理事会は，各理事が招集するとされた。ただし，理事会を招集する理事を定款又は理事会で定めたときは，当該理事が招集するとされた（第45条の14第１項）。

　　イ　招集手続

　　　理事会を招集する者は，理事会の日の１週間（これを下回る期間を定款で定めた場合にあっては，その期間）前までに，各理事及び各監事に対してその通知を発しなければならないとされた（法第45条の14第９項において準用する一般法人法第94条第１項）。

　　　また，理事会は，理事及び監事の全員の同意があるときは，招集の手続を経ることなく開催することができるとされた（同条第２

項)。

ウ　決議要件

　理事会の決議は，議決に加わることができる理事の過半数（これを上回る割合を定款で定めた場合にあっては，その割合以上）が出席し，その過半数（これを上回る割合を定款で定めた場合にあっては，その割合以上）をもって行うとされた（法第45条の14第4項）。

エ　議事録

　理事会の議事については，理事会が開催された日時及び場所，議事の経過の要領及びその結果等を内容とする議事録を，書面又は電磁的記録をもって作成しなければならないとされ，当該議事録が書面をもって作成されているときは，出席した理事（定款で議事録に署名し，又は記名押印しなければならない者を当該理事会に出席した理事長とする旨の定めがある場合にあっては，当該理事長）及び監事は，これに署名し，又は記名押印しなければならないとされた（法第45条の14第6項，施行規則第2条の17第2項及び第3項）。

オ　決議の省略

　理事が理事会の決議の目的である事項について提案をした場合において，当該提案につき理事（当該事項について議決に加わることができるものに限る。）の全員が書面又は電磁的記録により同意の意思表示をしたとき（監事が当該提案について異議を述べたときを除く。）は，当該提案を可決する旨の理事会の決議があったものとみなす旨を定款で定めることができるとされ（法第45条の14第9項において準用する一般法人法第96条），理事会の決議があったものとみなされた場合には，決議があったものとみなされた事項の内容等を内容とする議事録を作成しなければならないとされた（施行規則第2条の17第4項第1号）。

4　役員

(1)　役員の選任

　役員は，評議員会の決議によって選任するとされ（法第43条第1

項），同項の決議をする場合には，法又は定款で定めた役員の員数を欠くこととなるときに備えて補欠の役員を選任することができるとされた（同条第2項）。

　なお，補欠の役員を選任する場合には，次の事項も併せて決定しなければならないとされ（施行規則第2条の9第2項），補欠の役員の選任に係る決議が効力を有する期間は，定款に別段の定めがある場合を除き，当該決議後最初に開催する定時評議員会の開始の時まで（ただし，評議員会の決議によってその期間を短縮することを妨げない。）とされた（同条第3項）。

　ア　当該候補者が補欠の役員である旨
　イ　当該候補者を1人又は2人以上の特定の役員の補欠の役員として選任するときは，その旨及び当該特定の役員の氏名
　ウ　同一の役員（2人以上の役員の補欠として選任した場合にあっては，当該2人以上の役員）につき2人以上の補欠の役員を選任するときは，当該補欠の役員相互間の優先順位
　エ　補欠の役員について，就任前にその選任の取消しを行う場合があるときは，その旨及び取消しを行うための手続

(2)　役員の員数等

　理事は6人以上，監事は2人以上でなければならないとされた（法第44条第3項）。

　また，理事のうちには，次の者が含まれなければならないとされた（同条第4項）。

　ア　社会福祉事業の経営に関する識見を有する者
　イ　当該社会福祉法人が行う事業の区域における福祉に関する実情に通じている者
　ウ　当該社会福祉法人が施設を設置している場合にあっては，当該施設の管理者

(3)　役員の任期

　役員の任期は，選任後2年以内に終了する会計年度のうち最終のも

のに関する定時評議員会の終結の時まで（ただし，定款によって，その任期を短縮することを妨げない。）とされた（法第45条）。
(4) 役員の解任

役員が次のいずれかに該当するときは，評議員会の決議（監事を解任する場合には，議決に加わることができる評議員の3分の2（これを上回る割合を定款で定めた場合にあっては，その割合）以上に当たる多数による決議。法第45条の9第7項第1号）によって，当該役員を解任することができるとされた（法第45条の4第1項）。

ア 職務上の義務に違反し，又は職務を怠ったとき

イ 心身の故障のため，職務の執行に支障があり，又はこれに堪えないとき

(5) 役員の権利義務を承継する者

法又は定款で定めた役員の員数が欠けた場合には，任期の満了又は辞任により退任した役員は，新たに選任された役員（一時役員の職務を行うべき者を含む。）が就任するまで，なお役員としての権利義務を有するとされ（法第45条の6第1項），これに伴い，理事が欠けた場合における仮理事の選任の制度（旧法第39条の3）は，廃止された。

なお，法第45条の6第1項に規定する場合において，事務が遅滞することにより損害を生ずるおそれがあるときは，所轄庁は，利害関係人の請求により又は職権で，一時役員の職務を行うべき者を選任することができるとされた（同条第2項）。

(6) 役員の欠員補充

理事のうち，定款で定めた理事の員数の3分の1を超える者が欠けたときは，遅滞なくこれを補充しなければならないとされ（法第45条の7第1項），同項の規定は，監事について準用するとされた（同条第2項）。

(7) 役員に関する経過措置

ア 役員の選任に関する経過措置

法第43条第1項の規定は、施行日以後に行われる社会福祉法人の役員の選任について適用するとされた（改正法附則第11条）。
  イ　役員の員数に関する経過措置
　　改正法の施行の際現に存する社会福祉法人については、法第44条第3項の規定は、施行日以後最初に招集される定時評議員会の終結の時から適用し、当該定時評議員会の終結前は、なお従前の例によるとされた（改正法附則第12条）。
  ウ　役員の任期に関する経過措置
　　改正法の施行の際現に在任する社会福祉法人の役員の任期は、法第45条の規定にかかわらず、施行日以後最初に招集される定時評議員会の終結の時までとされた（改正法附則第14条）。
  エ　理事の代表権に関する経過措置
　　改正法の施行の際現に在任する社会福祉法人の理事の代表権については、施行日以後に選定された理事長が就任するまでの間は、なお従前の例によるとされた（改正法附則第15条）。
5　理事長
(1) 理事長の選定及び解職
　社会福祉法人の理事長は、理事会で選定及び解職するとされた（法第45条の13第2項第3号）。
(2) 理事長の代表権
　理事長は、社会福祉法人の業務に関する一切の裁判上又は裁判外の行為をする権限を有するとされ（法第45条の17第1項）、理事長の権限に加えた制限は、善意の第三者に対抗することができないとされた（同条第2項）。
　また、理事長が欠けた場合について、役員の権利義務承継に関する規定（法第45条の6第1項及び第2項。前記4(5)参照）を準用するとされた（法第45条の17第3項）。
　なお、理事長について権利義務承継に関する規定が設けられたことから、社会福祉法人については、平成19年1月11日付け法務省民商第

31号当職通知における取扱いの適用はない。
第2 定款の変更に関する改正
 1 定款の変更の手続
　　定款の変更は，評議員会の決議（議決に加わることができる評議員の3分の2（これを上回る割合を定款で定めた場合にあっては，その割合）以上に当たる多数による決議。法第45条の9第7項第3号）によらなければならないとされた（法第45条の36第1項）。
 2 定款の変更の認可
　　定款の変更（事務所の所在地（法第31条第1項第4号），資産に関する事項（基本財産の増加に限る。同項第9号）及び公告の方法（同項第15号）に係るものを除く。）は，所轄庁の認可を受けなければ，その効力を生じないこと（法第45条の36第2項，施行規則第4条第1項）については，従前と同様である。
 3 定款の変更に関する経過措置
　　施行日前に設立された社会福祉法人は，施行日までに，必要な定款の変更をし，所轄庁の認可を受けなければならないとされ（改正法附則第7条第1項），同項の認可があったときは，同項に規定する定款の変更は，施行日において，その効力を生ずるとされた（同条第2項）。
第3 社会福祉法人の解散及び清算に関する改正
 1 解散
　　社会福祉法人は，次の事由によって解散するとされた（法第46条第1項）。
  (1) 評議員会の決議（議決に加わることができる評議員の3分の2（これを上回る割合を定款で定めた場合にあっては，その割合）以上に当たる多数による決議。法第45条の9第7項第4号）
  (2) 定款に定めた解散事由の発生
  (3) 目的たる事業の成功の不能
  (4) 合併（合併により当該社会福祉法人が消滅する場合に限る。）
  (5) 破産手続開始の決定

(6) 所轄庁の解散命令

なお、(1)又は(3)に掲げる事由による解散は、所轄庁の認可又は認定がなければ、その効力を生じないとされた（法第46条第2項）。

2 清算

(1) 清算の開始

社会福祉法人は、解散した場合（合併（合併により当該社会福祉法人が消滅する場合に限る。法第46条第1項第4号）によって解散した場合及び破産手続開始の決定により解散した場合であって当該破産手続が終了していない場合を除く。）又は設立の無効の訴えに係る請求を認容する判決が確定した場合には、清算をしなければならないとされた（法第46条の3）。

なお、同条の規定により清算をする社会福祉法人（以下「清算法人」という。）は、清算の目的の範囲内において、清算が結了するまではなお存続するものとみなすこと（法第46条の4）については、従前と同様である。

(2) 清算法人の機関

ア 清算法人に設置すべき機関

清算法人には、1人又は2人以上の清算人を置かなければならないとされ（法第46条の5第1項）、定款の定めによって、清算人会又は監事を置くことができるとされた（同条第2項）。また、清算法人の評議員は、3人以上でなければならないとされた（法第46条の8第2項）。

なお、法第6章第3節第1款（法第36条及び第37条。評議員及び評議員会に係る部分を除く。）、第40条第3項から第5項まで、第41条、第42条、第44条第3項、第5項及び第7項、第45条、第45条の6第1項及び第2項並びに第45条の7第2項の規定は、清算法人については、適用しないとされた（法第46条の5第4項及び第46条の8第3項）。

イ 清算人

(ア) 清算人の就任

　次の者は，清算法人の清算人となるとされた（法第46条の6第1項）。

a　理事（b又はcに掲げる者がある場合を除く。）
b　定款で定める者
c　評議員会の決議によって選任された者

　なお，同項の規定により清算人となる者がないときは，裁判所は，利害関係人若しくは検察官の請求により又は職権で，清算人を選任するとされ（同条第2項），同条第1項及び第2項の規定にかかわらず，設立の無効の訴えに係る請求を認容する判決が確定した場合（法第46条の3第2号）に該当することとなった清算法人については，裁判所は，利害関係人若しくは検察官の請求により又は職権で，清算人を選任するとされた（法第46条の6第3項）。

　また，清算人会設置法人（清算人会を置く清算法人をいう。以下同じ。）においては，清算人は，3人以上でなければならないとされた（同条第7項）。

(イ) 清算人の解任

　清算人（法第46条の6第2項又は第3項の規定により裁判所が選任した者を除く。）が次のいずれかに該当するときは，評議員会の決議によって，当該清算人を解任することができるとされた（法第46条の7第1項）。

a　職務上の義務に違反し，又は職務を怠ったとき
b　心身の故障のため，職務の執行に支障があり，又はこれに堪えないとき

　なお，重要な事由があるときは，裁判所は，利害関係人の申立て若しくは検察官の請求により又は職権で，清算人を解任することができること（同条第2項）については，従前と同様である。

(ウ) 清算人等の権利義務を承継する者

a　清算人又は清算法人の監事に欠員を生じた場合
　　　　清算人若しくは清算法人の監事が欠けた場合又は法若しくは定款で定めた清算人若しくは清算法人の監事の員数が欠けた場合には，任期の満了又は辞任により退任した清算人又は清算法人の監事は，新たに選任された清算人又は清算法人の監事（一時清算人又は監事の職務を行うべき者を含む。）が就任するまで，なお清算人又は清算法人の監事としての権利義務を有するとされ（法第46条の7第3項において読み替えて準用する一般法人法第75条第1項），同項に規定する場合において，裁判所は，必要があると認めるときは，利害関係人の申立てにより，一時清算人又は監事の職務を行うべき者を選任することができるとされた（同条第2項）。
　　　b　清算法人の評議員に欠員を生じた場合
　　　　法又は定款で定めた清算法人の評議員の員数が欠けた場合には，任期の満了又は辞任により退任した清算法人の評議員は，新たに選任された清算法人の評議員（一時評議員の職務を行うべき者を含む。）が就任するまで，なお清算法人の評議員としての権利義務を有するとされ（法第46条の7第3項において読み替えて準用する一般法人法第175条第1項），同項に規定する場合において，裁判所は，必要があると認めるときは，利害関係人の申立てにより，一時評議員の職務を行うべき者を選任することができるとされた（同条第2項）。
　㈡　清算人の職務
　　清算人は，次の職務を行うこと（法第46条の9）については，従前と同様である。
　　　a　現務の結了
　　　b　債権の取立て及び債務の弁済
　　　c　残余財産の引渡し
ウ　清算法人の代表

(ア) 清算法人を代表する者

　清算人は，代表清算人（清算法人を代表する清算人をいう。以下同じ。）その他清算法人を代表する者を定めた場合を除き，清算法人を代表するとされ（法第46条の11第1項），清算人が2人以上ある場合には，清算人は，各自，清算法人を代表するとされた（同条第2項）。

(イ) 代表清算人

　a　代表清算人の選定及び解職

　　清算法人（清算人会設置法人を除く。）は，定款，定款の定めに基づく清算人（法第46条の6第2項又は第3項の規定により裁判所が選任した者を除く。）の互選又は評議員会の決議によって，清算人の中から代表清算人を定めることができるとされた（法第46条の11第3項）。そして，法第46条の6第1項第1号の規定により理事が清算人となる場合においては，理事長が代表清算人となるとされた（法第46条の11第4項）。

　　また，裁判所は，法第46条の6第2項又は第3項の規定により清算人を選任する場合には，その清算人の中から代表清算人を定めることができるとされた（法第46条の11第5項）。

　　なお，清算人会設置法人においては，清算人会は，他に代表清算人があるときを除き，清算人の中から代表清算人を選定しなければならないとされ（法第46条の17第3項），その選定した代表清算人及び法第46条の11第4項の規定により代表清算人となった者を解職することができるとされた（法第46条の17第4項）。

　　おって，法第46条の11第5項の規定により裁判所が代表清算人を定めたときは，清算人会は，代表清算人を選定し，又は解職することができないとされた（法第46条の17第5項）。

　b　代表清算人の代表権

　　代表清算人は，清算法人の業務に関する一切の裁判上又は裁

判外の行為をする権限を有するとされ（法第46条の11第7項において読み替えて準用する一般法人法第77条第4項），代表清算人の権限に加えた制限は，善意の第三者に対抗することができないとされた（同条第5項）。

　　　c　代表清算人の権利義務を承継する者

　　　　代表清算人が欠けた場合又は定款で定めた代表清算人の員数が欠けた場合には，任期の満了又は辞任により退任した代表清算人は，新たに選定された代表清算人（一時代表清算人の職務を行うべき者を含む。）が就任するまで，なお代表清算人としての権利義務を有するとされ（法第46条の11第7項において読み替えて準用する一般法人法第79条第1項），同項に規定する場合において，裁判所は，必要があると認めるときは，利害関係人の申立てにより，一時代表清算人の職務を行うべき者を選任することができるとされた（同条第2項）。

　エ　清算人会

　　(ｱ)　清算人会の権限

　　　清算人会は，全ての清算人で組織するとされ（法第46条の17第1項），次の職務を行うとされた（同条第2項）。

　　　a　清算人会設置法人の業務執行の決定
　　　b　清算人の職務の執行の監督
　　　c　代表清算人の選定及び解職

　　　また，清算人会は，重要な業務執行の決定を清算人に委任することができないとされた（同条第6項）。

　　(ｲ)　清算人会の招集，決議等

　　　a　招集権者

　　　　清算人会は，各清算人が招集するとされた。ただし，清算人会を招集する清算人を定款又は清算人会で定めたときは，当該清算人が招集するとされた（法第46条の18第1項）。

　　　b　招集手続

清算人会を招集する者は，清算人会の日の1週間（これを下回る期間を定款で定めた場合にあっては，その期間）前までに，各清算人（監事設置清算法人（監事を置く清算法人又は法の規定により監事を置かなければならない清算法人をいう。以下同じ。）にあっては，各清算人及び各監事）に対してその通知を発しなければならないとされた（法第46条の18第4項において読み替えて準用する一般法人法第94条第1項）。

また，清算人会は，清算人（監事設置清算法人にあっては，清算人及び監事）の全員の同意があるときは，招集の手続を経ることなく開催することができるとされた（同条第2項）。

　　c　決議要件

清算人会の決議は，議決に加わることができる清算人の過半数（これを上回る割合を定款で定めた場合にあっては，その割合以上）が出席し，その過半数（これを上回る割合を定款で定めた場合にあっては，その割合以上）をもって行うとされた（法第46条の18第5項において読み替えて準用する一般法人法第95条第1項）。

　　d　議事録

清算人会の議事については，清算人会が開催された日時及び場所，議事の経過の要領及びその結果等を内容とする議事録を，書面又は電磁的記録をもって作成しなければならないとされ，当該議事録が書面をもって作成されているときは，出席した清算人（定款で議事録に署名し，又は記名押印しなければならない者を当該清算人会に出席した代表清算人とする旨の定めがある場合にあっては，当該代表清算人）及び監事は，これに署名し，又は記名押印しなければならないとされた（法第46条の18第5項において読み替えて準用する一般法人法第95条第3項，施行規則第5条の4第2項及び第3項）。

　　e　決議の省略

清算人が清算人会の決議の目的である事項について提案をした場合において，当該提案につき清算人（当該事項について議決に加わることができるものに限る。）の全員が書面又は電磁的記録により同意の意思表示をしたとき（監事が当該提案について異議を述べたときを除く。）は，当該提案を可決する旨の清算人会の決議があったものとみなす旨を定款で定めることができるとされ（法第46条の18第5項において読み替えて準用する一般法人法第96条），清算人会の決議があったものとみなされた場合には，決議があったものとみなされた事項の内容等を内容とする議事録を作成しなければならないとされた（施行規則第5条の4第4項第1号）。

(3) 債権者に対する公告等

　清算法人は，法第46条の3各号に掲げる場合に該当することとなった後，遅滞なく，当該清算法人の債権者に対し，一定の期間（2月を下ることができない。）内にその債権を申し出るべき旨を官報に公告し，かつ，判明している債権者には，各別にこれを催告しなければならないとされ（法第46条の30第1項），同項の規定による公告には，当該債権者が当該期間内に申出をしないときは清算から除斥される旨を付記しなければならないとされた（同条第2項）。

(4) 清算事務の終了等

　清算法人は，清算事務が終了したときは，遅滞なく，債権の取立て，資産の処分その他の行為によって得た収入の額等を内容とする決算報告を作成しなければならないとされ（法第47条の2第1項，施行規則第5条の10第1項），清算人会設置法人においては，決算報告は，清算人会の承認を受けなければならないとされた（法第47条の2第2項）。

　また，清算人は，決算報告（同項の規定の適用がある場合にあっては，同項の承認を受けたもの）を評議員会に提出し，又は提供し，その承認を受けなければならないとされた（同条第3項）。

3 清算に関する経過措置

施行日前に生じた旧法第46条第1項各号に掲げる事由により社会福祉法人が解散した場合の清算については、なお従前の例によるとされた（改正法附則第21条）。

第4 社会福祉法人の合併に関する改正

1 通則

社会福祉法人は、他の社会福祉法人と合併することができることについては、従前と同様であるが、この場合においては、合併をする社会福祉法人は、合併契約を締結しなければならないとされた（法第48条）。

2 吸収合併に関する手続

(1) 吸収合併契約

社会福祉法人が吸収合併をする場合には、吸収合併契約において、次の事項を定めなければならないとされた（法第49条、施行規則第5条の11）。

ア 吸収合併後存続する社会福祉法人（以下「吸収合併存続社会福祉法人」という。）及び吸収合併により消滅する社会福祉法人（以下「吸収合併消滅社会福祉法人」という。）の名称及び住所

イ 吸収合併がその効力を生ずる日

ウ 吸収合併消滅社会福祉法人の職員の処遇

(2) 吸収合併の効力の発生等

社会福祉法人の吸収合併は、吸収合併存続社会福祉法人の主たる事務所の所在地において合併の登記をすることによって、その効力を生ずること（法第50条第1項）、吸収合併存続社会福祉法人は、吸収合併の登記の日に、吸収合併消滅社会福祉法人の一切の権利義務を承継すること（同条第2項）及び吸収合併は、所轄庁の認可を受けなければ、その効力を生じないこと（同条第3項）については、従前と同様である。

(3) 吸収合併契約の承認

吸収合併消滅社会福祉法人及び吸収合併存続社会福祉法人は、評議

員会の決議（議決に加わることができる評議員の3分の2（これを上回る割合を定款で定めた場合にあっては，その割合）以上に当たる多数による決議。法第45条の9第7項第5号）によって，吸収合併契約の承認を受けなければならないとされた（法第52条及び第54条の2第1項）。

(4) 債権者保護手続
　ア　吸収合併消滅社会福祉法人における手続
　　　吸収合併消滅社会福祉法人は，前記(2)の認可があったときは，次の事項を官報に公告し，かつ，判明している債権者には，各別にこれを催告しなければならないとされた（法第53条第1項）。
　　(ア)　吸収合併をする旨
　　(イ)　吸収合併存続社会福祉法人の名称及び住所
　　(ウ)　吸収合併消滅社会福祉法人及び吸収合併存続社会福祉法人の計算書類（法第45条の27第2項に規定する計算書類をいう。以下同じ。）に関する事項
　　(エ)　債権者が一定の期間（2月を下ることができない。）内に異議を述べることができる旨
　　　なお，債権者が(エ)の期間内に異議を述べなかったときは，当該債権者は，当該吸収合併について承認をしたものとみなすこと（法第53条第2項）及び債権者が当該期間内に異議を述べたときは，吸収合併をしても当該債権者を害するおそれがないときを除き，吸収合併消滅社会福祉法人は，当該債権者に対し，弁済し，若しくは相当の担保を提供し，又は当該債権者に弁済を受けさせることを目的として信託会社等に相当の財産を信託しなければならないこと（同条第3項）については，従前と同様である。
　イ　吸収合併存続社会福祉法人における手続
　　　吸収合併存続社会福祉法人は，前記(2)の認可があったときは，次の事項を官報に公告し，かつ，判明している債権者には，各別にこれを催告しなければならないとされた（法第54条の3第1項）。

㋐　吸収合併をする旨
　㋑　吸収合併消滅社会福祉法人の名称及び住所
　㋒　吸収合併存続社会福祉法人及び吸収合併消滅社会福祉法人の計算書類に関する事項
　㋓　債権者が一定の期間（2月を下ることができない。）内に異議を述べることができる旨

　　なお，債権者が㋓の期間内に異議を述べなかったときは，当該債権者は，当該吸収合併について承認をしたものとみなすこと（法第54条の3第2項）及び債権者が当該期間内に異議を述べたときは，吸収合併をしても当該債権者を害するおそれがないときを除き，吸収合併存続社会福祉法人は，当該債権者に対し，弁済し，若しくは相当の担保を提供し，又は当該債権者に弁済を受けさせることを目的として信託会社等に相当の財産を信託しなければならないこと（同条第3項）については，従前と同様である。

3　新設合併に関する手続
(1)　新設合併契約
　　2以上の社会福祉法人が新設合併をする場合には，新設合併契約において，次の事項を定めなければならないとされた（法第54条の5，施行規則第6条の8）。
　ア　新設合併により消滅する社会福祉法人（以下「新設合併消滅社会福祉法人」という。）の名称及び住所
　イ　新設合併により設立する社会福祉法人（以下「新設合併設立社会福祉法人」という。）の目的，名称及び主たる事務所の所在地
　ウ　イに掲げるもののほか，新設合併設立社会福祉法人の定款で定める事項
　エ　新設合併がその効力を生ずる日
　オ　新設合併消滅社会福祉法人の職員の処遇
(2)　新設合併の効力の発生等
　　新設合併設立社会福祉法人は，その成立の日に，新設合併消滅社会

福祉法人の一切の権利義務を承継すること（法第54条の6第1項）及び新設合併は，所轄庁の認可を受けなければ，その効力を生じないこと（同条第2項）については，従前と同様である。

(3) 新設合併契約の承認

新設合併消滅社会福祉法人は，評議員会の決議（議決に加わることができる評議員の3分の2（これを上回る割合を定款で定めた場合にあっては，その割合）以上に当たる多数による決議。法第45条の9第7項第5号）によって，新設合併契約の承認を受けなければならないとされた（法第54条の8）。

(4) 債権者保護手続

新設合併消滅社会福祉法人は，前記(2)の認可があったときは，次の事項を官報に公告し，かつ，判明している債権者には，各別にこれを催告しなければならないとされた（法第54条の9第1項）。

ア 新設合併をする旨

イ 他の新設合併消滅社会福祉法人及び新設合併設立社会福祉法人の名称及び住所

ウ 新設合併消滅社会福祉法人の計算書類に関する事項

エ 債権者が一定の期間（2月を下ることができない。）内に異議を述べることができる旨

なお，債権者がエの期間内に異議を述べなかったときは，当該債権者は，当該新設合併について承認をしたものとみなすこと（法第54条の9第2項）及び債権者が当該期間内に異議を述べたときは，新設合併をしても当該債権者を害するおそれがないときを除き，新設合併消滅社会福祉法人は，当該債権者に対し，弁済し，若しくは相当の担保を提供し，又は当該債権者に弁済を受けさせることを目的として信託会社等に相当の財産を信託しなければならないこと（同条第3項）については，従前と同様である。

(5) 新設合併設立社会福祉法人の設立の特則

法第32条，第33条及び第35条の規定は，新設合併設立社会福祉法人

の設立については，適用しないとされた（法第54条の10第1項）。また，新設合併設立社会福祉法人の定款は，新設合併消滅社会福祉法人が作成するとされ，この場合においては，法第31条第1項の認可を受けることを要しないとされた（法第54条の10第2項）。

4　合併に関する経過措置

　法第6章第6節第3款（法第48条から第55条まで）の合併に関する規定は，施行日以後に合併について評議員会の決議があった場合について適用し，施行日前に合併について社会福祉法人の理事の3分の2以上の同意（定款でさらに評議員会の決議を必要とするものと定められている場合には，当該同意及びその決議）があった場合については，なお従前の例によるとされた（改正法附則第22条）。

第5　社会福祉法人の登記

1　設立の登記

(1)　登記すべき事項

　社会福祉法人の設立の登記において登記すべき事項は，次のとおりである。

　なお，法において，理事長は，社会福祉法人の業務に関する一切の裁判上又は裁判外の行為をする権限を有し，理事長の権限に加えた制限は，善意の第三者に対抗することができないとされた（法第45条の17第1項及び第2項）ことから，社会福祉法人の登記すべき事項のうち，「代表権の範囲又は制限に関する定めがあるときは，その定め」が削られた（整備政令第2条，組登令別表）。

　ア　目的及び業務（組登令第2条第2項第1号）

　イ　名称（同項第2号）

　ウ　事務所の所在地（同項第3号）

　エ　代表権を有する者の氏名，住所及び資格（同項第4号）

　　法において，社会福祉法人の理事会は，理事の中から理事長1人を選定しなければならないとされ（法第45条の13第3項），また，理事長の代表権に関する規定（法第45条の17第1項）が定められた

ことから，社会福祉法人の代表権を有する者は，理事長となる。
　したがって，当該理事長を「理事長」の資格で登記することとなる。
　オ　解散の事由を定めたときは，その事由（組登令第2条第2項第5号）
　カ　資産の総額（同項第6号，別表）
(2)　添付書面
　社会福祉法人の設立の登記の申請書の添付書面は，次のとおりである。
　ア　定款（組登令第16条第2項）
　イ　代表権を有する者の資格を証する書面（同項）
　　設立当初の理事は，定款で定めなければならない（法第31条第3項）ことから，理事長が理事であることを証する書面としての定款，理事長たる理事が就任を承諾したことを証する書面，理事長を選定した理事会の議事録及び理事長の就任を承諾したことを証する書面が該当する。
　ウ　資産の総額を証する書面（組登令第16条第3項）
　エ　所轄庁の認可書又はその認証がある謄本（組登令第25条において準用する商登法第19条）
(3)　登記の記録
　社会福祉法人の設立に係る登記の記録は，別紙記録例1による。
2　理事長及び理事の登記
(1)　理事長の就任及び理事の退任による変更の登記（施行日以後最初に招集される定時評議員会の終結後，新たに理事長を選定した場合）
　ア　理事長の選定又は理事の退任の時期
　　改正法の施行の際現に在任する社会福祉法人の理事の任期は，法第45条の規定にかかわらず，施行日以後最初に招集される定時評議員会の終結の時までとされた（改正法附則第14条）ことから，当該理事は，当該定時評議員会の終結により，任期満了に伴い退任す

る。そして，当該定時評議員会の決議により，後任の理事が選任されるとともに，後任の理事による理事会の決議により，新たに理事長が選定される。

なお，社会福祉法人の会計年度は，4月1日に始まり，翌年3月31日に終わるものとされている（法第45条の23第2項）こと，また，毎会計年度終了後3月以内に，各会計年度に係る計算書類等を作成し（法第45条の27第2項），当該計算書類等について理事会及び定時評議員会の承認を受けた上で，所轄庁に届け出なければならない（法第59条第1号）ことから，施行日以後最初の定時評議員会については，平成29年6月までに招集されることになる。

したがって，同月末日までに，当該定時評議員会が招集されず，後任の理事が選任されなかった場合であっても，改正法の施行の際現に在任する社会福祉法人の理事の任期は，定時評議員会が開催されるべき日又は期間の末日までとなる（昭和38年5月18日付け民事甲第1356号民事局長回答参照）。

イ　添付書面

社会福祉法人の理事長の就任及び理事の退任による変更の登記の申請書には，登記事項の変更を証する書面（組登令第17条第1項）として，次の書面を添付しなければならない。

(ｱ)　理事長の就任を証する書面

理事長が理事に選任された定時評議員会の議事録，理事長たる理事が就任を承諾したことを証する書面，理事長を選定した理事会の議事録及び理事長の就任を承諾したことを証する書面が該当する。

また，理事長を選定した理事会に出席した理事（定款で議事録に署名し，又は記名押印しなければならない者を当該理事会に出席した理事長とする旨の定めがある場合にあっては，当該理事長）及び監事が当該理事会の議事録に押印した印鑑につき市町村長の作成した証明書を添付しなければならないが，当該印鑑と変

更前の理事が登記所に提出している印鑑とが同一であるときは，当該証明書の添付を要しない（各種法人等登記規則（昭和39年法務省令第46号。以下「法登規」という。）第5条において準用する商業登記規則（昭和39年法務省令第23号。以下「商登規」という。）第61条第6項）。

なお，法において，理事及び理事長の選任機関に関する規定（法第43条第1項及び第45条の13第2項第3号）が定められたため（前記第1の3(1)及び第1の4(1)参照），理事長の就任による変更を証する書面の一部として，理事又は理事長の選任機関を証するための定款については，添付することを要しない。

ただし，定款で評議員会又は理事会の定足数，決議要件に別段の定めがある場合（前記第1の2(2)ウ及び第1の3(2)ウ参照），定款で理事会の議事録に署名し，若しくは記名押印しなければならない者を当該理事会に出席した理事長とする旨の定めがある場合（前記第1の3(2)エ参照），又は定款の定めによる理事会の決議の省略（前記第1の3(2)オ参照）により理事長を選定した場合には，これらの定めを証するため，定款をも添付しなければならない（法登規第5条において準用する商登規第61条第1項）。

(イ) 理事の退任を証する書面

改正法の施行の際現に在任する社会福祉法人の理事の任期は，施行日以後最初に招集される定時評議員会の終結の時までとされている（改正法附則第14条）ことから，当該定時評議員会の議事録がこれに該当する。

ウ 印鑑届書

改正法附則第14条の規定により，定時評議員会の終結によって任期満了に伴い退任した理事のうち，代表権を有する者として登記され，かつ登記所に印鑑を提出していた理事が，後任の理事による理事会の決議により，新たに理事長に選定された場合（提出済みの印鑑を継続して使用する場合）には，印鑑届書の提出を要しない。

エ　登記の記録

　　社会福祉法人の理事長の就任及び理事の退任による変更に係る登記の記録は，別紙記録例2(1)による。

(2) 代表権の範囲又は制限に関する定めの消滅による変更の登記

　　改正法附則第14条の規定により，定時評議員会の終結によって任期満了に伴い退任した理事について，代表権の範囲又は制限に関する定めがある場合には，その退任により，当該定めも消滅する。

　　したがって，(1)の登記と同時に，代表権の範囲又は制限に関する定めの消滅による変更の登記をもしなければならないが，当該変更の登記については，添付書面を要しない。

　　なお，改正法附則第15条の規定によりなお従前の例によることとされた社会福祉法人の理事の代表権の範囲又は制限に関する定めに係る登記については，なお従前の例によるとされた（整備政令附則第3項）ことから，施行日以後に選定された理事長が就任するまでは，当該変更の登記をすることを要しない。

(3) 理事長の変更の登記（(1)による理事長の就任の登記後に，当該理事長に変更が生じた場合）

　　(1)による理事長の就任の登記後，当該理事長に変更があった場合における変更の登記の申請書には，登記事項の変更を証する書面（組登令第17条第1項）として，次の書面を添付しなければならない。

　ア　理事長の退任を証する書面

　　　理事長の退任の事由に応じて，評議員会又は理事会の議事録，辞任を証する書面等が該当する。

　　　なお，辞任を証する書面に当該理事長が登記所に提出している印鑑が押印されている場合を除き，当該書面に押印した印鑑につき市町村長の作成した証明書を添付しなければならない（法登規第5条において準用する商登規第61条第8項）。

　イ　理事長の就任を証する書面

　　　理事長が理事に選任された評議員会の議事録，理事長たる理事が

就任を承諾したことを証する書面，理事長を選定した理事会の議事録及び理事長の就任を承諾したことを証する書面が該当する。なお，理事会の議事録に押印した印鑑に係る証明書及び定款の添付の要否については，前記(1)イ(ｱ)と同様である。

3 資産の総額の変更の登記
 (1) 登記期間
  　社会福祉法人の資産の総額の変更に係る登記期間について，毎事業年度末日から2月以内とされていたが（旧組登令第3条第3項），同項の改正により，当該末日から3月以内に伸長された（整備政令第2条）。
 (2) 添付書面
  　社会福祉法人の資産の総額の変更の登記の申請書の添付書面（組登令第17条第1項）については，従前と同様である。
 (3) 経過措置
  　(1)の登記期間の伸長は，平成28年4月1日以後に開始する事業年度末日現在によりする資産の総額の変更の登記について適用し，同月1日前に開始した事業年度末日現在によりする資産の総額の変更の登記については，なお従前の例によるとされた（整備政令附則第2項）。

4 解散及び清算の登記
 (1) 解散の登記
  　社会福祉法人の解散の登記の手続は，従前と同様である（組登令第7条，第14条第4項，第19条，第25条において準用する商登法第18条，第19条及び第71条第1項）。
  　なお，法において，評議員会の決議が社会福祉法人の解散事由とされた（法第46条第1項第1号）ことから，当該事由による解散の登記の申請書には，当該解散の決議をした評議員会の議事録を添付しなければならない（組登令第19条）。また，法第46条第1項第1号又は第3号に掲げる事由（評議員会の決議又は目的たる事業の成功の不能）による解散は，所轄庁の認可又は認定が必要である（同条第2項）こ

とから，これらの事由による解散の登記の申請書には，所轄庁の認可書又は認定書若しくはその認証がある謄本を添付しなければならない（組登令第25条において準用する商登法第19条）。

(2) 清算人の就任による変更の登記（社会福祉法人の解散後，最初に清算人を選任した場合）

社会福祉法人の清算人の就任による変更の登記において登記すべき事項は，次のとおりである。なお，当該変更の登記については，(1)の登記と同時にすることになる。

ア　登記すべき事項

(ｱ) 清算人会を置く清算法人

法第46条の5第2項の規定により，清算人会を置く清算法人においては，清算人の中から代表清算人を選定しなければならない（法第46条の17第3項，第46条の11第4項）ことから，当該清算法人において登記すべき事項は，代表清算人の氏名，住所及び資格となる（組登令第2条第2項第4号）。

(ｲ) 清算人会を置かない清算法人

清算人会を置かない清算法人においては，1人または2人以上の清算人を置かなければならないが（法第46条の5第1項），清算人は，清算法人を代表し，清算人が2人以上ある場合には，清算人は，各自，清算法人を代表する（法第46条の11第1項及び第2項）ことから，当該清算法人において登記すべき事項は，清算人の氏名，住所及び資格となる（組登令第2条第2項第4号）。

なお，当該清算法人において代表清算人を定めた場合（法第46条の11第3項から第5項まで）の登記すべき事項は，(ｱ)と同様である。

イ　添付書面

社会福祉法人の清算人の就任による変更の登記の申請書の添付書面は，次のとおりである。なお，いずれの場合においても，定款の定め又は登記事項の変更を証するため，定款を添付することを要す

る(法登規第5条において準用する商登規第61条第1項,組登令第17条第1項)。
　㈀　清算人会を置く清算法人
　　　代表清算人の就任を証する書面として,代表清算人が清算人に選任された評議員会の議事録等,代表清算人たる清算人が就任を承諾したことを証する書面,代表清算人を選定した清算人会の議事録及び代表清算人の就任を承諾したことを証する書面が該当する。
　　　なお,代表清算人を選定した清算人会の議事録については,法登規第5条において準用する商登規第61条第6項の適用はない(昭和43年2月16日付け民事甲第303号民事局長通達参照)。
　㈁　清算人会を置かない清算法人
　　a　代表清算人を選定した場合
　　　代表清算人の就任を証する書面として,代表清算人が清算人に選任された評議員会の議事録等,代表清算人たる清算人が就任を承諾したことを証する書面,代表清算人を選定した評議員会の議事録等及び代表清算人の就任を承諾したことを証する書面が該当する。
　　b　代表清算人を選定しない場合
　　　清算人の就任を証する書面として,清算人を選任した評議員会の議事録等及び清算人の就任を承諾したことを証する書面が該当する。
　ウ　登記の記録
　　　社会福祉法人の清算人の就任による変更に係る登記の記録は,別紙記録例2⑵及び⑶による。
⑶　清算人の変更の登記(⑵による清算人の就任の登記後に,当該清算人に変更が生じた場合)
　　社会福祉法人の清算人の変更の登記の申請書には,登記事項の変更を証する書面(組登令第17条第1項)として,次の書面を添付しなけ

ればならない。
　　ア　清算人の退任を証する書面
　　　　清算人の退任の事由に応じて，清算人の解任を決議した評議員会の議事録又は代表清算人の解職を決議した清算人会の議事録，辞任を証する書面等が該当する。
　　　　なお，清算人又は代表清算人の辞任を証する書面については，法登規第5条において準用する商登規第61条第8項の適用はない。
　　イ　清算人の就任を証する書面
　　　　前記(2)イ(ア)又は(イ)と同様である。
　5　合併の登記
　　社会福祉法人の合併の登記の手続については，従前と同様である（組登令第8条，第11条，第13条，第16条，第17条第1項，第20条，第21条，第25条において準用する商登法第18条，第19条，第79条，第82条及び第83条）。
第6　組登令の適用を受ける法人の登記
　前記第5の3のとおり，組登令第3条第3項に規定する資産の総額の変更に係る登記期間が伸長され，また，同項に関する経過措置が定められた（整備政令第2項）が，これらの規定については，社会福祉法人に限らず，組登令別表に掲げる法人のうち，資産の総額を登記すべき事項としている全ての法人について適用される。
　なお，当該変更の登記の申請書の添付書面（組登令第17条第1項）については，従前と同様である。

〔別紙記録例〕
1　設立に関する登記

会社法人等番号	○○○○-○○-○○○○○○
名　称	社会福祉法人何何
主たる事務所	東京都千代田区霞が関一丁目1番1号
法人成立の年月日	平成○○年○○月○○日
目的等	何何
役員に関する事項	東京都千代田区霞が関一丁目2番3号 　　理事長　　　　甲　野　太　郎
従たる事務所	1 東京都千代田区霞が関三丁目2番1号
資産の総額	金○万円
解散の事由	何何
登記記録に関する事項	設立 　　　　　　　　　　　　平成○○年○○月○○日登記

2 代表権を有する者の変更の登記

(1) 理事長の就任及び理事の退任による変更の登記(施行日以後最初に招集される定時評議員会の終結後,新たに理事長を選定した場合)

役員に関する事項	東京都千代田区霞が関一丁目2番3号 理事長　　　甲　野　太　郎	平成29年　6月10日就任
		平成29年　6月15日登記
	東京都千代田区霞が関三丁目2番3号 理事　　　　乙　野　次　郎	平成28年　4月　1日就任
		平成28年　4月　5日登記
		平成29年　6月10日退任
		平成29年　6月15日登記
	東京都千代田区霞が関二丁目1番1号 理事　　　　丙　川　春　子	平成27年　5月　1日就任
		平成27年　5月　7日登記
		平成29年　6月10日退任
		平成29年　6月15日登記
	代表権の範囲 理事乙野次郎は何県何市何町何番地の従たる事務所の業務についてのみこの法人を代表する	平成28年　4月　1日設定
		平成28年　4月　5日登記
		平成29年　6月10日消滅
		平成29年　6月15日登記

[注]　1　施行日において現に在任する社会福祉法人の理事の任期は,法第45条の規定にかかわらず,施行日以後最初に招集される定時評議員会の終結の時までとされている(改正法附則第14条)ことから,当該理事は,当該定時評議員会の終結により,任期満了に伴い退任するため,原因項目は「退任」とする。
　　　2　代表権の範囲又は制限に関する定めの登記がされている場合には,当該定めの消滅による変更の登記をしなければならない(組登令第3条第1項)。

(2) 評議員会の決議により解散し，代表清算人が就任した場合の変更の登記

役員に関する事項	東京都千代田区霞が関一丁目2番3号 理事長　　　　甲野太郎	平成29年　6月10日就任
		平成29年　6月15日登記
	東京都千代田区霞が関三丁目2番3号 代表清算人　　　乙野次郎	平成30年10月　1日就任
		平成30年10月　4日登記

解　散	平成30年10月1日評議員会の決議により解散
	平成30年10月4日登記

[注] 1　解散の登記をしたときは，理事長（上記2(1)による変更の登記の前にあっては，理事）に関する登記に抹消する記号を記録する（法登規第5条において準用する商登規第72条第1項）。
　　 2　社会福祉法人が解散し，代表清算人が就任した場合には，当該代表清算人は，清算法人を代表する者である（法第46条の11第7項において読み替えて準用する一般法人法第77条第4項）ことから，組登令第2条第2項第4号に規定する代表権を有する者の変更の登記として代表清算人を登記する（組登令第3条第1項）。なお，この場合の資格は，「代表清算人」である。
　　 3　社会福祉法人の解散の登記において登記すべき事項は，解散の旨並びにその事由及び年月日である（組登令第25条において準用する商登法第71条第1項）。評議員会の決議による解散のほか，法第46条第1項に規定する解散の事由に応じて，「年月日定款に定めた解散事由の発生により解散」，「年月日目的たる事業の成功の不能により解散」等とする。

(3) 評議員会の決議により解散し，清算人が就任した場合の変更の登記

役員に関する事項	東京都千代田区霞が関一丁目2番3号 理事長　　　　甲野太郎	平成29年　6月10日就任
		平成29年　6月15日登記
	東京都千代田区霞が関三丁目2番3号 清算人　　　　乙野次郎	平成30年10月　1日就任
		平成30年10月　4日登記
	東京都千代田区霞が関二丁目1番1号 清算人　　　　丙川春子	平成30年10月　1日就任
		平成30年10月　4日登記

解　散	平成30年10月1日評議員会の決議により解散
	平成30年10月4日登記

[注]　社会福祉法人が解散し，清算人が就任した場合には，当該清算人は，清算法人を代表する者である（法第46条の11第1項及び第2項）ことから，組登令第2条第2項第4号に規定する代表権を有する者の変更の登記として清算人を登記する（組登令第3条第1項）。なお，この場合の資格は，「清算人」である。

27 医療法の一部を改正する法律等の施行に伴う法人登記事務の取扱いについて

(平成29年3月7日法務省民商第36号通知)

(通知) 医療法の一部を改正する法律(平成27年法律第74号。以下「改正法」という。)が平成27年9月28日に,医療法施行令の一部を改正する政令(平成29年政令第14号。以下「改正政令」という。)及び医療法施行規則の一部を改正する省令(平成29年厚生労働省令第4号。以下「改正省令」という。)が本年2月8日にそれぞれ公布され,改正法(同法附則第1条各号に掲げる規定を除く。)及び改正政令並びに改正省令は,いずれも本年4月2日(以下「施行日」という。)から施行されることとなったので,これに伴う法人登記事務の取扱いについては,下記の点に留意し,事務処理に遺憾のないよう,貴管下登記官に周知方取り計らい願います。

なお,本通知中,「法」とあるのは改正法による改正後の医療法(昭和23年法律第205号)を,「施行令」とあるのは改正政令による改正後の医療法施行令(昭和23年政令第326号)を,「施行規則」とあるのは改正省令による改正後の医療法施行規則(昭和23年厚生省令第50号)を,「商登法」とあるのは商業登記法(昭和38年法律第125号)を,「一般法人法」とあるのは一般社団法人及び一般財団法人に関する法律(平成18年法律第48号)を,「公益認定法」とあるのは公益社団法人及び公益財団法人の認定等に関する法律(平成18年法律第49号)をいい,法,施行令及び施行規則について引用する条文は,全て改正後のものです。

記

第1 地域医療連携推進法人制度の新設

1 医療連携推進認定

(1) 認定を受けることができる者

次の法人(営利を目的とする法人を除く。以下「参加法人」という。)及び地域において良質かつ適切な医療を効率的に提供するために必要な者として施行規則第39条の2で定める者を社員とし,かつ,病院,診療所又は介護老人保健施設(以下「病院等」という。)に係

る業務の連携を推進するための方針（以下「医療連携推進方針」という。）を定め，医療連携推進業務を行うことを目的とする一般社団法人（公益認定法第4条の認定を受けた一般社団法人（以下「公益社団法人」という。）を含む。以下同じ。）は，定款において定める当該連携を推進する区域（以下「医療連携推進区域」という。）の属する都道府県（当該医療連携推進区域が2以上の都道府県にわたる場合にあっては，これらの都道府県のいずれか一の都道府県）の知事の認定（以下「医療連携推進認定」という。）を受けることができるとされた（法70条第1項）。

　ア　医療連携推進区域において，病院等を開設する法人

　イ　医療連携推進区域において，介護事業等に係る施設又は事業所を開設し，又は管理する法人

(2) 医療連携推進業務

　医療連携推進業務は，病院等に係る業務について，医療連携推進方針に沿った連携の推進を図ることを目的として行う次の業務等をいうとされた（法第70条第2項）。

　ア　医療従事者の資質の向上を図るための研修

　イ　病院等に係る業務に必要な医薬品，医療機器その他の物資の供給

　ウ　資金の貸付けその他の参加法人が病院等に係る業務を行うのに必要な資金を調達するための支援として施行規則第39条の3第1項で定めるもの

(3) 申請及び認定

　医療連携推進認定を受けようとする一般社団法人は，施行令第5条の15で定めるところにより，医療連携推進方針を添えて，都道府県知事に申請をしなければならないとされた（法第70条の2第1項）。

　また，都道府県知事は，医療連携推進認定の申請をした一般社団法人が法第70条の3第1項各号の基準に適合すると認めるときは，当該一般社団法人について医療連携推進認定をすることができるとされた（同項柱書）。

なお,都道府県知事は,医療連携推進認定をしたときは,インターネットの利用その他の適切な方法により,その旨を公示しなければならないとされた(法第70条の6,施行規則第39条の13)。

(4) 医療連携推進認定を受けた一般社団法人の名称等

医療連携推進認定を受けた一般社団法人(以下「地域医療連携推進法人」という。)は,その名称中に地域医療連携推進法人という文字を用いなければならないとされ(法第70条の5第1項),地域医療連携推進法人は,その名称中の一般社団法人の文字を地域医療連携推進法人と変更する定款の変更をしたものとみなすとされた(同条第2項)。

また,地域医療連携推進法人でない者は,その名称又は商号中に,地域医療連携推進法人であると誤認されるおそれのある文字を用いてはならないとされ(同条第4項),地域医療連携推進法人は,不正の目的をもって,他の地域医療連携推進法人であると誤認されるおそれのある名称又は商号を使用してはならないとされた(同条第5項)。

なお,同条第2項の規定に加え,法第70条の16の規定により,地域医療連携推進法人については,一般社団法人の名称について規定する一般法人法第5条第1項の適用が除外されている(後記2(5)参照)ことから,一般社団法人たる地域医療連携推進法人は,その名称中に「一般社団法人」という文字を用いる必要はないが,公益社団法人たる地域医療連携推進法人については,法において,公益社団法人の名称について規定する公益認定法第9条第3項の適用が除外されていないことから,その名称中に「公益社団法人」という文字に加え,「地域医療連携推進法人」という文字を用いなければならない。

このことから,公益社団法人たる地域医療連携推進法人については,社員総会の決議により,名称の変更に係る定款の変更(一般法人法第146条)をした上で,認定都道府県知事(医療連携推進認定をした都道府県知事をいう。以下同じ。)の認可を受けなければならない(法第70条の18第1項において読み替えて準用する法第54条の9第3

項。後記2(1)イ参照)。
(5) 医療連携推進認定の取消し
　ア　取消しの処分
　　(ｱ)　認定都道府県知事は，地域医療連携推進法人が，次のいずれかに該当する場合においては，その医療連携推進認定を取り消さなければならないとされた（法第70条の21第1項）。
　　　a　法第70条の4第1号又は第3号に該当するに至ったとき
　　　b　偽りその他不正の手段により医療連携推進認定を受けたとき
　　(ｲ)　認定都道府県知事は，地域医療連携推進法人が，次のいずれかに該当する場合においては，その医療連携推進認定を取り消すことができるとされた（法第70条の21第2項）。
　　　a　法第70条の3第1項各号に掲げる基準のいずれかに適合しなくなったとき
　　　b　地域医療連携推進法人から医療連携推進認定の取消しの申請があったとき
　　　c　法若しくは法に基づく命令又はこれらに基づく処分に違反したとき
　　(ｳ)　認定都道府県知事は，(ｱ)又は(ｲ)により医療連携推進認定を取り消したときは，インターネットの利用その他の適切な方法により，その旨を公示しなければならないとされた（法第70条の21第4項，施行規則第39条の13）。
　イ　定款の変更
　　ア(ｱ)又は(ｲ)による医療連携推進認定の取消しの処分を受けた地域医療連携推進法人は，その名称中の地域医療連携推進法人という文字を一般社団法人と変更する定款の変更をしたものとみなすとされた（法第70条の21第5項）。
　　なお，公益社団法人たる地域医療連携推進法人が，ア(ｱ)又は(ｲ)による医療連携推進認定の取消しの処分を受けた場合には，同項の規定は適用しないとされた（施行規則第39条の30第2項）ことから，

当該公益社団法人は，社員総会の決議により，名称の変更に係る定款の変更を要するが（一般法人法第146条），当該定款の変更の時点において，既に当該取消しの処分の効力が発生しており，地域医療連携推進法人ではないことから，法第70条の18第1項において読み替えて準用する法第54条の9第3項に規定する定款の変更に係る認定都道府県知事の認可（後記2(1)イ参照）を要しない。

2 地域医療連携推進法人
(1) 定款
ア 定款で定めなければならない事項
一般法人法第11条第1項各号の事項並びに法第70条の3第1項第6号，第7号，第12号及び第16号から第19号までに規定する定款の定めのほか，地域医療連携推進法人は，その定款において，次の事項を定めなければならないとされた（法第70条の17）。
(ア) 資産及び会計に関する規定
(イ) 役員に関する規定
(ウ) 理事会に関する規定
(エ) 解散に関する規定
(オ) 定款の変更に関する規定
(カ) 開設している病院等又は開設し，若しくは管理している介護事業等に係る施設若しくは事業所であって施行規則第39条の15で定めるものがある場合には，その名称及び所在地

イ 定款の変更の認可
地域医療連携推進法人の定款の変更（主たる事務所の所在地に関する事項及び公告方法に関する事項に係るものを除く。）は，認定都道府県知事の認可を受けなければ，その効力を生じないとされた（法第70条の18第1項において読み替えて準用する法第54条の9第3項，施行規則第39条の25）。

(2) 代表理事の選定及び解職
地域医療連携推進法人の代表理事の選定及び解職は，認定都道府県

知事の認可を受けなければ，その効力を生じないとされた（法第70条の19第1項）。

(3) 監事の任期等

地域医療連携推進法人の監事の任期は，2年を超えることはできない（ただし，再任を妨げない。）とされ，また，理事又は監事のうち，その定数の5分の1を超える者が欠けたときは，1月以内に補充しなければならないとされた（法第70条の12において準用する法第46条の5第9項及び第46条の5の3第3項）。

(4) 解散及び清算

法第6章第7節（医療法人の解散及び清算に関する規定。第55条第1項（第4号及び第7号に係る部分に限る。）及び第3項を除く。）の規定は，地域医療連携推進法人の解散及び清算について準用するとされた（法第70条の15）。

なお，法第55条第1項第2号（目的たる業務の成功の不能）又は第3号（社員総会の決議）の事由による地域医療連携推進法人の解散は，認定都道府県知事の認可を受けなければ，その効力を生じないとされた（法第70条の15において読み替えて準用する法第55条第6項）。

(5) 一般法人法の適用除外

地域医療連携推進法人については，一般法人法第5条第1項（名称），第49条第2項（社員総会の決議。第6号に係る部分（同法第148条第3号の社員総会に係る部分に限る。）に限る。），第67条第1項及び第3項（監事の任期）並びに第5章（合併。第242条から第260条まで）の規定は，適用しないとされた（法第70条の16）。

3　経過措置

法第70条第1項の規定による認定を受けようとする一般社団法人は，施行日前においても，法第70条の2第1項の規定による申請を行うことができるとされ，この場合において，当該申請は，施行日において，当該一般社団法人がした同項の規定による申請とみなすとされた（改正省令附則第3項）。

また，都道府県知事は，法第70条の2第1項に規定する医療連携推進認定をするため，施行日前においても，同項の規定による申請の受理その他の必要な準備行為をすることができるとされた（改正省令附則第4項）。
第2　医療連携推進認定に係る名称の変更の登記
　1　医療連携推進認定を受けた場合の登記の手続
　⑴　一般社団法人が医療連携推進認定を受けた場合
　　ア　登記の申請
　　　　一般社団法人たる地域医療連携推進法人は，その名称中に地域医療連携推進法人という文字を用いなければならず，また，その名称中の一般社団法人の文字を地域医療連携推進法人と変更する定款の変更をしたものとみなされること（前記第1の1⑷参照）から，当該地域医療連携推進法人は，認定都道府県知事の認定書が到達した日から2週間以内に，その主たる事務所の所在地において，名称の変更の登記をしなければならない（一般法人法第303条，第300条）。
　　　　なお，当該地域医療連携推進法人に従たる事務所が設置されている場合には，当該認定書が到達した日から3週間以内に，当該従たる事務所の所在地において，名称の変更の登記をしなければならない（一般法人法第312条第4項）。
　　イ　添付書面
　　　　法第70条の5第2項の規定による名称の変更の登記の申請書には，医療連携推進認定を受けたことを証する書面を添付しなければならないとされた（同条第3項）ことから，当該書面として，認定都道府県知事の認定書が該当する。なお，アのとおり，定款に定められた名称中の一般社団法人の文字は地域医療連携推進法人に変更をしたものとみなすとされたことから，当該地域医療連携推進法人において，社員総会の決議により，名称の変更に係る定款の変更をした場合であっても，一般法人法第317条第2項の規定にかかわらず，当該社員総会の議事録の添付を要しない。

また，従たる事務所の所在地においてする名称の変更の登記の申請書には，主たる事務所の所在地においてした登記を証する書面を添付しなければならないが，この場合においては，他の書面の添付を要しない（一般法人法第329条）。

　　ウ　登録免許税

　　　主たる事務所の所在地においてする名称の変更の登記については３万円，従たる事務所の所在地においてする当該登記については，申請１件につき9,000円である（登録免許税法（昭和42年法律第35号）別表第一第24号㈠ツ，㈡イ）。

(2)　公益社団法人が医療連携推進認定を受けた場合

　　ア　登記の申請

　　　公益社団法人たる地域医療連携推進法人は，その名称中に公益社団法人及び地域医療連携推進法人という文字を用いなければならず，また，社員総会の決議により，名称の変更に係る定款の変更をした上で，認定都道府県知事の認可を受けなければならないこと（前記第１の１(4)参照）から，当該地域医療連携推進法人は，名称の変更に係る定款の変更についての認定都道府県知事の認可書が到達した日から２週間以内に，その主たる事務所の所在地において，名称の変更の登記をしなければならない（一般法人法第303条，第300条）。

　　　なお，当該地域医療連携推進法人に従たる事務所が設置されている場合には，当該認可書が到達した日から３週間以内に，当該従たる事務所の所在地において，名称の変更の登記をしなければならない（一般法人法第312条第４項）。

　　イ　添付書面

　　　名称の変更の登記の申請書には，次の書面を添付しなければならない。

　　　なお，医療連携推進認定を受けたことを証する書面（法第70条の５第３項）は，添付することを要しない。

おって，従たる事務所の所在地においてする名称の変更の登記の申請書の添付書面については，前記(1)イと同様である。

(ｱ) 名称の変更に係る定款の変更を決議した社員総会の議事録（一般法人法第317条第2項）

(ｲ) (ｱ)の定款の変更に係る認定都道府県知事の認可書又はその認証がある謄本（一般法人法第330条において準用する商登法第19条）

ウ 登録免許税

登録免許税は課されない（登録免許税法別表第一第24号柱書）。

2 医療連携推進認定の取消しの処分を受けた場合の登記の手続

(1) 一般社団法人たる地域医療連携推進法人が医療連携推進認定の取消しの処分を受けた場合

ア 登記の嘱託

認定都道府県知事は，法第70条の21第1項又は第2項の規定による医療連携推進認定の取消しをしたときは，遅滞なく，当該地域医療連携推進法人の主たる事務所及び従たる事務所の所在地を管轄する登記所に当該地域医療連携推進法人の名称の変更の登記を嘱託しなければならないとされた（同条第6項）。

イ 添付書面

法第70条の21第6項の規定による名称の変更の登記の嘱託書には，当該登記の原因となる事由に係る処分を行ったことを証する書面を添付しなければならないとされた（同条第7項）ことから，当該書面として，認定都道府県知事の認証がある認定取消書の謄本がこれに該当する。

また，当該謄本に加え，取消しの処分の効力が発生したことを証する書面として，医療連携推進認定を取り消したことが当該地域医療連携推進法人に告知されたことを確認することができる書面（配達証明書又は受領証の写し等）をも添付しなければならない（平成26年5月16日付け法務省民商第44号当職依命通知参照）。

なお，従たる事務所の所在地においてする名称の変更の登記の嘱

託書には，同項の規定にかかわらず，主たる事務所の所在地においてした登記を証する書面を添付すれば足りる。
　　　ウ　登録免許税
　　　　　前記1(1)ウと同様である。
　(2)　公益社団法人たる地域医療連携推進法人が医療連携推進認定の取消しの処分を受けた場合
　　　ア　登記の申請
　　　　　公益社団法人たる地域医療連携推進法人が，法第70条の21第1項又は第2項の規定による医療連携推進認定の取消しの処分を受けた場合には，同条第5項（定款の変更）及び第6項（登記の嘱託）の規定は適用されず，また，社員総会の決議により，名称の変更に係る定款の変更を要すること（前記第1の1(5)イ参照）から，当該公益社団法人は，名称の変更に係る定款の変更についての社員総会の決議の日から2週間以内に，その主たる事務所の所在地において，名称の変更の登記をしなければならない（一般法人法第303条）。
　　　　　なお，当該公益社団法人に従たる事務所が設置されている場合には，当該決議の日から3週間以内に，当該従たる事務所の所在地において，名称の変更の登記をしなければならない（一般法人法第312条第4項）。
　　　イ　添付書面
　　　　　名称の変更の登記の申請書には，名称の変更に係る定款の変更を決議した社員総会の議事録を添付しなければならない（一般法人法第317条第2項）。
　　　　　なお，従たる事務所の所在地においてする名称の変更の登記の申請書の添付書面については，前記1(1)イと同様である。
　　　ウ　登録免許税
　　　　　登録免許税は課されない（登録免許税法別表第一第24号柱書）。
　3　登記の記録
　　　医療連携推進認定を受けた場合又は当該認定の取消しの処分を受けた

場合の名称の変更に係る登記の記録は，別紙記録例による。
第３　地域医療連携推進法人の登記の手続
　１　認定都道府県知事の認可を要する事項に係る登記
　　　次の事項については，法において，いずれも認定都道府県知事の認可を受けなければならないとされていることから，当該事項に係る登記の申請書には，認定都道府県知事の認可書又はその認証がある謄本をも添付しなければならない（一般法人法第330条において準用する商登法第19条）。
　　(1)　登記すべき事項に変更を生ずる定款の変更（主たる事務所の所在地に関する事項及び公告方法に関する事項に係るものを除く。前記第１の２(1)イ参照）
　　(2)　代表理事の選定又は解職（前記第１の２(2)参照）
　　(3)　目的たる業務の成功の不能又は社員総会の決議による解散（前記第１の２(4)参照）
　２　監事の変更の登記
　　　前記第１の２(3)のとおり，地域医療連携推進法人の監事の任期は，２年を超えることができないとされ，理事の任期のように選任後の一定期間内に終了する事業年度のうち最終のものに関する定時社員総会の終結の時まで（一般法人法第66条参照）とされていないことから，監事の任期の満了による退任の時期を調査するに当たっては，この点を踏まえる必要がある。

〔別紙記録例〕
1 名称の変更の登記（医療連携推進認定を受けた場合）
(1) 一般社団法人が医療連携推進認定を受けた場合

名　称	一般社団法人〇〇会	
	地域医療連携推進法人〇〇会	平成２９年　５月１０日変更
		平成２９年　５月１２日登記

※　法第70条の５第１項，一般法人法第303条
※　変更の年月日は，認定都道府県知事の認定書が到達した日である。

(2) 公益社団法人が医療連携推進認定を受けた場合

名　称	一般社団法人〇〇会	
	公益社団法人〇〇会	平成２７年１０月１９日変更
		平成２７年１０月２２日登記
	公益社団法人地域医療連携推進法人〇〇会	平成２９年　５月１０日変更
		平成２９年　５月１２日登記

※　法第70条の５第１項，一般法人法第303条
※　公益社団法人たる地域医療連携推進法人は，その名称中に「公益社団法人」及び「地域医療連携推進法人」という文字を用いなければならない。
※　変更の年月日は，名称の変更に係る定款の変更についての認定都道府県知事の認可書が到達した日である。

2 名称の変更の登記（医療連携推進認定の取消しの処分を受けた場合）
 (1) 一般社団法人たる地域医療連携推進法人が医療連携推進認定の取消しの処分を受けた場合

名　称	一般社団法人○○会	
	地域医療連携推進法人○○会	平成29年　5月10日変更
		平成29年　5月12日登記
	一般社団法人○○会	平成30年　4月11日変更
		平成30年　4月12日登記

※　法第70条の21第6項
※　変更の年月日は，医療連携推進認定を取り消すことが当該地域医療連携推進法人に告知された日である。

 (2) 公益社団法人たる地域医療連携推進法人が医療連携推進認定の取消しの処分を受けた場合

名　称	一般社団法人○○会	
	公益社団法人○○会	平成27年10月19日変更
		平成27年10月22日登記
	公益社団法人地域医療連携推進法人○○会	平成29年　5月10日変更
		平成29年　5月12日登記
	公益社団法人○○会	平成30年　4月11日変更
		平成30年　4月12日登記

※　一般法人法第303条
※　変更の年月日は，名称の変更に係る定款の変更の効力が発生した日である。

〔著者紹介〕

神﨑　満治郎（こうざき　みつじろう）

1964年	法務省入省，名古屋法務局法人登記課課長補佐，法務省民事局第四課（現商事課）補佐官，宇都宮地方法務局長，浦和地方法務局長，横浜地方法務局長，札幌法務局長を歴任。
1993年	公証人（横浜地方法務局所属）となり2003年12月任期満了により公証人退任。
2004年～ 2018年3月	桐蔭横浜大学法学部客員教授（会社法担当）
現　在	一般社団法人商業登記倶楽部代表理事・主宰者 日本司法書士会連合会顧問 公益社団法人成年後見センター・リーガルサポート理事

（主な編著書）

判例六法Professional（編集協力者，有斐閣），商業登記法入門（有斐閣）
商業・法人登記360問（共著，テイハン），商業登記全書（編集代表・全8巻，中央経済社），合同会社設立・運営のすべて（中央経済社），一般社団・財団法人設立登記書式集（解説＋ＣＤ，株式会社リーガル）
ほか多数。

新・法人登記入門（増補改訂版）

平成30年7月24日　初版第1刷印刷　　定　価：本体4,800円（税別）
平成30年7月30日　初版第1刷発行　　　　（〒実費）
平成30年11月21日　初版第2刷発行

不許複製

著　者　　神﨑　満治郎
発行者　　坂巻　徹
発行所　　東京都文京区本郷5丁目11-3　株式会社テイハン
電話 03(3811)5312　FAX 03(3811)5545／〒113-0033
ホームページアドレス http://www.teihan.co.jp

〈検印省略〉印刷／日本ハイコム株式会社　ISBN978-4-86096-100-8